Rapport final
de la trente-neuvième
Réunion consultative
du Traité sur l'Antarctique

RÉUNION CONSULTATIVE
DU TRAITÉ SUR L'ANTARCTIQUE

Rapport final
de la trente-neuvième
Réunion consultative
du Traité sur l'Antarctique

Santiago, Chili
23 mai – 1 juin 2016

Volume II

Secrétariat du Traité sur l'Antarctique
Buenos Aires
2016

Publié par :

Secretariat of the Antarctic Treaty
Secrétariat du Traité sur l'Antarctique
Секретариат Договора об Антарктике
Secretaría del Tratado Antártico

Maipú 757, Piso 4 C1006ACI Ciudad Autónoma
Buenos Aires - Argentina
Tel: +54 11 4320 4260
Fax: +54 11 4320 4253

Ce rapport est également disponible a : www.ats.aq (version numérique)
et exemplaires achetés en ligne

ISSN 2346-9889
ISBN (vol. II): 978-987-4024-27-5
ISBN (reuvre complete): 978-987-4024-19-0

Table des matières

VOLUME I

Acronymes et abréviations

PARTIE I. RAPPORT FINAL

1. Rapport final XXXIXe RCTA

2. Rapport XIXe CPE

3. Appendices

PARTIE II. MESURES, DÉCISIONS ET RÉSOLUTIONS

1. Mesures

2. Décisions

Décision 3 (2016) : Rapport, programme et budget du Secrétariat

Annexe 1 : Rapport financier certifié 2014-2015

Annexe 2 : Rapport financier provisoire 2015-2016

Annexe 3 : Programme 2016-2017 du Secrétariat

Décision 4 (2016) : Procédure de sélection et de nomination du Secrétaire exécutif du Secrétariat du Traité sur l'Antarctique

Annexe 1 : Projet d'avis de vacance de poste

Annexe 2 : Formulaire type de candidature

Décision 5 (2016) : Échange d'informations

Annexe : Exigences en matière d'échange d'informations

Décision 6 (2016) : Plan de travail stratégique pluriannuel pour la Réunion consultative du Traité sur l'Antarctique

Annexe : Programme de travail stratégique pluriannuel de la RCTA

3. Résolutions

Résolution 1 (2016) : Lignes directrices révisées pour l'évaluation d'impact sur l'environnement en Antarctique

Annexe : Lignes directrices révisées pour l'évaluation d'impact sur l'environnement en Antarctique

Résolution 2 (2016) : Lignes directrices pour les visites de sites

Annexe : Liste des sites soumis aux lignes directrices pour les visites de sites

Résolution 3 (2016) : Code de conduite pour les activités se déroulant en environnement géothermique continental en Antarctique

Annexe : Code de conduite du SCAR pour les activités se déroulant en environnement géothermique continental en Antarctique

Résolution 4 (2016) : Manuel sur les espèces non indigènes

Annexe : Manuel sur les espèces non indigènes

Résolution 5 (2016) : Guide révisé pour la présentation de documents de travail contenant des propositions de zones spécialement protégées de l'Antarctique, de zones gérées spéciales de l'Antarctique ou de sites et monuments historiques

Annexe : Guide pour la présentation de documents de travail contenant des propositions de désignation de zones spécialement protégées de l'Antarctique, de zones gérées spéciales de l'Antarctique ou de sites et monuments historiques

Résolution 6 (2016) : Confirmation de l'engagement permanent envers l'interdiction de toute activité relative aux ressources minérales en Antarctique, autre que pour la recherche scientifique ; soutien à l'interdiction de l'exploitation minière en Antarctique

Photo des chefs de délégation

VOLUME II

Acronymes et abréviations

ACAP	Accord sur la conservation des albatros et des pétrels
ZGSA	Zone gérée spéciale de l'Antarctique
ASOC	Coalition sur l'Antarctique et l'océan Austral
ZSPA	Zone spécialement protégée de l'Antarctique
STA	Système du Traité sur l'Antarctique ou Secrétariat du Traité sur l'Antarctique
RCTA	Réunion consultative du Traité sur l'Antarctique
RETA	Réunion d'experts du Traité sur l'Antarctique
BP	Document de contexte
CCAMLR	Convention sur la conservation de la faune et la flore marines de l'Antarctique et/ou Commission pour la conservation de la faune et la flore marines de l'Antarctique
CCAS	Convention pour la protection des phoques de l'Antarctique
PTRCC	Programme de travail en réponse au changement climatique
EGIE	Évaluation globale d'impact sur l'environnement
CPE	Comité pour la protection de l'environnement.
COMNAP	Conseil des directeurs des programmes antarctiques nationaux
EIE	Évaluation d'impact sur l'environnement
SEEI	Système électronique d'échange d'informations
SMH	Sites et monuments historiques
IAATO	Association internationale des organisateurs de voyages dans l'Antarctique
OACI	Organisation de l'aviation civile internationale
GCI	Groupe de contact intersessions
EPIE	Évaluation préliminaire d'impact sur l'environnement
OHI	Organisation hydrographique internationale
OMI	Organisation maritime internationale
COI	Commission océanographique intergouvernementale
FIPOL	Fonds d'indemnisation pour les dommages dus à la pollution par les hydrocarbures
IP	Document d'information
GIEC	Groupe d'experts intergouvernemental sur l'évolution du climat
UICN	Union internationale pour la conservation de la nature
AMP	Aire marine protégée

ANC	Autorité nationale compétente
CCS	Centre de coordination des opérations de sauvetage
SAR	Recherche et sauvetage
SCAR	Comité scientifique pour la recherche en Antarctique
CS-CAMLR	Comité scientifique de la CCAMLR
GSPG	Groupe subsidiaire sur les plans de gestion
SOLAS	Convention internationale pour la sauvegarde de la vie humaine en mer
SOOS	Système d'observation de l'océan Austral
SP	Documents du Secrétariat
UAV	Véhicule aérien sans pilote
PNUE	Programme des Nations Unies pour l'environnement
CCNUCC	Convention-cadre des Nations Unies sur les changements climatiques
OMM	Organisation météorologique mondiale
WP	Document de travail
OMT	Organisation mondiale du tourisme

PARTIE II

Mesures, Décisions et Résolutions (Suite)

4. Plans de gestion

Plan de gestion pour la
Zone spécialement protégée de l'Antarctique no 116
Vallée New College, plage Caughley, cap Bird, île de Ross

1. Description des valeurs à protéger

Une zone du cap Bird, sur l'île de Ross, avait à l'origine été désignée comme site d'intérêt scientifique particulier (SISP) n° 10, plage Caughley, par la Recommandation XIII-8 (1985) et Zone spécialement protégée (ZSP) n° 20, vallée New College par la Recommandation XIII-12 (1985) après proposition de la Nouvelle-Zélande, au motif que cette zone présentaient des étendues de mousse et une micro-flore et une micro-faune associées parmi les plus riches, dans la région de la mer de Ross en Antarctique. Il s'agit de la seule zone sur l'île de Ross où une protection est spécifiquement apportée à la végétation et à son écosystème.

La ZSP n° 20 avait à l'origine été reprise dans la SISP n° 10 afin de rendre les conditions d'accès à cette partie de la zone plus strictes. La SISP n° 10 a été intégrée dans la ZSP n° 20 par la Mesure 1 (2000), faisant de l'ancienne ZSP n° 20 une zone restreinte de la ZSP. Les limites de la zone prévues par les premières recommandations ont été révisées afin d'améliorer la cartographie et de suivre plus fidèlement les crêtes enserrant le bassin de la vallée New College. La plage Caughley était adjacente à la zone d'origine, mais n'en avait jamais fait partie. C'est la raison pour laquelle la zone tout entière a été rebaptisée vallée New College, qui se trouvait au sein des deux sites originaux. Cette Zone a été rebaptisée, au titre de la Décision 1 (2002), Zone spécialement protégée de l'Antarctique (ZSPA) n° 116 et un plan de gestion révisé a été adopté au titre de la Mesure 1 (2006) et de la Mesure 1 (2011).

Les limites de la Zone suivent étroitement les crêtes enserrant le bassin de la vallée New College et couvrent une surface d'environ 0,33km². Dans cette zone, la mousse est uniquement présente dans des zones où le sol est sec et qui présentent des coussins et des tapis d'une superficie allant jusqu'à 20m². Plusieurs espèces d'algues sont également présentes dans les ruisseaux de la zone, et les collemboles, les acariens et les nématodes sont nombreux à la surface de l'eau et sous les roches. L'absence de lichen rend les espèces présentes dans cette zone uniques sur l'île de Ross.

La vulnérabilité des mousses aux perturbations dues au piétinement, à l'échantillonnage, à la pollution ou à l'introduction d'espèces non indigènes est tel qu'il est demandé d'accorder à la zone une protection spéciale à long terme. La désignation de cette Zone vise à assurer la protection adéquate des espèces de cet habitat-type contre les visiteurs et son utilisation excessive dans le cadre de recherches scientifiques. L'écosystème de ce site présente une valeur scientifique exceptionnelle pour les recherches écologiques, et la zone restreinte pourra servir de site de référence pour de futures études comparatives.

2. Buts et objectifs

Le plan de gestion de la vallée New College, plage Caughley, cap Bird, vise à :

- prévenir toute détérioration ou tout risque de détérioration des valeurs de la zone en empêchant toute perturbation anthropique inutile de ladite zone ;

- préserver une partie de l'écosystème naturel de la zone pour en faire une zone de référence pour de futures études comparatives ;
- permettre les recherches scientifiques de l'écosystème, en particulier des mousses, des algues et des invertébrés dans la zone, en veillant à empêcher un échantillonnage excessif ;
- permettre d'autres recherches scientifiques dans la zone, à condition que ces travaux soient indispensables et ne puissent pas être menés ailleurs ;
- éviter ou réduire au minimum l'introduction de plantes, d'animaux et de microbes non indigènes dans la zone ;
- permettre des visites à des fins de gestion en soutien aux objectifs du Plan de gestion.

3. Activités de gestion

Les activités de gestion suivantes devront être entreprises en vue de protéger les valeurs de la zone :

- Des copies du présent plan de gestion, y compris des cartes de la zone, seront mises à disposition aux stations de terrain/recherche opérationnelles adjacentes.
- Des cairns ou des panneaux indiquant l'emplacement et les limites de la zone avec des indications claires concernant les restrictions d'accès seront placés à des lieux appropriés, aux limites de la zone et de la zone restreinte afin d'éviter toute entrée inopportune.
- Les bornes, les panneaux et autres structures mis en place dans la zone à des fins scientifiques ou de gestion devront être solidement fixés, maintenus en bon état et enlevés lorsqu'ils ne sont plus nécessaires.
- Des visites seront effectuées selon les besoins (de préférence une fois au moins tous les cinq ans) pour s'assurer que la zone répond toujours aux buts pour lesquels elle a été désignée et que les mesures de gestion et d'entretien sont adéquates.
- Les membres des programmes antarctiques nationaux travaillant dans la région se consulteront pour faire en sorte que les activités de gestion susmentionnées soient mises en œuvre.

4. Durée de désignation

La zone est désignée pour une période indéterminée.

5. Cartes

Carte A : Carte topographique régionale de la vallée New College, plage Caughley, cap Bird, île de Ross. Spécifications de la carte : Projection conique conforme de Lambert : Parallèles standard - 1er 76° 40' 00" S; 2e 79° 20' 00" S. Méridien central - 166° 30' 00" E. Latitude d'origine - 78° 01' 16. 211" S. Sphéroïde - WGS84.

Carte B : Carte de la vallée New College, plage Caughley, cap Bird, île de Ross. Spécification de la carte : Projection conique conforme de Lambert : Parallèles standard - 1er -76,6° S; 2e -79,3° S. Sphéroïde - WGS84. La carte comprend le couvert végétal et les ruisseaux.

6. Description de la zone

6(i) Coordonnées géographiques, balises de délimitation et caractéristiques naturelles
Le cap Bird se situe à l'extrémité nord-occidentale du mont Bird (1 800 mètres), un cône volcanique inactif, qui est certainement le plus vieux de l'île de Ross. La vallée New College se situe au sud du cap Bird, sur des pentes libres de glace surplombant la plage Caughley. Elle se situe entre deux colonies de manchots Adélie connues sous le nom de colonies du cap Bird nord et moyenne (Carte A). La zone, qui comprend des plaques de moraines glaciaires au pied de la calotte glaciaire du cap Bird, est constituée de basaltes d'olivine-augite qui plongent vers la mer, ainsi que de sommets de scories provenant du cône principal du mont Bird.

L'extrémité nord-occidentale de la limite nord de la zone se trouve à environ 100 mètres au sud de la cabane du cap Bird (Nouvelle-Zélande) et est indiquée par un panneau ZSPA (77° 13.128'S, 166° 26.147'E) (Carte B). La limite septentrionale de la zone remonte une pente en direction de l'est vers une crête de moraine finale, à environ 20 mètres de la calotte glaciaire du cap Bird, et est indiquée par un cairn rocheux (77° 13.158'S, 166° 26.702'E).

La limite orientale suit la crête de moraine finale à partir du cairn rocheux (77° 13.158'S, 166° 26.702'E) en direction du sud-est jusqu'à ce que la crête disparaisse en rejoignant la calotte glaciaire du cap Bird. La limite se poursuit en direction du sud-est, le long de l'extrémité du glacier, pour rejoindre la limite sud.

Celle-ci traverse en ligne droite le flanc méridional de la vallée New College, et est indiquée par des cairns rocheux à l'extrémité sud-occidentale de la zone (77° 13.471'S, 166° 25.832'E) et à l'extrémité sud-orientale de la zone jusqu'au sommet de la colline qui se trouve à 100 mètres de l'extrémité du glacier de la calotte glaciaire du cap Bird.

La limite occidentale de la zone suit le sommet des falaises côtières de la plage de Caughley, de l'extrémité sud-occidentale du cairn rocheux (77° 13.471'S, 166° 25.832'E) sur une distance de 650 mètres jusqu'au panneau ZSPA qui se trouve à l'extrémité nord-occidentale de la zone (77° 13.128'S, 166° 26.147'E).

La vallée New College, plage Caughley, est située dans l'environnement S - géologique de McMurdo, terre South Victoria, selon l'Analyse des domaines environnementaux de l'Antarctique (Résolution 3, 2008) et dans la région 9, terre South Victoria selon les régions de conservation biogéographiques de l'Antarctique (Résolution 6, 2012).

En été, le versant nord de la vallée New College draine de l'eau de fonte qui provient de la calotte glaciaire du cap Bird. Les cours d'eau qui s'écoulent dans la zone sont approvisionnés par de l'eau de fonte provenant des amas de neige d'été permanente et creusent leurs propres ravines et canaux. Le sol est largement recouvert de pierres et de roches d'origine volcanique qui ont été érodées sous l'effet de la glace.

On trouve dans la Zone la plus vaste distribution de mousse *Hennediella heimii* dans les cours d'eau saisonniers de l'île de Ross. Des études ont montré que cette mousse, ainsi que deux autres espèces moins présentes *(Byrum subrotundifolium et Bruym pseudotriquetrum)*, se concentrent presque exclusivement dans les cours d'eau qui traversent la moraine escarpée et les flancs couverts de scories (Carte B). Les mousses sont généralement associées à des pousses d'algues, notamment de riches feutres oscillatoires rouge-brun et parfois des pousses rougeâtres à noires de *Nostoc commune*.

La zone comprend trois systèmes de cours d'eau complets qui abritent de nombreuses pousses d'algues et de mousses.

On y trouve aussi une communauté d'invertébrés terrestres, notamment des populations de collemboles *Gomphiocephalus hodgsonii* (Collembola Hypogastruridae), des acariens *Nanorchestes antarcticus* et *Stereotydeus mollis* (Acari Prostigmata) et des nématodes *(Panagrolaimus davidi, Plectus antarcticus, Plectus frigophilus, Scottnema lindsayae et Eudorylaimus antarcticus),* ainsi que des rotifères, des tardigrades, et des ciliés et des flagellés. La répartition des invertébrés terrestres sur ce site est liée à l'environnement abiotique, la plupart des espèces arthropodes dépendant du niveau de végétation macroscopique et de la biomasse d'algues du sol, bien que cette relation ne s'applique pas à l'ensemble des taxons.

Des labbes (*Catharacta maccormicki*) se reposent souvent sur la plage de Caughley et survolent la zone, y atterrissent et y nichent. Des manchots Adélie (*Pygoscelis adeliae*) des colonies proches ne nichent pas dans la Zone, mais sont parfois observés dans la Vallée New College.

6(ii) Zones spéciales à l'intérieur de la zone
Une zone de la Vallée New College a été désignée zone restreinte pour la préserver pour que des études comparatives puissent y être menées à l'avenir, tandis que le reste de la Zone (qui présente les mêmes particularités biologiques et les mêmes caractéristiques) est généralement ouvert aux programmes de recherche et aux activités d'échantillonnage. La zone restreinte comprend des pentes libres de glace situées au sein de la vallée New College, qui surplombent la plage de Caughley et dont certaines font face au nord et comportent des amas de neige, qui fournissent un approvisionnement direct en eau de fonte qui favorise le développement des mousses et des algues.

L'extrémité nord-occidentale (77° 13.164'S, 166° 26.073'E) de la zone restreinte s'étend sur 60 mètres au sud de la zone et traverse une petite ravine de l'extrémité nord-occidentale de la zone. La limite septentrionale de la zone restreinte s'étend sur une pente ascendante sur 500 mètres à partir de l'extrémité nord-occidentale vers un cairn (77° 13.261'S, 166° 26.619'E), et suit ensuite une crête faible vers le sud-est, qui devient de plus en plus raide jusqu'à un point en amont de la Vallée New College marqué par un cairn, à environ 60 mètres de l'extrémité de la calotte glaciaire du cap Bird (77° 13.368'S, 166° 26.976'E). La limite de la zone restreinte s'étend sur 110 mètres vers le sud-ouest et traverse la vallée jusqu'à un cairn, qui indique l'extrémité sud-orientale de la zone restreinte (77° 13.435'S, 166° 26.865'E). La limite méridional de la zone restreinte s'étend en ligne droite vers le nord-ouest sur 440 mètres à partir de ce cairn (77° 13.435'S, 166° 26.865'E), le long d'une large pente présentant relativement peu de caractéristiques particulières, jusqu'à l'extrémité sud-occidentale de la zone (77° 13.328'S, 166° 26.006'E). Un cairn placé sur la limite sud-occidentale de la zone restreinte indique la position la plus basse de la limite sud (77° 13.226'S, 166° 25.983'E).

L'accès à la zone restreinte n'est autorisé que pour mener des activités scientifiques et de gestion impérieuses qu'il n'est pas possible de satisfaire ailleurs.

6(iii) Emplacement de structures à l'intérieur de la zone et à proximité
Parmi les structures connues présentes à l'intérieur de la zone, on trouve un repère Astrofix de la marine américaine, des cairns indiquant les limites de la zone et de la zone restreinte, un panneau situé à l'extrémité nord-occidentale de la zone et un cadre en bois d'environ un mètre carré indiquant le site d'un déversement expérimental d'hydrocarbures datant de 1982.

On trouve aussi une cabane (Nouvelle-Zélande), une cabane d'entrepôt et des toilettes au nord de l'extrémité nord-occidentale de la zone (Carte B).

6(iv) Emplacement d'autres zones protégées à proximité directe de la zone
Les zones protégées les plus proches sont les suivantes :
- baie Lewis, mont Erebus, île de Ross (ZSPA nº 156), à environ 25 km au sud-est;
- Tramway Ridge, mont Erebus, île de Ross (ZSPA nº 175) à 30 km au sudsud-est;
- cap Crozier, île de Ross (ZSPA nº 124) à 75 km au sud-est;
- cap Royds, île de Ross (ZSPA nº 121 et 157) et cap Evans, île de Ross (ZSPA nº 155) à 35 km et 45 km au sud de l'île de Ross respectivement; et
- île Beaufort, McMurdo Sound, mer de Ross (ZSPA nº 105) à 40 km au nord.

7. Critères de délivrance des permis d'accès

L'accès à la zone est interdit sauf avec un permis délivré par une autorité nationale compétente. Les conditions de délivrance d'un permis pour entrer dans la zone sont les suivantes :

- En dehors de la zone restreinte, un permis est délivré uniquement pour des études scientifiques de l'écosystème ou pour des raisons scientifiques impérieuses qu'il est impossible de satisfaire ailleurs ou pour des raisons de gestion essentielles qui sont conformes aux objectifs du plan de gestion telles que des activités d'inspection ou de révision ;
- l'accès à la zone restreinte n'est autorisé que pour des raisons impérieuses qui ne peuvent pas être satisfaites ailleurs dans la zone ;
- les actions autorisées ne sont pas susceptibles de mettre en péril les valeurs scientifiques ou écologiques de la zone, ni les autres activités autorisées ;
- toutes les activités de gestion entreprises le seront à l'appui des objectifs du plan de gestion ;
- les activités autorisées le sont en conformité avec le plan de gestion ;
- le permis ou une copie de celui-ci sera emporté à l'intérieur de la zone ;
- un rapport de visite devra être fourni à l'autorité désignée dans le permis ;
- le permis est délivré pour une période limitée ;

7(i) Accès à la zone et déplacements à l'intérieur de celle-ci
Il est interdit aux hélicoptères d'atterrir à l'intérieur de la zone. Deux sites d'atterrissage pour hélicoptères se trouvent en dehors de la zone. D'octobre à février, le site d'atterrissage principal se situe au pied des falaises de la plage Caughley, à 100 mètres à l'ouest de la limite occidentale de la zone 77° 13.221' S, 166° 25.812' E (Cartes A et B). De mars à septembre, un autre site d'atterrissage pour hélicoptères est prévu à côté de la cabane du cap Bird (Nouvelle-Zélande), au-dessus de la plage Caughley aux coordonnées 77° 13.093 S, 166° 26.168' E (Carte B).

D'octobre à février, il est recommandé d'arriver par le Sud en survolant la colonie du milieu (Carte A). Il peut être nécessaire de survoler l'héliport par le nord en cas de vent, en respectant toutefois les trajectoires de départ et d'approches recommandées et, dans la mesure du possible, en suivant les "Directives pour l'exploitation d'aéronefs à proximité de concentrations d'oiseaux dans l'Antarctique" (Résolution 2, 2004). Voir Carte A pour les trajectoires d'approche recommandées pour entrer et sortir du cap Bird.

Le survol de la zone à moins de 50 mètres (~ 150 pieds) du sol est interdit. Les vols stationnaires à moins de 100 mètres (~ 300 pieds) au-dessus de la zone sont interdits. L'utilisation de grenades fumigènes d'hélicoptères est interdite à l'intérieur de la zone.

Les véhicules sont interdits dans la zone et tout déplacement doit se faire à pied. L'accès à la zone doit préférablement se faire en suivant l'itinéraire partant de la cabane du cap Bird (Nouvelle-Zélande). Les visiteurs doivent éviter les zones où la végétation est visible et se déplacer avec précaution dans les zones où le sol est humide, particulièrement dans le lit des ruisseaux où le passage à pied peut facilement endommager les sols et les communautés de plantes et d'algues sensibles, et dégrader la qualité de l'eau. Pour éviter d'y marcher, il convient d'emprunter les parties du sol rocheuses ou couvertes de glace. Les déplacements à pied doivent être réduits au minimum nécessaire pour atteindre les objectifs des activités autorisées et tout doit être mis en œuvre pour en limiter les effets.

Pour accéder aux régions situées au sud de la zone à partir de la cabane du cap Bird; il faut traverser la plage Caughley en longeant les falaises.

7(ii) Activités pouvant être menées dans la zone
- Les recherches scientifiques impérieuses qui ne peuvent pas être entreprises ailleurs et qui ne mettront pas en danger l'écosystème ou les valeurs de la zone et ne perturberont pas les études scientifiques en cours ;
- les activités de gestion essentielles, y compris le suivi et les inspections.

7 (iii) Installation, modification ou démantèlement des structures
Aucune structure ne doit être érigée dans la zone et aucun matériel scientifique ne doit y être installé, sauf lorsqu'il s'agit de matériel essentiel pour des activités scientifiques ou des activités de gestion prévues dans le cadre d'un permis. Toutes les bornes, les structures et tout l'équipement scientifique installés dans la zone doivent être autorisés par permis et clairement identifier le pays, le nom du principal chercheur ou de la principale agence, l'année d'installation et la date d'enlèvement prévue. Tous ces éléments doivent être exempts d'organismes, de propagules (par ex. graines, œufs) et de sol non stérile et doivent être en matériaux qui posent un risque de contamination minimal à la zone. Le retrait de structures ou d'équipements spécifiques pour lesquels le permis a expiré devra figurer parmi les critères du permis.

7(iv) Emplacement des camps de base
Il est interdit de camper dans la zone. On trouve aussi une cabane (Nouvelle-Zélande), une cabane d'entrepôt et des toilettes au nord de l'extrémité nord-occidentale de la zone (Carte B).

7(v) Restrictions sur les matériaux et organismes pouvant être introduits dans la zone
L'introduction délibérée d'animaux vivants, de matériel végétal ou de micro-organismes est interdite et les précautions énumérées à l'alinéa (ix) de la section 7 seront prises pour éviter les introductions accidentelles. Aucun produit de la volaille ne doit être introduit dans la zone. Aucun herbicide ni pesticide ne devra être introduit dans la zone. Tout autre produit chimique, y compris des radionucléides ou des isotopes stables, susceptibles d'être introduits pour des besoins scientifiques ou de gestion spécifiés dans le permis, devra être retiré de la zone au plus tard à la fin de l'activité pour laquelle le permis a été accordé. Aucun combustible et aucun élément chimique ne sera entreposé dans la zone sauf à des fins essentielles liées à l'activité pour laquelle le permis a été délivré ou s'ils sont placés dans une cache d'urgence autorisée par une autorité compétente. Tous les matériaux seront introduits dans la zone pour une période déterminée seulement et ils en seront

enlevés au plus tard à la fin de cette période, puis ils seront manipulés et entreposés de manière à minimiser le risque de leur introduction dans l'environnement.

7(vi) Prélèvement de végétaux et capture d'animaux ou perturbations nuisibles à la faune et la flore
Toute capture d'animaux ou toute perturbation nuisible à la faune et la flore indigènes est interdite sauf avec un permis distinct délivré spécifiquement à cette fin en vertu de l'Annexe II du Protocole au Traité sur l'Antarctique relatif à la protection de l'environnement. Dans le cas de prélèvements ou de perturbations nuisibles d'animaux, le Code de conduite du SCAR pour l'utilisation d'animaux à des fins scientifiques dans l'Antarctique devra être utilisé comme norme minimale.

7 (vii) Prélèvement et enlèvement de tout matériel n'ayant pas été introduit dans la zone par le détenteur du permis
Les matériaux seront prélevés ou retirés de la zone conformément au permis et doivent se limiter au strict minimum requis aux fins scientifiques ou de gestion. De même, l'échantillonnage doit être fait de sorte à réduire au minimum les perturbations et le chevauchement des activités dans la zone. Les matériaux d'origine humaine susceptibles de mettre en péril les valeurs de la zone, n'ayant pas été introduits dans celle-ci par le détenteur du permis ou n'ayant pas été autrement autorisés, et qui ne sont pas un objet historique ou une relique laissée sur place, peuvent être retirés de n'importe quelle Partie de la zone, sauf si l'impact de leur retrait risque d'être plus important que celui de laisser ce matériau *in situ*. Dans un tel cas, il convient de notifier les autorités nationales compétentes et d'obtenir les autorisations requises.

7 (viii) Élimination des déchets
Tous les déchets, y compris les déchets humains, doivent être retirés de la zone.

7 (ix) Mesures nécessaires pour faire en sorte que les buts et objectifs du plan de gestion continuent à être atteints
Des permis d'accès à la zone peuvent être accordés pour :
- mener des activités de suivi et d'inspection dans la zone pouvant comprendre la collecte d'un petit nombre d'échantillons ou de données pour en effectuer l'analyse ou l'examen ;
- ériger ou entretenir des poteaux indicateurs, structures ou équipements scientifiques; ou
- pour mener des activités de gestion.

Tous les sites spécifiques dont le suivi sera de longue durée seront correctement balisés.

Les visiteurs devront prendre des précautions spéciales contre toute introduction afin d'aider à préserver les valeurs scientifiques et écologiques qui résultent de l'isolement du site et du niveau historiquement faible de la présence humaine sur l'île. Il conviendra, en particulier, de ne pas introduire de plantes et de microbes issus des sols d'autres sites antarctiques, y compris de stations, ou provenant d'autres régions extérieures à l'Antarctique. Pour réduire le risque d'introductions, les visiteurs devront soigneusement nettoyer leurs chaussures et tout équipement utilisé dans la zone, en particulier les outils d'échantillonnage et les bornes, et ce avant d'entrer dans la zone.

7 (x) Rapports de visites
Pour chaque visite dans la zone, le titulaire principal du permis devra soumettre un rapport à l'autorité nationale compétente, dès que possible, et au plus tard six mois après la fin de la visite. Ces rapports de visite doivent inclure, le cas échéant, les informations identifiées dans le formulaire de rapport de visite qui a été recommandé (figurant à l'annexe 4 du Guide révisé pour la préparation des plans de gestion des zones spécialement protégées en Antarctique en appendice à la Résolution 2 [1998]), disponible sur le site web du Secrétariat du Traité sur l'Antarctique www.ats.aq

Le cas échéant, l'autorité nationale doit également transmettre un exemplaire du rapport de visite à la Partie qui a proposé le plan de gestion afin de contribuer à la gestion de la zone et à la révision du plan de gestion. Les Parties doivent également établir des rapports de ces activités et les communiquer lors de l'Échange annuel d'informations. Les Parties doivent, dans la mesure du possible, déposer les originaux ou les copies de ces rapports dans des archives auxquelles le public pourra avoir accès afin de conserver une archive d'usage qui sera utilisée pour toute révision du plan de gestion et pour l'organisation de l'utilisation scientifique de la zone.

8. Bibliographie

Ainley, D.G., Ballard, G., Barton, K.J., Karl, B.J., Rau, G.H., Ribic, C.A. and Wilson, P.R. 2003. Spatial and temporal variation of diet within a presumed metapopulation of Adélie penguins. Condor 105: 95-106).

Ainley, D.G., Ribic, C.A., Ballard, G., Heath, S., Gaffney, I., Karl, B.J., Barton, K.J., Wilson, P.R. Geographic structure of Adélie penguin populations: overlap in colony-specific foraging areas. Ecological Monographs 74:1551. 159- 178.

Schwerdtfeger, W. 1985. Ecological and physiological studies of terrestrial arthropods in the Ross Dependency 1984-85. British Antarctic Survey Bulletin, 68: 115-122).

Broady, P.A. 1981. Non-marine algae of Cape Bird, Ross Island and Taylor Valley, Victoria Land, Antarctica. Report of the Melbourne University Programme in Antarctic Studies No. 37.

Broady, P.A. 1983. Botanical studies at Ross Island, Antarctica, in 1982-83; preliminary report. Report of the Melbourne University Programme in Antarctic Studies.

Broady, P.A. 1985. The vegetation of Cape Bird, Ross Island, Antarctica. Melbourne University Programme in Antarctic Studies, No. 62.

Broady, P.A. 1985. A preliminary report of phycological studies in northern Victoria Land and on Ross Island during 1984-85. Report of the Melbourne University Programme in Antarctic Studies, Report No. 66.

Broady, P.A. 1989. Broadscale patterns in the distribution of aquatic and terrestrial vegetation at three ice-free regions on Ross Island, Antarctica. Hydrobiologia *172*: 77-95).

Butler, E.R.T. 2001. Beaches in McMurdo Sound, Antarctica. Unpublished PhD, Victoria University of Wellington, New Zealand. 219.

Cole, J.W. and Ewart, A. 1968. Contributions to the volcanic geology of the Black Island, Brown Peninsula, and Cape Bird areas, McMurdo Sound, Antarctica. New Zealand Journal of Geology and Geophysics 11(4) : 793-823).

Dochat, T.M., Marchant, D.R. and Denton, G.H. 2000. Glacial geology of Cape Bird, Ross Island, Antarctica. Geografiska Annaler 82A(-3) : 237-247).

Duncan, K.W. 1979. A note on the distribution and abundance of the endemic collembolan *Gomphiocephalus hodgsonii* Carpenter 1908 at Cape Bird, Antarctica. Mauri Ora 7: 19-24).

Hall, B.L., Denton, G.H. and Hendy, C.H. 2000. Evidence from Taylor Valley for a Grounded Ice Sheet in the Ross Sea, Antarctica. Geografiska Annaler 82A(-3) : 275-304.

Behrendt, J.C. 1985. An investigation of the fate and effects of a paraffin-based crude oil in an Antarctic terrestrial ecosystem. New Zealand Antarctic Record 6 (3): 40-46.

Lambert, D.M., Ritchie, P.A., Millar, C.D., Holland, B., Drummond, A.J. and Baroni, C. 2002. Rates of evolution in ancient DNA from Adélie penguins. Science 295: 2270-2273.

McGaughran, A., Convey, P, Redding, G.P. and Stevens, M.I. 2010. Temporal and spatial metabolic rate variation in the Antarctic springtail Gomphiocephalus hodgsoni. Journal of Insect Physiology 56: 57-64.

McGaughran, A., Convey, P. and Hogg, I.D. 2011. Extended ecophysiological analysis of Gomphiocephalus hodgsoni (Collembola): flexibility in life history strategy and population response. Polar Biology 34: 1713-1725.

McGaughran, A., Hogg, I.D. and Stevens, M.I. 2008. Patterns of population genetic structure for springtails and mites in southern Victoria Land, Antarctica. Molecular phylogenetics and evolution 46: 606-618.

McGaughran, A., Redding, G.P., Stevens, M.I. and Convey, P. 2009. Temporal metabolic rate variation in a continental Antarctica springtail. Journal of Insect Physiology 55: 130-135.

Nakagawa, S., Möstl, E. and Waas, J.R. 2003. Validation of an enzyme immunoassay to measure faecal glucocorticoid metabolites from Adelie penguins (*Pygoscelis adeliae*): a non-invasive tool for estimating stress? Polar Biology 26: 491-493.

Peterson, A.J. 1971. Population studies on the Antarctic Collembolan *Gomphiocephalus hodgsonii* Carpenter. Pacific Insects Monograph 25: 75-98.

Ritchie, P.A., Millar, C.D., Gibb, G.C., Baroni, C., Lambert, D.M. 2004. Ancient DNA enables timing of the Pleistocene origin and Holocene expansion of two Adelie penguin lineages in Antarctica. Molecular biology and evolution 21(2): 240-248.

Roeder, A.D., Marshall, R.K., Mitchelson, A.J., Visagathilagar, T., Ritchie, P.A., Love, D.R., Pakai, T.J., McPartlan, H.C., Murray, N.D., Robinson, N.A., Kerry, K.R. and Lambert, D.M. 2001. Gene flow on the ice: genetic differentiation among Adélie penguin colonies around Antarctica. Behavioral Ecology 10: 1645-1656.

Seppelt, R.D. and Green, T.G.A. 1998. A bryophyte flora for Southern Victoria Land, Antarctica. New Zealand Journal of Ecology 36: 617-635.

Sinclair, B.J. 2000. The ecology and physiology of New Zealand Alpine and Antarctic arthropods. Unpublished PhD, University of Otago, New Zealand. 231.

Sinclair, B. J. 2001. On the distribution of terrestrial invertebrates at Cape Bird, Ross Island, Antarctica. Polar Biology 24(6): 394-400.

Sinclair, B. J. and Sjursen, H. 2001. Cold tolerance of the Antarctic springtail *Gomphiocephalus hodgsonii* (Collembola, Hypogastruridae). Antarctic Science 13(3): 271-279.

Sinclair, B.J. and Sjursen, H. 2001. Terrestrial invertebrate abundance across a habitat transect in Keble Valley, Ross Island, Antarctica. Pedobiologia 45: 134-145.

Smith, D.J. 1970. The ecology of *Gomphiocephalus hodgsonii* Carpenter (Collembola, Hypogastuidae) at Cape Bird, Antarctica. Unpublished MSc Thesis, University of Canterbury, Christchurch, New Zealand.

Stevens, M.I. and Hogg, I.D. 2003. Long-term isolation and recent expansion from glacial refugia revealed for the endemic springtail *Gomphiocephalus hodgsonii* from Victoria Land, Antarctica. Molecular ecology 12: 2357-2369).

Wilson, P.R., Ainley, D.G., Nur, N. Jacobs, S.S., Barton, K.J.., Ballard, G. & Comiso, J.C., 2001. Adélie penguin population change in the Pacific sector of Antarctica: relation to sea-ice extent and the Antarctic Circumpolar Current. Marine Ecology Progress Series 213: 301-309).

Wharton, D.A. and Brown, I.M. 1989. A survey of terrestrial nematodes from the McMurdo Sound region, Antarctica. New Zealand Journal of Ecology 16: 467-470).

Map A - New College Valley, Caughley Beach, Cape Bird, Ross Island Antarctic Specially Protected Area 116: Regional Topographic Map

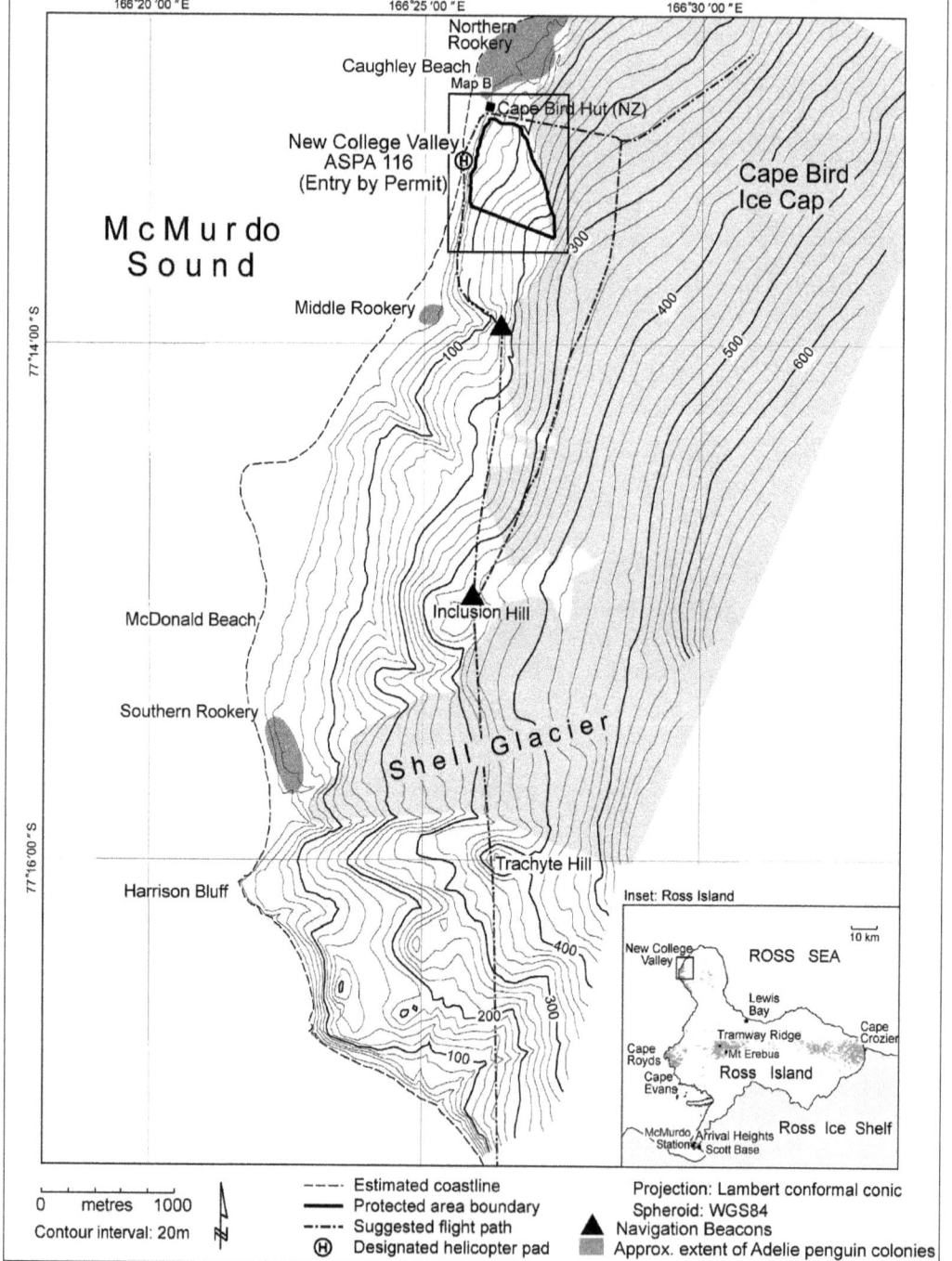

166°20´00´´E   166°25´00´´E   166°30´00´´E

Northern Rookery

Caughley Beach
Map B

Cape Bird Hut (NZ)

New College Valley
ASPA 116
(Entry by Permit)

Cape Bird
Ice Cap

McMurdo
Sound

77°14´00´´S

Middle Rookery

100

300

400

500

600

McDonald Beach

Inclusion Hill

Southern Rookery

Shell Glacier

77°16´00´´S

Trachyte Hill

Harrison Bluff

Inset: Ross Island

400

10 km

New College Valley

ROSS SEA

Lewis Bay

200

Tramway Ridge

Cape Crozier

300

Cape Royds

Mt Erebus

Cape Evans

Ross Island

100

McMurdo Station

Arrival Heights

Scott Base

Ross Ice Shelf

0 metres 1000	---- Estimated coastline	Projection: Lambert conformal conic
Contour interval: 20m	—— Protected area boundary	Spheroid: WGS84
	---- Suggested flight path	▲ Navigation Beacons
	Ⓗ Designated helicopter pad	Approx. extent of Adelie penguin colonies

Map B - New College Valley, Caughley Beach, Cape Bird, Ross Island
Antarctic Specially Protected Area 116: Vegetation Coverage Map

166°25'30"E   166°26'0"E   166°26'30"E   166°27'0"E   166°27'30"E

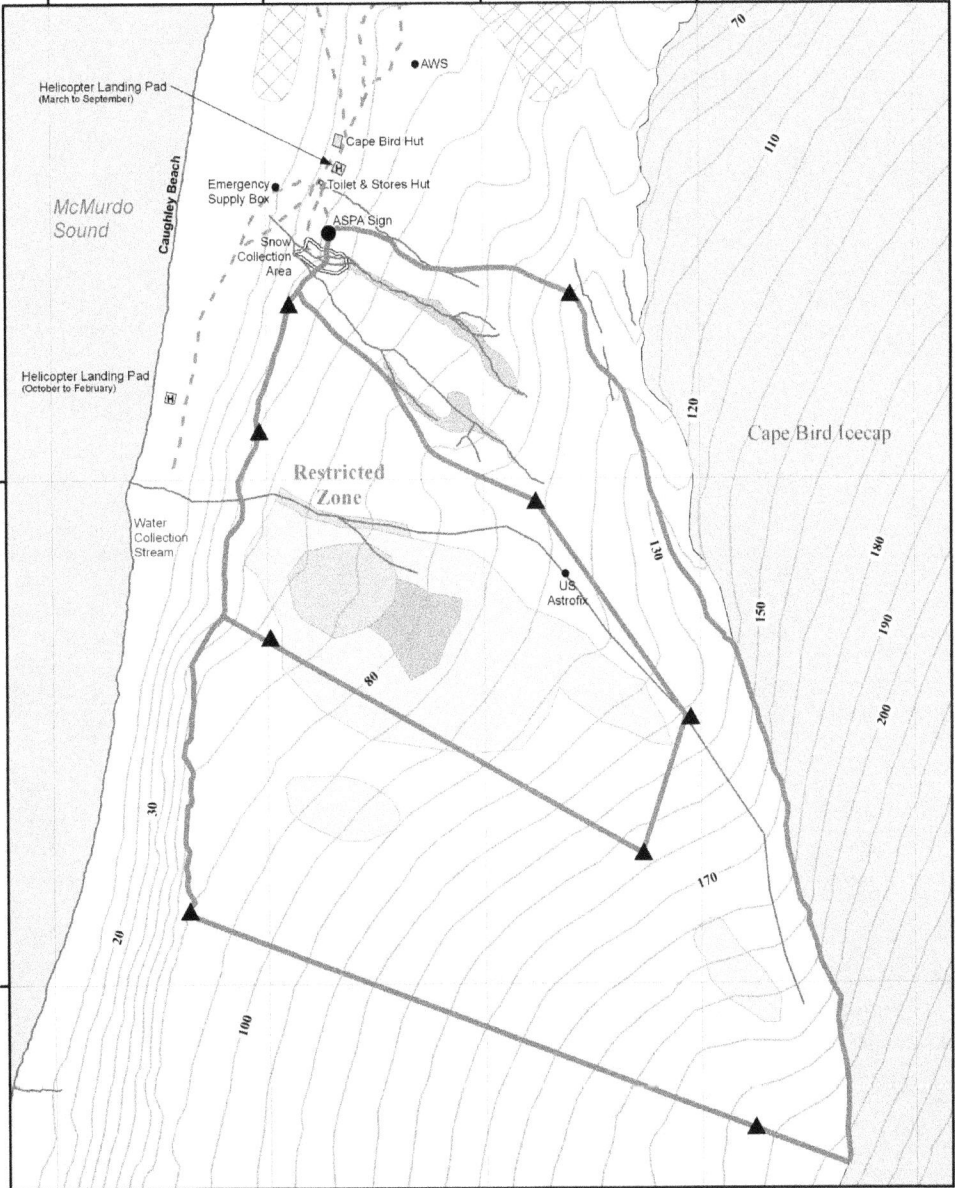

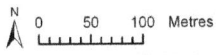

70

● AWS

Helicopter Landing Pad
(March to September)

□ Cape Bird Hut

McMurdo
Sound

Caughley Beach

Emergency ●
Supply Box

Toilet & Stores Hut

ASPA Sign

Snow
Collection
Area

110

Helicopter Landing Pad
(October to February)

120

Cape Bird Icecap

77°13'15"S

Restricted
Zone

Water
Collection
Stream

130

180

U.S.
Astrofix

150

190

80

200

30

77°13'30"S

170

20

100

N
Λ   0   50   100 Metres

Datum / Projection: WGS 1984 / Lambert Conformal Conic

Data: K500D (05/06) & K518 (07/08)
Cartography - Gateway Antarctica
Map Version - 24th of March 2011

Key:

▬▬▬ Protected Area Boundary
▢   Vegetation Coverage (5%-22%, 22%-38%, 38%-55%)
▲   Boundary Cairns
--   Tracks
▢   Buildings
⊠   Approx. extent of Adelie Penguin Colony
—   Contour (10m interval)

Plan de gestion de la zone spécialement protégée de l'Antarctique n° 120

ARCHIPEL DE POINTE-GEOLOGIE, TERRE ADELIE

**Iles Jean Rostand, Le Mauguen (ex-Alexis Carrel),
Lamarck et Claude Bernard, nunatak du Bon Docteur
et site de reproduction des manchots empereurs**

Introduction

L'archipel de Pointe Géologie, en Terre Adélie, est composé de 8 îles principales regroupées sur moins de 2,4 km², à environ 5 km du continent Antarctique. L'Ile des Pétrels, la plus grande de ces îles, héberge la station scientifique française Dumont d'Urville (66°39'46"S 140°0'07"E). Dans les années 1980, d'importants travaux ont été réalisés pour connecter les îles Buffon, Cuvier et du Lion en vue d'établir une piste d'atterrissage pour avions grands porteurs. Ce projet n'a jamais pu être mené à terme, notamment en raison de la destruction par la mer d'une partie de la plateforme ainsi créée.

Cet archipel présente l'originalité d'accueillir pour leur reproduction huit des neuf espèces d'oiseaux qui nichent sur les côtes du continent Antarctique. Parmi ces 8 espèces d'oiseaux, 4 appartiennent à la famille des Procellariidés, 2 à celle des Sphéniscidés, 1 aux Stercorariidés et enfin 1 appartient à la famille des Hydrobatidés. Sont en particulier présents des représentants de deux espèces emblématiques de l'Antarctique, les Pétrels géants, et les Manchots empereurs dont la colonie hivernale se situe à quelques centaines de mètres de la base Dumont d'Urville.

Quatre îles, un nunatak et le site de reproduction des manchots empereurs ont été classés en 1995 (RCTA XIX Mesure 3) en aire spécialement protégée de l'Antarctique en ce qu'ils constituaient un exemple représentatif des écosystèmes antarctiques terrestres sur les plans biologique, géologique et esthétique.

La Résolution 3 (2008) recommandait que l'« Analyse des domaines environnementaux pour le continent Antarctique » serve de modèle dynamique pour l'identification des zones spécialement protégées de l'Antarctique (voir également Morgan *et al.*, 2007). Selon ce modèle, la ZSPA 120 relève du domaine environnemental L (Calotte de glace de la zone côtière du continent).

La Résolution 6 (2012) recommandait également que les « régions de conservation biogéographiques de l'Antarctique » soient utilisées de concert avec l'analyse des domaines environnementaux pour qualifier les régions où des ZSPA sont mises en place et pour répondre ainsi à la notion de cadre environnemental et géographique systématisé dont il est fait mention au paragraphe 2 de l'article 3 de l'Annexe V du Protocole au Traité sur l'Antarctique concernant la protection de l'environnement. Ainsi, l'archipel de Pointe Géologie se raccroche à la région de conservation biogéographique de l'Antarctique n°13 « Terre Adélie » (voir Terauds *et al.* 2012), l'une des régions de conservation biogéographique de plus faible superficie (178 km²).

1. Description des valeurs à protéger

La zone comporte des valeurs environnementales et scientifiques exceptionnelles en raison de la diversité des espèces d'oiseaux et de mammifères marins qui s'y reproduisent :
- Phoque de Weddell *(Leptonychotes weddellii)*
- Manchot empereur *(Aptenodytes forsteri)*
- Labbe de McCormick *(Catharacta maccormicki)*
- Manchot d'Adélie *(Pygoscelis adeliae)*
- Océanite de Wilson *(Oceanites oceanicus)*
- Pétrel géant *(Macronectes giganteus)*
- Pétrel des neiges *(Pagodroma nivea)*
- Damier du Cap *(Daption capense)*.

Des programmes de recherche et de surveillance continue sur ces espèces sont en cours depuis de nombreuses années (à partir de 1952 ou 1964 selon les espèces), actuellement soutenus par l'Institut Polaire Français *Paul-Emile Victor* (IPEV) et le Centre National de la Recherche scientifique (CNRS). Une base de données démographiques d'une valeur exceptionnelle, par la durée des observations, a ainsi pu être constituée. Elle est maintenue et exploitée par le Centre d'Etudes Biologiques de Chizé (CEBC-CNRS). Dans ce contexte, la présence humaine scientifique dans la zone protégée est estimée actuellement à quatre personnes pour quelques heures trois fois par mois entre le 1er novembre et le 15 février et, dans la colonie de manchot empereur uniquement, à deux personnes pour quelques heures tous les deux jours entre le 1er avril et le 1er novembre.

Parmi les 46 sites de reproduction de manchots empereurs répertoriés (Fretwell *et al.* 2012), celui de Pointe-Géologie est l'un des seuls, avec celui proche de la base Mirny, à se situer à proximité immédiate d'une base permanente. Ce site est donc privilégié pour l'étude de cette espèce et de son environnement.

2. Buts et objectifs

La gestion de la zone spécialement protégée de Pointe-Géologie a pour buts :

-
- de minimiser toute perturbation éventuelle de la zone liée à la présence proche de la base Dumont d'Urville ;
- de limiter la perturbation de la zone en prévenant toute intervention injustifiée de l'homme ;
- d'éviter toute modification substantielle de la faune et de la flore et en particulier des différentes populations de vertébrés marins, oiseaux et mammifères, qui fréquentent la zone, laquelle constitue l'une des plus représentatives des côtes de terre Adélie pour son intérêt faunistique et scientifique ;
- de permettre des recherches scientifiques qui ne peuvent être réalisées ailleurs, notamment dans les sciences du vivant (éthologie, écologie, physiologie et biochimie, études démographiques des oiseaux et mammifères marins, évaluation de l'impact des activités humaines sur l'environnement...) ou les sciences de la terre (géologie, géomorphologie,...) ;
-
- d'encadrer les opérations logistiques afférentes à l'activité de la base voisine de Dumont d'Urville qui pourraient nécessiter un accès temporaire à la ZSPA.

3. Activités de gestion

Les activités de gestion suivantes seront réalisées pour protéger les valeurs de la zone :

- Le présent plan de gestion est régulièrement revu afin de s'assurer du suivi des mesures de protection des valeurs de la ZSPA.
- Toutes les activités de nature scientifique ou de gestion menées dans la zone doivent faire l'objet d'une évaluation d'impact sur l'environnement, conformément aux exigences stipulées dans l'Annexe I du Protocole au Traité sur l'Antarctique relatif à la protection de l'environnement.
- Conformément à l'Annexe III du Protocole au Traité sur l'Antarctique relatif à la protection de l'environnement, le matériel ou les matériaux abandonnés seront enlevés, dans toute la mesure du possible, à condition que cet enlèvement ne porte pas atteinte à l'environnement et aux valeurs de la zone.
- Tous les personnels séjournant ou transitant sur la base de Dumont d'Urville seront dûment informés de l'existence de la ZSPA, de ses limites géographiques, des conditions d'accès réglementés et, plus généralement, du présent plan de gestion. A cette fin, un panneau contenant une carte de la zone

énonçant les restrictions et les mesures de gestion particulières qui s'y appliquent est affiché à la station Dumont d'Urville.

- Des copies du présent plan de gestion sont en outre disponibles dans les quatre langues du Traité à la station Dumont d'Urville.

- Les informations relatives à chaque incursion dans la ZSPA, à savoir *a minima* : activité entreprise ou raison de la présence, nombre de personnes concernées, durée du séjour, sont consignée par le chef de station de Dumont d'Urville.

4. Période de désignation

La zone est désignée zone spécialement protégée de l'Antarctique (ZSPA) pour une période indéterminée.

5. Cartes

La carte 1 montre la situation géographique de la Terre Adélie au sein du continent Antarctique et la localisation de l'archipel de Pointe-Géologie sur la côte de Terre Adélie.
La carte 2 de l'archipel de Pointe-Géologie indique la localisation des principales colonies d'oiseaux et, en pointillés, la délimitation de la zone spécialement protégée de l'Antarctique 120 au sein de cet archipel.

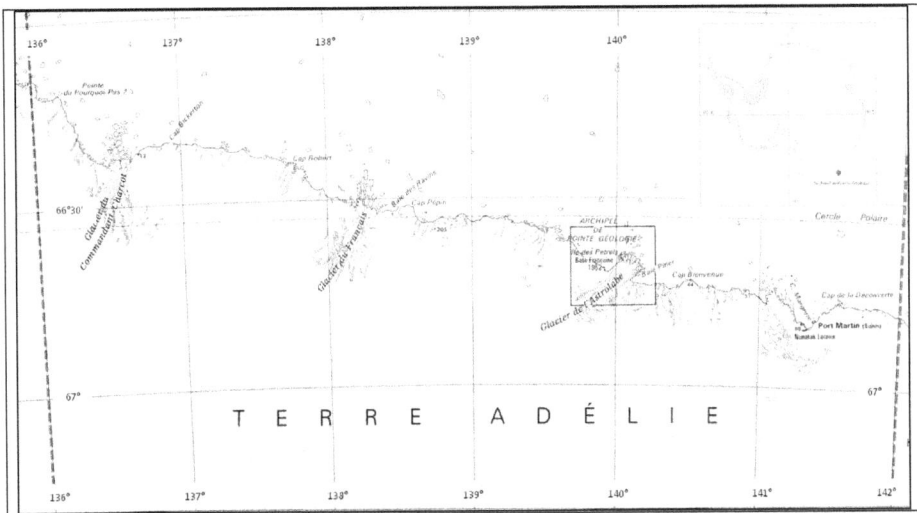

Carte 1 – Localisation de l'archipel de Pointe Géologie, en Terre Adélie (Antarctique)

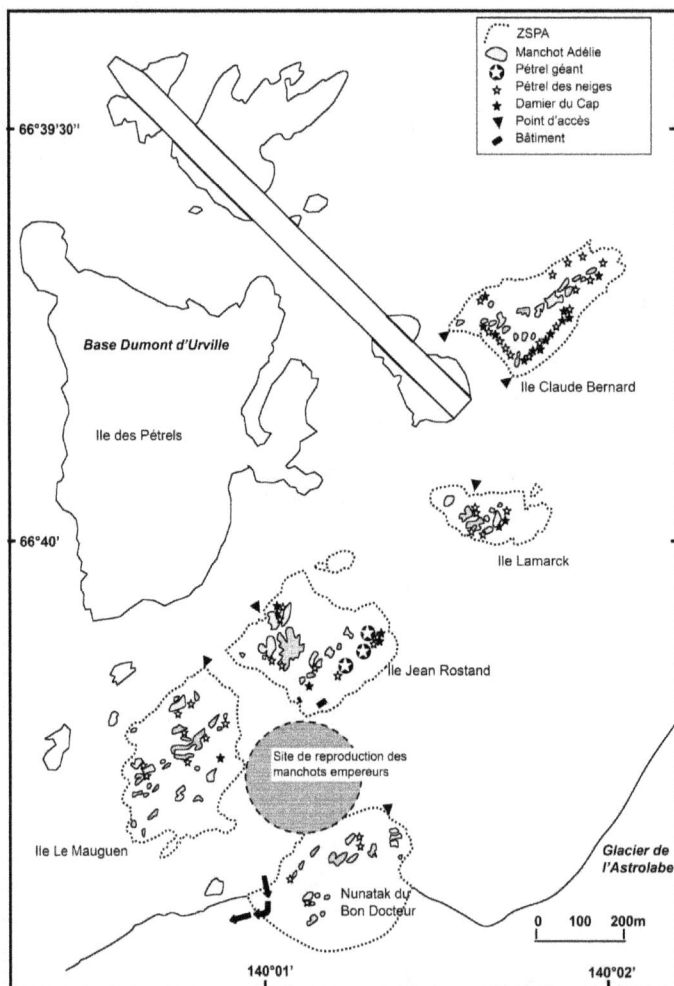

Carte 2 – Localisation des colonies d'oiseaux (excepté les territoires des labbes de McCormick et les nids d'Océanite de Wilson) au sein de la ZSPA de l'Archipel de Pointe Géologie. Les lignes pointillées marquent les limites de la ZSPA. Les manchots empereurs, présents de mars à mi-décembre, établissent leur colonie sur la banquise entre les îles et leur localisation est fluctuante. L'éventuel accès des véhicules terrestres au continent par le Nunatak du Bon Docteur est indiqué par des flèches.

6. Description de la zone et identification des secteurs

6 (i) Coordonnées géographiques, frontières et traits naturels
LIMITES ET COORDONNEES

La ZSPA 120 est située en bordure de la côte de Terre Adélie, au coeur de l'archipel de Pointe-Géologie (140° à 140°02'E ; 66°39'30'' à 66°40'30'' S). Elle est constituée des territoires suivants :

- l'île Jean Rostand,
- l'île Le Mauguen (ex-île Alexis Carrel),
- l'île Lamarck,
- l'île Claude Bernard,
- le Nunatak du Bon Docteur,
- le site de reproduction des manchots empereurs, sur la banquise qui enserre ces îles en hiver.

Au total, la surface des rochers affleurant n'excède pas 2 km². Les points culminants sont distribués le long d'une ride NE-SO (île Claude Bernard : 47,60 m ; île Jean Rostand : 36,39 m ; île Le Mauguen (ex-Alexis Carrel) : 28,24 m, Nunatak du Bon Docteur : 28,50 m).

Durant l'été, la banquise entre les îles disparaît et seuls les versants sud des îles sont encore partiellement couverts par des névés. La ZSPA est alors bien délimitée par ses traits naturels (contour des îles et affleurements rocheux).

Il n'existe aucune route ni chemin à l'intérieur de la zone.

DESCRIPTION GENERALE DE LA ZONE

Géologie

Des escarpements bien marqués offrent des profils transversaux asymétriques, en pente douce au nord, plus raide au sud. De nombreuses failles et fractures rendent le terrain très accidenté. Les roches du socle, principalement constituées de gneiss riches en sillimanite, en cordiérite et en grenats, sont recoupées par un réseau dense de filons d'anatextite rose. Les parties les plus déprimées des îles sont couvertes de moraines dont la granulométrie est hétérogène (avec des blocs variant en diamètre de quelques centimètres à plus d'un mètre).

Communautés biologiques terrestres

Aucune plante vasculaire et aucun macro-arthropode ne vivent dans la zone. Seule l'algue cosmopolite *Prasiola crispa* est présente et peut avoir, localement, un recouvrement significatif, en lien avec les apports de fientes d'oiseaux.

Faune Vertébrée

Sept espèces d'oiseaux et un mammifère marin (Phoque de Weddell) fréquentent l'archipel de Pointe Géologie. Ils font tous l'objet d'un suivi des populations depuis les années 1950-1960. Le Tableau 1 renseigne sur les effectifs d'oiseaux marins observés, le Tableau 2 sur les périodes de présence de ces différentes espèces, et le Tableau 3 sur la sensibilité estimée de chacune d'entre elle.

L'implantation de la station Dumont d'Urville a résulté en une diminution importante de la population de pétrels géants dans l'archipel de Pointe-Géologie. La colonie de reproduction située sur l'île des Pétrels a totalement disparu à la fin des années 1950 au cours des premières années de l'installation de la base à proximité immédiate de cette colonie (extension de bâtiments, intensification des vols d'hélicoptères, installation et remplacement de cuves à fioul). Actuellement 100% de la population de Pétrels géants de Pointe Géologie se reproduit dans la ZSPA, dans la partie sud-est de l'île Rostand.

Les travaux réalisés entre 1984 et 1993 pour connecter les îles Buffon, Cuvier et du Lion en vue d'établir une piste d'atterrissage ont résulté en une destruction des sites de reproduction d'environ 3000 couples de Manchot d'Adélie, 210 couples de Pétrel des neiges, 170 couples de Damier du Cap, 180 couples d'Océanite de Wilson et 3 couples de Labbe de McCormick (Micol & Jouventin 2001). Une partie relativement importante des couples de Manchot d'Adélie se sont déplacés dans la ZSPA, contrairement aux autres espèces (Micol & Jouventin 2001, CEBC données non publiées).

La diminution importante des manchots empereurs à la fin des années 1970 semble être due à une anomalie climatique prolongée entre 1976 et 1982 ayant entraîné une réduction importante de l'étendue de la banquise (Barbraud & Weimerskirch 2001, Jenouvrier *et al.* 2012). Depuis une quinzaine d'année la population reproductrice de manchots empereurs est en légère augmentation parallèlement à une augmentation de l'étendue de la banquise dans le secteur de Terre Adélie (Tableau 3).

Parmi les espèces d'oiseaux présentes dans l'archipel de Pointe-Géologie, le Manchot empereur et le Pétrel géant se reproduisent uniquement à l'intérieur de la ZSPA. Depuis la mise en place de cette ZSPA en 1995, les populations de ces deux espèces sont désormais stables ou en légère augmentation (Tableau 3). Les projections à long terme rendent toutefois nécessaire le maintien d'un statut de protection élevé à travers le présent plan de gestion.

Tableau 1. Nombre de couples d'oiseaux de mer se reproduisant dans la ZSPA 120 (dénombrement lors du cycle de reproduction 2014/2015). La proportion de la population se reproduisant à l'intérieur de cette ZSPA par rapport à celle de l'archipel de Pointe-Géologie dans son ensemble (PG) est également mentionnée (Source : données non publiées CEBC-CNRS sur le cycle reproducteur 2014/2015 sauf pour les Pétrels de Wilson, données de 1986 dans Micol & Jouventin 2001)

Site	Manchot empereur	Manchot d'Adélie	Labbe de McCormick	Pétrel des neiges	Damier du Cap	Pétrel de Wilson *	Pétrel géant
I .C. Bernard	--	3682	4	152	204	178	--
I. Lamarck	--	1410	1	31	26	45	--
I. J. Rostand	--	5441	8	54	57	35	19
I. Le Mauguen (ex-Alexis Carrel)	--	4271	18	14	1	72	--
Nunatak du Bon Docteur	---	1793	1	5	--	41	--
Banquise hivernale entre les îles	3772	--	--	--	--	--	--
TOTAL ZSPA	3772	16597	32	256	288	371	19
TOTAL PG	3772	42757	74	691	492	1200	19
% ZSPA/PG	100	39	43	37	59	31	100

Tableau 2. Présence des oiseaux sur les sites de reproduction

	Manchot empereur	Manchot Adélie	Labbe de McCormic	Pétrel des neiges	Damier du Cap	Océanite de Wilson	Pétrel géant
Première arrivée	Mars	Octobre	Octobre	Septembre	Octobre	Novembre	Juillet
Première ponte	Mai	Novembre	Novembre	Décembre	Décembre	Décembre	Octobre
Dernier départ	fin Décembre	Mars	Mars	Mars	Mars	Mars	Avril

Tableau 3. Sensibilité aux perturbations causées par l'homme et évolution des populations d'oiseaux de l'archipel de Pointe Géologie (Sources : données non publiées CEBC-CNRS, Thomas 1986, et Micol & Jouventin 2001 pour les données sur les Pétrels de Wilson)

	Manchot empereur	Manchot d'Adélie	Labbe de McCormick	Pétrel des neiges	Damier du Cap	Océanite de Wilson	Pétrel géant
Sensibilité	élevée	moyenne	moyenne	moyenne	élevée	Elevée	élevée
Tendance 1952-1984	diminution	stable	stable	?	?	?	diminution
Tendance 1984-2000	stable	augmentation	augmentation	stable	stable	?	stable
Tendance 2000-2015	légère augmentation	augmentation	augmentation	augmentation	stable	?	Légère augmentation

6 (ii) Identification de zones d'accès restreint ou prohibé

- Les conditions d'accès aux différents sites de la ZSPA sont déterminées en fonction de la répartition des espèces d'oiseaux (Tableau 1), des périodes de leur présence sur les sites de reproduction (Tableau 2) et en fonction de leur sensibilité spécifique (Tableau 3). La localisation des colonies nicheuses et les points d'accès aux îles sont indiqués sur la carte 2. Les oiseaux sont principalement présents pendant l'été austral, sauf les manchots empereurs qui se reproduisent en hiver.

-

Cas de l'Ile Rostand

Les pétrels géants y sont présents dans une aire limitée par la crête Nord-Est Sud-Ouest passant par les repères 33,10 m et 36,39 m au nord ouest de la colonie, signalée au sol par des piquets. Les accès à cette aire de reproduction sont strictement interdits, excepté pour les ornithologues munis d'un permis pour une visite annuelle unique au moment du baguage des poussins de pétrels géants. L'accès au reste de l'Ile Rostand est autorisé durant toute l'année aux personnes titulaires d'un permis.

Cas de la colonie de manchots empereurs

La colonie de manchot empereur n'est pas toujours localisée au même endroit et est itinérante sur la banquise pendant l'hiver. La zone de protection de ces animaux est donc déterminée par les sites de présence des oiseaux (colonie ou groupes d'individus) augmentés d'une zone tampon de 40 m.

Personne, hormis les titulaires de permis, ne peut approcher ou déranger les manchots empereurs d'aucune façon pendant la période de leur présence sur le site de reproduction entre mars et mi-décembre, période à laquelle les poussins partent en mer. Une distance minimale de 20 m entre les observateurs autorisés et la colonie est préconisée.

6 (iii) Installations à l'intérieur de la zone

L'abri historique de Prévost et un refuge sont situés sur l'île Rostand, à l'exclusion de toute autre structure dans l'ensemble de la zone.

6 (iv) Emplacement d'autres zones protégées à proximité

La zone protégée la plus proche de la ZSPA 120 est la ZSPA n°166 « Port Martin », située à 60 km à l'est.

6 (v) Zones spéciales à l'intérieur de la ZSPA

Aucune.

7. Conditions de délivrance des permis

- L'accès à la zone est interdit à moins qu'un permis n'ait été délivré par une autorité nationale compétente désignée en vertu de l'article 7 de l'annexe V du Protocole au Traité sur l'Antarctique relatif à la protection de l'environnement. Le chef de la station Dumont d'Urville est tenu informé sur place des personnes détentrices de permis.

- Des permis peuvent être délivrés pour les activités prévues au paragraphe 7(ii). Les permis précisent pour chaque visite les activités envisagées, leur durée, le nombre d'accès ainsi que le nombre maximum de personnes pouvant entrer dans la zone (titulaires du permis et les éventuels accompagnateurs rendus nécessaires pour des raisons professionnelles ou de sécurité).

7 (i) Accès et mouvements à l'intérieur de la zone

- L'accès à la zone est autorisé uniquement à pied ou en embarcation légère (en été).

- Aucun hélicoptère ne peut se poser dans la ZSPA et le survol de la zone est interdit à tout aéronef non autorisé (hormis dans le cas de procédures d'urgences).

- L'utilisation de drones de loisirs à l'intérieur de la ZSPA est interdite.

- L'utilisation de drones ou le survol d'hélicoptère à des fins de recherche scientifique, de suivi démographiques ou de logistique doivent faire l'objet d'une demande spécifique accompagnant la demande d'accès à la ZSPA. Les autorisations d'accès délivrées par les autorités compétentes sollicitées devront mentionner l'autorisation, le cas échéant, de l'utilisation de drones dans la zone ou le survol d'hélicoptère en précisant les conditions de vol de ces aéronefs.

- Les transits de véhicules terrestres entre la station Dumont d'Urville, sur l'Ile des Pétrels, et la station de Cap Prudhomme, sur le continent, s'effectuent normalement en hiver en ligne directe, sur la banquise. Lorsqu'à de très rares occasions l'état de la glace de mer ne permet pas d'effectuer ces transits en sécurité, un cheminement via la bordure ouest du Nunatak du Bon Docteur peut être exceptionnellement autorisé, comme indiqué sur la carte 2.

- Dans tous les cas, les véhicules terrestres conduits à circuler à proximité de rassemblements de manchots empereurs devront rester à l'extérieur de la ZSPA, c'est à dire en respectant une distance minimale de 40 m vis-à-vis de ces animaux.

- Le déplacement des personnes autorisées à l'intérieur de la zone doivent se faire avec une particulière vigilance pour éviter la perturbation des oiseaux et la détérioration des zones de nidification et de leurs accès.

- Bien que la base située sur l'Ile des Pétrels ne soit pas comprise dans la ZSPA une vigilance particulière doit s'appliquer également lorsque des manchots empereurs s'y déplacent (situation exceptionnelle qui ne concerne a priori que des adultes ou des jeunes émancipés du point de vue thermique). Dans ce cas une distance minimale d'approche de 20 m est préconisée excepté pour les ornithologues qui peuvent être amenés, avec toutes les précautions qui s'imposent à faire déplacer les animaux pour permettre la poursuite des activités logistiques essentielles dans le périmètre de la base.

7 (ii) Activités conduites ou pouvant être conduites à l'intérieur de la zone avec des restrictions de temps et de place

- Activités ayant pour but de servir des objectifs scientifiques essentiels et qui ne peuvent pas être réalisées ailleurs.

- Activités ayant pour but de servir des objectifs de conservation des espèces présentes.

- Activités de gestion et de logistique indispensables.

- Activités à finalité pédagogique ou de vulgarisation scientifique (prises de vue cinématographiques, photographiques, prises de son...) qui ne peuvent pas être réalisées ailleurs.

7 (iii) Installation, modification ou démantèlement des structures

- Aucune structure ni équipement scientifique ne peuvent être mis en place dans la zone sauf pour des motifs scientifiques essentiels ou pour des activités de gestion ou de conservation autorisées par une autorité nationale compétente.

- Les structures ou installations permanentes sont interdites

- L'éventuelle modification ou le démantèlement des seules installations actuellement présentes sur l'Ile Rostand ne pourront être conduits qu'avec une autorisation.

7 (iv) Localisation de bivouacs

Il est interdit de camper dans la zone. Une exception peut être faite uniquement pour des raisons de sécurité. Si tel était le cas, les tentes devraient être montées de telle sorte qu'elles perturbent l'environnement le moins possible.

7 (v) Restriction d'importation de matériels ou d'organismes dans la zone

- Conformément aux dispositions de l'annexe II du Protocole au Traité sur l'Antarctique relatif à la protection de l'environnement, les introductions d'animaux vivants ou de végétaux sont prohibées dans la zone.

- Il conviendra d'être particulièrement vigilant contre l'introduction involontaire de microbes, d'invertébrés ou de plantes issus d'autres sites en Antarctique, y compris les stations, ou d'autres régions hors Antarctique. Tous les dispositifs d'échantillonnage ou les balises apportés dans la zone doivent être nettoyés ou stérilisés. Les chaussures et autres équipements utilisés ou apportés dans la zone (y compris les sacoches ou sacs à dos) doivent dans toute la mesure du possible avoir été soigneusement nettoyés avant d'entrer dans la zone. Le Manuel sur les espèces non-indigènes du CPE (édition en cours publiée sur le site du Secrétariat du Traité sur l'Antarctique) et les listes de vérification pour les gestionnaires de la chaîne d'approvisionnement des programmes antarctiques nationaux pour la réduction du risque de transfert d'espèces non-indigènes du COMNAP / SCAR offrent des orientations supplémentaires en la matière.

- Aucun produit issu de volaille, y compris les déchets associés à ces produits et les produits contenant de la poudre d'œuf, ne pourra être introduit dans la zone.

- Les produits chimiques sont interdits dans la zone à l'exception de ceux qui sont introduits pour les activités scientifiques dans les conditions indiquées dans les permis délivrés. Tout produit chimique doit être évacué de la zone au plus tard à la fin des activités pour lesquelles des permis ont été délivrés.

- Le dépôt de carburants, de produits alimentaires ou de tout autre matériel est interdit sauf impératif lié à des activités pour lesquelles des permis sont délivrés. Tous ces matériels introduits sont retirés dès qu'ils ne sont plus utiles. Les stockages permanents sont interdits.

7 (vi) Prélèvements et interventions sur la faune et la flore indigènes

Tout prélèvement ou intervention sur la faune et la flore indigènes est interdit sauf pour les titulaires d'un permis le spécifiant. En cas de prélèvements ou d'interférence autorisés le code de conduite du SCAR sur l'utilisation d'animaux à des fins scientifiques en Antarctique (RCTA XXXIV-CPE XIV IP53) devra être utilisé comme norme minimale.

7 (vii) Collecte ou enlèvement à l'intérieur de la zone d'objets ou de matériels qui n'ont pas été apportés par le titulaire d'un permis

- La collecte ou l'enlèvement d'objets ou de matériels qui n'ont pas été apportés dans la zone par le titulaire d'un permis sont interdits sauf spécification mentionnée dans ce permis.

- Les débris d'origine humaine peuvent être retirés de la zone et des spécimens de faune et de flore morts ou malades ne peuvent être emportés que si cela est expressément mentionné dans le permis.

7 (viii) Elimination des déchets

Tous les déchets produits doivent être évacués de la zone à l'issue de chaque visite conformément à l'Annexe III du Protocole au Traité sur l'Antarctique relatif à la protection de l'environnement, et ce comme norme minimale.

7 (ix) Mesures nécessaires pour répondre aux buts et objectifs du plan de gestion

- Les visites dans la zone sont strictement limitées aux activités prévues au paragraphe 7(ii) et dûment autorisées.
- Les activités de nature scientifique seront menées conformément au code de conduite du SCAR pour la recherche scientifique sur le terrain en Antarctique (RCTA XXXII-CPE XII IP004) et au code de conduite du SCAR sur l'utilisation d'animaux à des fins scientifiques en Antarctique (RCTA XXXIV-CPE XIV IP53).

7 (x) Rapports de visite

Les Parties doivent s'assurer que le principal titulaire de chaque permis délivré, soumette à l'autorité compétente un rapport des activités menées dans la zone. Ce rapport, à fournir dans un délai maximum de six mois suivant la visite dans la zone, doit inclure, s'il y a lieu, les renseignements identifiés dans le formulaire de rapport de visite qui figure dans le « Guide pour la préparation des plans de gestion des zones spécialement protégées en Antarctique » (Résolution 2, 2011).

Dans la mesure du possible, les Parties devraient déposer les originaux ou les copies des rapports de visite originaux dans une archive à laquelle le public pourra avoir accès en vue de préserver une archive d'usage, qui sera utilisée dans l'examen du plan de gestion et dans l'organisation de la zone à des fins scientifiques.

8. Documents de référence

Barbraud, C. et Weimerskirch. H. 2001. Emperor penguins and climate change. *Nature*, 411: 183-186

Fretwell, P.T., LaRue, M.A., Morin, P., Kooyman, G.L., Wienecke, B., Ratcliffe, N., Adrian, J.F., Fleming, A.H., Porter, C. et Trathan, P.N. 2012. An Emperor Penguin Population Estimate: The First Global, Synoptic Survey of a Species from Space. *PLoS ONE*, 7(4), e33751.

Jenouvier, S., Holland, M., Stroeve, J., Barbraud, C., Weimerskirch, H., Serreze, M. et Caswell, H. 2012. Effects of climate change on an emperor penguin population: analysis of coupled demographic and climate models. *Global Change Biology*, 18, 2756-2770.

Micol, T. et Jouventin, P. 2001. Long-term population trends in seven Antarctic seabirds at Pointe Géologie (Terre Adélie). *Polar Biology*, 24, 175-185.

Morgan, F., Barker, G., Briggs, C., Price, R. et Keys, H. 2007. Environmental Domains of Antarctica Version 2.0 Final Report, Manaaki Whenua Landcare Research New Zealand Ltd. 89 pp.

RCTA XXXIV-CPE XIV IP53 2011. SCAR's Code of Conduct for the Use of Animals for Scientific Purposes in Antarctica

Terauds, A., Chown, S.L., Morgan, F., Peat, H.J., Watts, D.J., Keys, H., Convey, P. et Bergstrom, D. 2012. Conservation biogeography of the Antarctic. *Diversity and Distributions*, 18, 726-741.

Thomas, T. 1986. L'effectif des oiseaux nicheurs de l'archipel de Pointe Géologie (Terre Adélie) et son évolution au cours des trente dernières années. *L'oiseau RFO*, 56, 349-368.

Plan de gestion pour la
Zone spécialement protégée de l'Antarctique (ZSPA) n° 122
HAUTEURS ARRIVAL, PÉNINSULE HUT POINT, ÎLE DE ROSS

Introduction

La Zone spécialement protégée de l'Antarctique (ZSPA) des hauteurs Arrival se situe à proximité de l'extrémité sud-ouest de la péninsule Hut Point, sur l'île de Ross, aux coordonnées 77° 49' 41.2" de latitude sud et 166° 40' 2.8" de longitude est, et couvre une superficie d'environ 0,73 km². Le principal motif de désignation de la Zone est sa valeur en tant que site propice à l'étude de la haute atmosphère, car connaissant peu de perturbations électromagnétiques, ainsi que sa proximité du soutien logistique. La Zone est utilisée pour un certain nombre d'autres études scientifiques, notamment la surveillance des gaz présents à l'état de trace, les études aurorales et géomagnétiques et les études portant sur la qualité de l'air. À titre d'exemple, citons la longévité et la qualité des nombreuses données atmosphériques qui confèrent à la Zone sa haute valeur scientifique. Depuis sa désignation en 1975, de nombreux projets se sont déroulés dans la Zone ou à proximité de celle-ci, qui ont pu détériorer les conditions de faibles perturbations électromagnétiques des hauteurs Arrival. L'interférence générée par ces activités semble avoir un impact suffisamment faible sur les expériences scientifiques pour être acceptable, bien qu'un examen approfondi du niveau d'interférence soit actuellement en cours. La Zone est utilisée en permanence en raison de ses caractéristiques géographiques, de l'horizon dégagé bas, de la pureté de l'air, de sa proximité avec l'appui logistique et du coût élevé qu'entraînerait son déplacement. La Zone a été proposée par les États-Unis d'Amérique et adoptée par le biais de la Recommandation VIII-4 [1975, Site d'intérêt scientifique particulier (SISP) n° 2] ; la date d'expiration a été prorogée par les Recommandations X-6 (1979), XII-5 (1983), XIII-7 (1985), et XIV-4 (1987), la Résolution 3 (1996) et la Mesure 2 (2000). La Zone a été rebaptisée et renumérotée par la Décision 1 (2002); un plan de gestion révisé a été adopté par la Mesure 2 (2004) et de la Mesure 3 (2011). La dégradation des conditions de faibles perturbations électromagnétiques dans la Zone a été reconnue par la Recommandation XXIII-6 (1994) du SCAR.

La Zone se situe au sein de l'« Environnement S - Géologie de McMurdo - Terre Victoria du Sud », tel que défini dans l'Analyse des domaines environnementaux pour l'Antarctique (Résolution 3, 2008). D'après la classification des Régions de conservation biogéographiques de l'Antarctique (Résolution 6, 2012), la Zone se trouve dans la RCBA9 - Terre Victoria du Sud.

1.   Description des valeurs à protéger

Une Zone des hauteurs Arrival a initialement été désignée dans la Recommandation VIII-4 (1975, SISP n° 2), à la suite d'une proposition émise pas les États-Unis d'Amérique fondée sur le fait qu'il s'agissait d'un « site naturel peu perturbé au niveau électromagnétique , offrant des conditions idéales pour l'installation d'instruments sensibles conçus pour capter des signaux extrêmement faibles dans le cadre de programmes d'étude de la haute atmosphère. » Par exemple, des enregistrements électromagnétiques ont été menés aux hauteurs Arrival dans le cadre d'études scientifiques de longue durée, qui ont permis d'obtenir des données d'excellente qualité en raison des caractéristiques uniques de la situation géographique du point de vue du champ géomagnétique, associées à des taux d'interférence électromagnétique relativement faibles. Les conditions de faibles perturbations électromagnétiques et la durée considérable de la collecte de données aux hauteurs Arrival rendent les données obtenues particulièrement précieuses d'un point de vue scientifique.

Au cours des dernières années, l'augmentation des opérations scientifiques et de soutien associées à la base Scott et à la station McMurdo a accentué les niveaux de bruits électromagnétiques générés localement aux hauteurs Arrival et il a été reconnu que les conditions de faibles perturbations électromagnétiques avaient été quelque peu dégradées par ces activités, comme l'identifie la Recommandation XXIII-6 (1994) du SCAR.

Les recherches scientifiques menées dans la Zone semblent se dérouler à un niveau d'interférence électromagnétique (IEM) suffisamment faible, provenant d'autres activités conduites aux alentours. Les buts et objectifs décrits dans le plan de gestion des hauteurs Arrival demeurent donc pertinents. Toutefois, de récentes visites de site et l'installation de nouveaux instruments ont indiqué la présence marquée de bruit très basse fréquence (TBF), dans une plage de 50 Hz à 12 kHz, émanant de sources situées en dehors de la Zone (très probablement les éoliennes installées à environ 1 km de la Zone). Des preuves indiquent également une augmentation du bruit à TBF dans les fréquences situées entre 12 et 50 kHz, qui provient probablement de l'intérieur de la Zone, par exemple de la configuration et de la mise à la terre du réseau d'alimentation électrique, ainsi que de la prolifération d'éléments tels que des systèmes d'alimentation sans coupure (ASC). Les communautés scientifiques américaine et néo-zélandaise qui mènent des projets aux hauteurs Arrival, procèdent actuellement à une analyse détaillée des causes possibles de ces interférences électromagnétiques (IEM), dans le but d'émettre des recommandations pratiques visant en à atténuer les effets potentiels.

En dépit de ces observations, les caractéristiques géographiques initiales du site, comme sa situation élevée et sa vue dégagée, la morphologie du cratère volcanique, et la proximité immédiate du soutien logistique complet de la station Mc Murdo toute proche (américaine), à 1,5 km au sud, et de la base Scott (néo-zélandaise), située à 2,7 km au sud-est, constituent toujours des valeurs qui rendent la Zone précieuse pour les études sur la haute atmosphère et sur l'échantillonnage de la couche limite de l'air. En outre, il existe des contraintes scientifiques, financières et pratiques associées à toute proposition de déplacement de la Zone, ainsi que des installations qui s'y trouvent. L'option de gestion préférée à l'heure actuelle consiste donc à réduire autant que possible les sources d'IEM, et d'effectuer un suivi régulier de ces niveaux afin d'identifier et de faire face à toute menace significative posée aux valeurs du site.

Depuis sa première désignation, le site a servi à d'autres programmes scientifiques qui bénéficient des restrictions d'accès mises en place au sein de la Zone. La vue dégagée et l'isolement relatif des activités (p. ex. les mouvements de véhicules, les gaz d'échappement de moteurs) se sont plus révélés particulièrement utiles pour mesurer les gaz à effet de serre, les gaz à l'état de trace tels que l'ozone, pour les études sur les particules spectroscopiques et particulaires de l'air, les études sur la pollution, ainsi que les études aurorales et géomagnétiques. Il est important que ces valeurs soient protégées en conservant la vue dégagée et que les émissions de gaz anthropiques (en particulier les émissions gazeuses et d'aérosol à long terme provenant de sources comme les moteurs à combustion) soient réduites au minimum, et si possible évitées.

Par ailleurs, le statut protégé des hauteurs Arrival a également eu pour effet de limiter l'étendue et l'ampleur des perturbations physiques au sein de la Zone. Par conséquent, les caractéristiques des sols et du paysage sont bien moins perturbées que dans les zones environnantes de Hut Point, où la station s'est agrandie. En particulier, les polygones à coins sableux sont bien plus répandus qu'ailleurs aux alentours de Hut Point, puisqu'ils recouvrent une zone d'approximativement 0,5 km². La nature relativement intacte de l'environnement des hauteurs Arrival rend la Zone précieuse pour les études comparatives d'impact associées aux évolutions qu'a connues la station, et précieuse en tant que référence pour les modifications envisagées. Ces valeurs supplémentaires constituent également des raisons importantes qui ont commandé la protection spéciale des hauteurs Arrival.

La Zone continue de présenter une haute valeur scientifique grâce à un éventail de données atmosphériques de grande qualité sur le long terme qui ont été collectées sur ce site. Malgré le potentiel d'interférence reconnu émanant de sources locales et proches, les séries de données à long terme, l'accessibilité du site pour effectuer des observations tout au long de l'année, ses caractéristiques géographiques, et le coût élevé d'un transfert, justifient la protection continue et renforcée du site. La vulnérabilité de ces recherches aux perturbations causées par la pollution chimique et auditive, en particulier les interférences électromagnétiques, et aux changements potentiels qui pourraient troubler la vue dégagée ou la luminosité lors de l'utilisation des instruments est telle que cette zone requiert une protection spéciale constante.

2. Buts et objectifs

La gestion aux hauteurs Arrival vise à :

- prévenir toute détérioration ou tout risque de détérioration des valeurs de la Zone en empêchant toute perturbation anthropique inutile de ladite Zone ;
- permettre la recherche scientifique dans la Zone, notamment celle consacrée à l'atmosphère, tout en veillant à ne pas utiliser la Zone à des fins incompatibles avec le présent plan de gestion et à ne pas installer de matériel non surveillé susceptible de porter préjudice aux recherches menées dans la Zone ;

- réduire au minimum la génération possible d'interférences excessives dues au bruit électromagnétique à l'intérieur de la Zone en réglementant le type, la quantité et l'utilisation des équipements qui peuvent être installés et utilisés dans la Zone ;

- éviter la dégradation du champ de vision sur l'horizon et l'ombre que les installations peuvent porter sur les instruments qui utilisent les géométries de visée liées au soleil et au ciel ;

- éviter/atténuer autant que faire se peut les émissions gazeuses et d'aérosols anthropiques provenant entre autres des moteurs à combustion interne dans l'atmosphère de la Zone ;

- encourager la prise en compte des valeurs de la Zone dans la gestion des activités environnantes et des utilisations du terrain, en particulier pour le suivi des niveaux, et encourager également à réduire au minimum les sources de rayonnement électromagnétique susceptibles de compromettre les valeurs de la Zone ;

- permettre un accès pour l'entretien, la modernisation et la gestion des équipements scientifiques et de communication situés à l'intérieur de la Zone ;

- permettre, à des fins de gestion, des visites à l'appui des buts et objectifs du plan de gestion ; et

- permettre, à des fins pédagogiques et de sensibilisation, des visites liées aux études scientifiques menées dans la Zone et qui ne peuvent être effectuées ailleurs.

3. Activités de gestion

Les activités de gestion suivantes devront être entreprises en vue de protéger les valeurs de la Zone :

- des panneaux indiquant l'emplacement et les démarcations de la Zone avec des indications claires concernant les restrictions d'accès seront placés à des lieux appropriés, aux limites de la Zone afin d'éviter toute entrée inopportune. Les panneaux devront comporter l'instruction de ne pas effectuer de transmissions radio et d'éteindre les phares des véhicules à l'intérieur de la Zone, à moins que cela ne soit nécessaire en cas d'urgence.

- Des panneaux indiquant l'emplacement de la Zone (établissant les restrictions spéciales qui s'appliquent) seront mis en évidence, et un exemplaire de ce plan de gestion sera mis à disposition, dans les principales installations de recherche dans la Zone, ainsi qu'à la station McMurdo et à la base Scott.

- Les bornes, les panneaux et autres structures mis en place dans la Zone à des fins scientifiques ou de gestion devront être solidement fixés, maintenus en bon état et retirés lorsqu'ils ne seront plus nécessaires ;

- Des visites seront organisées en fonction des besoins (au moins une fois tous les 5 ans) afin de déterminer si la Zone répond toujours aux objectifs pour lesquels elle a été désignée et de s'assurer que les mesures de gestion et d'entretien sont adéquates;

- Des études portant sur le bruit électromagnétique seront entreprises dans la Zone sur une base bisannuelle, afin de détecter les défauts des équipements et de contrôler les niveaux d'interférence pouvant compromettre les valeurs de la Zone de manière inacceptable, afin d'en identifier et d'en atténuer les sources.

- Les activités potentiellement perturbatrices prévues en dehors de la Zone mais proche de celle-ci, comme les explosions, les forages ou encore l'utilisation de transmetteurs ou d'autres équipements ayant le potentiel de provoquer des interférences dans la Zone, devront être signalées à l'avance aux représentants des autorités nationales concernées opérant dans la région. Cela permettra de coordonner les activités et/ou d'entreprendre des actions d'atténuation afin d'éviter ou de réduire au minimum les perturbations des programmes scientifiques.

- Les programmes antarctiques nationaux à l'œuvre dans la région nommeront un coordinateur d'activités qui sera chargé de mener les consultations inter-programmes relatives à l'ensemble des activités menées dans la Zone. Les coordinateurs d'activités tiendront un registre des visites de la Zone effectuées par leurs programmes, en prenant note du nombre d'employés, du moment et de la durée de la visite, ainsi que des activités et des moyens utilisés pour se rendre dans la Zone. Les coordinateurs partageront ces informations afin de créer un registre consolidé de l'ensemble des visites effectuées annuellement dans la Zone.

- Les programmes antarctiques nationaux qui opèrent dans la région se consulteront afin de garantir que les conditions reprises dans ce plan de gestion soient mises en œuvre, et prendront les mesures appropriées afin de déterminer les cas où ces conditions ne sont pas respectées, et les faire respecter le cas échéant.

4. Durée de la désignation

La Zone est désignée pour une période indéterminée.

5. Cartes

Carte 1 : ZSPA n° 122 Hauteurs Arrival - Aperçu régional comprenant la péninsule Hut Point, les stations proches (station américaine McMurdo ; base néo-zélandaise Scott), les installations (SuperDARN, récepteurs satellites et éoliennes) et les routes (routes et pistes d'excursion). Projection conique conforme de Lambert : Parallèles d'échelle conservée : 1er 77° 40′ S ; 2e 78° 00′ S ; méridien central : 166° 45′ E; latitude d'origine : 77° 50′ S ; sphéroïde WGS84; système géodésique du détroit de McMurdo. Sources des données : Topographie : courbes de niveau (intervalle de 10 m) dérivés de l'orthophotographie numérique et du MAN issu d'imagerie aérienne (novembre 1993) ; étendue de glace pérenne numérisée à partir d'une image satellite Quickbird orthorectifiée (15 octobre 2005) (Imagery © 2005 Digital Globe, fourni à travers le programme d'imagerie commercial de la NGA) ; infrastructure : Données CAO de disposition de la station USAP (février 2009 / mars. 2011), étude sur le terrain de l'ERA (novembre 2009) et de l'USAP (janvier 2011) ; étude sur le terrain du PGC sur les pistes d'excursion (janvier 09 / janvier 2011).

Encart 1 : Emplacement de l'île de Ross dans la mer de Ross. *Encart 2 :* Emplacement de la Carte 1 sur l'île de Ross et principales caractéristiques topographiques.

Carte 2 : Hauteurs Arrival, ZSPA n° 122 carte topographique montrant les délimitations de la zone protégée, les installations présentes sur le site, les installations voisines (SuperDARN, récepteurs satellites) et les voies de communication (routes d'accès et pistes d'excursion). Détails des projections et sources des données identiques à la carte 1.

6. Description de la Zone

6(i) Coordonnées géographiques, bornage et caractéristiques du milieu naturel

Limites et coordonnées

Hauteurs Arrival (77° 49′ 41.2" de latitude sud, 166° 40′ 2.8" de longitude est; superficie : 0,73 km²) forme une petite chaîne de basses collines située à proximité de l'extrémité sud-est de la péninsule Hut Point, sur l'île de Ross. La péninsule Hut Point est composée d'une série de cratères volcaniques qui s'étend à partir du mont Erebus. Deux de ces cratères, à savoir le First Crater et le Second Crater, correspondent respectivement aux limites méridionale et septentrionale de la Zone. La Zone est majoritairement libre de glaces et les altitudes varient de 150 m à maximum 280 m, au niveau du deuxième cratère. Les hauteurs Arrival sont situées à environ 1,5 km au nord de la station McMurdo, et à 2,7 km au nord-ouest de la base Scott. La Zone dispose d'une vue largement dégagée, et est isolée des activités menées à la station McMurdo et à la base Scott, la majeure partie de la station McMurdo étant cachée à la vue.

La pointe sud-est de la Zone est définie par Trig T510 n° 2, dont le centre se trouve à 77° 50′ 08.4" de latitude sud, 166° 40′ 16.4" de longitude est, et à une altitude de 157,3 m. Le Trig T510 n° 2 a remplacé, et se situe à 0,7 m, de l'ancienne balise de délimitation (T510), qui n'existe plus. La balise T510n° 2 de remplacement est une tige de fer (peinte en orange) plantée dans le sol à environ 7,3 m à l'ouest de la route permettant l'accès aux hauteurs Arrival, et est entourée d'un petit cercle de rochers. La limite de la Zone s'étend depuis la Trig T510 n° 2 en ligne droite sur 656,0 m en direction du nord-ouest et passe par-dessus le First Crater jusqu'à un point situé à 77° 49′53.8" de latitude sud, 166° 39′ 03.9" de longitude est, à une altitude de 150 m. La limite suit donc la courbe de niveau de 150 m vers le nord sur 1186 m jusqu'à un point situé à 77° 49′ 18.6" de latitude sud, 166° 39′ 56.1" de longitude est à l'ouest de la couronne nord du Second Crater. La limite s'étend donc sur 398 m à l'est du Second Crater et autour de la couronne du cratère jusqu'à une balise de relevé hydrographique américaine (un disque de laiton estampillé) qui est installée près du niveau du sol à 77° 49′ 23.4" de latitude sud, 166° 40′ 59.0" de longitude est et à une altitude de 282 m, marquant la limite nord-est de la Zone. La limite s'étend donc entre la balise de relevé hydrographique américaine vers le sud sur 1 423 m en ligne droite, directement jusqu'à Trig T510 n° 2.

Géologie, géomorphologie et sols

La péninsule Hut Point s'étend sur 20 km et se compose d'une ligne de cratères qui s'étend vers le sud à partir des flancs du mont Erebus (Kyle, 1981). Les roches basaltiques de la péninsule Hut Point font partie de la province volcanique d'Erebus et les principaux types de roches sont les laves de basanite alcaline et les pyroclastites, avec de petites quantités de phonolite et quelques affleurements de laves intermédiaires (Kyle 1981). Les données aéromagnétiques et les modèles magnétiques indiquent que les roches volcaniques magnétiques composant le sous-sol de la péninsule Hut Point sont susceptibles d'être d'une épaisseur de <2 km (Behrendt *et al.*, 1996) et les études de datation suggèrent que la majorité des roches basaltiques ont moins de ~750 000 ans (Tauxe *et al.*, 2004).

Les sols des hauteurs Arrival se composent principalement de scories volcaniques, déposées à la suite des éruptions du mont Erebus, avec des particules dont la taille oscille entre limons et blocs rocheux. L'épaisseur des dépôts de surface varie de quelques centimètres à des dizaines de mètres, avec du pergélisol sous la couche active (Stefano, 1992). Le matériau en surface à hauteurs Arrival inclut également des coulées de magma issues du mont Erebus, qui ont été érodées et retravaillées au fil du temps. Les polygones à coins sableux recouvrent une superficie d'environ 0,5 km^2 aux hauteurs Arrival et, puisque les perturbations physiques ont été limitées grâce à la protection de la Zone, ils sont bien plus étendus qu'ailleurs dans la région du sud de la péninsule Hut Point (Klein *et al.*, 2004).

Climat

Les hauteurs Arrival sont exposées à des vents violents et fréquents, et les conditions sont généralement plus froides et venteuses qu'à la station McMurdo et à la base Scott, situées non loin (Mazzera *et al.*, 2001). Entre février 1999 et avril 2009, la température maximale enregistrée dans la Zone fut de 7,1° C (30 décembre 2001) et la température minimale, de -49,8° C (21 juillet 2004). Au cours de cette période, décembre fut le mois le plus chaud, avec des températures ambiantes moyennes de -5,1° C, et août le mois le plus froid, avec une moyenne de -28,8°C (données recueillies auprès de l'Institut National de Recherche sur l'Eau et l'Atmosphère (NIWA) de Nouvelle-Zélande, http://www.niwa.cri.nz, 21 mai 2009).

La vitesse moyenne annuelle du vent enregistrée aux hauteurs Arrival entre 1999 et 2009 était de 6,96 m/s, juin et septembre étant les mois les plus venteux (données recueillies auprès de l'Institut National de Recherche sur l'Eau et l'Atmosphère (NIWA) de Nouvelle-Zélande, http://www.niwa.cri.nz, 21 mai 2009). La rafale la plus violente enregistrée aux hauteurs Arrival entre 1999 et 2011 avait une vitesse de 51 m/s (~184 km/h), le 16 mai 2004. La direction du vent dominant aux hauteurs Arrival est le nord-est, car les masses d'air du sud sont déviées par la topographie environnante (Sinclair 1988). La péninsule Hut Point se trouve à la confluence de trois différentes masses d'air, prédisposant la Zone à la rapide formation de fortes intempéries (Monaghan et al., 2005).

Recherche scientifique

De nombreuses études scientifiques à long terme sont menées aux hauteurs Arrival, la majorité des recherches se concentrant sur l'atmosphère et la magnétosphère terrestres. Les zones de recherche présentent des fréquences radio extrêmement faibles et très faibles, des événements auroraux, des tempêtes géomagnétiques, des phénomènes météorologiques et des variations des niveaux de gaz présents à l'état de trace, particulièrement de l'ozone, des précurseurs de l'ozone, des substances menaçant l'ozone, des produits de combustion de biomasse et des gaz à effet de serre. La Zone est facilement accessible et bénéficie du soutien logistique de la station McMurdo et de la base Scott situées à proximité, ce qui permet de faciliter les recherches dans la Zone.

Les données à extrêmement basse fréquence et très basse fréquence (EBF/TBF) sont continuellement recueillies aux hauteurs Arrival depuis l'été austral de 1984-1985 (Fraser-Smith et al., 1991). Les données sur le bruit EBF/TBF sont exceptionnelles, à la fois pour leur quantité et pour leur continuité en Antarctique. Elles ont été enregistrées en parallèle avec les données EBF/TBF à l'université de Stanford, permettant de comparer des chronogrammes polaires et de latitude moyenne. La faiblesse des interférences électromagnétiques et la position reculée des hauteurs Arrival permettent aux chercheurs de mesurer les spectres de bruit de fond à EBF/TBF et les signaux faibles à EBF, comme les résonances de Schumann, qui sont associées aux changements de la magnétosphère et de l'ionosphère (Füllekrug & Fraser-Smith 1996). Les données EBF/TBF et de résonance de Schumann recueillies dans la Zone ont été étudiées relativement aux fluctuations des taches solaires, aux événements de précipitations de particules solaires et aux phénomènes météorologiques à l'échelle planétaire (Anyamba *et al.*, 2000 ; Schlegel & Füllekrug 1999 ; Fraser-Smith & Turtle 1993). En outre, les données EBF ont été utilisées en tant que variable substitutive de l'activité mondiale des éclairs nuage-sol et de l'activité orageuse (Füllekrug *et al.*, 1999) et les données TBF fournissent des informations sur les réseaux mondiaux qui surveillent l'activité des éclairs et des conditions dans l'ionosphère (Clilverd *et al.*, 2009 ; Rodger *et al.*, 2009). Les données électromagnétiques de haute qualité issues des hauteurs Arrival ont permis de déterminer une limite supérieure pour la masse propre des photons de ~10^{-52} kg (Füllerkrug, 2004) en fonction de la détection des mesures de la hauteur de réflexion ionosphérique infime mondiale (Füllerkrug *et al.*, 2002) et elles ont également établi un lien essentiel entre les éclairs aux latitudes moyennes et tropicales et les variations de température de surface dans les climats modérés et tropicaux (Füllerkrug & Fraser-Smith, 1997). De récentes recherches ont élaboré des technologies de mesure innovantes avec une sensibilité en µV/m sur la large plage de fréquences allant de ~4 Hz à ~400 kHz (Füllerkrug, 2010), qui possèdent un potentiel scientifique prometteur exigeant des conditions d'inactivité électromagnétique similaires à celles des hauteurs Arrival.

La localisation méridionale des hauteurs Arrival entraîne plusieurs semaines d'obscurité totale au cours de l'hiver austral, permettant d'observer les événements auroraux de faible intensité et les émissions diurnes (Wright *et al.*, 1998). Les données enregistrées aux hauteurs Arrival ont été utilisées pour suivre le mouvement des arcs de la calotte polaire, une forme d'aurore polaire, et les résultats ont été associés aux conditions de vent solaire et du champ magnétique interplanétaire. Les observations aurorales effectuées aux hauteurs Arrival par les chercheurs de l'université de Washington ont été utilisées pour calculer la vitesse et la température des vents de haute altitude en analysant l'effet Doppler des émissions de lumière aurorale. Outre les recherches aurorales, les données optiques recueillies dans la Zone ont été utilisées pour observer la réponse de la thermosphère aux tempêtes géomagnétiques (Hernandez & Roble, 2003) et un radar à moyenne fréquence a permis de mesurer les vitesses des vents dans la moyenne atmosphère (70 à 100 km) (McDonald *et al.*, 2007).

Une palette de types de gaz présents à l'état de trace est mesurée aux hauteurs Arrival, notamment l'ozone, le brome, le méthane, les oxydes d'azote, le chlorure d'hydrogène et le monoxyde de carbone, avec des enregistrements remontant jusqu'en 1982 (Zeng *et al.*, 2012, Koelhepp *et al.*, 2012). Les hauteurs Arrival constituent un site clé du réseau de détection des changements stratosphériques (NDACC) et du réseau de Veille de l'atmosphère globale (VAG), avec des données utilisées pour observer les changements dans la stratosphère et la troposphère, notamment l'évolution à long terme de la couche d'ozone, les concentrations de gaz à effet de serre dans l'hémisphère sud ou encore les modifications de la composition générale de l'atmosphère. Les mesures effectuées aux hauteurs Arrival sont essentielles pour les comparaisons entre l'hémisphère sud et l'Antarctique par satellite (Vigouroux *et al.*, 2007) et la validation des modèles de chimie atmosphérique (Risi *et al.*, 2012). Les hauteurs Arrival constituent l'une des stations de référence en Antarctique pour les études comparatives de mesures surface-air (Levin *et al.*, 2012).

Les niveaux d'ozone sont enregistrés aux hauteurs Arrival depuis 1988 et servent à surveiller les variations saisonnières et à long terme de l'ozone (Oltmans *et al.*, 2008; Nichol *et al.*, 1991), ainsi qu'à estimer la perte en ozone dans l'Antarctique (Kuttippurath *et al.*, 2010). Au-delà des tendances à long terme, des événements de réduction soudaine et substantielle de l'ozone ont été enregistrés au printemps à hauteurs Arrival, qui se déroulent sur une période de quelques heures. On suppose qu'ils proviennent de l'émission de composés bromiques du sel marin (Riedel *et al.*, 2006 ; Hay *et al.*, 2007). Les niveaux de brome troposphérique sont continuellement enregistrés depuis 1995 dans la Zone et ont été étudiés relativement à la réduction de l'ozone, au réchauffement stratosphérique et aux modifications du vortex polaire, ainsi que pour valider les mesures par satellites (Schofield *et al.*, 2006). Les données sur l'oxyde d'azote (NO_2) recueillies à hauteurs Arrival ont également été utilisées pour étudier les variations des niveaux d'ozone et les résultats indiquent des variations substantielles de NO_2 à des échelles de temps journalières à interannuelles, résultant potentiellement de modifications de la circulation atmosphérique, de la température et du forçage chimique (Struthers *et al.*, 2004, Wood *et al.*, 2004). Par ailleurs, la spectroscopie par transformée de Fourier au sol a été utilisée à hauteurs Arrival pour surveiller les niveaux de sulfure de carbonyle dans l'atmosphère et pour enregistrer les flux de HCl depuis le mont Erebus (Kremser *et al.*, 2015 ; Keys *et al.*, 1998).

Végétation

Les lichens aux hauteurs Arrival ont été étudiés en 1957 par C.W. Dodge and G.E. Baker, avec parmi les espèces répertoriées : *Buellia alboradians, B. frigida, B. grisea, B. pernigra, Caloplaca citrine, Candelariella flava, Lecanora expectans, L. fuscobrunnea, Lecidella siplei, Parmelia griseola, P. leucoblephara* et *Physcia caesia.* Les espèces de mousses observées aux hauteurs Arrival incluent *Sarconeurum glaciale* et *Syntrichia sarconeurum* (base de données sur les plantes du BAS, 2009), avec *S. glaciale* observée dans les canaux de drainage et les pistes de véhicules désaffectées (Skotnicki *et al.*, 1999).

Activités humaines et leur impact

Les installations de hauteurs Arrival sont utilisées toute l'année par le personnel de la station McMurdo (américaine) et de la base Scott (néo-zélandaise). Outre les deux bâtiments de laboratoires, de nombreux parcs de radars, d'antennes, des équipements de communications et des instruments scientifiques sont répartis sur l'ensemble de la Zone, avec les câblages associés.

Les instruments scientifiques utilisés pour les recherches sur l'atmosphère dans la Zone sont sensibles au bruit et aux interférences électromagnétiques, avec des sources de bruit locales potentielles que représentent notamment les transmissions radio TBF, les lignes électriques, les systèmes d'émission de véhicules ainsi que les équipements de laboratoire. Les sources de bruit générées en dehors de la Zone qui peuvent également affecter les conditions électromagnétiques aux hauteurs Arrival incluent les communications radio, les systèmes de diffusion de divertissements, les navires, les aéronefs, les transmissions radio satellite ou encore les radars de surveillance d'aéronefs. Un rapport de visite du site datant de 2006 suggérait que les faibles niveaux d'interférences étaient à l'époque acceptable, malgré les activités menées à la station McMurdo et à la base Scott. Afin de fournir un certain degré de protection contre les transmissions radio locales et les bruits de la station, une partie des antennes TBF aux hauteurs Arrival sont placées à l'intérieur du Second Crater.

Il est présumé que les accès non autorisés dans la Zone, à la fois par véhicule et à pied, sont préjudiciables aux câblages et aux instruments scientifiques, bien que l'étendue des dommages et l'impact sur les résultats scientifiques soient inconnus. Un appareil photo a été installé au bâtiment de l'USAP au début de l'année 2010 pour surveiller le trafic pénétrant dans la Zone par la route qui mène aux laboratoires.

Les installations récentes dans la Zone et à proximité incluent un FE-Boltzmann LiDAR dans le laboratoire de recherche néo-zélandais des hauteurs Arrival en 2010, le parc d'antennes Super Dual Auroral RADAR Network (SuperDARN) (2009-2010) et deux récepteurs de station terrienne de communications par satellite (Carte 2). Le réseau d'antennes SuperDARN transmet à des fréquences basses (8 à 20 MHz), la transmission principale étant orientée vers le sud-est de la Zone. Son emplacement a été sélectionné en partie pour réduire au minimum les interférences avec les expériences menées aux hauteurs Arrival. Deux récepteurs de station terrienne de communications par satellite (Joint Polar Satellite System (JPSS) et MG2) se trouvent à proximité. L'un des récepteurs est capable de transmettre (plage de fréquences de 2025 à 2120 Hz) et des mesures ont été prises afin de garantir que les irradiations dans la Zone sont minimes.

Trois éoliennes ont été bâties à environ 1,5 km à l'est de la Zone et à proximité de Crater Hill au cours de l'été austral 2009-2010 (carte 1). Les émissions d'IEM depuis les éoliennes doivent être conformes aux normes en vigueur pour les appareils et équipements électriques. Toutefois, des IEM provenant des nouvelles éoliennes ont été détectées dans des jeux de données de fréquence très basse aux hauteurs Arrival, les sources potentielles d'IEM incluant les transformateurs des éoliennes, les générateurs et les lignes électriques. Les interférences à TBF sont suffisantes pour rendre les hauteurs Arrival inadéquates pour les études scientifiques mesurant les impulsions radio des éclairs (p. ex. l'expérience AARDVARK). Une antenne a dès lors été installée à la base Scott, où les TBF sont bien moindres.

La surveillance de la qualité de l'air est régulière aux hauteurs Arrival depuis 1992 et des études récentes suggèrent que la qualité de l'air s'est détériorée, probablement en raison des émissions provenant de la station McMurdo ou de la base Scott (Mazzera *et al.*, 2001), par exemple en raison de constructions et de l'utilisation de véhicules. Des études ont révélé que les échantillons prélevés pour mesurer la qualité de l'air contenaient des concentrations plus importantes d'espèces dérivées de la pollution (EC, SO_2, Pb, Zn) et d'aérosols PM_{10} (particules aux diamètres aérodynamiques inférieurs à 10 µm) que d'autres sites côtiers et de l'Antarctique.

6(ii) Accès à la Zone

L'accès à la Zone peut se faire par voie terrestre à l'aide d'un véhicule ou à pied. La route d'accès à la Zone passe par le sud-est et se poursuit jusqu'aux laboratoires de recherche. Plusieurs pistes pour les véhicules existent dans la Zone, entre la station terrienne de communications par satellite dans le First Crater et le pied du Second Crater. L'accès à pied peut se faire depuis la route d'accès.

L'accès par voie aérienne et le survol de la Zone sont interdits, sauf lorsqu'ils sont dûment autorisés par un permis, auquel cas l'autorité compétente soutenant les programmes de recherches dans la Zone doit être en être préalablement informée.

6(iii) Emplacement des structures à l'intérieur et aux alentours de la Zone

Les programmes néo-zélandais et américains possèdent des installations de recherche et d'hébergement dans la Zone. La Nouvelle-Zélande a ouvert un nouveau laboratoire de recherche aux hauteurs Arrival le 20 janvier 2007, en remplacement d'un ancien bâtiment qui a été retiré de la Zone. Les États-Unis utilisent un laboratoire dans la Zone. Un ensemble de réseaux de radars et d'antennes conçus pour répondre aux besoins scientifiques se trouve à travers la Zone (carte 2) et une nouvelle antenne TBF a été installée aux hauteurs Arrival en décembre 2008. Une station terrienne de communications par satellite (SES) est située à quelques mètres à l'intérieur de la limite de la Zone sur le First Crater (carte 2).

Le réseau d'antennes SuperDARN se trouve à environ 270 m au S-O de la Zone, tandis que deux récepteurs de station terrienne de communications par satellite sont installés à environ 150 m au S-O de la Zone (carte 2).

6(iv) Emplacement d'autres zones protégées à proximité directe de la Zone

Les zones protégées les plus proches des hauteurs Arrival se trouvent sur l'île Ross : La cabane « Discovery », pointe Hut (ZSPA n° 158) est la plus proche, à 1,3 km au sud-ouest; le Cap Evans (ZSPA n° 155) est à 22 km au nord, la baie Backdoor (ZSPA n° 157) est à 32 km au nord ; le Cap Royds (ZSPA n° 121) est à 35 km au N-N-O ;les zones géothermiques de haute altitude de la région de la mer de Ross (ZSPA n° 175) proches du sommet du mont Erebus, sontà 40 km au nord ; la baie Lewis (ZSPA n° 156), le site du crash de l'aéronef de passagers DC-10 en 1979 est à 50 km au N-E ; New College Valley (ZSPA n° 116) est à 65 km au nord, à Cap Bird; et le Cap Crozier (ZSPA n° 124) est à 70 km au NE. L'île Northwest White (ZSPA n° 137) est à 35 km au sud à travers la falaise de glace Ross. La Zone spécialement gérée de l'Antarctique n° 2, Vallées sèches de McMurdo, se trouve à environ 50 km à l'ouest de la Zone.

6(v) Aires spéciales à l'intérieur de la Zone

Aucune

7. Critères de délivrance des permis d'accès

7(i) Critères généraux

L'accès à la Zone est interdit sauf si un permis a été délivré par une autorité nationale compétente. Les critères de délivrance d'un permis pour entrer dans la Zone sont les suivants :

- il est délivré uniquement pour des études scientifiques de l'atmosphère et de la magnétosphère ou pour d'autres objectifs scientifiques qui ne peuvent pas être poursuivis ailleurs ; ou
- il est délivré pour l'utilisation, la gestion et l'entretien des installations de soutien scientifique (y compris les opérations de sécurité), à la condition que les mouvements à l'intérieur de la Zone se limitent à ceux nécessaires pour accéder à ces installations ; ou
- il est délivré pour des activités pédagogiques ou de sensibilisation publique qu'il n'est pas possible de réaliser ailleurs et qui sont associées aux études scientifiques menées dans la Zone, à la condition que les visiteurs soient accompagnés par du personnel autorisé responsable des installations visitées ; ou

- il est délivré pour des besoins de gestion essentiels correspondant aux objectifs du plan, comme l'inspection ou le contrôle ;
- les actions autorisées ne porteront pas atteinte aux valeurs écologiques ou scientifiques de la Zone ;
- toutes les activités de gestion entreprises le seront à l'appui des objectifs du plan de gestion ;
- les activités autorisées le sont en conformité avec le plan de gestion ;
- le permis ou une copie de celui-ci sera emporté à l'intérieur de la Zone ;
- un rapport de visite devra être soumis à l'autorité ou aux autorités nommées dans le permis ;
- les permis seront délivrés pour une durée donnée.

7(ii) Accès à la Zone et déplacements à l'intérieur ou au-dessus de celle-ci

L'accès à la Zone peut se faire à l'aide d'un véhicule ou à pied. L'atterrissage d'un aéronef au sein de la Zone ou le survol de la Zone est interdit, sauf autorisation spéciale par un permis. Un avis écrit préalable doit être remis à l'autorité ou aux autorités compétentes qui soutiennent les recherches scientifiques menées dans la Zone au moment de l'activité en aéronef proposée. L'emplacement et la durée de l'activité en aéronef doivent être coordonnés selon les besoins afin d'éviter ou de réduire au minimum la perturbation des programmes scientifiques.

Le trafic véhiculé et pédestre doit être maintenu à un minimum correspondant aux objectifs des activités autorisées et tous les efforts raisonnables seront mis en œuvre pour réduire au minimum les impacts potentiels sur les recherches scientifiques : le personnel accédant à la Zone par véhicule devra par exemple coordonner les déplacements de manière à ce que l'utilisation des véhicules soit maintenue à un minimum.

Les véhicules devront rester sur les pistes prévues à cet effet et telles qu'indiquées sur la carte 2, sauf autorisation spéciale par un permis. Les piétons doivent également suivre les pistes établies dans la mesure du possible. Il faut veiller à éviter les câbles et les autres instruments lors d'un déplacement autour de la Zone, car ils sont susceptibles d'être endommagés par le trafic à pied et motorisé. Pendant les heures d'obscurité, les phares de véhicules doivent être éteints à l'approche des installations afin d'éviter d'endommager les instruments photosensibles au sein de la Zone.

7(iii) Activités pouvant être menées dans la Zone

- les recherches scientifiques qui ne compromettront pas les valeurs scientifiques de la Zone et ne perturberont pas les activités de recherche en cours ;
- les activités de gestion essentielles, notamment l'installation de nouvelles installations pour soutenir les recherches scientifiques ;
- les activités à caractère pédagogique (telles que les rapports documentaires, photographiques, audio ou écrits), la production de ressources ou de services pédagogiques qu'il n'est pas possible de réaliser ailleurs ;
- l'utilisation de radios manuelles et des radios des véhicules par des visiteurs qui pénètrent dans la Zone est autorisée ; toutefois, leur utilisation doit être minimale et devra se limiter aux communications pour des besoins scientifiques, de gestion ou de sécurité ;
- les études du bruit électromagnétique permettant de s'assurer que les recherches scientifiques ne sont pas grandement menacées.

7(iv) Installation, modification ou retrait de structures

- Aucune structure ne peut être installée dans la Zone sauf autorisation stipulée dans le permis.
- Toutes les structures, tout le matériel scientifique et tous les repères installés dans la Zone doivent être autorisés par un permis et clairement identifiés par pays, nom du principal chercheur et année d'installation. Le retrait de ces structures, équipements ou balises à l'expiration du permis relève de la responsabilité de l'autorité qui a délivré le permis original, et constitue l'une des conditions de ce permis.
- L'installation (y compris la sélection du site), l'entretien, la modification ou le retrait de structures devront être entrepris de façon à réduire au minimum la perturbation de l'environnement, et les installations ne

doivent pas porter atteinte aux valeurs de la Zone, en particulier aux conditions de faible activité électromagnétique et de vue dégagée. Les installations doivent avoir été fabriquées avec des matériaux qui présentent un risque minimum de pollution environnementale de la Zone. Le délai pour le retrait des équipements devra être spécifié dans le permis.

- Aucun nouvel équipement de transmission radioélectrique (RF) autre que des émetteurs-transmetteurs de faible puissance pour les communications locales essentielles ne peut être installé dans la Zone. Le rayonnement électromagnétique produit par l'équipement introduit dans la Zone ne devra avoir aucun effet indésirable notable sur les études en cours, sauf autorisation spéciale. Des précautions doivent être prises pour s'assurer que l'équipement électrique utilisé dans la Zone est correctement blindé afin de maintenir le bruit électromagnétique à un minimum.

- L'installation ou la modification de structures ou d'équipements dans la Zone sera soumise à une évaluation des impacts probables des installations ou modifications proposées sur les valeurs de la Zone, conformément aux procédures nationales. Au-delà de toutes les autres procédures pouvant être exigées par les autorités compétentes, les responsables des équipes de recherche devront soumettre les détails des propositions et l'évaluation sur les impacts qui les accompagne au coordinateur de l'activité de leur programme national, qui échangera les documents reçus avec d'autres coordinateurs d'activités pour la Zone. Les coordinateurs d'activités évalueront les propositions en consultation avec les responsables des programmes nationaux et les responsables des équipes de recherche concernés, en tenant compte des impacts potentiels sur les valeurs scientifiques ou sur l'environnement naturel de la Zone. Les coordinateurs d'activités devront s'accorder et émettre des recommandations à leur programme national au plus tard 60 jours après réception d'une proposition (de continuer selon la proposition, de continuer avec des révisions, de faire des essais pour une nouvelle évaluation ou de ne pas continuer). Les programmes nationaux devront être chargés d'informer les responsables des équipes de recherche s'ils peuvent ou non poursuivre selon leurs propositions, et dans quelles conditions.

- La planification, l'installation ou la modification des structures ou des équipements proches et se trouvant en dehors de la Zone, et qui émettent des rayonnements électromagnétiques, obstruent la vue ou émettent des gaz dans l'atmosphère doivent tenir compte de leurs effets potentiels sur les valeurs de la Zone.

- Le retrait de structures, d'équipements ou de balises pour lesquels le permis a expiré est du ressort de l'autorité qui a délivré le permis d'origine, et il sera l'un des critères régissant la délivrance du permis.

7(v) Emplacement de camps de base

Il est interdit de camper dans la Zone. Les visites de nuit sont autorisées dans les bâtiments équipés à cette fin.

7(vi) Restrictions concernant les matériaux et organismes pouvant être introduits dans la Zone

- Les émissions anthropiques de gaz ou d'aérosols dans l'atmosphère et provenant de sources telles que des moteurs à combustion interne doivent être réduites au minimum, et évitées dans la mesure du possible. Des émissions de gaz ou d'aérosols anthropiques à long terme ou permanentes à l'intérieur de la Zone compromettraient les expériences scientifiques et sont dès lors interdites.

7(vii) Prélèvement de végétaux et capture d'animaux ou perturbations nuisibles à la faune et la flore

La collecte ou la perturbation néfaste de la flore ou de la faune indigène est interdite, sauf dans le cadre d'un permis délivré par l'autorité nationale compétente spécifiquement à cette fin en vertu de l'Article 3 de l'Annexe II du Protocole.

7(viii) Collecte ou retrait de matériaux qui n'ont pas été apportés dans la Zone par le détenteur du permis

- Les matériaux seront prélevés ou retirés de la Zone conformément au permis et doivent se limiter au strict minimum requis aux fins scientifiques ou de gestion.
- Les matériaux d'origine humaine susceptibles de mettre en péril les valeurs de la Zone, n'ayant pas été introduits dans celle-ci par le détenteur du permis ou n'ayant pas été autrement autorisés, peuvent être retirés de n'importe quelle partie de la Zone, sauf si l'impact de leur retrait risque d'être plus important qu'en laissant ces matériaux *in situ* : Si tel est le cas, l'autorité compétente doit en être notifiée.

- L'autorité nationale compétente devra être notifiée de tous les objets enlevés de la Zone qui n'ont pas été introduits par le détenteur du permis.

7(ix) Élimination des déchets

Tous les déchets, y compris les déchets humains, seront enlevés de la Zone.

7(x) Mesures nécessaires pour continuer de répondre aux objectifs du plan de gestion

1) Des permis peuvent être délivrés pour entrer dans la Zone afin de mener des activités de suivi scientifique et d'inspection du site pouvant impliquer le prélèvement des données à des fins d'analyse ou de révision, ou à des fins de protection.

2) Tous les sites spécifiques dont le suivi sera de longue durée seront correctement balisés.

3) Les bandes électromagnétiques d'intérêt scientifique particulier et qui garantissent une protection spéciale contre les interférences doivent être identifiées par les Parties actives dans la Zone. Dans la mesure du possible, la génération de bruit électromagnétique doit se limiter aux fréquences hors de ces bandes.

4) Il est interdit de générer délibérément du bruit électromagnétique dans la Zone, sauf dans les bandes fréquence et aux niveaux de puissance convenus, ou conformément à un permis.

7(xi) Rapports de visite

- Les Parties doivent s'assurer que le principal détenteur de chaque permis délivré soumet à l'autorité compétente un rapport décrivant les activités menées dans cette Zone. Ces rapports doivent inclure, le cas échéant, les informations identifiées dans le formulaire de rapport de visite contenu dans le Guide pour l'élaboration des plans de gestion des Zones spécialement protégées de l'Antarctique.

- Les Parties devront tenir à jour des archives de ces activités et, dans l'échange annuel d'information, fournir une description sommaire des activités réalisées par des personnes subordonnées à leur juridiction, description qui devra donner suffisamment de détails pour permettre une évaluation de l'efficacité du plan de gestion. Les Parties doivent, dans la mesure du possible, déposer les originaux ou les copies de ces rapports originaux dans un dossier auquel le public pourra avoir accès, et ce afin de conserver un dossier d'utilisation qui sera utilisé lors de la révision du plan de gestion et pour l'organisation de l'utilisation scientifique de la Zone.

- L'autorité compétente devra être notifiée de toutes les activités entreprises et des mesures prises ainsi que de tous les matériaux introduits et non retirés, qui ne figurent pas dans le permis délivré. Tous les déversements devront être signalés à l'autorité compétente.

8. Documentation complémentaire

Anyamba, E., Williams, E., Susskind, J., Fraser-Smith, A. & Fullerkrug, M. 2000. The Manifestation of the Madden-Julian Oscillation in Global Deep Convection and in the Schumann Resonance Intensity. *American Meteorology Society* **57**(8): 1029–44.

Behrendt, J. C., Saltus, R., Damaske, D., McCafferty, A., Finn, C., Blankenship, D.D. & Bell, R.E. 1996. Patterns of Late Cenozoic volcanic tectonic activity in the West Antarctic rift system revealed by aeromagnetic surveys. *Tectonics* **15**: 660–76.

Clilverd, M.A., Rodger, C.J., Thomson, N.R., Brundell, J.B., Ulich, Th., Lichtenberger, J., Cobbett, N., Collier, A.B., Menk, F.W., Seppl, A., Verronen, P.T., & Turunen, E. 2009. Remote sensing space weather events: the AARDDVARK network. *Space Weather* **7** (S04001). DOI: 10.1029/2008SW000412.

Connor, B.J., Bodeker, G., Johnston, P.V., Kreher, K., Liley, J.B., Matthews, W.A., McKenzie, R.L., Struthers, H. & Wood, S.W. 2005. Overview of long-term stratospheric measurements at Lauder, New Zealand, and Arrival Heights, Antartica. *American Geophysical Union, Spring Meeting 2005.*

Deutscher, N.M., Jones, N.B., Griffith, D.W.T., Wood, S.W. and Murcray, F.J. 2006. Atmospheric carbonyl sulfide (OCS) variation from 1992-2004 by ground-based solar FTIR spectrometry. *Atmospheric Chemistry and Physics Discussions* **6**: 1619–36.

Fraser-Smith, A.C., McGill, P.R., Bernardi, A., Helliwell, R.A. & Ladd, M.E. 1991. Global Measurements of Low-Frequency Radio Noise *in* Environmental and Space Electromagnetics (Ed. H. Kikuchi). Springer-Verlad, Tokyo.

Fraser-Smith, A.C. & Turtle, J.P.1993. ELF/VLF Radio Noise Measurements at High Latitudes during Solar Particle Events. Paper presented at the 51st AGARD-EPP Specialists meeting on *ELF/VLF/LF Radio Propagation and Systems Aspects*. Brussels, Belgium; 28 Sep – 2 Oct, 1992.

M. Füllekrug, M. 2004. Probing the speed of light with radio waves at extremely low frequencies. *Physical Review Letters* **93**(4), 043901: 1-3.

Füllekrug, M. 2010. Wideband digital low-frequency radio receiver. *Measurement Science and Technology*, **21**, 015901: 1-9. doi:10.1088/0957-0233/21/1/015901.

Füllekrug , M. & Fraser-Smith, A.C.1996. Further evidence for a global correlation of the Earth-ionosphere cavity resonances. *General Assembly of the International Union of Geodesy and Geophysics No. 21, Boulder, Colorado, USA.*

Füllekrug, M. & Fraser-Smith, A.C. 1997. Global lightning and climate variability inferred from ELF magnetic field variations. *Geophysical Research Letters* **24**(19): 2411.

Füllekrug, M., Fraser-Smith, A.C., Bering, E.A. & Few, A.A. 1999. On the hourly contribution of global cloud-to-ground lightning activity to the atmospheric electric field in the Antarctic during December 1992. *Journal of Atmospheric and Solar-Terrestrial Physics* **61**: 745-50.

Füllekrug, M., Fraser-Smith, A.C. & Schlegel, K. 2002. Global ionospheric D-layer height monitoring. *Europhysics Letters* **59**(4): 626.

Hay, T., Kreher, K., Riedel, K., Johnston, P., Thomas, A. & McDonald, A. 2007. Investigation of Bromine Explosion Events in McMurdo Sound, Antarctica. *Geophysical Research Abstracts*. Vol. 7.

Hernandez, G. & Roble, R.G. 2003. Simultaneous thermospheric observations during the geomagnetic storm of April 2002 from South Pole and Arrival Heights, Antarctica. *Geophysical Research Letters* **30** (10): 1511.

Keys, J.G., Wood, S.W., Jones, N.B. & Murcray, F.J. 1998. Spectral Measurements of HCl in the Plume of the Antarctic Volcano Mount Erebus. *Geophysical Research Letters* **25** (13): 2421–24.

Klein, A.G., Kennicutt, M.C., Wolff, G.A., Sweet, S.T., Gielstra, D.A. & Bloxom, T. 2004. Disruption of Sand-Wedge Polygons at McMurdo Station Antarctica: An Indication of Physical Disturbance. *61st Eastern Snow Conference*, Portland, Maine, USA.

Kohlhepp, R., Ruhnke, R., Chipperfield, M.P., De Mazière, M., Notholt, J., & 46 others 2012. Observed and simulated time evolution of HCl, ClONO2, and HF total column abundances, *Atmospheric Chemistry & Physics* **12**: 3527-56.

Kremser, S., Jones, N.B., Palm, M., Lejeune, B., Wang, Y., Smale, D. & Deutscher, N.M. 2015. Positive trends in Southern Hemisphere carbonyl sulfide, *Geophysical Research Letters* **42**: 9473–80.

Kyle, P. 1981. Mineralogy and Geochemistry of a Basanite to Phonolite Sequence at Hut Point Peninsula, Antarctica, based on Core from Dry Valley Drilling Project Drillholes 1,2 and 3. *Journal of Petrology*. **22** (4): 451 – 500.

Kuttippurath, J., Goutail, F., Pommereau, J.-P., Lefèvre, F., Roscoe, H.K., Pazmiño A., Feng, W., Chipperfield, M.P., & Godin-Beekmann, S. 2010. Estimation of Antarctic ozone loss from ground-based total column measurements. *Atmospheric Chemistry and Physics* **10**: 6569–81.

Levin, C., Veidt, C., Vaughn, B.H., Brailsford, G., Bromley, T., Heinz, R., Lowe, D., Miller, J.B., Poß, C.& White, J.W.C. 2012 No inter-hemispheric δ13CH4 trend observed. *Nature* **486:** E3–E4.

Mazzera, D. M., Lowenthal, D. H., Chow, J, C. & Watson, J. G. 2001. Sources of PM10 and sulfate aerosol at McMurdo station, Antarctica. *Chemosphere* **45**: 347–56.

McDonald, A.J., Baumgaertner, A.J.G., Fraser, G.J., George, S.E. & Marsh, S. 2007. Empirical Mode Decomposition of the atmospheric wave field. *Annals of Geophysics* **25**: 375–84.

Monaghan, A.J. & Bromwich, D.H. 2005. The Climate of the McMurdo, Antarctica, Region as Represented by One Year Forecasts from the Antarctic Mesoscale Prediction System. *Journal of Climate*. 18, pp. 1174–89.

Nichol, S.E., Coulmann, S. & Clarkson, T.S. 1991. Relationship of springtime ozone depletion at Arrival Heights, Antarctica, to the 70 HPA temperatures. *Geophysical Research Letters* **18** (10): 1865–68.

Oltmans, S.J., Johnson, B.J. & Helmig, D. 2008. Episodes of high surface-ozone amounts at South Pole during summer and their impact on the long-term surface-ozone variation. *Atmospheric Environment* **42**: 2804–16.

Riedel, K., Kreher, K., Nichol, S. & Oltmans, S.J. 2006. Air mass origin during tropospheric ozone depletion events at Arrival Heights, Antarctica. *Geophysical Research Abstracts* **8**.

Risi, C., Noone, D., Worden, J., Frankenberg, C., Stiller, G., & 25 others 2012. Process-evaluation of tropospheric humidity simulated by general circulation models using water vapor isotopologues: 1. Comparison between models and observations. *Journal of Geophysical Research* **117**: D05303 .

Rodger, C. J., Brundell, J.B., Holzworth, R.H. & Lay, E.H. 2009. Growing detection efficiency of the World Wide Lightning Location Network. American Institute of Physics Conference Proceedings **1118**: 15-20. DOI:10.1063/1.3137706.

Schlegel, K. & Fullekrug, M. 1999. Schumann resonance parameter changes during high-energy particle precipitation. *Journal of Geophysical Research* **104** (A5): 10111-18.

Schofield, R., Johnston, P.V., Thomas, A., Kreher, K., Connor, B.J., Wood, S., Shooter, D., Chipperfield, M.P., Richter, A., von Glasow, R. & Rodgers, C.D. 2006. Tropospheric and stratospheric BrO columns over Arrival Heights, Antarctica, 2002. *Journal of Geophysical Research* **111**: 1–14.

Sinclair, M.R. 1988. Local topographic influence on low-level wind at Scott Base, Antarctica. *New Zealand Journal of Geology and Geophysics*. **31**: 237–45.

Skotnicki, M.L., Ninham, J.A. & Selkirk P.M. 1999. Genetic diversity and dispersal of the moss *Sarconeurum glaciale* on Ross Island, East Antarctica. *Molecular Ecology* **8**: 753-62.

Stefano, J.E. 1992. Application of Ground-Penetrating Radar at McMurdo Station, Antarctica. Presented at the Hazardous Materials Control Research Institute federal environment restoration conference, Vienna, USA, 15-17 April 1992.

Struthers, H., Kreher, K., Austin, J., Schofield, R., Bodeker, G., Johnston, P., Shiona, H. & Thomas, A. 2004. Past and future simulations of NO2 from a coupled chemistry-climate model in comparison with observations. *Atmospheric Chemistry and Physics Discussions* **4**: 4545–79.

Tauxe, L., Gans, P.B. & Mankinen, E.A. 2004. Paleomagnetic and 40Ar/39Ar ages from Matuyama/Brunhes aged volcanics near McMurdo Sound, Antarctica. *Geochemical Geophysical Geosystems* **5** (10): 1029.

Vigouroux, C., De Mazière, M., Errera, Q., Chabrillat, S., Mahieu, E., Duchatelet, P., Wood, S., Smale, D., Mikuteit, S., Blumenstock, T., Hase, F., & Jones, N. 2007. Comparisons between ground-based FTIR and MIPAS N2O and HNO3 profiles before and after assimilation in BASCOE. *Atmospheric Chemistry & Physics* **7**: 377-96. .

Wood, S.W., Batchelor, R.L., Goldman, A., Rinsland, C.P., Connor, B.J., Murcray, F.J., Stephan, T.M. & Heuff, D.N. 2004. Ground-based nitric acid measurements at Arrival Heights, Antarctica, using solar and lunar Fourier transform infrared observations. *Journal of Geophysical Research* **109**: D18307.

Wright, I.M., Fraser, B.J., & Menk F.W. 1998. Observations of polar cap arc drift motion from Scott Base S-RAMP Proceedings of the AIP Congress, Perth, September 1998.

Zeng, G., Wood, S.W., Morgenstern, O., Jones, N.B., Robinson, J., & Smale, D. 2012. Trends and variations in CO, C2H6, and HCN in the Southern Hemisphere point to the declining anthropogenic emissions of CO and C2H6,

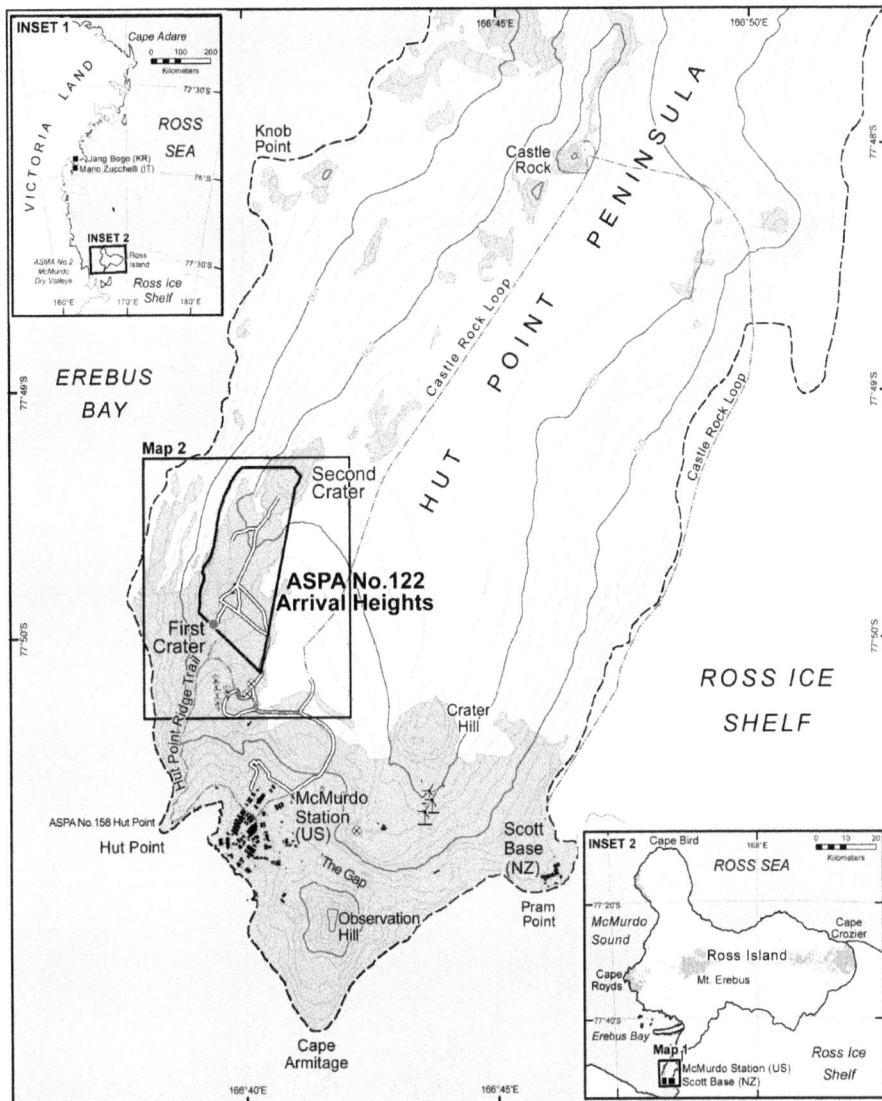

Map 1: ASPA No. 122 - Arrival Heights - Regional overview

22 Mar 2016 (Map ID. 10069.001.04)
(United States Antarctic Program
Environmental Research & Assessment

Estimated coastline
Index contour (100m)
Contour (20m)
Ice free ground (2005)
Permanent ice (2005)

Ocean
Protected area boundary
Road
Recreational trail
Buildings

SuperDARN antenna array
Satellite receiver
Satellite Earth Station
Wind turbine

Projection: Lambert Conic Conformal
Spheroid and horizontal datum: WGS84
Data sources: Contours: Derived from
2m DEM. contour interval 20m; Buildings: RPSC survey (Feb 09);
Features: Derived from USAP (Feb 2009) & ERA (Nov 2009)
field surveys. Recreational trails: PGC field survey 2009
Permanent ice extent: Digitised from Quickbird orthophoto (15 Oct 05)
(Imagery © 2005 Digital Globe; NGA Commercial Imagery Program).
ASPA boundary based on Management Plan (2016)

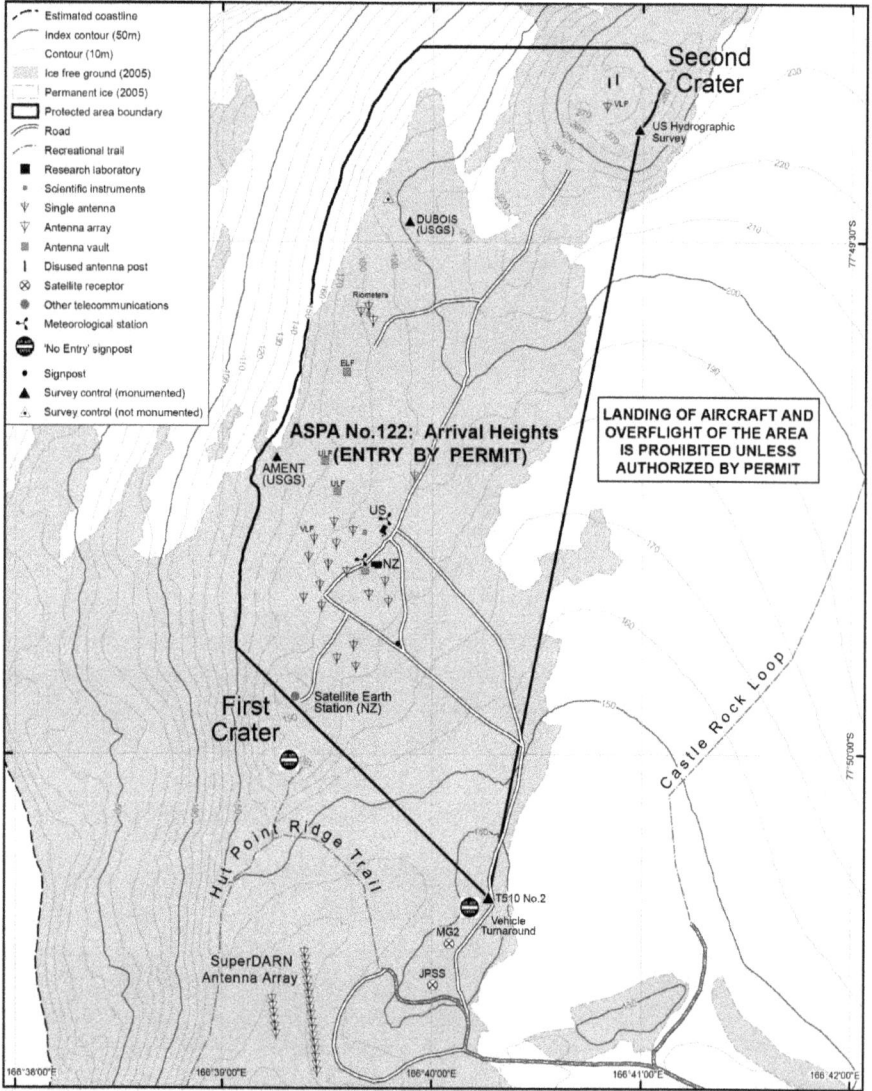

Map 2: ASPA No. 122 - Arrival Heights - Boundary & topography

Legend:

- — — — Estimated coastline
- Index contour (50m)
- Contour (10m)
- Ice free ground (2005)
- Permanent ice (2005)
- Protected area boundary
- Road
- Recreational trail
- ■ Research laboratory
- Scientific instruments
- Ψ Single antenna
- Ψ Antenna array
- ▦ Antenna vault
- I Disused antenna post
- ⊗ Satellite receptor
- ● Other telecommunications
- ⊀ Meteorological station
- 'No Entry' signpost
- • Signpost
- ▲ Survey control (monumented)
- Survey control (not monumented)

Second Crater

US Hydrographic Survey

DUBOIS (USGS)

Riometers

ELF

ASPA No.122: Arrival Heights (ENTRY BY PERMIT)

AMENT (USGS)

US

NZ

LANDING OF AIRCRAFT AND OVERFLIGHT OF THE AREA IS PROHIBITED UNLESS AUTHORIZED BY PERMIT

Satellite Earth Station (NZ)

First Crater

Castle Rock Loop

Hut Point Ridge Trail

T510 No.2
Vehicle Turnaround
MG2
JPSS

SuperDARN Antenna Array

11 Mar 2016 (Map ID: 10069 002 03)
United States Antarctic Program
Environmental Research & Assessment

Caution:
Overground cables are present throughout Arrival Heights and are not shown on this map. Care should be taken to avoid disturbing these cables.

N

0   100   200
Meters

Projection: Lambert Conic Conformal
Data sources: Contours: Derived from 2m DEM, contour interval 10m: Features: Derived from USAP (Feb 2009) & ERA (Nov 2009) field surveys. Recreational trails: PGC field survey 2009; Permanent ice digitised from orthorectified Quickbird image (15 Oct 05) © Digital Globe; NGA Commercial Imagery Program); (Imagery © Digital Globe; NGA Commercial Imagery Program); ASPA boundary based on Management Plan (2016).

Plan de gestion pour la
Zone spécialement protégée de l'Antarctique n° 126
PÉNINSULE BYERS, ÎLE LIVINGSTON,
ÎLES SHETLAND DU SUD

Introduction

La principale raison pour laquelle la péninsule Byers (62°34'35" de latitude sud, 61°13'07" de longitude ouest), île Livingston, îles Shetland du Sud a été désignée en tant que Zone spécialement protégée del'Antarctique (ZSPA) est l'objectif de protection des habitats terrestres et lacustres présents dans la Zone.

À l'origine, la péninsule Byers avait été désignée en tant que Zone spécialement protégée (ZSP) n° 10 en vertu de la Recommandation IV-10 (1966). Cette Zone comprenait le terrain libre de glace à l'ouest de la bordure occidentale de la calotte glaciaire permanente sur l'île Livingston, sous le dôme de Rotch, l'île Window située à environ 500 m au large de la côte nord-ouest, ainsi que cinq petites zones libres de glace sur la côte sud, immédiatement à l'est de la péninsule Byers. Les valeurs protégées dans le cadre de la désignation initiale incluaient la diversité de la vie végétale et animale, de nombreux invertébrés, une population considérable d'éléphants de mer du sud *(Mirounga leonina)*, de petites colonies d'otaries à fourrure del'Antarctique (*Arctocephalus gazella*) et les valeurs scientifiques exceptionnelles associées à une si grande variété de plantes et d'animaux sur une zone relativement petite.

La désignation d'une ZSP a été arrêtée en vertu de la Recommandation VIII-2 et la nouvelle désignation en tant que Site d'intérêt scientifique particulier (SISP) a eu lieu en vertu de la Recommandation VIII-4 (1975, SISP n° 6). La nouvelle désignation en tant que SISP visait plus précisément à protéger quatre sites libres de glace plus petits sur la péninsule, de la strate jurassique et crétacée sédimentaire et fossilifère, considérés d'une valeur scientifique exceptionnelle pour l'étude des anciens liens entre l'Antarctique et d'autres continents méridionaux. Suite à une proposition du Chili et du Royaume-Uni, le SISP a ensuite été étendu en vertu de la Recommandation XVI-5 (1991) de façon à ce que ses limites correspondent à cellesde la ZSP, c'est-à-dire l'ensemble du terrain libre de glace de la péninsule Byers à l'ouest de la bordure dela calotte glaciaire permanente de l'île Livingston, y compris la zone littorale, mais à l'exclusion de l'îleWindow et des cinq sites côtiers du sud initialement inclus, et excluant également tous les îlots et rochers aularge. La Recommandation XVI-5 notait que, outre sa valeur géologique notable, la Zone avait également une importance biologique et archéologique considérable.

Si son statut particulier de désignation et ses limites ont pu changer au fil du temps, la péninsule Byers est restée placée sous une protection spéciale la plus grande partie de l'époque moderne des activités scientifiques dans la région. Les récentes activités dans la Zone ont été presque exclusivement consacrées à des recherches scientifiques. Benayas *et al.*, (2013) passent en revue toutes les recherches menées dans la Zone et publiées entre 1957 et 2012. La plupart des visites et des prélèvements d'échantillons dans la Zone depuis la désignation initiale en 1966 ont été effectués sous réserve des conditions de permis, et certaines zones (par ex. le promontoire Ray) n'ont été que rarement visitées. Au cours de l'Année polaire internationale, la péninsule Byers a été établie en tant que « Site antarctique international de référence pour les écosystèmes terrestres, dulcicoles et côtiers » (Quesada *et al.*, 2009, 2013). Pendant cette période, des données de base liées aux écosystèmes terrestres, limniques et côtiers ont été établies, y compris les caractéristiques du pergélisol, la géomorphologie, l'étendue de la végétation, la diversité et le fonctionnement limnique, la diversité des mammifères marins et des oiseaux, la microbiologie et la diversité des invertébrés marins côtiers (López-Bueno *et al.*, 2009; Moura *et al.*, 2012; Barbosa *et al.*, 2013; De Pablos *et al.*, 2013; Emslie *et al.*, 2013; Gil-Delgado *et al.*, 2013; Kopalova *et al.*, 2013; Lyons *et al.*, 2013; Nakai *et al.*, 2013; Pla-Rabes *et al.*, 2013; Rico *et al.*, 2013; Rochera *et al.*, 2013a; Rochera *et al.*, 2013b; Toro *et al.*, 2013; Velazquez *et al.*, 2013; Velazquez *et al.*, 2016; Vera *et al.*, 2013; Villaescusa *et al.*, 2013). Les valeurs archéologiques de la péninsule Byers ont été décrites comme exceptionnelles du fait qu'elle possède la plusgrande concentration de sites historiques de l'Antarctique, à savoir des vestiges de refuges ainsi que des objets contemporains et des épaves de navires datant des expéditions de chasse aux phoques du début du dix-neuvième siècle (voir la Carte 2).

La péninsule Byers offre une contribution substantielle aux régions protégées de l'Antarctique, car elle (a) contient une diversité particulièrement riche d'espèces, (b) se distingue des autres régions de par le nombre et la diversité de ses lacs, étangs et cours d'eau douce, (c) est d'une grande importance écologique et représente le site limnologique le plus significatif dans la région, (d) est vulnérable aux perturbations anthropiques, en particulier en raison de la nature oligotrophe des lacs, qui sont extrêmement sensibles à la pollution et (e) représente un immense intérêt scientifique pour tout un éventail de disciplines. Tandis que certains de ces critères de qualité sont représentés dans d'autres ZSPA de la région, la péninsule Byers est unique en ce qu'elle possède un grand nombre de critères différents au sein d'une même zone. Alors que la Péninsule de Byers est principalement protégée pour ses valeurs environnementales exceptionnelles (en particulier sa diversité biologique et ses écosystèmes terrestres et lacustres), la Zone présente une palette d'autres valeurs, notamment associées à la science (à savoir pour la biologie terrestre, la limnologie, l'ornithologie, la paléolimnologie, la géomorphologie et la géologie), à l'histoire (objets et vestiges de refuges des premiers chasseurs de phoques) et à la nature sauvage (par ex. le promontoire Ray), ainsi que les valeurs scientifiques en cours qui peuvent bénéficier de la protection de la Zone.

Le terrain libre de glace de la péninsule Byers est bordé par l'océan sur trois côtés, et par le glacier du dôme de Rotch à l'est. La Zone a été désignée pour protéger des valeurs découvertes dans le terrain libre de glace sur la péninsule Byers. Pour atteindre cet objectif, une partie du dôme de Rotch a été incluse dans la ZSPA afin d'assurer que le terrain libre de glace nouvellement exposé (suite à un retrait du glacier du dôme de Rotch) soit compris dans les limites de la ZSPA. Par ailleurs, la partie nord-ouest du dôme de Rotch, notamment le terrain déglacé et le promontoire Ray, a été désignée comme une zone restreinte pour permettre des études en microbiologie qui nécessitaient des normes de quarantaine plus rigoureuses qu'il n'était jugé nécessaire dans le reste de la Zone. La Zone (84,7 km²) est considérée comme étant suffisamment vaste pour fournir une protection adéquate des valeurs décrites ci-dessous.

La Résolution 3 (2008) recommandait que « l'Analyse des domaines environnementaux pour le continent antarctique » serve de modèle dynamique pour l'identification des Zones spécialement protégées de l'Antarctique dans le cadre environnemental et géographique systématisé visé à l'Article 3(2) de l'Annexe V du Protocole. À l'aide de ce modèle, la péninsule Byers relève principalement du domaine environnemental G (géologie des îles au large de la péninsule Antarctique). La rareté de l'environnement G par rapport aux autres zones de domaine environnemental a entraîné de substantiels efforts pour conserver les valeurs trouvées dans ce type d'environnement ailleurs : parmi les autres zones protégées contenant le domaine G figurent les ZSPA 109, 111, 112, 114, 125, 128, 140, 145, 149, 150 et 152 et les ZSGA 1 et 4. La glace pérenne du dôme de Rotch appartient au domaine environnemental E. Parmi les autres zones protégées comprenant le domaine E figurent les ZSPA 113, 114, 117, 126, 128, 129, 133, 134, 139, 147, 149 et 152 et les ZSGA 1 et 4. La Résolution 6 (2012) recommandait que les Régions de conservation biogéographiques de l'Antarctique (RCBA) servent à « identifier les zones pouvant être désignées en tant que Zones spécialement protégées de l'Antarctique dans le cadre environnemental et géographique systématisé visé à l'Article 3(2) de l'Annexe V du Protocole sur l'environnement. La ZSPA n° 126 se trouve dans la région de conservation biogéographique de l'Antarctique (RCBA) 3 : Nord-ouest de la péninsule antarctique. Dans la Résolution 5 (2015), la RCTA a reconnu l'intérêt des Zones importantes pour la conservation des oiseaux (ZICO) de l'Antarctique. Les limites de la ZSPA marquent aussi l'étendue de la Zone importante pour la conservation des oiseaux ANT054 sur la Péninsule Byers, île Livingston. La ZICO y est justifiée en raison de la présence de colonies de sternes antarctiques (*Sterna vittata*) et de goélands dominicains (*Larus dominicanus*), bien que nombre d'autres espèces d'oiseaux, dont les pétrels géants (*Macronectes giganteus*) soient également présents.

1. Description des valeurs à protéger

Le Plan de gestion joint à la Mesure 1 (2002) justifiait la protection spéciale de la Zone par des valeurs jugées importantes. Les valeurs consignées dans les Plans de gestion initiaux sont réaffirmées. Ces valeurs sont exposées comme suit :

- Avec plus de 60 lacs, de nombreux bassins d'eau douce et une grande variété de cours d'eau souvent longs, il s'agit du site limnologique le plus important dans les îles Shetland du Sud – et peut-être dans la région de la péninsule Antarctique – et c'est également un site qui n'a pas été soumis à d'importants niveaux de perturbation humaine.

- La flore et la faune terrestres décrites sont d'une diversité exceptionnelle, avec l'une des plus larges représentations d'espèces connues dans l'Antarctique maritime. Par exemple, la flore rare mais diversifiée de plantes calcicoles et calcifuges et les cyanobactéries sont associées respectivement aux laves et aux basaltes, et plusieurs cryptogames rares ainsi que les deux plantes vasculaires indigènes (*Deschampsia antarctica* et *Colobanthus quitensis*) sont présents sur plusieurs sites. L'abondance de végétation est tout aussi exceptionnelle, avec 8,1 km² de végétation verte dans la Zone, ce qui représente plus de la moitié de la végétation verte protégée dans l'ensemble des ZSPA.

- *Parochlus steinenii* (le seul insecte alifère indigène de l'Antarctique) est faiblement représenté dans les îles Shetland du Sud. La répartition du seul autre diptère indigène, le chironomide sans ailes *(Belgica antarctica)*, est vaste mais éparse sur la péninsule Antarctique. Ces deux espèces abondent dans plusieurs des lacs, cours d'eau et bassins de la péninsule Byers.

- Les tapis de cyanobactéries exceptionnellement étendus, dans lesquels dominent des *Leptolyngbya* spp et *Phormidium* spp., ainsi que d'autres espèces, en particulier sur les niveaux supérieurs du plateau central de la péninsule Byers, constituent les meilleurs exemples décrits jusqu'ici dans l'Antarctique maritime.

- L'avifaune qui se reproduit dans la Zone est diverse, notamment deux espèces de manchots [manchot à jugulaire (*Pygoscelis antarctica*) et manchot papou (*P. papua*)], la sterne antarctique (*Sterna vittata*), l'océanite de Wilson (*Oceanites oceanicus*), le damier du Cap (*Daption capense*), le goéland dominicain (*Larus dominicanus*), le pétrel géant (*Macronectes giganteus*), l'océanite à ventre noir (*Fregetta tropica*), le cormoran impérial (*Phalacrocorax atriceps*), le grand labbe (*Catharacta loennbergi*) et le bec-en-fourreau (*Chionis alba*).

- Les lacs et leurs sédiments constituent l'une des archives les plus importantes pour étudier le paléoenvironnement holocène dans la région de la péninsule Antarctique et pour établir une téphrachronologie holocène régionale.

- Des ossements de baleine subfossiles bien préservés sont présents sur des plages surélevées, qui sont importants pour la datation au carbone 14 des dépôts de rivage.

- Les sites libres de glace sur la péninsule avec une strate jurassique et crétacée sédimentaire et fossilifère exposée sont considérés d'une valeur scientifique exceptionnelle pour l'étude de l'ancienne relation entre l'Antarctique et d'autres continents du sud.

- La zone est restée globalement peu perturbée par les activités humaines, par rapport à d'autres grandes zones libres de glace aux alentours, et serait exempte de plantes non indigènes.

2.   Buts et objectifs

La gestion dans la péninsule Byers vise à :

- éviter la dégradation des valeurs de la Zone ou les risques substantiels qui la menacent en empêchant toute perturbation humaine inutile ;

- permettre des recherches scientifiques sur les écosystèmes terrestres et lacustres, les mammifères marins, l'avifaune, les écosystèmes côtiers et la géologie ;

- permettre d'autres recherches scientifiques dans la Zone, à condition que ces travaux soient indispensables et ne puissent pas être menés ailleurs ;

- permettre des recherches archéologiques et adopter des mesures pour la protection des artéfacts, tout en préservant les artéfacts historiques présents dans la Zone contre une destruction, une perturbation ou un retrait inutile ;

- éviter ou réduire au minimum l'introduction de plantes, d'animaux et de microbes non indigènes dans la Zone ;

- réduire au minimum les risques d'introduction d'agents pathogènes susceptibles de provoquer des maladies pour la faune dans la Zone ; et

- permettre des visites à des fins de gestion en soutien aux objectifs du Plan de gestion.

3. Activités de gestion

Les activités de gestion qui suivent devront être entreprises pour protéger les valeurs de la Zone :

- Une carte indiquant l'emplacement de la Zone et les restrictions spéciales qui s'appliquent devra être affichée bien en vue à la Base Juan Carlos I (Espagne) et à la Station St. Kliment Ochridski (Bulgarie) sur la péninsule Hurd, où des exemplaires de ce Plan de gestion devront être mis à disposition.

- Les balises, panneaux, clôtures ou autres structures érigés dans la Zone à des fins scientifiques ou de gestion devront être solidement fixés et maintenus en bon état ;

- des visites seront organisées le cas échéant pour déterminer si la Zone répond toujours aux objectifs pour lesquels elle a été désignée et de s'assurer que les mesures de gestion et d'entretien sont adéquates.

La péninsule Byers a été décrite comme extrêmement sensible au piétinement humain (Tejedo *et al.*, 2009 ; Pertierra *et al.*, 2013a). La Zone a été désignée en tant que ZSPA pour protéger une grande variété de valeurs qui y sont présentes. En conséquence, elle attire les scientifiques (qui représentent un vaste éventail de disciplines) et les archéologues provenant d'un certain nombre de nations membres du Traité. Le grand nombre de personnes présentes dans la Zone aux périodes de grande affluence (milieu de l'été) signifie que les valeurs de la Zone peuvent être potentiellement mises en péril par les activités humaines, par exemple par la possible augmentation (i) de la taille et du nombre de campements, (ii) des dommages à la végétation causés par le piétinement, (iii) des perturbations causées à la flore et à la faune sauvages, (iv) de la production de déchets et (v) du besoin de stockage de combustible. **En conséquence, lors de l'élaboration de plans pour le travail de terrain dans la Zone, les Parties sont fortement encouragées à assurer la liaison avec les autres nations susceptibles d'opérer dans la Zone à cette saison, et à coordonner les activités pour maintenir les impacts environnementaux, y compris les impacts cumulatifs, à un minimum absolu** (par ex. moins de 12 personnes à la fois dans le campement international).

Toutes les Parties sont fortement encouragées à utiliser le campement international établi (situé sur les plages South, 62°39'49.7" de latitude sud, 61°05'59.8' de longitude ouest), afin de limiter la création de nouveaux sites de campement qui augmenteraient le degré d'incidence des activités humaines dans la Zone. Deux abris aux formes arrondies se trouvent dans le campement (l'un installé pour les recherches scientifiques, l'autre, pour les activités domestiques ; tous deux sont administrés par l'Espagne). Ces abris sont à la disposition de toutes les Parties au Traité si elles souhaitent les utiliser. Les Parties doivent contacter l'Espagne pour coordonner l'accès aux abris. Pertierra *et al.* (2013b) donnent des informations concernant les enjeux et impacts environnementaux causés par la gestion du camp.

4. Durée de désignation

La Zone est désignée pour une période indéterminée.

5. 5. Cartes et photographies

Carte 1 : ZSPA n° 126 de la péninsule Byers par rapport aux îles Shetland du Sud, indiquant l'emplacement de la Base Juan Carlos I (Espagne) et de la Station St. Kliment Ochridski (Bulgarie), ainsi que l'emplacement des zones protégées dans un rayon de 75 km autour de la Zone. Encart : emplacement de l'île Livingston le long de la péninsule Antarctique.

Carte 2 : Carte topographique de la ZSPA n° 126 de la péninsule Byers. Spécifications de la carte : projection UTM fuseau 20 ; sphéroïde : WGS 1984 ; Système géodésique niveau moyen des mers (MSL). Précision horizontale de contrôle : ±0,05 m. Intervalle de contour vertical : 50 m.

6. Description de la Zone

6(i) Coordonnées géographiques, balises de délimitation et caractéristiques naturelles

LIMITES

La Zone englobe :

- la péninsule Byers et tout le terrain libre de glace ainsi que la calotte glaciaire à l'ouest de la longitude 60°53'45", y compris Clark Nunatak et la pointe Rowe ;
- le milieu marin littoral qui s'étend à 10 m au large depuis la ligne de basse mer, et
- l'île du Démon et l'île Sprite, adjacentes au littoral sud de la pointe du Diable, mais excluant tous les autres îlots au large, notamment l'île Rugged et les rochers (Carte 2).

La ligne de démarcation à l'est suit la longitude ouest 60°53'45'' afin de s'assurer que le terrain libre de glace nouvellement exposé suite à un retrait du dôme de Rotch, qui peut présenter un grand potentiel au niveau scientifique et de nouveaux habitats pour des études sur la colonisation, restera dans les limites de la ZSPA.

Aucune balise de délimitation n'est installée.

DESCRIPTION GÉNÉRALE

La péninsule Byers (entre les latitudes sud 62°34'35" et 62°40'35" et les longitudes ouest 60°53'45" et 61°13'07", 84,7 km^2) se situe à l'extrémité ouest de l'île Livingston, la deuxième plus grande île des îles Shetland du Sud (Carte 1). La zone libre de glace sur la péninsule présente une étendue centrale ouest-est d'environ 9 km et une étendue N-O / S-E de 18,2 km; il s'agit de la plus vaste zone libre de glace dans les îles Shetland du Sud. La péninsule présente généralement un relief bas et ondulant, bien qu'il y ait un certain nombre de collines proéminentes dont l'altitude varie de 80 à 265 m (Carte 2). L'intérieur est dominé par une série de longues plates-formes à des altitudes atteignant 105 m, interrompues par des culots volcaniques isolés comme le cône Chester (188 m) et la colline Negro (143 m) (Thomson et López-Martínez, 1996). Les modelés arrondis et plats abondent suite à des processus d'érosion marine, glaciaires et périglaciaires. Le terrain le plus accidenté se trouve sur le promontoire Ray, une crête formant l'axe d'orientation nord-ouest de la péninsule plus ou moins en forme de 'Y'. Des falaises abruptes bordent le littoral à l'extrémité nord du promontoire Ray, la colline Start (265 m) à l'extrémité N-O étant le point le plus élevé de la péninsule.

Le littoral de la péninsule Byers s'étend sur un total de 71 km (Carte 2). Malgré un relief généralement bas, la côte est irrégulière et souvent abrupte, avec bon nombre de promontoires, falaises, îlots au large, rochers et hauts-fonds. La péninsule Byers est également réputée pour les plages vastes, ses éléments proéminents sur les trois côtes (plages Robbery au nord, plages President à l'ouest et les plages South). Les plages South sont les plus vastes, s'étendant sur 12 km le long de la côte et d'une largeur atteignant près de 0,9 km. Ce sont les plus grandes des îles Shetland du Sud (Thomson et López-Martínez 1996). Pour une description détaillée de la géologie et de la biologie de la Zone, voir l'Annexe 1.

6(ii) Accès à la Zone

- L'accès se fera par hélicoptère ou par petite embarcation.
- Il n'y a aucune restriction particulière sur les débarquements de bateaux depuis la mer ou qui s'applique aux voies maritimes empruntées pour accéder à la Zone et en repartir. En raison de l'étendue considérable de plages accessibles autour de la Zone, de nombreux lieux sont de débarquement possibles. Dans la mesure du possible, le débarquement de cargaisons et d'équipements scientifiques doit néanmoins être proche du campement international situé sur les plages South (62°39'49.7'' de latitude sud, 61°05'59.8' de longitude ouest ; consultez la section 6(iii) pour plus de détails). Le personnel des navires déposant des marchandises et/ou du personnel à la ZSPA ne doivent pas quitter le site de débarquement sauf s'il possèdent un permis délivré par une autorité nationale compétente.
- Une aire d'atterrissage pour les hélicoptères a été désignée au 62°39'36.4" de latitude sud, 61°05'48.5' de longitude ouest, à l'est du campement international.
- Dans des circonstances exceptionnelles nécessaires pour les besoins correspondant aux objectifs du Plan de gestion, les hélicoptères peuvent atterrir ailleurs dans la Zone, sachant que les atterrissages devront se faire sur la crête et les crêtes de plages surélevées, dans la mesure du possible.
- Aucun hélicoptère ne devra atterrir dans les zones restreintes [consultez la section 6(v)].
- Les hélicoptères doivent éviter les sites où les oiseaux se concentrent (par ex. pointe du Diable, pointe de Lair et plages Robbery) ou les sites où la végétation abonde (par ex. les grandes étendues de mousses près

des plages President et South).

- Pour réduire au minimum la perturbation de la faune et de la flore, les aéronefs doivent éviter d'atterrir sur une zone de restriction des survols s'étendant sur ¼ mille nautique (environ 460 m) à l'intérieur des terres depuis la côte entre le 1er octobre et le 30 avril inclus (consultez la Carte 2). L'unique exception à cette règle est le site d'atterrissage désigné pour les hélicoptères à 62°39'36.4" de latitude sud, 61°05'48.5' de longitude ouest.

- Dans la zone de restriction des survols, l'utilisation des aéronefs doit au minimum respecter les « Directives pour l'exploitation d'aéronefs à proximité de concentrations d'oiseaux » figurant dans la Résolution 2 (2004). En particulier, les aéronefs doivent maintenir une hauteur verticale de 2 000 pieds (~ 610 m) au-dessus du sol et traverser perpendiculairement le littoral, dans la mesure du possible. Lorsque les conditions imposent aux aéronefs de voler à des altitudes inférieures à celles qui sont recommandées dans les directives, les aéronefs doivent voler à la plus haute altitude possible et réduire au minimum le temps nécessaire pour traverser la zone côtière.

- L'utilisation de grenades fumigènes par les hélicoptères est interdite dans la Zone, sauf en cas de nécessité absolue pour des raisons de sécurité. Si elles sont utilisées, toutes les grenades fumigènes doivent être récupérées.

6(iii) Emplacement de structures à l'intérieur de la zone et à proximité

Un campement international se trouve sur les plages South à 62°39'49.7" latitude sud, 61°05'59.8' de longitude ouest. Il comprend deux abris aux formes arrondies en fibre de verre. Il est entretenu par l'Espagne, qui le met à la disposition de toutes les Parties. Les Parties souhaitant utiliser les abris doivent communiquer leurs intentions au Comité polaire espagnol bien à l'avance. Les emplacements des vestiges des chasseurs de phoques du XIXe siècle, y compris les refuges et les grottes utilisées comme abri, sont indiqués dans Smith et Simpson (1987) (consultez la Carte 2). Plusieurs cairns marquant les sites utilisés pour des études topographiques sont également présents dans la Zone, principalement sur des emplacements surélevés.

Les stations de recherche scientifique les plus proches sont à 30 km à l'est de la péninsule Hurd, île Livingston [Base Juan Carlos I (Espagne) et St Kliment Ochridski (Bulgarie)].

6(iv) Emplacement des autres zones protégées à proximité directe de la Zone

Les zones protégées les plus proches de la péninsule Byers sont les suivantes : Cap Shirreff (ZSPA n° 149), à environ 20 km au nord-est, île de la Déception (ZSGA n° 4), Port Foster et d'autres parties de l'île de la Déception (ZSPA n° 140, 145), approximativement à 40 km au S-S-E et la « Baie du Chili » (baie Discovery) (ZSPA n° 144), à environ 70 km à l'est de l'île de Greenwich (Carte 1).

6(v) Zones à accès limité et zones gérées à l'intérieur de la zone

Il est probable que certaines zones sur la péninsule Byers n'aient été visitées que très rarement, voire jamais. Il est prévu que de nouvelles techniques métagénomiques permettent une identification future de la biodiversité microbienne (bactéries, champignons et virus) à un niveau inégalé, permettant de répondre à de nombreuses questions fondamentales sur la dispersion et la répartition microbiennes. Des zones restreintes ont été désignées qui revêtent une importance scientifique pour la microbiologie de l'Antarctique. Une restriction plus importante est placée sur l'accès dans le but d'empêcher une contamination microbienne ou autre par l'activité humaine.

- Afin de poursuivre cet objectif, des survêtements de protection stériles devront être portés dans les zones restreintes. Les vêtements de protection devront être revêtus juste avant de pénétrer dans les zones restreintes. Les bottes de rechange, préalablement nettoyées à l'aide d'un biocide puis scellées dans des sacs en plastique, devront être déballées et chaussées juste avant de pénétrer dans les zones restreintes. Si l'accès aux zones restreintes se fait par bateau, les vêtements de protection devront être endossés juste avant le débarquement.

- Dans la mesure du possible, tous les équipements de prélèvement d'échantillons, les appareils scientifiques et les balises apportés dans les zones restreintes devront être stérilisés et maintenus dans des conditions stériles avant leur utilisation dans la Zone. La stérilisation doit être effectuée par une méthode acceptée, notamment par rayonnement UV ou par stérilisation en autoclave ou superficielle à l'aide d'éthanol à 70 % ou d'un biocide en vente dans le commerce (par ex. Virkon®).

- Les équipements généraux incluent des harnais, crampons, équipements d'escalade, piolets, bâtons de marche, équipement de ski, balises temporaires d'itinéraire, traîneaux, luges, équipement d'appareils photo et caméras, sacs à dos, boîtes à patins et tout autre équipement personnel. Dans la mesure du possible, tous les équipements utilisés ou apportés dans les zones restreintes devront être soigneusement nettoyés et stérilisés à la station Antarctique ou sur le bateau d'origine. Les équipements devront avoir été maintenus dans cette condition avant de pénétrer dans les zones restreintes, de préférence par scellement dans des sacs en plastique stériles ou autres contenants propres.

- Les scientifiques appartenant à des disciplines autres que la microbiologie sont autorisés à pénétrer dans les zones restreintes, mais ils devront adhérer aux mesures de quarantaine détaillées ci-dessus.

- Il est interdit de camper dans les zones restreintes.

- Il est interdit aux hélicoptères d'atterrir dans les zones restreintes.

- Si un accès aux zones restreintes est nécessaire à des fins de recherche ou d'urgence, un enregistrement détaillé sur l'emplacement où la visite a eu lieu (de préférence à l'aide d'une technologie GPS) et sur les activités spécifiques devra être soumis à l'autorité nationale compétente et inclus dans le rapport annuel sur l'échange d'informations, de préférence à travers le système électronique d'échange d'informations (SEEI).

Les zones restreintes sont les suivantes :

1. Nord-ouest du Dôme de Rotch et terrain déglacé adjacent. La zone restreinte inclut tout le terrain et la calotte glaciaire sur une zone limitée à l'est par la longitude ouest 60°53'45", à l'ouest par la longitude ouest 60°58'48", au sud par la latitude sud 62°38'30', et la limite nord longe le littoral (consultez la Carte 2).

2. Le promontoire Ray. La zone restreinte inclut tout le terrain et la glace permanente au nord-ouest d'une ligne droite traversant le Promontoire entre la latitude sud 62°37', la longitude ouest 61°08' (marqué par un petit lac côtier) et la latitude sud 62°36', puis la longitude ouest 61°06'. Dans la zone restreinte du promontoire Ray, l'accès à des vestiges archéologiques situés sur la côte est autorisé sans nécessité de précautions de quarantaine requises ailleurs dans la zone restreinte. L'accès aux zones à l'intérieur des terres au-delà des vestiges archéologiques côtiers n'est pas autorisé sans les mesures de quarantaine en place, détaillées dans la présente section. De préférence, l'accès aux vestiges archéologiques devra se faire depuis la mer à l'aide de petits bateaux. L'accès à pied aux vestiges archéologiques est également autorisé sans nécessité de mesures de quarantaine supplémentaires, en suivant la ligne de côte depuis la zone non restreinte de la ZSPA de la péninsule Byers vers le sud-est. L'accès aux vestiges archéologiques devra se faire uniquement pour des études archéologiques, autorisées par l'autorité nationale compétente.

7.   Critères de délivrance des permis d'accès

L'accès à la Zone est interdit sauf avec un permis délivré par une autorité nationale compétente.

7(i) Conditions générales pour l'obtention d'un permis

Les conditions de délivrance d'un permis pour entrer dans la Zone sont les suivantes :

- il est délivré uniquement pour des études scientifiques de l'écosystème, de la géologie, de la paléontologie ou de l'archéologie de la Zone ou pour des activités scientifiques impérieuses qui ne peuvent pas être menées ailleurs; ou

- il est délivré pour des besoins de gestion essentiels correspondant aux objectifs du plan de gestion, comme l'inspection, l'entretien ou la révision ;
- les actions autorisées ne compromettront pas les valeurs écologiques, géologiques, historiques ou scientifiques de la Zone ;
- les échantillonnages proposés n'impliqueront pas le ramassage, le prélèvement ou des dommages à des quantités de sol, de roche, de flore ou de faune indigènes telles que leur répartition ou leur abondance sur la péninsule Byers s'en trouveraient considérablement touchées ;
- les impacts cumulatifs des prélèvements géologiques sont pris en compte dans toute étude d'impact sur l'environnement, dans la mesure où d'importants prélèvements ont été faits dans certains sites paléontologiques, causant des impacts négatifs considérables sur les valeurs scientifiques de la Zone;
- toutes les activités de gestion entreprises le seront à l'appui des objectifs du plan de gestion ;
- les actions autorisées sont conformes au plan de gestion ;
- le permis, ou une copie certifiée, doit être emmené dans la Zone.
- un rapport de visite devra être fourni à l'autorité mentionnée dans le permis ;
- les permis seront délivrés pour une durée donnée; et
- l'autorité compétente doit être informée des activités ou mesures entreprises qui n'ont pas été incluses dans le permis autorisé.

7(ii) Accès à la Zone et déplacements à l'intérieur ou au-dessus de celle-ci

- Les véhicules terrestres sont interdits dans la Zone.
- Les déplacements dans la Zone devront se faire à pied, sauf circonstances exceptionnelles au cours desquelles un hélicoptère pourra être utilisé.
- Tous les déplacements devront être entrepris avec prudence de façon à perturber au minimum lles vestiges archéologiques, es animaux, les sols, les formations géomorphologiques et les surfaces végétales, en marchant autant que faire se peut sur les terrains rocailleux ou les crêtes afin d'éviter d'endommager les plantes sensibles, les terrains réticulés et les sols gorgés d'eau.
- Les déplacements à pied devront être maintenus à un minimum, en conformité avec les objectifs de toute activité autorisée et tout devra être fait pour réduire au minimum les effets de piétinement. Dans la mesure du possible, les pistes existantes doivent être empruntées pour traverser la Zone (Carte 2). En l'absence de pistes, il faut s'assurer d'éviter de créer de nouvelles pistes. Les recherches ont démontré que la végétation sur la péninsule Byers peut se rétablir si moins de 200 traversées ont lieu lors d'une saison (Tejedo *et al.*, 2009). Les sentiers pédestres traversant des terrains végétalisés doivent donc être choisis en fonction du nombre prévu de traversées (c'est-à-dire le nombre de personnes × traversées par jour × nombre de jours). Lorsqu'il est prévu que le nombre de traversées sur une même piste sera inférieur à 200 lors d'une saison, la piste doit être clairement identifiée et les traversées doivent toujours suivre la piste. Lorsqu'il est prévu le nombre dépasse 200 lors d'une saison, l'itinéraire ne doit pas être défini le long d'une seule piste, mais les traversées doivent se faire à travers une ceinture étendue (c'est-à-dire plusieurs pistes, chacune avec moins de 200 traversées), afin de diluer l'impact et de permettre un rétablissement plus rapide de la végétation piétinée.
- Les conditions pour l'utilisation d'hélicoptères dans la Zone sont décrites dans la section 6(*ii*)
- « Le survol de la Zone par des véhicules aériens sans pilote (UAV) à une altitude pouvant générer des perturbations nuisibles n'est pas autorisé, sauf en vertu d'un permis émis par une autorité nationale compétente. »
- Il est strictement interdit aux pilotes, à l'équipage des embarcations et des aéronefs ou à toute autre personne à bord, de se déplacer à pied au-delà des alentours immédiats du site de débarquement, sauf avis contraire stipulé dans le permis.
- Les restrictions sur l'accès et les déplacements dans les zones restreintes sont décrites dans la section 6(*v*).

7(iii) Activités pouvant être menées dans la Zone

- Les recherches scientifiques impérieuses qui ne peuvent pas être entreprises ailleurs et qui ne mettront pas en danger l'écosystème ou les valeurs de la Zone et ne perturberont pas les études scientifiques existantes.
- Les recherches archéologiques.
- Les activités de gestion essentielles, notamment la surveillance.

7(iv) Installation, modification ou retrait de structures

Aucune nouvelle structure ne peut être érigée dans la zone, ni aucun équipement scientifique installé, sauf à des fins scientifiques ou de gestion indispensables, et pour une période préétablie, tel que stipulé dans un permis. L'installation (y compris le choix du site), l'entretien, la modification ou le retrait de structures et d'équipements doivent être entrepris de manière à limiter les effets indésirables sur les valeurs de la Zone. Toutes les structures ou les équipements scientifiques installés dans la Zone doivent identifier clairement le pays, le nom du responsable de l'équipe de recherche et l'année d'installation. Tous ces éléments doivent être exempts d'organismes, de propagules (par ex. graines, œufs) et de sol non stérile et doivent être en matériaux capables de supporter les conditions environnementales et posant un risque de contamination minimal à la Zone. Le retrait de structures ou d'équipements spécifiques pour lesquels le permis a expiré devra figurer parmi les critères du permis. Les structures ou installations permanentes sont interdites.

7(v) Emplacement des camps

Afin de réduire au minimum la zone de terrain dans la ZSPA touchée par les activités de campement, les camps doivent se trouver dans le voisinage immédiat du campement international (62°39'49.7" de latitude sud, 61°05'59.8" de longitude ouest). Lorsque les objectifs spécifiés dans le permis le requièrent, un campement temporaire au-delà du campement international est autorisé dans la Zone. Les camps doivent se trouver sur des sites non végétalisés, comme sur les portions les plus sèches des plages surélevées ou, dans la mesure du possible, sur un terrain recouvert d'une couche de neige supérieure à 0,5 m, et doivent éviter les concentrations d'oiseaux ou de mammifères en phase de reproduction. Il est interdit de camper à moins de 50 m d'un refuge ou d'un abri de chasseurs de phoques. Les campements précédemment utilisés doivent être réutilisés dans la mesure du possible, sauf s'ils n'étaient pas positionnés de manière appropriée au regard des directives ci-dessus. Il est interdit de camper dans les zones restreintes. En raison des vents forts dans la région, il conviendra de prendre grand soin à ce que le matériel de camping et les équipements scientifiques soient solidement fixés.

7(vi) Restrictions sur les matériaux et organismes pouvant être introduits dans la Zone

L'introduction délibérée d'animaux, de matières végétales, de micro-organismes et de terre non stérile dans la zone ne sera pas autorisée. Des mesures de précaution doivent être prises pour éviter l'introduction accidentelle de tout animal, végétal, micro-organisme et sol non stérile provenant de régions biologiquement distinctes (comprises ou non dans la zone du Traité sur l'Antarctique) ; les visiteurs doivent également consulter et suivre les recommandations contenues dans le *Manuel sur les espèces non indigènes du CPE* (CPE, 2011) et dans le *Code de conduite environnemental pour les recherches scientifiques terrestres en Antarctique* (SCAR, 2009). Compte tenu de la présence de colonies d'oiseaux en phase de reproduction sur la péninsule Byers, aucun produit avicole, y compris des déchets provenant de tels produits et des produits contenant des œufs crus en poudre, ne devra être introduit dans la Zone ou dans la mer adjacente.

Aucun herbicide ni pesticide ne devra être introduit dans la Zone. Tout autre produit chimique, y compris des radionucléides ou des isotopes stables, susceptibles d'être introduits pour des besoins scientifiques ou de gestion spécifiés dans le permis, devra être retiré de la Zone au plus tard à la fin de l'activité pour laquelle le permis a été accordé. Le déversement de radionucléides ou d'isotopes stables directement dans l'environnement par une méthode qui les rend irrécupérables doit être évité. Les combustibles ou autres substances chimiques ne devront pas être entreposés dans la Zone, à moins que le permis ne l'autorise spécifiquement. Ils devront être entreposés et manipulés de façon à réduire au minimum les risques d'introduction accidentelle dans l'environnement. Tous les matériaux sont introduits dans la zone pour une période déterminée uniquement, et doivent être retirés lorsque cette période est échue. En cas de déversement susceptible de mettre en péril les valeurs de la zone, leur retrait est encouragé à condition que l'impact de celui-ci ne soit pas susceptible d'être supérieur à celui consistant à laisser les substances *in situ*. L'autorité compétente doit être informée de tout élément introduit et non retiré et qui ne figurait pas dans le permis agréé.

7(vii) Prélèvement de végétaux et capture d'animaux ou perturbations nuisibles à la faune ou la flore indigène

Tout prélèvement de plante ou capture d'animaux, et toute perturbation nuisible à la faune ou la flore indigène est interdite sauf en possession d'un permis délivré conformément à l'Annexe II du Protocole au Traité sur l'Antarctique relatif à la protection de l'environnement. En cas de capture ou de perturbations nuisibles aux animaux, le *Code de conduite du SCAR pour l'utilisation d'animaux à des fins scientifiques dans l'Antarctique* doit être utilisé à titre de norme minimale.

7(viii) Prélèvement ou retrait de matériaux non introduits dans la Zone par le titulaire du permis

La collecte ou le retrait de tout ce qui n'a pas été introduit dans la Zone par le titulaire du permis devra être conforme à un permis et doit se limiter au minimum requis pour satisfaire aux besoins scientifiques, archéologiques ou de gestion.

Sauf autorisation spécifique d'un permis, les visiteurs dans la Zone n'ont pas le droit de perturber,de manipuler, de collecter ni d'endommager des objets anthropiques historiques répondant aux critères visés dans la Résolution 5 (2001). De même, le déplacement ou le retrait d'artéfacts pour les besoins de conservation ou de protection ou pour rétablir l'exactitude historique n'est autorisé que dans le cadre d'un permis. L'autorité nationale compétente devra être informée de l'emplacement et de la nature de tout matériau anthropique nouvellement identifié.

Les autres matériaux d'origine humaine susceptibles de mettre en péril les valeurs de la Zone et qui n'ont pas été introduits dans la Zone par le titulaire d'un permis (ou au moyen d'une autre autorisation), peuvent être retirés de la Zone, à moins que l'impact environnemental du retrait soit susceptible d'être plus important que de laisser le matériau sur place ; si tel est le cas, l'autorité compétente doit en être informée et une approbation doit être obtenue.

7(ix) Élimination des déchets

À titre de norme minimale, tous les déchets devront être éliminés conformément à l'Annexe III du Protocole au Traité sur l'Antarctique relatif à la protection de l'environnement. Par ailleurs, tous les déchets, y compris tous les déchets humains solides, devront être retirés de la Zone. Les déchets humains liquides peuvent être évacués dans la mer. Comme les récifs côtiers en empêcheraient la dispersion, les déchets humains solides ne doivent pas être éliminés dans la mer, mais être extraits de la Zone. Aucun déchet humain ne devra être jeté à l'intérieur des terres, car même une petite quantité de déchets humains, y compris l'urine, pourrait menacer les caractéristiques oligotrophes des lacs et autres plans d'eau sur le plateau.

7(x) Mesures nécessaires pour faire en sorte que les buts et objectifs du plan de gestion continuent à être atteints

Des permis d'accès à la Zone peuvent être accordés pour :

- effectuer des activités de surveillance et d'inspection de sites, ce qui peut impliquer la collecte de données et/ou d'un petit nombre d'échantillons pour analyse ou examen;
- ériger ou entretenir des poteaux indicateurs, structures ou équipements scientifiques; ou
- prendre des mesures de protection.

Tous les sites spécifiques où se déroulent des études sur le long terme doivent être correctement signalés et inscrits sur les cartes de la Zone. Les positions GPS doivent être obtenues auprès de l'autorité nationale compétente afin d'être intégrées au Système de répertoire de données sur l'Antarctique.

Afin de préserver les valeurs écologiques et scientifiques de la Zone et éviter toute introduction accidentelle, les visiteurs devront prendre des mesures spéciales. Il conviendra en particulier de ne pas introduire de plantes, d'animaux ou de microbes provenant de sols d'autres sites de l'Antarctique, notamment des stations, ou de régions en dehors de l'Antarctique. Dans la mesure du possible, les visiteurs devront veiller à soigneusement nettoyer les chaussures, vêtements et équipements – en particulier les équipements de camping et d'échantillonnage – avant de pénétrer dans la Zone. Les produits avicoles et autres produits aviaires introduits, qui peuvent être un vecteur de maladies aviaires, ne devront pas être laissés dans la Zone. Les visiteurs se rendant dans la ZSPA en hélicoptère devront s'assurer qu'il ne contient aucune graine, terre ou propagule avant d'entrer dans la zone. Le transfert d'espèces entre les lacs depuis l'extérieur et au sein de la ZSPA présente une menace considérable pour ces plans d'eau chimiquement et biologiquement uniques. Ainsi, la plus grande prudence sera appliquée pour empêcher toute contamination croisée entre les lacs, notamment lors du nettoyage d'équipements de prélèvement d'échantillons entre les utilisations d'un plan d'eau à un autre.

7(xi) Conditions relatives aux rapports

Pour chaque visite dans la Zone, le titulaire principal d'un permis devra soumettre un rapport à l'autorité nationale compétente, dès que possible, et au plus tard six mois après la fin de la visite. Ces rapports de visite doivent inclure, le cas échéant, les informations identifiées dans le formulaire de rapport de visite qui a été recommandé [figurant en Annexe du Guide pour la préparation des plans de gestion des zones spécialement protégées en Antarctique, disponible sur le site web du Secrétariat du Traité sur l'Antarctique (www.ats.aq)]. Le cas échéant, l'autorité nationale doit également transmettre un exemplaire du rapport de visite à la Partie qui a proposé le plan de gestion afin de contribuer à la gestion de la Zone et à la révision du plan de gestion. Dans la mesure du possible, les Parties doivent déposer des originaux ou des copies des rapports de visite originaux dans un dossier accessible au public afin de conserver des archives d'usage, pour toute révision du plan de gestion et pour l'organisation de l'utilisation scientifique de la Zone.

8. Documentation complémentaire

Pour une liste récente des publications issues des recherches scientifiques sur la Péninsule Byers, lire Benayas *et al.*, 2013.

For a recent list of publication resulting from scientific investigations on Byers Peninsula, see Benayas et al. (2013).

Bañón, M., Justel M. A., Quesada, A. 2006. Análisis del microclima de la península Byers, isla Livingston, Antártida, en el marco del proyecto LIMNOPOLAR. In: *Aplicaciones meteorológicas*. Asociación Meteorológica Española.

Bañón, M., Justel, M. A., Velazquez, D., Quesada, A. 2013. Regional weather survey on Byers Peninsula, Livingston Island, South Shetland Islands, Antarctica. *Antarctic Science* **25**: 146-156.

Barbosa, A., de Mas, E., Benzal, J., Diaz, J. I., Motas, M., Jerez, S., Pertierra, L., Benayas, J., Justel, A., Lauzurica, P., Garcia-Peña, F. J., and Serrano, T. 2013. Pollution and physiological variability in gentoo penguins at two rookeries with different levels of human visitation. *Antarctic Science* **25**: 329-338.

Benayas, J., Pertierra, L., Tejedo, P., Lara, F., Bermudez, O., Hughes, K.A., and Quesada, A. 2013. A review of scientific research trends within ASPA 126 Byers Peninsula, South Shetland Islands, Antarctica. *Antarctic Science* **25**: 128-145.

Birnie, R.V., Gordon, J.E. 1980. Drainage systems associated with snow melt, South Shetland Islands, Antarctica. *Geografiska Annaler* **62A**: 57-62.

Björck, S., Hakansson, H, Zale, R., Karlén, W., Jönsson, B.L. 1991. A late Holocene lake sediment sequence from Livingston Island, South Shetland Islands, with palaeoclimatic implications. *Antarctic Science* **3**: 61-72.

Björck, S., Sandgren, P., Zale, R. 1991. Late Holocene tephrochronology of the Northern Antarctic Peninsula. *Quaternary Research* **36**: 322-28.

Björck, S., Hjort, C, Ingólfsson, O., Skog, G. 1991. Radiocarbon dates from the Antarctic Peninsula - problems and potential. In: Lowe, J.J. (ed.), *Radiocarbon dating: recent applications and future potential. Quaternary Proceedings* 1, Quaternary Research Association, Cambridge. pp 55-65.

Björck, S., Håkansson, H., Olsson, S., Barnekow, L., Janssens, J. 1993. Palaeoclimatic studies in South Shetland Islands, Antarctica, based on numerous stratigraphic variables in lake sediments. *Journal of Paleolimnology* **8**: 233-72.

Björck, S., Zale, R. 1996. Late Holocene tephrochronology and palaeoclimate, based on lake sediment studies. In: López-Martínez, J., Thomson, M. R. A., Thomson, J.W. (eds.) *Geomorphological map of Byers Peninsula, Livingston Island*. BAS GEOMAP Series Sheet 5-A, 43-48. British Antarctic Survey, Cambridge.

Björck, S., Hjort, C., Ingólfsson, O., Zale, R., Ising, J. 1996. Holocene deglaciation chronology from lake sediments. In: López-Martínez, J., Thomson, M. R. A., Thomson, J.W. (eds.) *Geomorphological map of Byers Peninsula, Livingston Island*. BAS GEOMAP Series Sheet 5-A, 49-51. British Antarctic Survey, Cambridge.

Block, W., Starý, J. 1996. Oribatid mites (Acari: Oribatida) of the maritime Antarctic and Antarctic Peninsula. *Journal of Natural History* **30**: 1059-67.

Bonner, W.N., Smith, R.I.L. (Eds) 1985. *Conservation areas in the Antarctic*. SCAR, Cambridge: 147-56.

Booth, R.G., Edwards, M., Usher, M.B. 1985. Mites of the genus Eupodes (Acari, Prostigmata) from maritime Antarctica: a biometrical and taxonomic study. *Journal of the Zoological Society of London (A)* **207**: 381-406.

Carlini, A.R., Coria, N.R., Santos, M.M., Negrete, J., Juares, M.A., Daneri, G.A. 2009. Responses of *Pygoscelis adeliae* and *P. papua* populations to environmental changes at Isla 25 de Mayo (King George Island). *Polar Biology* **32**: 1427-1433.

Committee for Environmental Protection. 2011. CEP non-native species manual. Antarctic Treaty Secretariat, Buenos Aires. (see: http://www.ats.aq/e/ep_faflo_nns.htm)

Convey, P., Greenslade, P. Richard, K.J., Block, W. 1996. The terrestrial arthropod fauna of the Byers Peninsula, Livingston Island, South Shetland Islands - Collembola. *Polar Biology* **16**: 257-59.

Covacevich, V.C. 1976. Fauna valanginiana de Peninsula Byers, Isla Livingston, Antartica. *Revista Geologica de Chile* **3**: 25-56.

Crame, J.A. 1984. Preliminary bivalve zonation of the Jurassic-Cretaceous boundary in Antarctica. In: Perrilliat, M. de C. (Ed.) *Memoria, III Congreso Latinamerico de Paleontologia, Mexico, 1984. Mexico City*, Universidad Nacional Autonoma de Mexico, Instituto de Geologia. pp 242-54.

Crame, J.A. 1985. New Late Jurassic Oxytomid bivalves from the Antarctic Peninsula region. *British Antarctic Survey Bulletin* **69**: 35-55.

Crame, J.A. 1995. Occurrence of the bivalve genus Manticula in the Early Cretaceous of Antarctica. *Palaeontology* **38** Pt. 2: 299-312.

Crame, J.A. 1995. A new Oxytomid bivalve from the Upper Jurassic–Lower Cretaceous of Antarctica. *Palaeontology* **39** Pt. 3: 615-28.

Crame, J.A. 1996. Early Cretaceous bivalves from the South Shetland Islands, Antarctica. *Mitt. Geol-Palaont. Inst. Univ. Hamburg* **77**: 125-127.

Crame, J.A., Kelly, S.R.A. 1995. Composition and distribution of the Inoceramid bivalve genus *Anopaea*. *Palaeontology* **38** Pt. 1: 87-103.

Crame, J.A., Pirrie, D., Crampton, J.S., Duane, A.M. 1993. Stratigraphy and regional significance of the Upper Jurassic - Lower Cretaceous Byers Group, Livingston Island, Antarctica. *Journal of the Geological Society* **150** Pt. 6: 1075-87.

Croxall, J.P., Kirkwood, E.D. 1979. *The distribution of penguins on the Antarctic Peninsula and the islands of the Scotia Sea*. British Antarctic Survey, Cambridge.

Davey, M.C. 1993. Carbon and nitrogen dynamics in a maritime Antarctic stream. *Freshwater Biology* **30**: 319-30.

Davey, M.C. 1993. Carbon and nitrogen dynamics in a small pond in the maritime Antarctic. *Hydrobiologia* **257**: 165-75.

De Pablo, M.A., Blanco, J.J., Molina, A., Ramos, M. Quesada, A., and Vieira G. 2013. Interannual active layer variability at the Limnopolar Lake CALM site on Byers Peninsula, Livingston Island, Antarctica. *Antarctic Science* 25: 167-180.

Duane, A.M. 1994. Preliminary palynological investigation of the Byers Group (Late Jurassic-Early Cretaceous), Livingston Island, Antarctic Peninsula. *Review of Palaeobotany and Palynology* **84**: 113-120.

Duane, A.M. 1996. Palynology of the Byers Group (Late Jurassic-Early Cretaceous) Livingston and Snow Islands, Antarctic Peninsula: its biostratigraphical and palaeoenvironmental significance. *Review of Palaeobotany and Palynology* **91**: 241-81.

Duane, A.M. 1997. Taxonomic investigations of Palynomorphs from the Byers Group (Upper Jurassic-Lower Cretaceous), Livingston and Snow Islands, Antarctic Peninsula. *Palynology* **21**: 123-144.

Ellis-Evans, J.C. 1996. Biological and chemical features of lakes and streams. In: López-Martínez, J., Thomson, M. R. A., Thomson, J.W. (eds.) *Geomorphological map of Byers Peninsula, Livingston Island*. BAS GEOMAP Series Sheet 5-A, 20-22. British Antarctic Survey, Cambridge.

Emslie, S. D., Polito, M. J., and Patterson W. P. 2013. Stable isotope analysis of ancient and modern gentoo penguin egg membrane and the krill surplus hypothesis in Antarctica. *Antarctic Science* **25**: 213-218.

Fernández-Valiente, E., Camacho, A., Rochera, C., Rico, E., Vincent, W. F., Quesada, A. 2007 Community structure and physiological characterization of microbial mats in Byers Peninsula, Livingston Island (South Shetland islands, Antarctica). *FEMS Microbiology Ecology* **59**: 377- 385

Gil-Delgado, J.A., Villaescusa, J.A., Diazmacip, M.E., Velazquez, D., Rico, E., Toro, M., Quesada, A., Camacho, A. 2013. Minimum population size estimates demonstrate an increase in southern elephant seals (Mirounga leonina) on Livingston Island, maritime Antarctica *Polar Biology* **36**: 607-610

Gil-Delgado, J.A., González-Solis, J., Barbosa, A. 2010. Breeding birds populations in Byers Peninsula (Livingston Is., South Shetlands Islands. 18th International Conference of the European Bird Census Council. 22-26 March. Caceres. Spain).

González-Ferrán, O., Katsui, Y., Tavera, J. 1970. Contribución al conocimiento geológico de la Península Byers, Isla Livingston, Islas Shetland del Sur, Antártica. *Publ. INACH Serie. Cientifica* **1**: 41-54.

Gray, N.F., Smith, R.I. L. 1984. The distribution of nematophagous fungi in the maritime Antarctic. *Mycopathologia* **85**: 81-92.

Harris, C.M. 2001. *Revision of management plans for Antarctic protected areas originally proposed by the United States of America and the United Kingdom: Field visit report*. Internal report for the National Science Foundation, US, and the Foreign and Commonwealth Office, UK. Environmental Research and Assessment, Cambridge.

Hansom, J.D. 1979. Radiocarbon dating of a raised beach at 10 m in the South Shetland Islands. *British Antarctic Survey Bulletin* **49**: 287-288.

Hathway, B. 1997. Non-marine sedimentation in an Early Cretaceous extensional continental-margin arc, Byers Peninsula, Livingston Island, South Shetland Islands. *Journal of Sedimentary Research* **67**: 686-697.

Hathway, B., Lomas, S.A. 1998. The Upper Jurassic-Lower cretaceous Byers Group, South Shetland Islands, Antarctica: revised stratigraphy and regional correlations. *Cretaceous Research* **19**: 43-67.

Hernandez, P.J., Azcarate, V. 1971. Estudio paleobotanico preliminar sobre restos de una tafoflora de la Peninsula Byers (Cerro Negro), Isla Livingston, Islas Shetland del Sur, Antartica. *Publ. INACH Serie. Cientifica* **2**: 15-50.

Hjort, C., Ingólfsson, O., Björck, S. 1992. The last major deglaciation in the Antarctic Peninsula region - a review of recent Swedish Quaternary research. In: Y. Yoshida *et al.* (eds.) *Recent Progress in Antarctic Science*. Terra Scientific Publishing Company (TERRAPUB), Tokyo: 741-743.

Hjort, C., Björck, S., Ingólfsson, Ó., Möller, P. 1998. Holocene deglaciation and climate history of the northern Antarctic Peninsula region: a discussion of correlations between the Southern and Northern Hemispheres. *Annals of Glaciology* **27**: 110-112.

Hodgson, D.A., Dyson, C.L., Jones, V.J., Smellie, J.L. 1998. Tephra analysis of sediments from Midge Lake (South Shetland Islands) and Sombre Lake (South Orkney Islands), Antarctica. *Antarctic Science* **10**: 13-20.

Hughes, K. A., Ireland, L. C, Convey, P., Fleming, A. 2015. Assessing the effectiveness of specially protected areas for conservation of Antarctica's botanical diversity. *Conservation Biology* **30**: 113-120.

John, B.S., Sugden, D.E. 1971. Raised marine features and phases of glaciation in the South Shetland Islands. *British Antarctic Survey Bulletin* **24**: 45-111.

Jones, V.J., Juggins, S., Ellis-Evans, J.C. 1993. The relationship between water chemistry and surface sediment diatom assemblages in maritime Antarctic lakes. *Antarctic Science* **5**: 339-48.

Kelly, S.R.A. 1995. New Trigonioid bivalves from the Early Jurassic to Earliest Cretaceous of the Antarctic Peninsula region: systematics and austral paleobiogeography. *Journal of Paleontology* **69**: 66-84.

Kopalova, K., van de Vijver, B. 2013. Structure and ecology of freshwater benthic diatom communities from Byers Peninsula, Livingston Island, South Shetland Islands. *Antarctic Science* **25**: 239-253.

Lindsay, D.C. 1971. Vegetation of the South Shetland Islands. *British Antarctic Survey Bulletin* **25**: 59-83.

López-Bueno, A., Tamames, J. Velazquez, D., Moya, A., Quesada, A., Alcami, A. 2009. Viral Metagenome of an Antarctic lake: high diversity and seasonal variations. *Science* **326**: 858-861.

Lopez-Martinez, J., Serrano, E., Martinez de Pison, E. 1996. Geomorphological features of the drainage system. In: López-Martínez, J., Thomson, M. R. A., Thomson, J.W. (eds.) *Geomorphological map of Byers Peninsula, Livingston Island*. BAS GEOMAP Series Sheet 5-A, 15-19. British Antarctic Survey, Cambridge.

Lopez-Martínez, J., Martínez de Pisón, E., Serrano, E., Arche, A. 1996 *Geomorphological map of Byers Peninsula, Livingston Island*. BAS GEOMAP Series, Sheet 5-A, Scale 1:25 000. Cambridge, British Antarctic Survey.

Lyons, W. B., Welch, K. A., Welch, S. A., Camacho, A. Rochera, C., Michaud, L., deWit, R., Carey, A.E. 2013. Geochemistry of streams from Byers Peninsula, Livingston Island. *Antarctic Science* 25: 181-190.

Martínez De Pisón, E., Serrano, E., Arche, A., Lopez-Martínez, J. 1996. Glacial geomorphology. In: López-Martínez, J., Thomson, M. R. A., Thomson, J.W. (eds.) *Geomorphological map of Byers Peninsula, Livingston Island*. BAS GEOMAP Series Sheet 5-A, 23-27. British Antarctic Survey, Cambridge.

Morgan, F., Barker, G., Briggs, C., Price, R. and Keys, H. 2007. Environmental Domains of Antarctica Version 2.0 Final Report, Manaaki Whenua Landcare Research New Zealand Ltd. 89 pp.

Moura, P.A., Francelino, M.R., Schaefer, C.E.G.R., Simas, F.N.B., de Mendonca, B.A.F. 2012. Distribution and characterization of soils and landform relationships in Byers Peninsula, Livingston Island, Maritime Antarctica. *Geomorphology* 155: 45-54.

Nakai, R., Shibuya, E., Justel, A., Rico, E., Quesada, A., Kobayashi, F., Iwasaka, Y., Shi, G.-Y., Amano, Y., Iwatsuki, T., Naganuma, T. 2013. Phylogeographic analysis of filterable bacteria with special reference to *Rhizobiales* strains that occur in cryospheric habitats. *Antarctic Science* 25: 219-228.

Nielsen, U. N., Wall, D. H. W., Li, G., Toro, M., Adams, B. J., Virginia, R. A. 2011. Nematode communities of Byers Peninsula, Livingston Island, maritime Antarctica. *Antarctic Science* 23: 349-357.

Otero, X.L., Fernández, S., De Pablo-Hernández, M.A., Nizoli, E.C., Quesada, A. 2013. Plant communities as a key factor in biogeochemical processes involving micronutrients (Fe, Mn, Co, and Cu) in Antarctic soils (Byers Peninsula, maritime Antarctica). *Geoderma* 195-196: 145-154.

Pankhurst, R.J., Weaver, S.D., Brook, M., Saunders, A.D. 1979. K-Ar chronology of Byers Peninsula, Livingston Island, South Shetland Islands. *British Antarctic Survey Bulletin* 49: 277-282.

Pertierra, L.R., Lara, F., Tejedo, P., Quesada, A., Benayas, J. 2013a. Rapid denudation processes in cryptogamic communities from Maritime Antarctica subjected to human trampling. *Antarctic Science* 25: 318-328.

Pertierra, L.R., Hughes, K.A., Benayas, J., Justel, A., and Quesada, A. 2013b. Environmental management of a scientific field camp in Maritime Antarctica: reconciling research impacts with conservation goals in remote ice-free areas. *Antarctic Science* 25: 307-317.

Pla-Rabes, S., Toro, M., Van De Vijver, B., Rochera, C., Villaescusa, J. A., Camacho, A., and Quesada, A. 2013. Stability and endemicity of benthic diatom assemblages from different substrates in a maritime stream on Byers Peninsula, Livingston Island, Antarctica: the role of climate variability. *Antarctic Science* 25: 254-269.

Petz, W., Valbonesi, A., Schiftner, U., Quesada, A., Ellis-Evans, C.J. 2007. Ciliate biogeography in Antarctic and Arctic freshwater ecosystems: endemism or global distribution of species? *FEMS Microbiology Ecology* 59: 396-408.

Quesada, A., Fernández Valiente, E., Hawes, I., Howard.Williams, C. 2008. Benthic primary production in polar lakes and rivers. In: Vincent, W., Leybourn-Parry J. (eds). *Polar Lakes and Rivers – Arctic and Antarctic Aquatic Ecosystems*. Springer. pp 179-196.

Quesada, A., Camacho, A. Rochera, C., Velazquez, D. 2009. Byers Peninsula: a reference site for coastal, terrestrial and limnetic ecosystems studies in maritime Antarctica. *Polar Science* 3: 181-187.

Quesada, A., Camacho, A., Lyons, W.B. 2013. Multidisciplinary research on Byers Peninsula, Livingston Island: a future benchmark for change in Maritime Antarctica. *Antarctic Science* 25: 123-127.

Richard, K.J., Convey, P., Block, W. 1994. The terrestrial arthropod fauna of the Byers Peninsula, Livingston Island, South Shetland Islands. *Polar Biology* 14: 371-79.

Rico, E., Quesada, A. 2013. Distribution and ecology of chironomids (Diptera, Chironomidae) on Byers Peninsula, Maritime Antarctica. *Antarctic Science* 25: 288-291.

Rochera, C., Justel, A., Fernandez-Valiente, E., Bañón, M., Rico, E., Toro, M., Camacho, A., Quesada, A. 2010. Interannual meteorological variability and its effects on a lake from maritime Antarctica. *Polar Biology* 33: 1615-1628.

Rochera, C., Villaescusa, J. A., Velázquez, D., Fernández-Valiente, E., Quesada, A., Camacho, A. 2013a. Vertical structure of bi-layered microbial mats from Byers Peninsula, Maritime Antarctica. *Antarctic Science* **25**: 270-276.

Rochera, C., Toro, M., Rico, E., Fernández-Valiente, E., Villaescusa, J. A., Picazo, A., Quesada, A., Camacho, A. 2013b. Structure of planktonic microbial communities along a trophic gradient in lakes of Byers Peninsula, South Shetland Islands. *Antarctic Science* **25**: 277-287.

Rodríguez, P., Rico, E. 2008. A new freshwater oligochaete species (Clitellata: Enchytraeidae) from Livingston Island, Antarctica. *Polar Biology* **31**: 1267-1279.

SCAR (Scientific Committee on Antarctic Research). 2009. Environmental code of conduct for terrestrial scientific field research in Antarctica. ATCM XXXII IP4.

SCAR (Scientific Committee on Antarctic Research). 2011. SCAR code of conduct for the use of animals for scientific purposes in Antarctica. ATCM XXXIV IP53.

SGE, WAM and BAS. 1993. *Byers Peninsula, Livingston Island.* Topographic map, Scale 1:25 000. Cartografia Antartica. Madrid, Servicio Geografia del Ejercito.

Serrano, E., Martínez De Pisón, E., Lopez-Martínez, J. 1996. Periglacial and nival landforms and deposits. In: López-Martínez, J., Thomson, M. R. A., Thomson, J.W. (eds.) *Geomorphological map of Byers Peninsula, Livingston Island.* BAS GEOMAP Series Sheet 5-A, 28-34. British Antarctic Survey, Cambridge.

Smellie J.L., Davies, R.E.S., Thomson, M.R.A. 1980. Geology of a Mesozoic intra-arc sequence on Byers Peninsula, Livingston Island, South Shetland Islands. *British Antarctic Survey Bulletin* **50**: 55-76.

Smith, R.I.L., Simpson, H.W. 1987. Early Nineteeth Century sealers' refuges on Livingston Island, South Shetland Islands. *British Antarctic Survey Bulletin* **74**: 49-72.

Starý, J., Block, W. 1998. Distribution and biogeography of oribatid mites (Acari: Oribatida) in Antarctica, the sub-Antarctic and nearby land areas. *Journal of Natural History* **32**: 861-94.

Sugden, D.E., John, B.S. 1973. The ages of glacier fluctuations in the South Shetland Islands, Antarctica. In: van Zinderen Bakker, E.M. (ed.) *Paleoecology of Africa and of the surrounding islands and Antarctica*. Balkema, Cape Town, pp. 141-159.

Tejedo, P., Justel, A., Benayas, J., Rico, E., Convey, P., Quesada, A. 2009. Soil trampling in an Antarctic Specially Protected Area: tools to assess levels of human impact. *Antarctic Science* **21**: 229-236.

Tejedo, P., Pertierra, L.R., Benayas, J., Convey, P., Justel, A., Quesada, A. 2012. Trampling on maritime Antarctica: can soil ecosystems be effectively protected through existing codes of conduct? *Polar Research* **31**: Art. No. UNSP 100888

Thom, G. 1978. Disruption of bedrock by the growth and collapse of ice lenses. *Journal of Glaciology* **20**: 571-75.

Thomson, M.R.A., López-Martínez, J. 1996. Introduction. In: López-Martínez, J., Thomson, M. R. A., Thomson, J.W. (eds.) *Geomorphological map of Byers Peninsula, Livingston Island.* BAS GEOMAP Series Sheet 5-A, 1-4. British Antarctic Survey, Cambridge.

Toro, M., Camacho, A., Rochera, C., Rico, E., Bañón, M., Fernández, E., Marco, E., Avendaño, C., Ariosa, Y., Quesada, A. 2007. Limnology of freshwater ecosystems of Byers Peninsula (Livingston Island, South Shetland Islands, Antarctica. *Polar Biology* **30**: 635-649.

Toro, M., Granados, I., Pla, S., Giralt, S., Antoniades, D., Galán, L., Cortizas, A. M., Lim, H. S., Appleby, P. G. 2013. Chronostratigraphy of the sedimentary record of Limnopolar Lake, Byers Peninsula, Livingston Island, Antarctica. *Antarctic Science* **25**: 198-212.

Torres, D., Cattan, P., Yanez, J. 1981. Post-breeding preferences of the Southern Elephant seal *Mirounga leonina* in Livingston Island (South Shetlands). *Publ. INACH Serie. Cientifica* **27**: 13-18.

Torres, D., Jorquera, D. 1994. Marine debris analysis collected at cape Shirreff, Livingston Island, South Shetland, Antarctica. *Ser. Cient. INACH* **44**: 81-86.

Usher, M.B., Edwards, M. 1986. The selection of conservation areas in Antarctica: an example using the arthropod fauna of Antarctic islands. *Environmental Conservation* **13**: 115-22.

Van der Vijver, J., Agius, T., Gibson, J., Quesada, A. 2009. An unusual spine-bearing Pinnularia species from the Antarctic Livingston Island. *Diatom Research* **24**: 431-441.

Velazquez, D., Lezcano, M.A., Frias, A., Quesada, A. 2013. Ecological relationships and stoichiometry within a Maritime Antarctic watershed. *Antarctic Science* **25**: 191-197.

Vera, M. L., Fernández-Teruel, T., Quesada, A. 2013. Distribution and reproductive capacity of *Deschampsia antarctica* and *Colobanthus quitensis* on Byers Peninsula, Livingston Island, South Shetland Islands, Antarctica. *Antarctic Science* **25**: 292-302.

Villaescusa, J.A., Jorgensen, S.E., Rochera, C., Velazquez, D., Quesada, A., Camacho, A. 2013. Carbon dynamics modelization and biological community sensitivity to temperature in an oligotrophic freshwater Antarctic lake. *Ecological Modelling* **319**: 21-30.

Villaescusa, J.A., Casamayor, E.O., Rochera, C., Velazquez, D., Chicote, A., Quesada, A., Camacho, A. 2010. A close link between bacterial community composition and environmental heterogeneity in maritime Antarctic lakes. *International Microbiology* **13**: 67-77.

Villaescusa, J. A., Casamayor, E. O., Rochera, C., Quesada, A., Michaud L., Camacho, A. 2013. Heterogeneous vertical structure of the bacterioplankton community in a non-stratified Antarctic lake. *Antarctic Science* **25**: 229-238.

White, M.G. Preliminary report on field studies in the South Shetland Islands 1965/66. Unpublished field report in BAS Archives AD6/2H1966/N6.

Woehler, E.J. (Ed.) 1993. *The distribution and abundance of Antarctic and sub-Antarctic penguins*. SCAR, Cambridge.

Zidarova, E., Van de Vijver, B., Quesada, A., de Haan, M. 2010. Revision of the genus *Hantzschia* (Bacillariophyceae) on Livingston Island (South Shetland Islands, Southern Atlantic Ocean). *Plant Ecology and Evolution* **143**: 318-333.

Annexe 1

Faits à l'appui

La Péninsule Byers donne lieu depuis des années à de nombreuses recherches scientifiques. Un grand nombre des publications qui en découlent sont énumérées dans Banayas *et al.*, 2013 ; de nombreux autres articles ont cependant été publiés depuis.

CLIMAT

Aucune donnée d'archives détaillée sur la météorologie antérieure à 2001 n'est disponible pour la péninsule Byers, mais le climat est jugé semblable à celui de la Base Juan Carlos I, péninsule Hurd (enregistré depuis 1988). Les conditions de la péninsule indiquent une température moyenne annuelle inférieure à 0° C, avec des températures négatives pendant au moins plusieurs mois chaque hiver et un taux de précipitation relativement élevé à environ 800 mm par an, dont la plus grande partie intervient sous forme de pluie en été (Ellis-Evans 1996, Bañón *et al.*, 2013). La péninsule est enneigée la plus grande partie de l'année, mais la neige a généralement fondu à la fin de l'été. La péninsule est exposée aux intempéries provenant du passage de Drake dans le nord et le nord-ouest, les directions depuis lesquelles le vent prédomine, et du détroit de Bransfield au sud. Le climat est polaire maritime, avec une humidité relative constamment élevée (environ 90 %), des cieux la plupart du temps couverts, des brumes fréquentes et des précipitations régulières. La température moyenne en été est de 1,1° C, mais elle dépasse occasionnellement 5° C. Il est arrivé exceptionnellement que la température estivale atteigne 9° C. La température minimale moyenne en été est proche de 0° C. En hiver, les températures peuvent descendre en dessous de -26° C, bien que la valeur moyenne soit de -6° C et que les températures maximales en hiver puissent avoisiner 0° C. Le rayonnement moyen en été est de 14 000 kJ/m^2, et atteint 30 000 kJ/m^2 les jours ensoleillés proches du solstice. Les vents sont élevés et d'une vitesse moyenne est de 24 km/h, avec des tempêtes fréquentes et des vents de plus de 140 km/h. Les vents prédominants sont ceux du S-O et du N-E.

GÉOLOGIE

Le lit rocheux de la péninsule Byers se compose de roches sédimentaires marines, volcaniques et volcanoclastiques datées d'entre le Jurassique supérieur et le Crétacé inférieur, pénétrées par des corps ignés (consultez Smellie *et al.*, 1980 ; Crame *et al.*, 1993, Hathway et Lomas 1998). Les roches représentent une partie d'un complexe d'arc magmatique Mésozoïque-Cénozoïque qui est exposé à travers l'ensemble de la région de la péninsule antarctique, bien qu'il le soit plus principalement sur la péninsule Byers (Hathway et Lomas 1998). La région intérieure surélevée de la moitié est de la péninsule – entourée au nord et au sud de dépôts de rivage de l'Holocène – est dominée par des tufs terrestres datant du Crétacé inférieur, des brèches volcaniques, des conglomérats, du grès et des schistes boueux, avec des intrusions dans plusieurs lieux par des culots et des filons volcaniques. La moitié ouest de la péninsule et s'étendant au N-O à mi-chemin le long du promontoire Ray, compte principalement des mudstones marins datant du Jurassique supérieur-Crétacé inférieur, avec du grès et des conglomérats et de fréquentes intrusions de filons volcaniques, de culots et d'autres corps ignés. La moitié N-O du promontoire Ray inclut principalement des brèches volcaniques du même âge. Les mudstones, grès, conglomérats et roches pyroclastiques sont les lithologies les plus répandues dans la péninsule. Des étendues de graviers de plage et d'alluvions de l'Holocène se trouvent dans les zones côtières, particulièrement sur les plages South et dans la moitié est des plages Robbery, avec des dépôts moins importants sur les plages President.

La Zone possède une valeur géologique importante, car « les roches sédimentaires et ignées exposées dans la péninsule Byers constituent le témoignage le plus complet de la période allant du Jurassique au début du Crétacé dans la portion nord du flanc pacifique du complexe d'arc magmatique, et elles se sont avérées être une succession capitale pour l'étude des faunes malacologiques marines (par ex. Crame 1984, 1995, Crame et Kelly 1995) et des flores terrestres (par ex. Hernandez et Azcárte 1971, Philippe *et al.*,1995) » (Hathway et Lomas, 1998).

GÉOMORPHOLOGIE ET SOLS

Une grande partie du terrain se compose de lithosols, généralement une couche de roche broyée, avec du pergélisol très répandu sous une couche active de 30 à 70 cm de profondeur (Thom 1978, Ellis-Evans 1996, Serrano *et al.*, 1996). Des champs de pierres (composées de fines boueuses avec des blocs rocheux et fragments de surface dispersés), des poches issues de la gélifluxion, un terrain polygonal (à la fois dans des zones inondées et sèches), des bandes et cercles de pierres et autres formes de terrain périglaciaires dominent la morphologie en surface des plateformes supérieures où les affleurements rocheux sont absents (Serrano *et al.*, 1996). Des débris et coulées boueuses sont observés dans plusieurs endroits. En dessous de certaines des populations de mousses et d'herbes se trouve une couche de matière organique de 10 à 20 cm de profondeur, bien qu'il n'y ait pas d'accumulations profondes de tourbe puisque la végétation est clairsemée sur la plus grand partie de la péninsule Byers (Bonner et Smith 1985 ; Moura *et al.*, 2012 ; Otero *et al.*, 2013). Les sols ornithogéniques sont particulièrement présents dans le voisinage de la pointe du Diable et sur un certain nombre de pinacles le long des plages President (Ellis-Evans, 1996).

Certaines parties de l'intérieur de la péninsule ont été façonnées par les processus côtiers avec une série de plages surélevées de 3 à 54 m d'altitude, dont certaines font plus d'un kilomètre de large. Une datation au carbone 14 pour les dépôts de rivage les plus élevés suggère que la péninsule Byers était largement exempte de glace pérenne vers 9 700 ans avant le présent, tandis que les dépôts de rivage les plus bas sont datés à 300 ans avant le présent (John et Sugden, 1971, Sugden et John, 1973). Toutefois, les analyses des sédiments lacustres suggèrent une déglaciation générale plus récente de la région centrale de la péninsule Byers, datant d'environ 4 000 à 5 000 ans avant le présent (Björck *et al.*,1991 a, b) tandis que pour d'autres, l'âge de glaciation aurait eu lieu aux alentours de 8 000-9 000 ans avant le présent (Toro *et al.*, 2013). Dans plusieurs endroits, des ossements de baleine subfossiles sont incorporés dans les plages surélevées, parfois sous forme de squelettes entiers. Les datations au carbone 14 des éléments de squelettes à partir d'environ 10 m au-dessus du niveau de la mer sur les plages South suggèrent un âge entre 2 000 et 2 400 ans avant le présent (Hansom, 1979). Les surfaces antérieures à l'Holocène dans la péninsule Byers montrent clairement la présence d'un paysage glaciaire, malgré les formes de terrain peu accidenté. Aujourd'hui, seuls trois petits glaciers résiduels (de moins de 0,5 km^2) subsistent sur le promontoire Ray. Les formes de terrain préexistantes modifiées par les glaciers ont été par la suite marquées par des processus fluviaux et périglaciaires (Martinez de Pison *et al.*, 1996).

COURS D'EAU ET LACS

La péninsule Byers est sans doute le site limnologique le plus important de la région des îles Shetland du Sud et de la péninsule antarctique, avec plus de 60 lacs, de nombreux bassins d'eau douce (qui, contrairement aux lacs, gèlent sur toute leur profondeur en hiver) et un réseau hydrographique dense et varié. Le terrain peu accidenté favorise la rétention d'eau et les terres gorgées d'eau sont courantes en été. La teneur en eau des sols minces est toutefois limitée et nombre des chenaux sont fréquemment secs, avec un écoulement souvent intermittent, sauf pendant les périodes de grosse fonte de neige ou lorsqu'ils canalisent l'eau des glaciers (Lopez-Martinez *et al.*, 1996). La plupart des cours d'eau drainent l'eau les champs de neige saisonniers et ne font souvent pas plus de 5 à 10 cm de profondeur (Ellis-Evans, 1996), bien que l'accumulation de neige dans certaines gorges étroites puisse atteindre plus de 2 m de hauteur et générer des barrières de glace qui bloquent l'effluent des lacs. Les cours d'eau plus importants font jusqu'à 4,5 km de longueur, 20 m de largeur et 30 à 50 cm de profondeur dans les tronçons inférieurs au cours des périodes d'écoulement. Les cours d'eau qui canalisent les eaux vers l'ouest comptent souvent des gorges d'un taille assez importante (Lopez-Martinez *et al.*, 1996) et des ravines atteignant 30 m de profondeur et sont découpées dans les plate-formes marines surélevées les plus hautes et les plus larges (Ellis-Evans, 1996). Au-dessus des plages surélevées datant de l'Holocène, les vallées sont peu accidentées, avec des largeurs atteignant plusieurs centaines de mètres.

Les lacs sont particulièrement abondants sur les plates-formes supérieures (c'est-à-dire au niveau des têtes des bassins) et sur les plages surélevées datant de l'Holocène près de la côte. Le lac Midge est le plus vaste, avec une superficie de 587×112 m, et le plus profond, avec une profondeur maximale de 9,0 m. Les plans d'eau intérieurs sont tous pauvres en nutriments et très transparents, avec beaucoup de sédiments dans les eaux plus profondes recouverts d'un tapis dense de mousse aquatique [*Drepanocladus longifolius* (=*D.aduncus*)]. Dans certains lacs, comme le lac Chester Cone situé à environ 500 m au sud du lac Midge ou du lac Limnopolar, se trouvent des tapis de mousse aquatiques qui poussent entre un à plusieurs mètres de profondeur et qui recouvrent le fond du lac, formant l'habitat des larves *Parochlus* (Bonner et Smith, 1985).

De grandes masses de cette mousse sont parfois emportées par la mer le long du littoral. Les lacs sont généralement gelés jusqu'à 1,0 à 1,5 m de profondeur pendant 9 à 11 mois de l'année et recouverts de neige, bien que les surfaces de certains des lacs les plus élevés restent gelées tout au long de l'année (Ellis-Evans, 1996, Lopez-Martinez *et al.*, 1996). Sur les hauteurs du plateau central, beaucoup de petits cours d'eau peu profonds coulent lentement entre les lacs et se déversent sur de vastes zones planes de lithosols saturés recouverts de tapis épais de cyanobactéries de *Phormidium* sp. et de *Leptolyngbya* spp. Ces tapis sont les plus étalés parmi tous les autres sites maritimes de l'Antarctique décrits à ce jour et reflètent la géomorphologie unique et les précipitations annuelles relativement importantes de la Zone. Avec la fonte des glaces au printemps, il se produit beaucoup de déversements dans la plupart des lacs, mais les écoulements depuis de nombreux lacs peuvent cesser vers la fin de la saison tandis que la fonte saisonnière des glaces décroît. (Rochera *et al.*, 2010). La plupart des lacs contiennent des crustacés tels que les copépodes *Boeckella poppei* et le chirocéphale *Branchinecta gainii*. Certains des cours d'eau contiennent également d'importantes colonies d'algues vertes filamenteuses et de cyanobactéries, ainsi que des diatomées et des copépodes (Kopalova et Van de Vijver, 2013). Un certain nombre de lacs relativement salins d'origine lagunaire sont situés près de la côte, en particulier sur les plages President. Les lacs très riches en matières organiques servent de mottureaux aux éléphants de mer du sud (*Mirounga leonina*). Ces lacs et bassins côtiers peu profonds situés derrière la première plage surélevée contiennent souvent des tapis d'algues et des crustacés, parmi lesquels les copépodes *B. poppei* et *Parabroteas sorsi*, et occasionnellement le chirocéphale *Br. gainii*. Certains de ces plans d'eau présente une riche biodiversité, avec des espèces de diatomées (Van der Vijver, 2009), d'oligochètes (Rodriguez et Rico, 2009) et de protozoaires ciliés (Petz *et al.*, 2008) nouvellement décrites.

VÉGÉTATION

Bien qu'une grande partie de la péninsule Byers manque de végétation abondante, particulièrement à l'intérieur des terres (consultez Lindsay, 1971), le recours à la technologie satellite montre que la zone comprend 8,1 km² de végétation verte (p. ex. plantes vasculaires, algues, et quelques espèces de mousse) représentant plus de 50 % de la végétation verte protégée dans l'ensemble des ZSPA terrestres (Hughes *et al.*, 2015) (consultez http://www.add.scar.org/aspa_vegetation_pilot.jsp). Ces communautés souvent éparses sont caractérisées par une flore diverse, avec au moins 56 espèces de lichen, 29 de mousses, 5 d'hépatiques et 2 de phanérogames identifiées à ce jour dans la Zone (Vera *et al.*, 2013). De nombreux lichens et mousses non identifiés ont également été collectés. Cela suggère que la Zone contient l'une des représentations de flore terrestre les plus diverses connues dans l'Antarctique maritime. Un certain nombre d'espèces sont rares dans cette partie de l'Antarctique maritime. C'est par exemple le cas des bryophytes suivantes : *Anthelia juratzkana*, *Brachythecium austroglareosum*, *Chorisodontium aciphyllum*, *Ditrichum hyalinum*, *Herzogobryum teres*, *Hypnum revolutum*, *Notoligotrichum trichodon*, *Pachyglossa dissitifolia*, *Platydictya jungermannioides*, *Sanionia* cf. *plicata*, *Schistidium occultum*, *Syntrichia filaris* et *Syntrichia saxicola* sont considérées comme étant rares. La concentration la plus méridionale de *A. juratzkana*, *D. hyalinum*, *N. trichodon* et *S. plicata* se trouve dans la péninsule Byers. Parmi la flore de lichens, *Himantormia lugubris*, *Ochrolechia parella*, *Peltigera didactyla* et *Pleopsidium chlorophanum* sont considérés comme rares.

Le développement de la végétation est bien plus important sur la côte sud que sur la côte nord. Sur les plages surélevées plus hautes et plus sèches dans le sud, on trouve fréquemment un peuplement ouvert dominé par le *Polytrichastrum alpinum* (=*Polytrichum alpinum*), *Polytrichum piliferum* (=*Polytrichum antarcticum*), *P. juniperinum*, *Ceratodon purpureus*; la mousse *Pohlia nutans* et plusieurs lichens crustacés y sont fréquents. De vastes peuplements de mousses sont présents à proximité des plages President et South, où des congères s'accumulent fréquemment à la base des pentes qui s'élèvent derrière les plages surélevées, fournissent une importante source d'eau de fonte des glaces en été. Les peuplements de mousses sont principalement dominés par *Sanionia uncinata* (=*Drepanocladus uncinatus*), qui forme localement des tapis continus de plusieurs hectares. La composition de la végétation est plus diverse que sur les zones plus élevées et plus sèches. À l'intérieur des terres, les lits humides des vallées abritent des peuplements de *Brachythecium austrosalebrosum*, *Campylium polygamum*, *Sanionia uncinata*, *Warnstorfia laculosa* (=*Calliergidium austrostramineum*), et de *W. sarmentosa* (=*Calliergon sarmentosum*). À l'inverse, les tapis de mousses sont quasi inexistants sur une distance de 250 m à partir de la côte nord, remplacés par des colonies de *Sanionia* de faible dimension dans les creux entre les plages surélevées jusqu'à 12 m d'altitude. Des lichens, principalement du type *Acarospora, Buellia, Caloplaca, Verrucaria* et *Xanthoria*, sont présents sur les crêtes inférieures des plages surélevées (2 à 5 m), avec *Sphaerophorus, Stereocaulon* et *Usnea* devenant les lichens prédominants à mesure que l'altitude croît (Lindsay, 1971).

Sur des pentes de cendre où l'eau est mieux évacuée, *Bryum* spp., *Dicranoweisia* spp., *Ditrichum* spp., *Pohlia* spp., *Schistidium* spp., et *Tortula* spp. sont courants sous forme de coussins et tourbes isolés avec divers hépatiques, lichens (notamment le *Placopsis contortuplicata* rose et foliacé noir *Leptogium puberulum*), et la cyanobactérie *Nostoc commune*. *P. contortuplicata* est présente à l'intérieur des terres et dans les habitats des hauteurs où l'azote est rare et elle est typique du substrat avec un certain degré de perturbation, comme la solifluxion ; elle est souvent la seule plante à coloniser les petits fragments rocheux, les bandes de pierres et les polygones gonflés par le gel (Lindsay, 1971). On la trouve généralement isolée et très occasionnellement avec des espèces d'*Andreaea* et d'*Usnea*. *N. commune* couvre de vastes zones saturées planes ou légèrement inclinées de blocs d'argile graveleuse depuis des altitudes entre 60 à 150 m, formant des rosettes discrètes d'environ 5 cm de diamètre espacées de 10 à 20 cm (Lindsay, 1971). Des coussins épars quasi sphériques d'*Andreaea, Dicranoweisia*, et *Ditrichum* se trouvent sur les sols les plus secs. Dans les zones humides influencées par les oiseaux et les phoques, l'algue verte foliacée *Prasiola crispa* est parfois abondante.

Les surfaces rocheuses sur la péninsule Byers sont principalement friables, mais localement colonisées par des lichens, notamment près de la côte. Les culots volcaniques se composent de roche plus dure et plus stable et sont couverts de lichens denses et de mousses occasionnelles. Le culot d'usnée est remarquable par sa croissance luxuriante de *Himantormia lugubris* et d'*Usnea aurantiaco-atra* (=*U. fasciata*). De manière plus générale, *H. lugubris* et *U. aurantiaco-atra* sont les espèces dominantes de lichens sur le relief exposé de l'intérieur des terres, poussant avec la mousse *Andreaea gainii* sur la majeure partie de la roche exposée, couvrant jusqu'à 80 % du substratum (Lindsay, 1971). Dans les poches non exposées qui abritent de petites accumulations de sol minéral, les hépatiques *Barbilophozia hatcheri* et *Cephaloziella varians* (= *C. exiliflora*) sont fréquentes, mais plus souvent mêlées à des coussins de *Bryum*, de *Ceratodon*, de *Dicranoweisia*, de *Pohlia*, de *Sanionia*, de *Schistidium* et de *Tortula*. La *Sanionia* et la *Warnstorfia* forment de petits peuplements, éventuellement liés à l'absence de vastes étendues de neige et associés aux écoulements de la fonte des glaces. Le *Polytrichastrum alpinum* forme de petits coussins discrets dans des creux, mais dans des conditions favorables, il peut fusionner avec les coussins d'*Andreaea gainii* (Lindsay, 1971).

Les lichens crustacés sont principalement représentés par les espèces de *Buellia, Lecanora, Lecedella, Lecidea, Placopsis* et *Rhizocarpon* qui poussent sur la roche, avec les espèces de *Cladonia* et *Stereocaulon* poussant sur les mousses, particulièrement l'*Andreaea* (Lindsay, 1971). Sur la côte sud, les tapis de mousse sont communément colonisés par des lichens épiphytes, comme le *Leptogium puberulum*, le *Peltigera rufescens*, le *Psoroma* spp., ainsi que le *Coclocaulon aculeata* et le *C. epiphorella*. Sur les falaises maritimes, le *Caloplaca* et le *Verrucaria* spp. dominent sur les surfaces inférieures exposées à l'embrun salé jusqu'à environ 5 m, avec des espèces nitrophiles comme le *Caloplaca regalis*, l'*Haematomma erythromma*, et le *Xanthoria elegans* souvent dominantes à des altitudes supérieures où les oiseaux de mer font fréquemment leurs nids. Ailleurs sur les surfaces de falaises sèches, un peuplement de lichens crustacés *Ramalina terebrata* est courant. Divers lichens ornithocoprophiles, comme le *Catillaria corymbosa*, le *Lecania brialmontii* et les espèces de *Buellia, Haematomma, Lecanora* et de *Physcia* se trouvent sur les roches à proximité de concentration d'oiseaux en phase de reproduction, ainsi que les lichens foliacés *Mastodia tessellata, Xanthoria elegans* et *X. candelaria* qui sont généralement dominants sur les blocs rocheux secs.

L'agrostis scabre de l'Antarctique (*Deschampsia antarctica*) est commune à plusieurs endroits, principalement sur la côte sud, et forme occasionnellement des peuplements de graminées fermés (par ex. sur la colline Sealer) ; la sagine antarctique (*Colobanthus quitensis*) est parfois associée. Les deux plantes sont relativement abondantes dans les ravines du sud avec une pente raide exposée au nord, formant de vastes peuplements occasionnellement purs d'épais tapis de *Brachythecium* et de *Sanionia*, bien qu'on les trouve rarement au-dessus de 50 m d'altitude (Lindsay, 1971). Un peuplement ouvert se composant principalement de *Deschampsia* et de *Polytrichum piliferum* s'étend sur plusieurs kilomètres sur les plages surélevées sablonneuses sèches de South. Une herbe dont la forme de croissance est inhabituelle, formant des buttes isolées de 25 cm de haut et jusqu'à 2 m d'envergure, est présente sur la plage près de la colline Sealer. *Deschampsia* a été trouvé uniquement à un endroit de la côte nord (pointe Lair), où il forme de petites mèches rabougries (Lindsay, 1971).

INVERTÉBRÉS

La faune micro-invertébrée sur la péninsule Byers qui a été décrite à ce jour comprend (Usher et Edwards 1986, Richard *et al.,*1994, Block et Stary 1996, Convey *et al.,*1996, Rodriguez et Rico, 2008) six collemboles (*Cryptopygus antarcticus, Cryptopygus badasa, Friesea grisea, Friesea woyciechowskii, Isotoma* (*Folsomotoma*) *octooculata* (=*Parisotoma octooculata*) et *Tullbergia mixta*; un mesostigmata (*Gamasellus racovitzai*), cinq cryptostigmata (*Alaskozetes antarcticus, Edwardzetes dentifer, Globoppia loxolineata* (=*Oppia loxolineata*), *Halozetes belgicae* et *Magellozetes antarcticus*); dix prostigmata (*Bakerdania antarcticus, Ereynetes macquariensis, Eupodes minutus, Eupodes parvus grahamensis, Nanorchestes berryi, Nanorchestes nivalis, Pretriophtydeus tilbrooki, Rhagidia gerlachei, Rhagidia leechi*, et *Stereotydeus villosus*); deux diptères (*Belgica antarctica* et *Parochlus steinenii*), et deux oligochètes (*Lumbricillus healyae* et *Lumbricillus sp.*), un copépode (*Boeckella poppei*), un crustacé (*Branchinecta gainii*) et un type de cladocères (*Macrothrix ciliate*).

Des larves de chironomide sans ailes *Belgica antarctica* sont présentes en nombre limité dans la mousse humide, en particulier sur les tapis de *Sanionia*, bien que leur répartition soit très restreinte sur la péninsule Byers (elles se trouvent surtout près de Cerro Negro) et puisse se rapprocher de sa limite géographique septentrionale. Le chironomide ailé *Parochlus steinenii* et ses larves résident sur les bords des lacs et bassins à l'intérieur, notamment le lac Midge et un autre près du culot d'usnée, et se trouvent également parmi les pierres de nombreux lits de cours d'eau (Bonner et Smith, 1985, Richard *et al.*, 1994, Ellis-Evans, communication personnelle, 1999, Rico *et al.,*2013). Par temps calme et chaud, il est possible de voir des essaims d'adultes au-dessus des bords de lacs.

La diversité du peuplement d'arthropodes décrite dans la péninsule Byers est plus importante que dans tout autre site antarctique documenté (Convey *et al.,* 1996). Diverses études (Usher et Edwards 1986, Richard *et al.,* 1994, Convey *et al.,*1996) ont démontré que la composition de la population d'arthropodes sur la péninsule Byers varie considérablement avec l'habitat sur une petite zone. Le *Tullbergia mixta* a été observé en nombres relativement importants ; sa répartition dans l'Antarctique semble limitée aux îles Shetland du Sud (Usher et Edwards, 1986). Localement, la plus grande diversité est sans doute observée dans les communautés dominées par des coussins de mousses comme l'*Andreaea* spp. (Usher et Edwards, 1986). D'autres prélèvements sont nécessaires pour établir les populations et les diversités avec une plus grande fiabilité. Si de nouveaux prélèvements sur d'autres sites pourront encore révéler que les communautés décrites sur la péninsule Byers sont communes dans des habitats similaires dans la région, les données disponibles sur la microfaune confirment l'importance biologique de la Zone.

MICROORGANISMES

Une analyse d'échantillons de sol recueillis dans la péninsule Byers a révélé la présence de plusieurs champignons nématophages : dans le sol colonisé par le *Deschampsia*, l'*Acrostalagmus goniodes*, l'*A. obovatus*, le *Cephalosporium balanoides* et le *Dactylaria gracilis* ont été trouvés, tandis que des *Cephalosporium balanoides* et du *Dactylella gephyropaga* ont été trouvés dans le sol dominé par le *Colobanthus* (Gray et Smith, 1984). Le basidiomycète *Omphalina antarctica* est souvent abondant sur les peuplements humides de la mousse *Sanionia uncinata* (Bonner et Smith, 1985). Trente-sept taxons de nématodes ont été répertoriés, leurs échantillons révélant une grande diversité de richesse et d'abondance, faisant de la Péninsule Byers un haut lieu de la biodiversité (Nielsen *et al.*, 2011).

Certains des plans d'eau présentent une grande biodiversité microbienne (Velazquez *et al.*, 2010; Villaescusa *et al.*, 2010) qui inclut la plus grande diversité génétique virale trouvée dans les lacs antarctiques (López-Bueno *et al.*, 2009)

OISEAUX REPRODUCTEURS

L'avifaune de la péninsule Byers est diverse, bien que les colonies en phase de reproduction ne soient généralement pas de grande taille. Deux espèces de manchots, le manchot à jugulaire (*Pygoscelis antarctica*) et le manchot papou (*P. papua*), se reproduisent dans la Zone.

La reproduction des manchots Adélie (*P. adeliae*) n'a pas été observée sur la péninsule Byers ou sur ses îlots au large. Dans les îles Shetlands du Sud, les manchots Adélie ne se reproduisent que sur l'île du Roi-George, où les populations sont en déclin (Carlini *et al.,* 2009).

La principale colonie de manchots à jugulaire se trouve à la pointe du Diable, où elle a été estimée à environ 3 000 couples en 1987 ; un décompte plus précis a été effectué en 1965, indiquant environ 5 300 couples répartis en quatre colonies distinctes, dont presque 95 % établissaient leurs nids sur l'île Demon, à 100 m au sud de la pointe du Diable (Croxall et Kirkwood, 1979; Woehler, 1993). Deux colonies d'environ 25 couples de manchots à jugulaire entourées par une colonie de manchots papous se trouvent sur les plages President à proximité de la pointe du Diable (Barbosa *et al.*, 2013). De petites colonies de manchots à jugulaire ont été observées sur la côte nord, par ex. sur les plages Robbery (50 couples en 1958 ; Woehler, 1993), mais aucun couple en phase de reproduction n'y a été signalé lors d'une étude datant de 1987. Dans d'autres lieux, la pointe Lair contenait 156 couples en 1966, un chiffre tombé à 25 couples en 1987 (Woehler, 1993). Lors d'une récente visite dans la région (janvier 2009), 20 couples ont été comptés (Barbosa, communication personnelle).

Les manchots papous se reproduisent sur plusieurs colonies sur la pointe du Diable, avec approximativement 750 couples enregistrés en 1965 (Croxall et Kirkwood, 1979, Woehler, 1993). Actuellement, trois colonies s'y trouvent, pour un total d'environ 3 000 couples (Barbosa, communication personnelle). Sur la côte nord, une roquerie de trois colonies cumulant 900 couples se trouve sur les plages Robbery (Woehler, 1993). Lors d'une visite sur la Pointe Lair en janvier 2009, environ 1 200 couples ont été recensés. Woehler (1993) ne donne aucune donnée sur les manchots papous à cet endroit.

Des estimations récentes de la taille de la population pour certaines espèces d'oiseaux volants ont été obtenues suite à une étude menée en décembre 2008 et en janvier 2009 (Gil-Delgado *et al.*, 2010). La population de sternes antarctiques (*Sterna vittata*) a été estimée à 1 873 couples en phase de reproduction. Deux cent trente-huit couples de pétrels géants (*Macronectes giganticus*) et 15 couples de grands labbes (*Catharacta lonnbergi)* établissement leurs nids localement. Une étude détaillée d'autres oiseaux en phase de reproduction a été menée en 1965 (White, 1965). L'espèce en phase de reproduction la plus présente qui a été enregistrée à l'époque, avec environ 1 760 couples, était la sterne antarctique (*Sterna vittata*), suivie de 1 315 couples d'océanites de Wilson (*Oceanites oceanicus*), approximativement 570 couples de damiers du Cap (*Daption capense*), 449 couples de goélands dominicains (*Larus dominicanus*), 216 couples de pétrels géants, 95 couples d'océanites à ventre noir (*Fregetta tropica*), 47 couples de cormorans impériaux (*Phalacrocorax atriceps*) (y compris sur les îlots côtiers), 39 couples de grands labbes et 3 couples de becsen-fourreaux (*Chionis alba*). Par ailleurs, des petits prions (*Pachytilla* sp.) et des pétrels des neiges (*Pagodroma nivea*) ont été aperçus sur la péninsule, mais leur reproduction n'y a pas été confirmée. Le recensement d'oiseaux fouisseurs et d'oiseaux qui établissent leurs nids dans les pierriers est considéré sous-estimé (White, communication personnelle, 1999). La majorité des oiseaux établissent leurs nids à proximité de la côte, principalement à l'ouest et au sud.

Récemment, des échassiers errants, probablement des bécasseaux à croupion blanc (*Calidris fuscicollis*) ont été fréquemment aperçus se nourrissant dans certains cours d'eau des plages du sud (Quesada, communication personnelle, 2009).

MAMMIFÈRES EN PHASE DE REPRODUCTION

De grands groupes d'éléphants de mer du sud (*Mirounga leonina*) se reproduisent sur la côte de la péninsule Byers, avec un total de plus de 2 500 individus observés sur les plages South (Torres *et al.*, 1981) ce qui en fait l'une des plus grandes populations de cette espèce observées dans les îles Shetland du Sud. Une estimation effectuée en 2008-2009 a indiqué une population comptant entre 4 700 et 6 300 individus (Gil-Delgado *et al.* 2013). Ils se réunissent en grand nombre dans les mottureaux et le long des plages en été. Des phoques de Weddell (*Leptonychotes weddellii*), des phoques crabiers (*Lobodon carcinophagous*) et des léopards de mer (*Hydrurga leptonyx*) sont parfois observés aux alentours du littoral. Autrefois, les otaries à fourrure de l'Antarctique (*Arctocephalus gazella*) étaient très représentées sur la péninsule Byers (voir ci-dessous), mais elles n'ont pas massivement re-colonisé la Zone, malgré la récente expansion rapide de la population dans d'autres parties de l'Antarctique maritime.

PARTICULARITÉS HISTORIQUES

Suite à la découverte des îles Shetland du Sud en 1819, une campagne intensive de chasse aux phoques dans la péninsule Byers entre 1820 et 1824 a exterminé presque toutes les otaries à fourrure de l'Antarctique et les éléphants de mer du sud présents sur place (Smith et Simpson, 1987). Au cours de cette période, on dénombra en été jusqu'à 200 chasseurs de phoques américains et britanniques vivant sur la côte dans des refuges et grottes en pierre sèche autour de la péninsule Byers (Smith et Simpson, 1987). Des témoignages de leur occupation subsistent dans leurs nombreux refuges, dont certains contiennent encore des artéfacts (vêtements, outils, matériaux de construction, etc.). Plusieurs navires phoquiers se sont échoués près de la péninsule Byers et on retrouve le bois de ces navires le long des rives. La péninsule Byers rassemble la plus grande concentration en Antarctique de refuges de chasseurs de phoques du début du XIXe siècle et de vestiges associés ; ces éléments sont vulnérables aux perturbations et/ou au retrait.

Le nombre d'éléphants de mer et, dans une certaine mesure, le nombre d'otaries à fourrure, a connu une nouvelle croissance après 1860, mais ces animaux ont à nouveau été décimés par une deuxième campagne de chasse qui s'est prolongée jusque vers 1910.

ACTIVITÉS ET IMPACTS HUMAINS

L'époque moderne des activités humaines dans la péninsule Byers a été largement limitée à la science. Les impacts de ces activités n'ont pas été décrits, mais ils sont relativement légers et se limitent à des éléments tels que les campements, le piétinement (Tejedo *et al.*, 2012; Pertierra *et al.*, 2013a), les différents types de balises, les déchets provenant des bateaux rejetés sur les plages (par ex. des bateaux de pêche), les déchets humains et les prélèvements scientifiques. Plus récemment, les impacts d'activités de terrain provenant du campement international (62°39'49.7" de latitude sud, 61°05'59.8" de longitude ouest) entre 2001-2010 ont pu être quantifiés (Pertierra *et al.*, 2013b). Plusieurs piquets de balisage en bois et un flotteur de pêche en plastique ont été trouvés au sud-ouest de la Zone lors d'une courte visite en février 2001 (Harris, 2001). Pendant l'été 2009-2010, une étude des déchets sur les plages a été entreprise (L. R. Pertierra, communication personnelle, 2011). La proportion de déchets la plus élevée sur les plages (proportion moyenne sur la longueur de plage) a été trouvée sur la plage Robbery (64 %), suivie de la plage President (28 %) et des plages au sud-ouest de la Zone (8 %). Il est probable que ce soit lié à leur exposition au passage Drake (Torres et Jorquera, 1994). La majorité des déchets trouvés sur les trois plages étaient en bois (78 % par nombre d'éléments) et en plastique (19 %), tandis que les déchets en métal, en verre et en tissus étaient plus rares (moins de 1 %). Plusieurs morceaux de bois ont été trouvés, dont certains étaient relativement grands (plusieurs mètres de long). Les éléments en plastique étaient très divers, les plus nombreux étant des bouteilles, des cordages et des bandes. Des flotteurs et bouteilles en verre ont également été trouvés sur les plages.

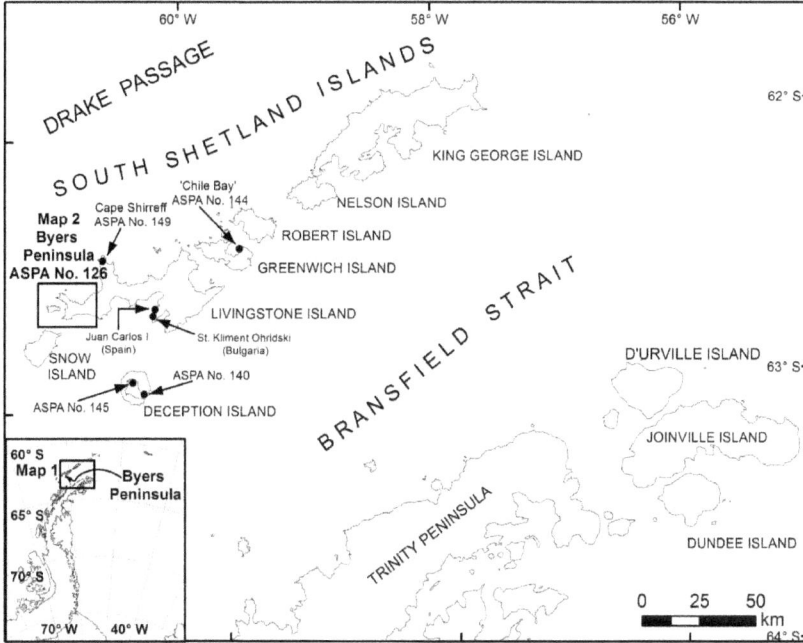

Carte 1.   Péninsule Byers, ZSPA n°126, île Livingston, îles Shetland du Sud, carte de localisation. Encart : emplacement de la Péninsule Byers, sur la Péninsule Antarctique.

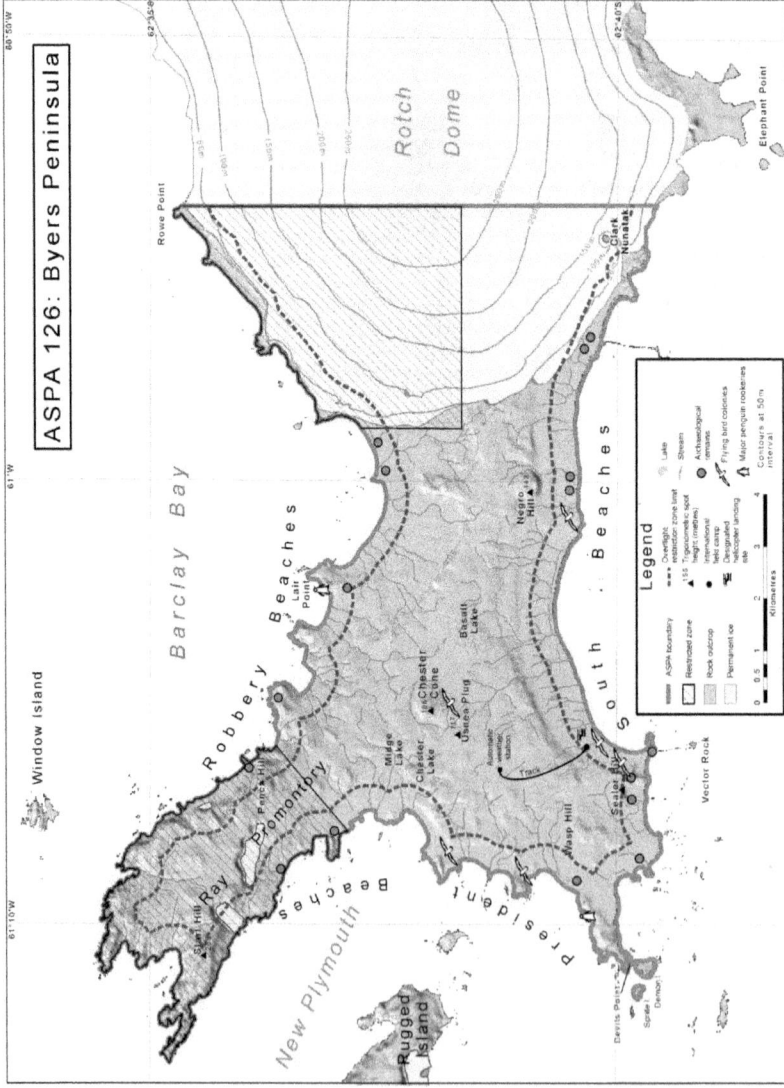

Carte 2. ZSPA no 126 : Carte topographique de la péninsule Byers.

Plan de gestion pour la zone spécialement protégée de l'Antarctique n° 127

Île Haswell (île Haswell et colonie adjacente de manchots empereurs sur des glaces de formation rapide)

1. Description des valeurs à protéger

La zone comprend l'île Haswell avec sa zone littorale et les glaces de formation rapide adjacentes, lorsqu'elles sont présentes.

L'île Haswell a été découverte par l'expédition antarctique australienne menée par D. Mawson en 1912. Elle doit son nom à William Haswell, un professeur de biologie qui a apporté son aide à l'expédition. L'île Haswell est la plus grande île de l'archipel éponyme, avec une hauteur de 93 mètres et une superficie de 0,82 m². L'île se situe à 2,5 km de la station russe Mirny, qui est en activité depuis 1956.

Une grande colonie de manchots empereurs (*Aptenodytes forsteri*) est présente à l'est et au sud-est de l'île, sur de la glace de formation rapide.

L'île Haswell est un site de reproduction unique pour la quasi-totalité des espèces aviaires de l'Antarctique oriental, notamment : le pétrel antarctique (*Talassoica antarctica*) ; le fulmar argenté (*Fulmarus glacioloides*) ; le damier du Cap (*Daption capense*) ; le pétrel des neiges (*Pagodroma nivea*) ; l'océanite de Wilson (*Oceanites oceanicus*) ; le labbe antarctique (*Catharacta maccormicki*) ; et le manchot Adélie (*Pygoscelis adeliae*).

La zone abrite cinq espèces de pinnipèdes, dont le phoque de Ross (*Ommatophoca rossii*) qui est une espèce spécialement protégée.

La VIIIe RCTA, tenue à Oslo en 1975, a approuvé sa désignation en tant que SISP n° 7 pour les motifs susmentionnés, suite à une proposition faite dans ce sens par l'URSS. La carte 1 montre l'emplacement de l'île Haswell et des îles environnantes (à l'exception de l'île Vkhodnoy), la station Mirny et les sites où se déroulent des activités logistiques. Ce site a été rebaptisé et renuméroté ZSPA n° 127 par la Décision 1 (2002).

Les limites de la ZSPA comprennent l'île Haswell (66°31'S, 93°00'E) d'une superficie de 0,82 km² ainsi que la section adjacente de glaces de formation rapide de la mer Davis, d'une superficie d'environ 5 km² (lorsqu'elles sont présentes) où vit une colonie de manchots empereurs (Carte 2). C'est l'une des rares colonies de manchots empereurs à vivre à proximité d'une station antarctique permanente, ce qui favorise l'étude de l'espèce et de son habitat.

Initialement décrite par des biologistes durant les premières expéditions soviétiques, la zone a été étudiée dans les années 1970 et plus récemment, ce qui a permis d'obtenir des informations précieuses pour mener des études comparatives et assurer le suivi de l'impact environnemental à long terme d'une grande station antarctique.

2. Buts et objectifs

Les recherches engagées dans la ZSPA visent à mieux comprendre comment les changements naturels et anthropiques de l'environnement influent sur l'état et la dynamique des populations locales de faune et de flore et comment ces changements influent sur l'interaction entre les principales espèces de l'écosystème antarctique.

La gestion de l'île Haswell vise à :

- éviter tout impact direct des activités logistiques sur la zone ;

- réglementer l'accès à la zone ;

- éviter les changements d'origine anthropique de la structure et de l'abondance des populations locales de flore et de la faune ;

- permettre des recherches scientifiques, sous réserve que ces travaux répondent à des buts scientifiques indispensables qui ne peuvent être satisfaits ailleurs ;

- faciliter la recherche scientifique sur l'environnement dans le cadre de la surveillance et de l'évaluation de l'impact des activités humaines sur les populations ;

- encourager l'éducation en matière environnementale et la sensibilisation à l'importance de l'environnement.

3. Activités de gestion

Les activités de gestion qui suivent devront être entreprises pour protéger les valeurs de la zone :

- Lorsqu'un navire s'approche de la station Mirny et lorsqu'il y arrive, toutes les personnes à bord doivent être informées de l'existence et de l'emplacement de la ZSPA ainsi que des dispositions pertinentes du plan de gestion.
- Des copies du plan de gestion et des cartes de la zone indiquant son emplacement doivent être mises à la disposition de toutes les unités qui se livrent à des travaux logistiques et scientifiques sur les îles Haswell.
- Un panneau indiquant l'emplacement et les limites de la zone et mentionnant clairement les restrictions d'accès (« Entrée interdite ! Zone spécialement protégée de l'Antarctique ») sera installé à l'intersection des lignes tirées entre l'île Gorev et l'île Fulmar, et la pointe Mabus et l'extrémité orientale de l'île Haswell, afin d'éviter toute entrée inopportune dans la zone après la formation des glaces rapides sur lesquelles des déplacements peuvent être entrepris à pied et en véhicule.
- Des panneaux d'information seront installés en haut de la pente de la pointe Mabus ainsi que sur les sites d'activités de la station au voisinage immédiat de la zone.
- Les bornes et les panneaux mis en place dans la zone devront être solidement fixés, et soigneusement entretenus et seront sans effet sur l'environnement.
- Les survols de la zone ne sont autorisés que dans les conditions arrêtées dans la section 7. *Critères de délivrance des permis*

Le plan de gestion sera périodiquement révisé afin de veiller à la bonne protection des valeurs de la zone spécialement protégée de l'Antarctique. Toute activité envisagée dans la zone fera l'objet au préalable d'une évaluation d'impact sur l'environnement.

4. Durée de la désignation

La zone est désignée pour une période indéterminée.

5. Cartes

Carte 1 : Emplacement des îles Haswell, de la station Mirny et des sites d'activités logistiques.
Carte 2 : Limites de la zone spécialement protégée de l'Antarctique n° 127, île Haswell.
Carte 3 : Emplacement des colonies d'oiseaux reproducteurs.
Carte 4 : Carte topographique de l'île Haswell.

6. Description de la Zone

6(i) Coordonnées géographiques, bornage et caractéristiques du milieu naturel

La zone occupe un territoire inscrit dans le polygone ABFEDC (66° 31'10" S, 92° 59'20' E; 66° 31'10" S, 93° 03' E; 66° 32'30" S, 93° 03' E; 66° 32'30" S, 93° 01'E; 66° 31'45" S, 93° 01'E; 66° 31'45" S, 92° 59'20'' E) (Carte 2). La zone de glaces de formation rapide indiquée sur la mer Davis englobe l'ensemble des voies probablement empruntées par les manchots empereurs durant la période de reproduction.

Topographie

Les limites de la zone sur les glaces de formation rapide situées à proximité de la station peuvent être grossièrement identifiées (à vue) sur le terrain comme étant l'axe EF (île Vkhodnoy – île Fulmar) et l'axe ED (pointe Mabus – extrémité orientale de l'île Haswell). Un panneau indiquant les limites de la zone et mentionnant clairement les restrictions d'accès (« Entrée interdite ! Zone spécialement protégée de l'Antarctique ») sera installé au point E. Des panneaux d'information indiquant la distance jusqu'aux limites de la zone seront installés sur les sites d'activités de la station au voisinage direct de la zone (au sommet de la pente de pointe Mabus, ainsi que sur les îles Buromsky, Zykov, Fulmar et Tokarev).

Il est très peu probable que les limites maritimes de la zone seront passées par inadvertance car aucune activité n'est actuellement menée à cette distance de la station. Les limites ne reposent sur aucun repère visuel et seront identifiées sur carte.

Il n'existe ni route ni chemin à l'intérieur de la zone.

État de la glace

La zone comprend l'île Haswell (la plus grande de l'archipel), son littoral et la zone adjacente de glaces de formation rapide sur la mer Davis. L'observatoire russe Mirny (devenu une station), construit sur des nunataks côtiers de la péninsule Mirny au sud de la ZSPA, est exploité depuis 1956.

Pendant la majeure partie de l'année, les zones de mer situées à l'intérieur de la zone sont recouvertes de glaces de formation rapide qui atteignent 30 à 40 km de large à la fin de l'hiver. Leur rupture intervient entre le 17 décembre et le 9 mars (le 3 février en moyenne), et elles se forment à nouveau entre le 18 mars et le 5 mai (le 6 avril en moyenne). La probabilité que la zone au large de Mirny soit libérée des glaces pendant plus d'un mois est de 85 %, pendant plus de deux mois de 45 % et pendant plus de trois mois de 25 %. La zone est toujours pleine d'icebergs. En été, lorsque les glaces de formation rapide disparaissent, les icebergs dérivent vers l'ouest, le long de la côte. La température de l'eau est toujours inférieure à zéro. Les marées ont un rythme journalier irrégulier.

Analyse des domaines environnementaux

D'après l'analyse des domaines environnementaux de l'Antarctique (Résolution 3, 2008), l'île Haswell se trouve dans le domaine de l'environnement L *banquise de la zone côtière continentale*.

Particularités biologiques

Les eaux côtières abritent une abondante faune benthique. La faune ichtyologique de la zone est dominée par différentes espèces de poissons des glaces, tandis que la légine antarctique (*Dissostichus mawsoni*) et la calandre antarctique (*Pleuragramma antarcticum*) sont moins abondantes. L'existence d'une bonne base alimentaire et de sites de nidification adaptés crée un environnement favorable pour de nombreux oiseaux de mer. Selon de précédentes observations, 14 espèces d'oiseaux vivent à proximité de Mirny (Tableau 1).

La faune côtière est principalement constituée de pinnipèdes, les phoques de Weddell (*Leptonychotes weddelli*) étant l'espèce la plus abondante. D'autres espèces de phoques de l'Antarctique peuvent être observées de temps à autre, en très petits nombres. Des petits rorquals (*Balaenoptera acutorostrata*) et des épaulards (*Orcinus orca*) ont fréquemment été observés à proximité de Mirny.

Tableau 1 : La faune aviaire de l'île Haswell (ZSPA n° 127).

1.	Manchot empereur (*Aptenodytes forsteri*)	B, M
2.	Manchot Adélie (*Pygoscelis adeliae*)	B, M
3.	Manchot à jugulaire (*Pygoscelis antarctica*)	V
4.	Manchot macaroni (*Eudyptes chrysolophus*)	V

5.	Fulmar argenté (*Fulmarus glacialoides*)	B
6.	Pétrel antarctique (*Thalassoica antarctica*)	B
7.	Damier du cap (*Daption capense*)	B
8.	Pétrel des neiges (*Pagodroma nivea)*	B
9.	Pétrel géant (*Macronectes giganteus*)	V
10.	Océanite de Wilson (*Oceanites oceanicus*)	B
11.	Labbe pomarin (*Stercorarius pomarinus*)	V
12.	Labbe antarctique (*Catharacta maccormicki*)	B
13.	Labbe brun (*Catharacta Antarctica lonnbergi*)	B
14.	Goéland dominicain (*Larus dominicanus*)	V

Notes : B – Espèces en phase de reproduction ; M – Sites de mue à proximité de la station ; V – Espèces de passage.

A l'heure actuelle, des oiseaux de mer nichent sur dix des 17 îles de l'archipel. Sept espèces se reproduisent directement sur les îles, et l'une d'elles, le manchot empereur (*Aptenodytes forsteri*), sur les glaces de formation rapide. Quelques espèces de passage ont également été observées dans la zone. En général, la composition des espèces principales de faune aviaire reste stable pendant plus de soixante ans et est caractéristique des zones côtières de l'Antarctique.

L'inscription d'espèces de passage à la liste des espèces s'explique par les nombreuses observations ornithologiques effectuées. Toutes les espèces nouvellement inscrites sont reprises comme espèces de passage. Dans le même temps, le pétrel géant, observé pour la première fois à Mirny en 2006, semble visiter la zone rarement mais régulièrement, et le taux de reproduction enregistré et la présence de labbes bruns dans l'archipel semble montrer que les aires de reproduction de l'espèce s'étendent.

Des cas de nidification de couples hybrides de labbe antarctique (*Catharacta maccormicki*) et de labbe brun (*Catharacta Antarctica lonnbergi*) sont observés depuis 2012.

Le manchot empereur (Aptenodytes forsteri)

La colonie de manchots empereurs des îles Haswell occupe les glaces de formation rapide de la mer Davis, à 2 ou 3 km au nord-est de la station Mirny, et généralement à moins d'1 km de l'île Haswell. La colonie a été découverte et décrite par les membres occidentaux de l'expédition antarctique australasienne, le 25 novembre 1912. Toutefois, ce n'est qu'après la création de l'observatoire Mirny qu'elle a fait l'objet d'études approfondies. Depuis sa création en 1956, l'observatoire a réalisé des travaux périodiques de suivi de la taille de la colonie en phase de reproduction. La première observation à l'année a été effectuée par E.S. Korotkevich en 1956 (Korotkevich, 1958), poursuivie jusqu'en 1962 (Makushok, 1959 ; Korotkevich, 1960 ; Prior, 1968), et reprise par V.M. Kamenev à la fin des années 1960 et au début des années 1970 (Kamenev, 1977). Après une longue interruption, les observations de la faune aviaire ont été reprises à l'observatoire entre 1999 et 2011 (Gavrilo, Mizin, 2007, Gavrilo, Mizin, 2011, Neelov 2007 *et al.*).

Le Tableau 2 présente un calendrier des différents épisodes phénologiques survenus dans la colonie de manchots empereurs des îles Haswell.

Tableau 2 : Dates des épisodes phénologiques survenus dans la colonie de manchots empereurs, îles Haswell.

Arrivée des manchots sur le site de la colonie	10 derniers jours de mars
Pic de la période d'accouplement	Fin avril – 10 premiers jours de mai
Commencement de la ponte	Cinq premiers jours de mai
Début de l'éclosion	5 – 15 juillet
Les oisillons commencent à quitter les poches à couvée	10 derniers jours d'août
Les oisillons se rassemblent en crèches	10 premiers jours de septembre
Les oisillons commencent à muer	Fin octobre – début novembre
Les adultes commencent à muer	10 derniers jours de novembre – cinq premiers jours de décembre
La colonie commence à se démanteler	10 derniers jours de novembre – mi-décembre
Les oiseaux quittent le site de la colonie	Cinq derniers jours de décembre – 10 premiers jours de janvier

Selon les estimations et les données de recensement réalisés entre 1956 et 1966, la population totale de manchots empereurs variait entre 14 000 et 20 000 (Korotkevich, 1958, Makushok, 1959, Prior, 1964, Kamenev, 1977). Ensuite, dans les années 1970 et 1980, la population a diminué d'un tiers, mais s'est progressivement rétablie dans les années 2000. À l'heure actuelle, la colonie est stable mais tend à diminuer. Les observations effectuées en été en 2010-2011, pendant la période de ponte et en présence d'une forte concentration d'oiseaux adultes, ont permis d'établir que la population de la colonie atteignait les 13 000 individus, et il semblerait, d'après le recensement d'oisillons effectué en 2015, que la population de la colonie s'élève à plus de 14 000 individus (RAE, non publié).

Des analyses comparatives des dynamiques démographiques de deux colonies de manchots empereurs situées dans la même écorégion (80°E - 140°E), sur l'île Haswell et à Pointe Géologie, ont montré des tendances similaires sur ces 50 dernières années (Barbraud *et al.*, 2011). Avant les années 1970, la population de manchots dans l'archipel de Pointe Géologie, terre Adélie (ZSPA 120) était stable. Elle était stable ou en légère baisse sur l'île Haswell. Le taux d'accroissement de la population et le nombre d'individus ont fortement diminué dans les deux colonies lors du changement de régime climatique survenu dans les années 1970-1980. L'étendue du déclin était similaire, et le nombre de couples reproducteurs y correspondaient. De ce fait, on pourrait penser que les changements climatiques et environnementaux communs à grande échelle et les changements de l'écosystème qui y sont liés et qui ont été observés dans l'océan Austral peuvent avoir des effets sur les populations de manchots.

Ces mêmes facteurs négatifs sont susceptibles de toucher les deux populations. La couverture de glace, qui influence l'écologie du manchot empereur, serait l'un de ces facteurs. Le diminution de la couverture de glace et une rupture des glaces de formation rapide plus précoce nuit à la survie et à la population reproductrice des manchots, en raison de la diminution de nourriture disponible (comme démontré précédemment par Barbraud, Weimerskirch, 2001, Jenouvrier *et al.*, 2009). Au cours des vingt dernières années, la dynamique démographique des deux colonies a été positive grâce à l'accroissement de la couverture de glace et à la rupture plus tardive des glaces de formation rapide.

Tableau 3 : Facteurs ayant une incidence sur la population de manchots empereurs des îles Haswell et mesures d'atténuation requises.

		Actions visant à atténuer l'impact des facteurs d'origine anthropique
Facteurs d'origine anthropique	Perturbations par des visiteurs	Les visites de la colonie doivent être strictement réglementées.
	Prélèvement d'œufs	La collecte d'œufs est interdite sauf si un permis de recherche a été délivré par une autorité nationale.
	Perturbations dues aux survols	L'itinéraire et l'altitude des vols doivent être sélectionnées conformément aux prescriptions du présent plan de gestion.
Facteurs naturels	Changements climatiques et variabilité des ressources en aliments. Les changements saisonniers de l'état de la glace affectent la disponibilité de la nourriture et, partant, peuvent influer sur le taux de survie des adultes et des oisillons. (Une diminution de la couverture de glace de mer d'avril à juin engendre une baisse dans le taux d'accroissement de la population ainsi qu'une baisse du nombre d'individus. Une rupture précoce des glaces de formation rapide augmente la mortalité des oisillons).	

Les données sur l'évolution de la taille des autres populations ne sont pas aussi complètes (Tableau 4). Les modifications à long terme peuvent faire état d'une tendance négative. Cependant, il n'est pas possible de tirer des conclusions solides en ne se basant que sur les trois études incomplètes qui ont été publiées à plusieurs décennies d'intervalle.

Tableau 4 : Évolution à long terme de la taille des populations d'oiseaux des îles Haswell(tendance 1 = certaine, 0 = incertaine, -1 = négative, ? = supposée.)

Espèces	Années 1960 et 1970, adultes et individus	1999 à 2001	2009 à 2010, adultes et individus	Tend ance :
Manchot Adélie	41 000 à 44 500	Environ 31 000 adultes	Environ 27 000	-1
Fulmar argenté	9 500 à 10 000	2 300 nids avec couvées	Environ 5 000	-1
Pétrel antarctique	900-1050	150 à 200 nids avec couvées	Environ 500	-1
Pétrel du cap	750	150 nids avec couvées	Environ 300	-1
Pétrel des neiges	600 à 700	60 à 75 nids avec couvées	Pas de données	-1 ?
Océanite de Wilson	400-500	Au moins 30 nids occupés	Plus de 80	-1 ?
Labbe de McCormick	48 (24 couples)	Min 38 (19 couples)	170 (62 couples)	1

Les données recueillies dans la zone de l'île Haswell font état d'éventuelles tendances négatives à long terme dans différentes espèces d'oiseaux de mer, y compris les manchots et oiseaux. Cela semble indiquer que des changements climatiques à grande échelle peuvent avoir une influence sur la dynamique démographique des manchots empereurs, mais aussi sur celle d'autres oiseaux de mer présents dans la zone de l'île Haswell. Cependant, aucune donnée sur les dynamiques démographiques des dix à quinze dernières années n'est disponible. La seule exception étant le labbe de McCormick, dont la population a triplé pendant toute la période d'observation.

Il est nécessaire de se livrer à des travaux de recherche supplémentaires et d'assurer un suivi plus poussé afin d'établir les tendances de population des oiseaux de l'île Haswell et d'en comprendre les causes.

6(ii) Définition des saisons ; zones restreintes ou interdites dans la zone

Seules les personnes titulaires d'un permis délivré par une autorité nationale appropriée peuvent entrer dans la zone.

Toute activité menée dans la zone fera l'objet de restrictions spéciales durant la saison de reproduction des oiseaux :

- de la mi-avril à décembre, à proximité de la colonie de manchots empereurs ; et
- d'octobre à mars, à proximité des sites de nidification de l'île Haswell.

L'emplacement des colonies en phase de reproduction est repris sur la Carte 3. Les manchots empereurs, qui sont particulièrement sensibles aux perturbations, sont également protégés à l'extérieur du site de reproduction désigné, étant donné que son emplacement peut varier.

6(iii) Structures situées dans la zone

Un repère – un poteau métallique dont la base est fixée par des pierres – a été posé sur l'île Haswell. Il n'existe aucune autre structure sur l'île.

Il pourrait y avoir un local chauffé contenant des rations alimentaires d'urgence sur l'une des îles voisines (mais pas sur l'île Haswell).

6(iv) Emplacement d'autres zones protégées à proximité directe de la zone

Le SMH n° 9 cimetière sur l'île Buromsky est situé à 200 mètres de l'une des limites de la zone.

7. Critères de délivrance des permis

7(i) Critères de délivrance des permis

L'accès à la zone est interdit sauf si un permis a été délivré par les autorités nationales compétentes. Les critères de délivrance des permis d'accès à la zone sont les suivants :

- Les permis ne peuvent être délivrés que pour les motifs spécifiés au paragraphe 2 du plan de gestion ;

- Tout permis sera délivré pour une durée déterminée.

- Les actions autorisées ne viendront pas mettre en péril les écosystèmes de la zone ou perturber les recherches scientifiques en cours ;

- Les visites effectuées dans la zone conformément à un permis sont autorisées pour des groupes organisés accompagnés par une personne autorisée. Les informations pertinentes seront enregistrées dans le journal des visites, en particulier la date, l'objet de la visite et le nombre de visiteurs. Le chef de la station Mirny tient le journal de visite à jour.

- La personne autorisée est désignée en conformité avec la procédure nationale; et

- un rapport de visite devra être soumis à l'autorité nommée dans le permis chaque année ou lorsque la validité du permis arrive à expiration.

Les permis sont délivrés en vue de recherches scientifiques, d'études de suivi et d'inspections n'exigeant pas le prélèvement de matériel biologique ou d'échantillons de faune, ou limitant ces prélèvements à de petites quantités. Les permis délivrés en vue d'une visite ou d'un séjour dans la zone précisent la portée des tâches à réaliser, la période d'exécution et le nombre maximum de personnes autorisées à pénétrer dans la zone.

7 ii) Accès à la zone et déplacements à l'intérieur de celle-ci

Les motoneiges sont les seuls véhicules autorisés dans la zone.

À l'abord de la zone ou durant les déplacements à l'intérieur de celle-ci, il convient de ne pas perturber les oiseaux et les phoques, notamment durant la saison de reproduction. Il est strictement interdit de détériorer les sites de nidification des oiseaux, les échoueries des phoques ou les voies qui y mènent.

Île Haswell Les voies d'accès les plus propices se trouvent sur les pentes situées à l'ouest et au sud-ouest (Carte 4). Les déplacements se feront uniquement à pied.

Zone de glaces de formation rapide. Lorsque les glaces rapides nécessaires à la sécurité des déplacements à pied et en motoneige sont présentes, l'accès à cette zone peut se faire à partir de tout endroit propice depuis l'observatoire Mirny. L'utilisation de tout véhicule est interdite dans la zone durant la période de couvaison des nids (mai-juillet). Les visiteurs qui utilisent des motoneiges ne peuvent approcher la colonie de manchots empereurs à moins de 500 mètres, quel que soit l'emplacement de la colonie.

Le survol de la zone est interdit pendant la période la plus sensible du cycle de reproduction des manchots empereurs, à savoir du 15 avril au 31 août.

Pendant le reste de l'année, les survols de la zone sont soumis aux restrictions ci-dessous (Tableau 5). Les survols directs des colonies de reproduction d'oiseaux de mer devraient être évités dans la mesure du possible.

Tableau 5 : Altitudes minimales de survol dans la zone selon le type d'aéronef.

Type d'aéronef	Nombre de moteurs	Altitude minimale	
		Pieds	**Mètres**
Hélicoptère	1	2 460	750
Hélicoptère	2	3 300	1 000

| Voilure fixe | 1 ou 2 | 2 460 | 750 |
| Voilure fixe | 4 | 3 300 | 1 000 |

7(iii) Activités qui sont ou peuvent être menées dans la zone, y compris les restrictions de temps et de lieu

- Recherches sur la faune aviaire et autres études environnementales qui ne peuvent être réalisées ailleurs ;

- Activités de gestion, y compris la surveillance.

- Visites pédagogiques de la colonie de manchots empereurs sauf au début de la période de nidification (mai-juillet).

7(iv) Installation, modification ou démantèlement de structures

Des structures et équipements scientifiques ne peuvent être installés dans la zone qu'aux fins de la gestion ou de recherches scientifiques indispensables approuvées par les autorités compétentes conformément à la réglementation en vigueur.

7(v) Emplacement des camps

Les camps ne sont autorisés que pour des raisons de sécurité, et toutes les précautions seront mises en œuvre pour éviter d'endommager l'écosystème local ou de perturber la faune locale.

7(vi) Restrictions sur les matériaux et organismes pouvant être introduits dans la zone

Aucun organisme vivant ou produit chimique autre que les produits chimiques nécessaires aux travaux scientifiques spécifiés dans le permis ne sera introduit dans la zone (les produits chimiques introduits à des fins scientifiques seront retirés de la zone avant la date d'expiration du permis).

Aucun combustible ne sera entreposé dans la zone sauf en cas d'absolue nécessité liée aux activités autorisées par le permis. Tous les matériaux seront introduits dans la zone pour une période déterminée, manipulés de manière à minimiser les risques pour l'écosystème et enlevés à l'issue de la période prévue. Aucune installation de stockage permanent n'est autorisée dans la zone.

7(vii) Prélèvement de végétaux et d'animaux ou perturbations nuisibles à la faune et la flore indigènes

Tout prélèvement ou perturbation nuisible à la faune et la flore est interdite sauf dans les conditions autorisées par un permis. Si l'activité prévue a un impact moins que mineur ou transitoire, elle devra être conduite conformément aux dispositions du *Code de conduite du SCAR pour l'utilisation d'animaux à des fins scientifiques dans l'Antarctique* qui devra être utilisé comme norme minimale.

7(viii) Prélèvement ou enlèvement de toute chose n'ayant pas été introduite dans la zone par le détenteur du permis

Le ramassage ou l'enlèvement de toute chose n'ayant pas été introduite dans la zone par le titulaire du permis n'est autorisé qu'à raison des objectifs de gestion ou de recherche scientifique spécifiés au permis.

Toutefois, les déchets humains peuvent être enlevés, de même que les échantillons de faune et de flore morts ou malades peuvent être emportés en vue d'analyses biologiques.

7(ix) Élimination des déchets

Tous les déchets doivent être enlevés de la zone.

7(x) Mesures nécessaires pour faire en sorte que les buts et objectifs du plan de gestion continuent à être atteints

Des permis d'accès à la zone peuvent être accordés en vue de la réalisation d'observations scientifiques, d'activités de suivi et d'inspection des sites pouvant comporter une collecte limitée d'échantillons de faune, d'œufs et autres matériaux biologiques à des fins scientifiques.

Pour favoriser la préservation des valeurs environnementales et scientifiques de la zone, les visiteurs doivent prendre toutes les précautions nécessaires contre l'introduction de matériaux et organismes exotiques.

Les sites faisant l'objet d'un suivi de longue durée seront clairement indiqués sur une carte et sur le terrain. Une carte montrant les limites de la ZSPA sera affichée à la station Mirny, ainsi qu'une copie du plan de gestion, qui devra aussi y être disponible en libre accès.

Les visites dans la zone seront strictement limitées aux activités scientifiques, de gestion et pédagogiques.

7(xi) Rapports de visite

Les Parties doivent s'assurer que le principal titulaire de chaque permis délivré soumettra à l'autorité compétente un rapport sur les activités menées dans la zone. Ces rapports doivent inclure, le cas échéant, les renseignements identifiés dans le formulaire du rapport de visite suggéré par le SCAR. Les Parties devront tenir à jour des archives de ces activités et, dans l'échange annuel d'information, fournir une description synoptique des activités réalisées par des personnes subordonnées à leur juridiction, avec suffisamment de détails pour permettre une évaluation de l'efficacité du plan de gestion. Les Parties doivent, dans la mesure du possible, déposer les originaux ou les copies de ces rapports originaux dans une archive à laquelle le public pourra avoir accès, et ce afin de conserver une archive d'usage qui sera utilisée dans l'examen du plan de gestion et dans l'organisation de l'utilisation scientifique de la zone.

8. Bibliographie

Androsova, E.I.. Antarctic and Subantarctic bryozoans // Soviet Antarctic Expedition Newsletter.-1973.-No. 87.-P.65-69. (en russe)

Averintsev, V.G. Ecology of sublittoral polychaetes in the Davis Sea // Animal Morphology, Systematics and Evolution.-L.,1978.-P.41-42. (en russe)

Averintsev, V.G. Seasonal variations of sublittoral polychaetes in the Davis Sea // Marine Fauna Studies.-L.,1982.-Vol.. 28(36).-P.4-70. (en russe)

Barbroud C. & Weimerskirch H. 2001 Emperor Penguins and climate change. Nature 411: 183 – 185.

Barbroud C., Gavrilo M., Mizin Yu., Weimerskirch H. Comparison of emperor penguin declines between Pointe Géologie and Haswell Island over the past 50 years. Antarctic Science. V. 23. P. 461–468 doi:10.1017/S0954102011000356

Budylenko, G.A., and Pervushin, A.S. The migration of finwhales, sei whales and Minke whales in the Southern Hemisphere // Marine Mammals: Proceedings of VI All-Union Meeting.-Kiev, 1975.-Part.1.-P.57-59. (en russe)

Bushueva, I.V. A new Acanthonotozommella species in the Davis Sea (East Antarctica) // Zool. Zhurn.-1978.-Vol.57, issue 3.-P.450-453. (en russe)

Bushueva, I.V. A new Pseudharpinia (Amphipoda) species in the Davis Sea (Antarctica) // Zool. Zhurn.-1982.-Vol.61, issue.8.-P.1262-1265.

Bushueva, I.V. Some peculiarities of off-shore amphipod (Gammaridea) distribution in the Davis Sea (East Antarctica) // Hydrobiology and Biogeography of Cold and Moderate World Ocean Waters in the Off-shore Zone: Report Abstracts.-L.,1974.-P.48-49. (en russe)

Bushueva, I.V. Some peculiarities of Paramola walkeri ecology in the Davis Sea (East Antarctica) // Off-shore Biology: Abstracts of Reports Presented at the All-Union Conference. - Vladivostok,1975.-P.21-22. (en russe)

Chernov, A., Mizin, Yu. 2001 Avifauna observations at Mirny Station during RAE 44 (1999-2000) — The State of the Antarctic Environment as Shown by Real-time Data from Russia's Antarctic Stations. — SPb: AARI. (en russe)

Doroshenko, N.V. The distribution of Minke whales (Balaenoptera acutorostrata Lac) in the Southern Hemisphere // V All-Union Meeting on Marine Mammal Research: Report Abstracts. - Makhachkala, 1972.-Part1.-P.181-185. (en russe)

Egorova, E.N. Biogeographic composition and possible development of gastropods and bivalves in the Davis Sea, // Soviet Antarctic Expedition Newsletter.-1972.-No. 83.-P.70-76. (en russe)

Egorova, E.N. Mollusks of the Davis Sea (East Antarctica).- L.:Nauka, 1982.-144 pp. - (Marine Fauna Research; No. 26(34). (en russe)

Egorova, E.N. Zoogeographic composition of the mollusk fauna in the Davis Sea (East Antarctica) // Mollusks. Major Results of the Study: VI All-Union Mollusk Research Meeting.- L.,1979.-Vol.6.-P..78-79. (en russe)

Gavrilo, M.V., Chupin, I.I., Mizin, Yu.A., and Chernov A.S. 2002. Study of the Biological Diversity of Antarctic Seabirds and Mammals. – Report on Antarctic Studies and Research under the World Ocean Federal Targeted Program. SPb: AARI (non publié). (en russe)

Gavrilo M., Mizin Yu. 2007. Penguin population dynamics in Haswell Archipelago area, ASPA № 127, East Antarctica. – p. 92 in Wohler E.j. (ed.) 2007. Abstracts of oral and poster presentations, 6th International Penguin Conference. Hobart, Australia, 3-7 September 2007

Gavrilo M., Mizin I. Current zoological researches in the area of Mirny station.Russian Polar Researches. Iss. 3. AARI, 2011.

Golubev S.V. 2012. Report on ecological and environmental studies at Mirny station during 57 RAE. St.P.,AARI (en russe) (non publié)

Golubev S.V. 2016. Report on ecological and environmental studies at Mirny station during 60 RAE. St.P.,AARI (en russe) (non publié)

Gruzov, E.N. Echinoderms in coastal biocenoses of the Davis Sea (Antarctica) // Systematics, Evolution, Biology, and Distribution of Modern and Extinct Echinoderms.-L.,1977.-P.21-23. (en russe)

Kamenev, V.M. Adaptive peculiarities of the reproduction cycle of some Antarctic birds. - Body Adaptation to Far North Conditions: Abstracts of Reports Presented at the All-Union Meeting. Tallinn, 1984. P. 72-76. (en russe)

Kamenev, V.M. Antarctic petrels of Haswell Island // Soviet Antarctic Expedition Newsletter.-1979.-No. 99.-P.78-84. (en russe)

Kamenev, V.M. Ecology of Adelie penguins of the Haswell Islands // Soviet Antarctic Expedition Newsletter. 1971. № 82. P. 67-71. (en russe)

Kamenev, V.M. Ecology of Cape and snow petrels. - Soviet Antarctic Expedition Newsletter. 1988. № 110. P. 117-129. (en russe)

Kamenev, V.M. Ecology of Emperor penguins of the Haswell Islands. – The Adaptation of Penguins. M., 1977. P. 141-156. (en russe)

Kamenev, V.M. Ecology of Wilson's storm petrels (Oceanites oceanicus Kuhl) on the Haswell Islands // Soviet Antarctic Expedition Newsletter. 1977. No. 94. P. 49-57. (en russe)

Kamenev, V.M. Protected Antarctica. – Lecturer's Aid. L.: Znanie RSFSR, 1986. P. 1-17. (en russe)

Kamenev, V.M. The Antarctic fulmar (Fulmarus glacialoides) of the Haswell Islands // Soviet Antarctic Expedition Newsletter. 1978. No. 98. P. 76-82. (en russe)

Korotkevish, E.P. 1959 The bids of East Antarctica. – Arctic and Antarctic Issues. – No. 1. (en russe)

Korotkevish, E.P. 1960 By radio from Antarctica. — Soviet Antarctic Expedition Newsletter. - № 20-24. (en russe)

Krylov, V.I., Medvedev, L.P. The distribution of the Ceteans in the Atlantic and South Oceans // Soviet Antarctic Expedition Newsletter.-1971.-No. 82.-P.64-66. (en russe)

Makushok, V.M. 1959 Biological takings and observations at the Mirny Observatory in 1958. — Soviet Antarctic Expedition Newsletter. – No. 6. (en russe)

Minichev, Yu.R. Opisthobranchia (Gastropoda, Opisthobranchia) of the Davis Sea // Marine Fauna Research.-L.,1972.-Vol.11(19).-P.358-382. (en russe)

Mizin, Yu.V. 2004 Report on the Ecological and Environmental Research Program Conducted by RAE 48 at the Mirny Observatory – SPb: AARI, non publié. (en russe)

Neelov A.V., Smirnov I.S., Gavrilo M.V. 2007 50 years of the Russian studies of antarctic ecosystems. – Problemy Arktiki I Antarktiki. – № 76. – Pp. 113 – 130

Popov, L.A., Studenetskaya, I.R. Ice-based Antarctic seals // The Use of the World Ocean Resources for Fishery Needs. An overview by the Central Research Institute of Fishery Information and Technical Studies. Series. 1.- M., 1971. Issue 5.-P.3-42. (en russe)

Prior, M.E. 1964 Observations of Emperor penguins (Aptenodytes forsteri Gray) in the Mirny area in 1962. Soviet Antarctic Expedition Newsletter. – No. 47. (en russe)

Pushkin, A.F. Some ecological and zoogeographic peculiarities of the Pantopoda fauna in the Davis Sea // Hydrobiology and Biogeography of Cold and Moderate World Ocean Waters in the Off-shore Zone: Report Abstracts.- L.,1974.-P.43-45. (en russe)

Splettstoesser J.F., Maria Gavrilo, Carmen Field, Conrad Field, Peter Harrison, M. Messicl, P. Oxford, F. Todd 2000 Notes on Antarctic wildlife: Ross seals *Ommatophoca rossii* and Emperor penguins *Aptenodytes forsteri*. New Zealand Journal of Zoology, 27: 137-142.

Stepaniants, R.D. Coastal hydrozoans of the Davis Sea (materials of the 11th Soviet Antarctic Expedition, 1965/66) // Marine Fauna Research.- L.,1972.-Vol.11(19).-P.56-79. (en russe)

The Final Report of the Twenty Second Antarctic Treaty Consultative Meeting (Tromse, Norway, May 25 – June 5, 1998). [Oslo, Royal Ministry of Foreign Affairs], P. – 93 – 130. (in Russian).

Carte 1 : Emplacement des îles Haswell, de la station Mirny et des sites d'activités logistiques.

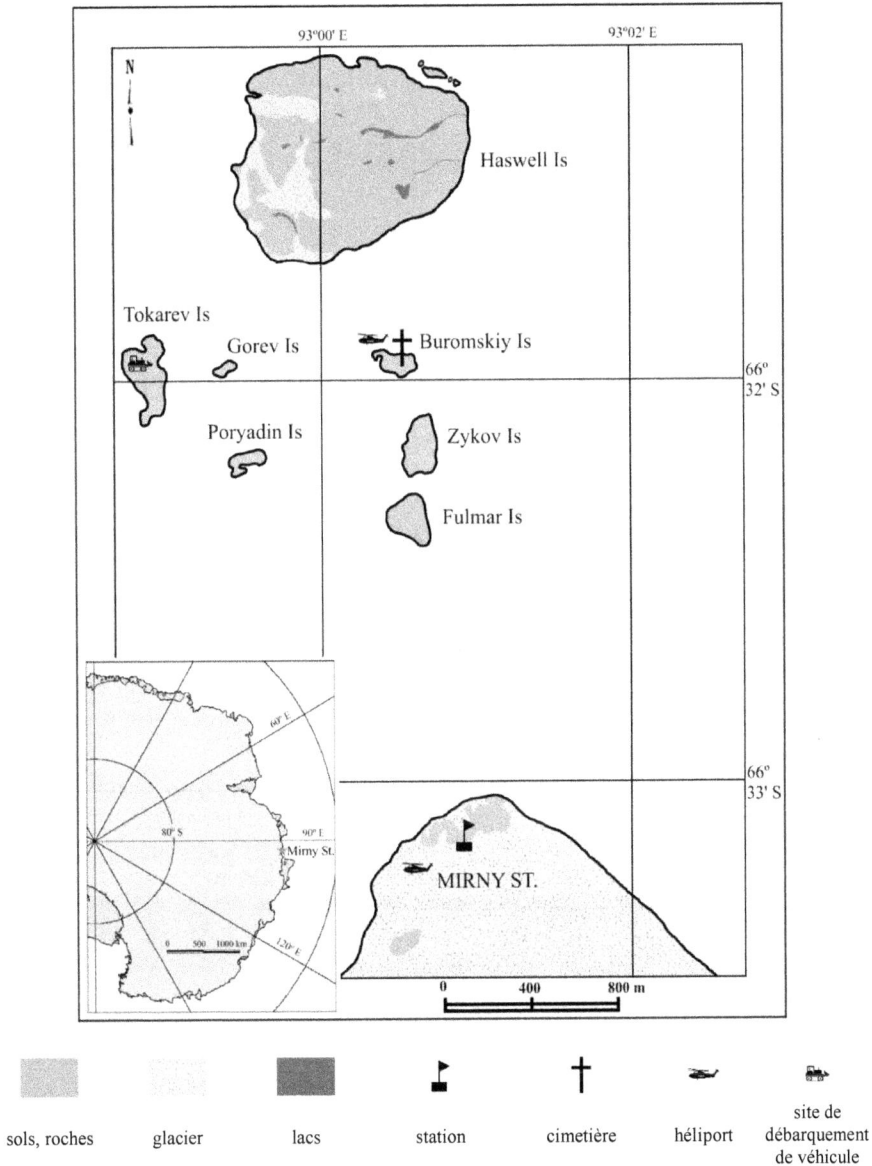

| sols, roches | glacier | lacs | station | cimetière | héliport | site de débarquement de véhicule |

Carte 2 : Limites de la Zone spécialement protégée de l'Antarctique n° 127, île Haswell.

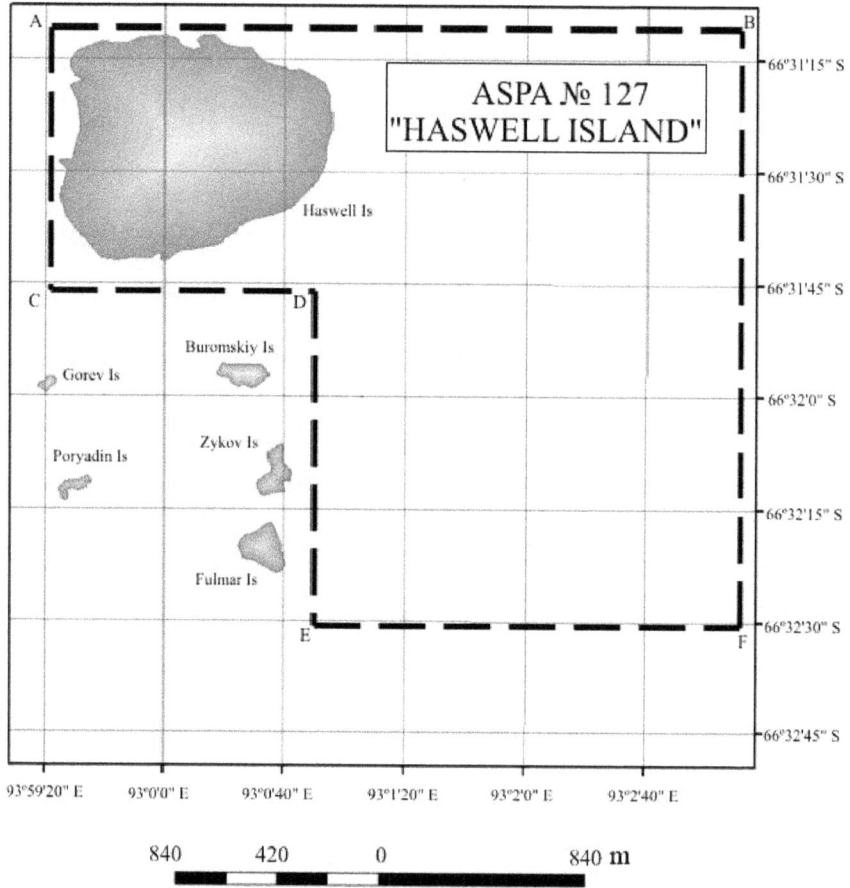

Carte 3 : Emplacement des colonies d'oiseaux de mer en phase de reproduction.

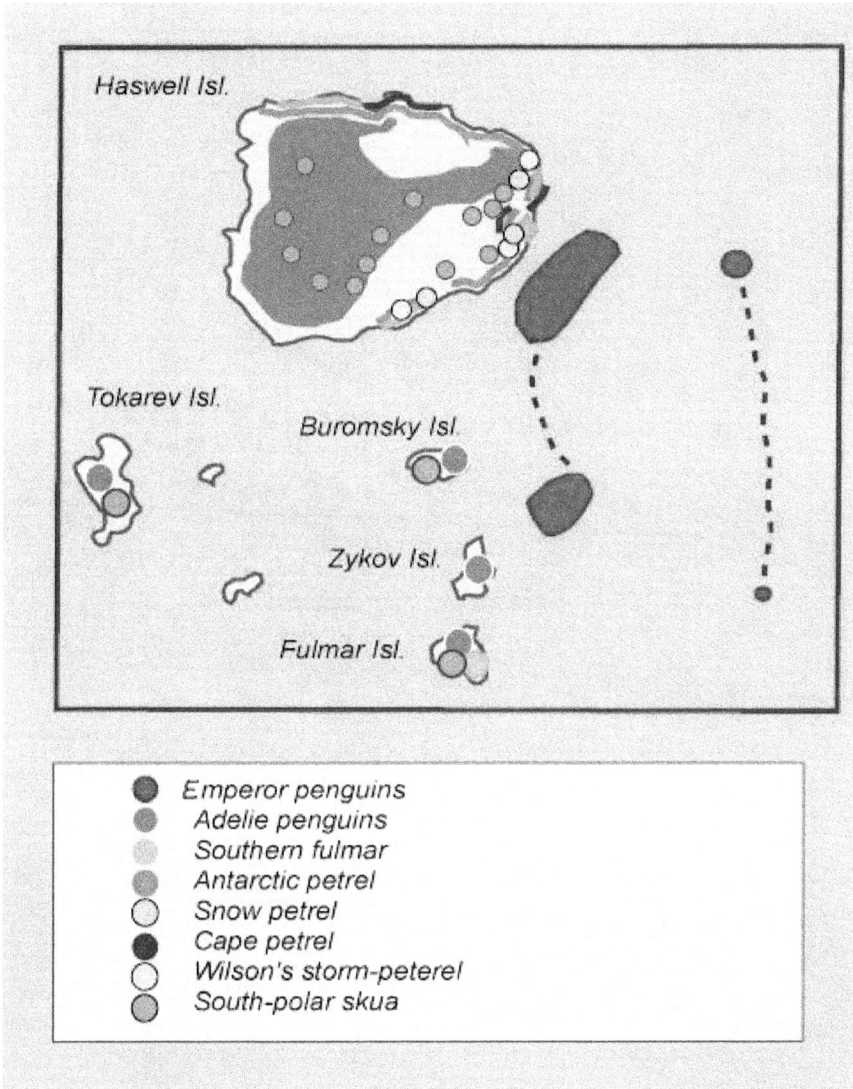

Haswell Isl.

Tokarev Isl.

Buromsky Isl.

Zykov Isl.

Fulmar Isl.

● Emperor penguins
● Adelie penguins
○ Southern fulmar
● Antarctic petrel
○ Snow petrel
● Cape petrel
○ Wilson's storm-peterel
● South-polar skua

Carte 4 : Carte topographique de l'île Haswell.

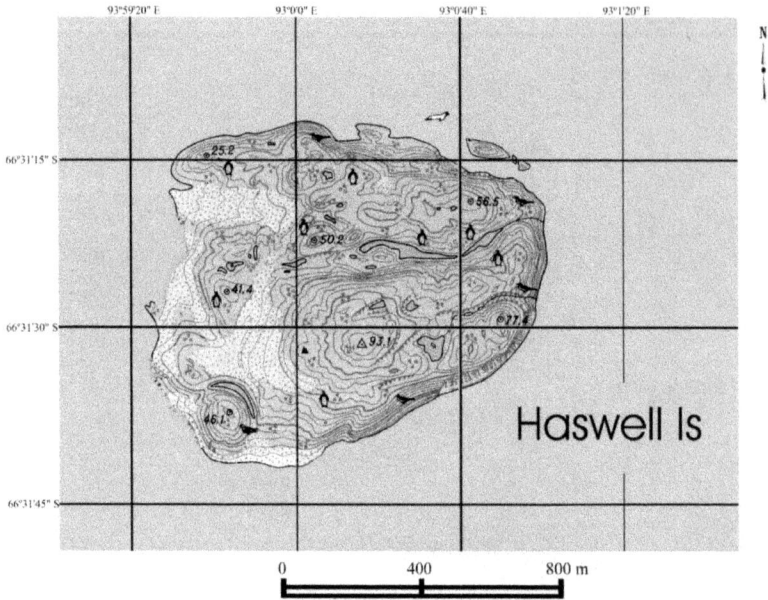

Plan de gestion pour la
Zone spécialement protégée de l'Antarctique n° 131
GLACIER CANADA, LAC FRYXELL, VALLÉE TAYLOR, TERRE VICTORIA

1. Description des valeurs à protéger

Une zone d'environ 1 km^2 entre le côté est du glacier Canada et le lac Fryxell a été désignée SISP n° 12 pour la première fois dans la Recommandation XIII–8 (1985), et ce, à la suite d'une proposition de la Nouvelle-Zélande qui était motivée par le fait que la zone contient une des végétations les plus riches (bryophytes et algues) des vallées sèches de McMurdo. La zone est désignée essentiellement pour protéger les valeurs scientifiques et écologiques du site.

Les limites de ce site ont été modifiées par la Mesure 3 (1997) pour que la zone comprenne des communautés biologiquement riches qui en étaient auparavant exclues. Cette zone a été rebaptisée, au titre la Décision 1 (2002), Zone spécialement protégée de l'Antarctique (ZSPA) n°131 et un plan de gestion révisé a été adopté aux titres de la Mesure 1 (2006) et de la Mesure 6 (2011).

La zone comprend un terrain libre de glace avec des étangs d'été et de petits ruisseaux d'eau de fonte s'écoulant du glacier Canada au lac Fryxell. La croissance végétale s'observe essentiellement dans une zone humide (appelée « zone de déversement ») à proximité du glacier dans la partie centrale de la zone. La composition et la distribution des communautés de mousses, de lichens, de cyanobactéries, de bactéries et d'algues de la zone sont en étroite corrélation avec le niveau des eaux. Par conséquent, les cours d'eau et la qualité de l'eau sont importants pour les valeurs du site.

La zone a été très largement étudiée et documentée, ce qui accroît sa valeur scientifique. Les communautés végétales, notamment les bryophytes, sont vulnérables à toute perturbation par piétinement et échantillonnage. Les zones endommagées pourraient mettre du temps à se remettre. Les sites endommagés à des dates connues dans le passé ont été identifiés et sont précieux dans la mesure où ils constituent l'une des rares zones des vallées sèches de McMurdo où il est possible de répertorier les conséquences à long terme des perturbations et de suivre le taux de récupération.

La zone a une importance régionale et demeure d'une valeur scientifique exceptionnelle pour les études écologiques. Les valeurs de la zone continuent d'exiger une protection spéciale permanente du fait de la pression existante et croissante des activités touristiques, logistiques et scientifiques dans la région ainsi que de la vulnérabilité de la zone aux perturbations par piétinement, échantillonnage, pollution ou introductions d'espèces non indigènes.

2. Buts et objectifs

La gestion du glacier Canada vise à :

- prévenir toute détérioration ou tout risque de détérioration des valeurs de la zone en empêchant toute perturbation anthropique inutile de ladite zone ;
- permettre des recherches scientifiques sur l'écosystème et les éléments de l'écosystème en veillant à éviter un échantillonnage excessif ;

- permettre d'autres recherches scientifiques dans la zone, à condition que ces travaux soient indispensables et ne puissent pas être menés ailleurs ;
- éviter ou réduire au minimum l'introduction de plantes, d'animaux et de microbes non indigènes dans la zone ; et
- permettre des visites à des fins de gestion en soutien aux objectifs du Plan de gestion.

3. Activités de gestion

Les activités de gestion suivantes devront être entreprises en vue de protéger les valeurs de la zone :

- Des copies du plan de gestion, y compris des cartes de la zone, devront être disponibles dans les stations opérationnelles de recherche situées à proximité, ainsi que dans toutes les installations des cabanes de recherche situées dans la vallée Taylor dans un rayon de 20 km autour de la zone.
- Des cairns ou des panneaux indiquant l'emplacement et les démarcations, avec des indications claires concernant les restrictions d'accès, seront placés à des endroits appropriés, à la limite de la zone afin d'éviter toute entrée inopportune.
- Les bornes, les panneaux ou autres structures érigés dans la zone à des fins scientifiques et de gestion seront attachés et maintenus en bon état puis enlevés lorsqu'ils ne sont plus nécessaires.
- Des visites seront organisées en fonction des besoins (au moins une fois tous les cinq ans) afin de déterminer si la zone répond toujours aux objectifs pour lesquels elle a été désignée et de s'assurer que les mesures de gestion sont adéquates.
- Les membres des programmes antarctiques nationaux travaillant dans la région se consulteront pour faire en sorte que les activités de gestion susmentionnées soient mises en œuvre.

4. Durée de désignation

La zone est désignée pour une période indéterminée.

5. Cartes

Carte A : ZSPA n° 131 Glacier Canada : Carte régionale.
Spécifications de la carte : Projection conique conforme de Lambert. Parallèles de référence - 1er 77°35'00"S ; 2nd 77°38'00"S. Méridien central - 163°00'00" E. Latitude d'origine - 78°00'00" S. Sphéroïde - WGS84.

Carte B : ZSPA n° 131 Glacier Canada : Carte de la densité de végétation.
Les spécifications de la carte sont identiques à celles de la carte A. Les courbes de niveau sont dérivées d'une combinaison d'images orthophotographiques et de Landsat Les zones précises de terrain humide associé au déversement sont soumises à des variations saisonnières et interannuelles.

6. Description de la zone

6(i) Coordonnées géographiques, balises de délimitation et caractéristiques naturelles

Le glacier Canada est situé dans la vallée Taylor, dans les vallées sèches de McMurdo. La zone désignée comprend la majeure partie de la zone du front de taille du glacier sur le côté est de la partie inférieure du glacier Canada, sur la rive nord du lac Fryxell (77° 37' S, 163° 03' E : Carte A). Elle se compose d'une pente douce à modérée libre de glace à une élévation de 20 à 220 m avec des étangs d'été et de petits ruisseaux d'eau de fonte s'écoulant du glacier Canada au lac Fryxell.

La limite méridionale de la zone est définie par les rives du lac Fryxell, jusqu'au bord de l'eau. Le niveau du lac est actuellement en augmentation. Cette limite s'étend au nord-est sur environ 1 km le long du littoral, entre le point où le glacier Canada rejoint le lac Fryxell (77° 37,20' S, 163° 3,64' E) et le coin au sud-est de la limite qui est marqué par un cairn (77° 36,83' S, 163° 4,88' E) adjacent à une petite île du lac Fryxell. L'île faisait autrefois partie d'une petite péninsule s'étendant jusque dans le lac Fryxell mais la récente augmentation du niveau du lac l'a transformée en une île (carte B). La péninsule était jadis marquée par un gros rocher fendu entouré d'un cercle de rochers qui constituait un repère pour l'étude 1985 NZ du SISP original, mais il n'est plus visible. Un poteau en bois indiquant le Site 7 du projet de forage dans la vallée sèche (1973) est encore visible sur l'île.

Une crête morainique s'étendant en pente ascendante vers le nord depuis le coin au sud-est de la limite définit la limite à l'est de la zone. Un cairn (77° 36.68' S, 163° 4.40' E) se trouve sur un pinacle sur cette crête à 450 m depuis le coin au sud-est de la limite. La crête s'enfonce nettement avant de rejoindre la pente sans relief du versant principal de la vallée Taylor. Le coin de la limite au nord-est de la zone se trouve dans cette dépression et il est marqué par un cairn (77° 36.43' S, 163° 3.73' E).

À partir du cairn de la limite nord-est, la limite septentrionale remonte en pente douce à l'ouest sur 1,7 km jusqu'au glacier Canada, jusqu'au point où le cours d'eau s'écoule depuis le glacier et le champ de neige, à travers un espace ostensiblement étroit dans la moraine (77°36,42' S, 162° 59,69' E).

La limite occidentale suit le bord du glacier sur environ 1 km, le long d'une pente de moraine latérale de gradient relativement homogène jusqu'au coin au sud-est de la limite où le glacier rejoint la rive du lac (77° 37,20' S, 163° 3,64' E).

Il est probable que la zone de déversement au niveau du glacier Canada soit la plus vaste zone de haute densité végétale dans les vallées sèches de McMurdo (carte B). L'écoulement d'eau estival, en conjonction avec la microtopographie, a la plus grande influence sur la détermination des points de croissance de mousses, lichens, cyanobactéries, bactéries et algues. La face du glacier offre également une protection contre les vents destructeurs qui peuvent emporter les mousses dans leur état lyophilisé et contre l'abrasion des poussières éoliennes.cc

Le déversement se trouve à proximité du bord du glacier. Il y a deux zones végétalisées principales, séparées au nord et au sud par un petit étang peu profond (carte B). La zone de déversement est en pente douce et très humide en été, avec des zones de terrain humide, de nombreux petits étangs et des ruisselets. Les pentes au-dessus de cette zone sont plus sèches, mais la végétation colonise plusieurs petits chenaux de cours d'eau qui s'étendent parallèlement au glacier depuis la limite supérieur de la zone jusqu'au point de déversement. Les moraines ondulantes permettent l'accumulation de bancs de neige persistante sur cette pente, qui peuvent également fournir l'humidité nécessaire à la croissance végétale. Les canaux des ruisseaux et la végétation associée deviennent moins évidents à mesure qu'on s'éloigne du glacier (carte B). Ces pentes et le déversement central sont drainés vers le sud-est par le ruisseau Canada. Avant 1983, le ruisseau du Canada était familièrement connu comme le ruisseau Fryxell.

Quatre espèces de mousse ont été répertoriées dans la zone de déversement : *Bryum argenteum* (précédemment désignée *Bryum subrotundifolium*) et *Hennediella heimii* (précédemment désignée *Pottia heimii*) dominent, avec de rares occurrences de *Bryum pseudotriquetrum* et *Syntrichia sarconeurum* (anciennement appelée *Sarconeurum glaciale*). La *B. argenteum* est principalement présente dans les zones d'écoulement d'eau et de suintement. Lorsque l'eau s'écoule, une grande partie de cette mousse compte des communautés de *Nostoc* épiphytes qui y sont associées. Aux abords des zones d'écoulement d'eau ou sur des terrains plus élevés, la *Hennediella heimii* domine. Des sporophytes de *Hennediella heimii* se trouvent à ce point et il se peut que ce soit le lieu de fructification documenté le plus au sud pour une mousse.

La croissance du lichen dans la zone passe inaperçue, mais les lichens épilithiques, *Carbonea vorticosa, Sarcogyne privigna, Lecanora expectans, Rhizoplaca melanophthalma* et *Caloplaca citrina* peuvent être observés dans une petite zone à proximité de l'écoulement de l'étang près du glacier Canada. Des lichens chasmoendolithiques se développent dans de nombreux blocs rocheux à travers la zone de déversement.

Plus de 37 espèces d'algues d'eau douce et de cyanobactéries ont été répertoriées sur le site.La partie supérieure du ruisseau Canada semble superficiellement clairsemée mais des communautés de type incrustant, principalement les cyanobactéries, poussent sur les surfaces latérales et inférieures de pierres et de blocs rocheux. L'algue verte *Prasiola calophylla* et la cyanobactérie *Chamaesiphon subglobosus* ont été répertoriées uniquement dans cette partie supérieure du ruisseau. La *Prasiola calophylla*, qui pousse sous forme de denses rubans verts sous des pierres dans le ruisseau, n'est généralement visible que lorsque les pierres sont retournées.Des tapis de cyanobactéries, comprenant un assemblage d'espèces diverses (y compris des *Oscillatoria, Pseudanabaena, Leptolyngbya, Phormidium, Gloeocapsa, Calothrix* et *Nostoc*), sont fortement présents dans les portions centrale et inférieure du ruisseau et plus variés que ceux qui se trouvent dans la portion supérieure du ruisseau. Des colonies mucilagineuses de *Nostoc commune* dominent dans l'eau stagnante du déversement central et poussent en épiphytes sur les mousses des marges humides des cours d'eau, tandis que des tapis de cyanobactéries recouvrent une grande partie des fines particules minérales et des graviers dans les sections d'écoulement. L'algue verte filamenteuse *Binuclearia* se trouve transportée dans l'écoulement au centre du ruisseau. Le ruisseau inférieur est similaire au ruisseau supérieur dans sa composition florale, bien que l'abondance des algues *Tribonema elegans* et *Binuclearia* ait été signalée, mais la *Prasiola calophylla* est absente. La *Tribonema elegans* est rare dans cette région de l'Antarctique.

Des invertébrés issus de six embranchements ont été décrits dans la zone : les trois principaux groupes sont les rotifères, les nématodes et les tardigrades, avec des protozoaires, des plathelminthes et des arthropodes également présents. Aucune collembole n'a été répertoriée dans la zone, bien que certaines d'entre elles aient été aperçues à proximité, mais en dehors du site.

La végétation se développant dans le déversement du Canada a été décrite comme abondante, mais manquant de diversité par rapport à d'autres sites riches sur le plan botanique en Antarctique.Ceci peut être attribué au moins en partie à la nature oligotrophique du site. L'eau qui s'écoule à travers le ruisseau est similaire à de l'eau de fonte glaciaire, avec une conductivité en décembre 2014 de près de 35.32 µS/cm^{-1} entre le point où elle a quitté le glacier et le delta où elle rejoint le lac. La prévalence de bactéries des nodules (espèces *Nostoc* et *Calothrix*) renforce l'hypothèse d'un état faible en éléments nutritifs.

Le glacier Canada est situé à l'intérieur de l'environnement S - géologique de McMurdo, terre South Victoria, selon l'Analyse des domaines environnementaux de l'Antarctique (Résolution 3, 2008) et dans la région 9 - terre South Victoria selon les régions de conservation biogéographiques de l'Antarctique (Résolution 6, 2012).

Des traces d'activité humaine passée sont visibles à l'intérieur de la zone. Des témoignages d'activité humaine passée sont susceptibles d'être découverts dans les sols adjacents à la cabane d'origine de la Nouvelle-Zélande et au site d'atterrissage d'hélicoptère. Ceux-ci peuvent se présenter sous la forme de zones localisées de résidus pétrochimiques et de nutriments du sol. Dans la zone de déversement, les dégâts causés à la végétation, notamment les sentiers et empreintes de pas et les sites de retrait expérimental de carottes et de cépées plus importantes issues de tourbes de mousse, sont visibles. Un certain nombre de balises anciennes sont également présentes dans la zone de déversement.

Une serre en plastique a été érigée dans la zone entre 1979 et 1983, à proximité de l'écoulement, pour des recherches et la culture expérimentale de potagers. La structure a été retirée à la fin de chaque saison. En 1983, elle a été détruite par une tempête hivernale. Les vestiges de la serre qui se trouvent dans la zone ont été retirés depuis.

Près de la zone de déversement, le premier site des quartiers de la Nouvelle-Zélande au glacier Canada se composait de sentiers marqués par des lignes de rochers, de zones défrichées pour des campements, d'une ancienne aire d'atterrissage d'hélicoptère et de plusieurs structures rocheuses basses. Une série d'au moins quatre trous peu profonds (1 m environ de profondeur) ont été également creusés à proximité du site. Ce site a été re-localisé sur un deuxième site en 1989 et le site des premiers quartiers a été réhabilité. Le second site de la cabane comprenait deux petits bâtiments, plusieurs nouvelles aires de campement et une aire d'atterrissage pour hélicoptères. Les bâtiments ont été totalement retirés au cours de la saison 1995-1996. Toutefois, l'aire d'atterrissage pour hélicoptères est restée et il s'agit du seul site d'atterrissage d'hélicoptère dans la zone. Cette aire de campement demeure le site de campement favori dans la zone (Carte B) et les sentiers marqués par des lignes de rochers ainsi que les zones défrichées pour des campements sont encore présents.

Un barrage est présent sur le ruisseau Canada (voir section 6(iii)). Les données hydrologiques recueillies depuis ce ruisseau mesuraient la vitesse d'écoulement moyenne du ruisseau Canada lorsqu'il s'écoulait à 22,13 l/s [mini. = 0,0 l/s et maxi. = 395,76 l/s] de novembre 2014 à février 2015. La température moyenne de l'eau au cours de cette période était de 1,99 °C [mini. = -1,1 °C et maxi. = 11,34 °C] (http://www.mcmlter.org/).

Un sentier partant de la zone de campement au lac Fryxell se trouve entre la rive du lac et le barrage du ruisseau Canada (Carte B). Il existe un autre sentier entre le campement désigné et le bord du glacier Canada, qui traverse une zone humide de croissance végétale, mais il n'est pas indiqué sur la carte. Une route d'accès se trouve également entre la zone de campement au lac Hoare et celle du lac Fryxell, juste au-dessus de la limite septentrionale (Cartes A et B).

6(ii) Aires spéciales à l'intérieur de la zone
Aucune

6(iii) Emplacement des structures à l'intérieur et aux alentours de la zone
Un barrage de roches a été construit pendant la saison 1981-1982 dans la partie restreinte du ruisseau du glacier Canada, puis entièrement retiré à la fin de la saison. En 1990, un barrage plus important et des débitmètres Parshall de 22,86 cm ont été installés à proximité (carte B). Le débitmètre est

fabriqué à partir de fibres de verre noires. Le barrage se compose de sacs de sable en polyester remplis d'alluvions issues du canal du ruisseau à proximité. Les zones perturbées pendant la construction ont été remises en état et aucune trace ne subsistait la saison suivante. La partie en amont du barrage est recouverte de nylon enduit de vinyle. Une entaille a été construite dans le barrage pour réduire la pression en cas de débit important. Il a fallu dégager la neige saisonnière du canal pour empêcher l'accumulation d'eau au niveau du barrage. Les accumulateurs et les instruments de saisie de données sont stockés dans une caisse en contreplaqué située à proximité sur le côté nord du ruisseau. L'entretien de ce barrage est assuré par le projet de recherche écologique à long terme des vallées sèches de McMurdo.

Les limites de la zone sont signalées par trois cairns.

La zone de campement au lac Fryxell (États-Unis) se trouve à 1,5 km à l'est de la zone (20 m asl), à mi-chemin le long du lac Fryxell, sur la face nord du lac. La zone de campement F6 (États-Unis) se trouve à environ 10 km à l'est de la zone sur la rive sud du lac Fryxell. La zone de campement au lac Hoare (États-Unis) se trouve à 3 km à l'ouest de la zone (65 m asl), du flanc ouest du glacier Canada, à la base du glacier sur la rive nord du lac Hoare. La zone des visiteurs de la vallée Taylor se trouve au sud de la zone au niveau du front du glacier Canada (Carte A).

6(iv) Emplacement d'autres zones protégées à proximité directe de la zone
Les zones protégées les plus proches du glacier Canada sont les suivantes :

- La partie inférieure du glacier Taylor et Blood Falls, vallée Taylor, vallées sèches de McMurdo (ZSPA n° 172) à environ 23 km à l'ouest de la vallée Taylor ;
- Linnaeus Terrace, Asgard Range (ZSPA n°138) à environ 47 km à l'ouest de la vallée Wright ; et
- vallées Barwick et Balham, sud de la terre Victoria (ZSPA n°123) à environ 50 km au nord-ouest (carte A, encart).

7. Critères de délivrance des permis d'accès

L'accès à la zone est interdit sauf avec un permis délivré par une autorité nationale compétente. Les conditions de délivrance d'un permis pour entrer dans la zone sont les suivantes :
- un permis est délivré pour des raisons scientifiques indispensables qu'il est impossible de satisfaire ailleurs ou pour des raisons de gestion essentielles à la zone ;
- les actions autorisées ne mettront pas en péril les valeurs scientifiques ou écologiques de la zone ;
- l'accès à toute zone indiquée comme présentant une végétation de densité moyenne ou supérieure (carte B) doit être examinée avec la plus grande attention et faire l'objet de conditions spéciales indiquées dans le permis ;
- toutes les activités de gestion soutiennent les objectifs du plan de gestion ;
- les activités autorisées le sont en conformité avec le plan de gestion ;
- le permis ou une copie certifiée conforme sera apportée dans la zone ;
- un rapport de visite devra être fourni à l'autorité mentionnée dans le permis ; et
- tout permis sera délivré pour une durée déterminée.

7(i) Accès à la zone et déplacements à l'intérieur de celle-ci

L'accès à la zone se fera principalement à pieds ou, pour des raisons scientifiques essentielles, par hélicoptère. Les véhicules sont interdits à l'intérieur de la zone et l'accès devra se faire à pied.

Les piétons se déplaçant en aval ou en amont de la vallée ne devront pas entrer dans la zone sans permis. Il est demandé aux visiteurs possédant une autorisation qui entrent dans la zone de rester, dans la mesure du possible, sur les sentiers existants. Les visiteurs devront éviter de marcher sur la végétation visible ou de traverser les lits des ruisseaux. Il est recommandé de marcher avec précaution dans les zones à sol humide, car le déplacement à pied peut facilement endommager les sols, les plantes et les communautés d'algues fragiles et dégrader la qualité de l'eau. Il est nécessaire de contourner ces zones en marchant sur les rochers ou la glace et en traversant les ruisseaux sur les gros rochers uniquement lorsque cela est inévitable. Il est recommandé de faire attention à la végétation recouverte de sel dans les zones plus sèches, laquelle peut passer inaperçue. Les déplacements à pied doivent être réduits au minimum nécessaire pour atteindre les objectifs des activités autorisées et tout doit être mis en œuvre pour en minimiser les effets.

Dans la mesure du possible, les hélicoptères doivent atterrir sur les sites d'atterrissage existants dans les zones d'installation (lac Hoare et lac Fryxelle) et/ou la zone des visiteurs de la vallée Taylor. Si un accès à la zone par hélicoptère s'avère nécessaire, les hélicoptères se rendront dans la zone en passant au sud de la ligne comme indiqué sur la carte de site jointe (Carte B). Les hélicoptères devront atterrir uniquement sur le site désigné (163° 02.88' E, 77° 36.97' S : Carte B). Le survol de la zone devra être évité d'une manière générale. Les survols au-dessus de la zone à une altitude inférieure à 100 m au-dessus du niveau du sol au nord de la ligne indiquée sur la carte B sont interdits. Les exceptions à ces restrictions peuvent uniquement être accordées à des fins de gestion ou des fins scientifiques exceptionnelles et doivent être spécifiquement autorisées par permis. Les grenades fumigènes pour hélicoptère sont interdites à l'intérieur de la zone sauf en cas d'absolue nécessité pour des raisons de sécurité et toutes les grenades devront être récupérées. Il est strictement interdit aux visiteurs, aux pilotes, à l'équipage des avions ou aux passagers en route pour une autre destination par hélicoptère, de se déplacer à pied au-delà des environs immédiats du site d'atterrissage et du site de campement désignés sauf autorisation spéciale accordée par permis.

7(iii) Activités pouvant être menées dans la zone
- Travaux de recherche scientifique qui ne porteront pas atteinte à l'écosystème de la zone ;
- Activités de gestion essentielles, y compris la surveillance et l'inspection ;

Étant donné l'importance du régime hydrographique pour l'écosystème, les activités devront être menées de manière à minimiser la perturbation des cours d'eau et de la qualité de l'eau. Les activités menées en dehors de la zone (par exemple sur le glacier Canada) qui peuvent avoir des conséquences sur la quantité et la qualité de l'eau devront être planifiées et conduites en tenant compte des conséquences possibles en aval. Les personnes réalisant ces activités à l'intérieur de la zone devront également garder à l'esprit les conséquences possibles en aval à l'intérieur de la zone et sur le lac Fryxell endoréique.
Les activités causant des perturbations à la zone de déversement devraient tenir compte de la lenteur du taux de récupération de la végétation présente sur ce site. En particulier, il convient d'accorder une importance particulière à la réduction de la taille et du nombre d'échantillons requis et les prélèvements doivent être effectués de manière à rendre la récupération totale de la communauté végétale probable.

7 (iii) Installation, modification ou démantèlement des structures
Aucune structure ne doit être érigée dans la zone et aucun matériel scientifique ne doit y être installé, sauf pour des raisons scientifiques ou de gestion indispensables définies dans un permis. Toutes les

bornes, les structures et tout l'équipement scientifique installés dans la zone doivent être autorisés par un permis et clairement identifier le pays, le nom du principal chercheur, l'année d'installation et la date d'enlèvement prévue. Tous ces éléments doivent être exempts d'organismes, de propagules (par ex. graines, œufs) et de sol non stérile et doivent être en matériaux posant un risque de contamination minimal à la zone. Le retrait de structures ou d'équipements spécifiques pour lesquels le permis a expiré devra figurer parmi les critères du permis. Les structures ou installations permanentes sont interdites.

7(iv) Emplacement des camps de base

Les zones d'installations situées à proximité mais en dehors des limites de la zone devront être utilisés comme base de travail dans la zone (carte A). Le camping sur le site désigné (carte B) peut être autorisé afin de répondre aux besoins scientifiques et aux besoins de gestion considérés comme spécifiques et essentiels.

7(v) Restrictions sur les matériaux et organismes pouvant être introduits dans la zone

L'introduction délibérée d'animaux vivants, de matériel végétal ou de micro-organismes est interdite et les précautions énumérées à l'alinéa (ix) de la section 7 seront prises pour éviter les introductions accidentelles. Aucun herbicide ni pesticide ne devra être introduit dans la zone. Tout autre produit chimique, y compris des radionucléides ou des isotopes stables, susceptibles d'être introduits pour des besoins scientifiques ou de gestion spécifiés dans le permis, devra être retiré de la Zone au plus tard à la fin de l'activité pour laquelle le permis a été accordé. Aucun combustible ou autres produits chimiques ne pourront être entreposés dans la zone sauf s'ils sont nécessaires à des fins essentielles liées à l'activité pour laquelle le permis a été délivré, et ils devront être placés dans une cache d'urgence autorisée par une autorité appropriée. Tous les matériaux seront introduits dans la zone pour une période déterminée et ils en seront enlevés au plus tard à la fin de cette période, puis ils seront manipulés et entreposés de manière à minimiser le risque de leur introduction dans l'environnement.

7(vi) Prélèvement de végétaux et capture d'animaux ou perturbations nuisibles à la faune et la flore

Toute capture d'animaux ou toute perturbation nuisible à la faune et la flore indigène est interdite si elle fait l'objet d'un permis distinct délivré spécifiquement à cette fin en vertu de l'Annexe II du Protocole au Traité sur l'Antarctique relatif à la protection de l'environnement. Dans les cas où il y aurait prélèvement ou perturbation nuisible, il faut que l'opération se déroule au minimum conformément au code de conduite du SCAR pour l'utilisation d'animaux en Antarctique à des fins scientifiques.

Des matériaux peuvent être ramassés ou enlevés de la zone uniquement en conformité avec un permis. Les opérations devront se limiter au nombre minimum d'échantillons nécessaire pour satisfaire aux besoins de gestion ou besoins scientifiques. Les prélèvements doivent être effectués à l'aide de techniques qui minimisent la perturbation de la zone et de manière à permettre une reconstitution totale de la végétation.

7(vii) Prélèvement et enlèvement de tout matériel n'ayant pas été introduit dans la zone par le détenteur du permis

Tout matériau d'origine humaine susceptible de mettre en péril les valeurs de la zone et n'ayant pas été introduit dans la zone par le détenteur du permis ou avec une autorisation pourra être enlevé à moins que l'impact de l'enlèvement soit supérieur à l'impact qu'aurait le fait de laisser le matériau sur place. Dans ce dernier cas, l'autorité compétente devra être notifiée et une approbation doit être obtenue avant de retirer les éléments.

7 (viii) Élimination des déchets
Tous les déchets, y compris les déchets humains, devront être retirés de la zone.

7(ix) Mesures nécessaires pour faire en sorte que les buts et objectifs du plan de gestion continuent à être atteints
Des permis peuvent être délivrés pour entrer dans la zone afin de :
- procéder à des activités de suivi biologique et d'inspection de la zone qui peuvent faire intervenir le ramassage d'un petit nombre d'échantillons ou de données pour en effectuer l'analyse ou l'examen ;
- installer ou entretenir les panneaux, les structures ou l'équipement scientifique ;
- mener à bien des mesures de protection ;

Tous les sites spécifiques où se déroulent des études sur le long terme doivent être correctement signalés et inscrits sur les cartes de la Zone. Les positions GPS doivent être obtenues auprès de l'autorité nationale compétente afin d'être intégrées au Système de répertoire maître sur l'Antarctique.

Les visiteurs devront prendre des précautions particulières contre l'introduction possible d'objets étrangers afin de préserver les valeurs scientifiques et écologiques des communautés végétales répertoriées dans la zone. L'introduction de plantes et de microbes issus des sols d'autres sites antarctiques, y compris les stations, ou issus d'autres régions extérieures à l'Antarctique pose notamment problèmes. Pour minimiser les risques, les visiteurs devront, avant d'entrer dans la zone, nettoyer scrupuleusement leurs chaussures ainsi que tout équipement destiné à être utilisé dans la zone, notamment les équipements de campement et d'échantillonnage et les repères.

7 (x) Rapports de visites
Pour chaque visite dans la zone, le titulaire principal d'un permis devra soumettre un rapport à l'autorité nationale compétente, dès que possible, et au plus tard six mois après la fin de la visite. Ces rapports de visite doivent inclure, le cas échéant, les informations identifiées dans le formulaire de rapport de visite qui a été recommandé [figurant à l'Annexe 4 du Guide pour la préparation des plans de gestion des zones spécialement protégées en Antarctique en appendice à la Résolution 2 (1998)], [disponible sur le site web du Secrétariat du Traité sur l'Antarctique www.ats.aq].

Le cas échéant, l'autorité nationale doit également transmettre exemplaire du rapport de visite à la Partie qui a proposé le plan de gestion afin de contribuer à la gestion de la zone et à la révision du plan de gestion. Les Parties doivent tenir un registre des activités en question et les signaler lors de l'échange annuel d'informations. Les Parties doivent, dans la mesure du possible, déposer les originaux ou les copies de ces rapports dans une archive à laquelle le public pourra avoir accès afin de conserver une archive d'usage qui sera utilisée pour toute révision du plan de gestion et pour l'organisation de l'utilisation scientifique de la zone.

8. Bibliographie

Broady, P.A. 1982. Taxonomy and ecology of algae in a freshwater stream in Taylor Valley, Victoria Land, Antarctica. Archivs fur Hydrobiologia 32 (Supplement 63 (3), Algological Studies) : 331-349).

Conovitz, P.A., McKnight, D.M., MacDonald, L.H., Fountain, A.G. and House, H.R. 1998. Hydrologic processes influencing stream flow variation in Fryxell Basin, Antarctica. Ecosystem Processes in a Polar Desert : The McMurdo Dry Valleys, Antarctica. Antarctic Research Series 72 : 93-108.

Downes, M.T., HowardWilliams, C. and Vincent, W.F. 1986. Sources of organic nitrogen, phosphorus and carbon in Antarctic streams. Hydrobiologia 134: 215225.

Fortner, S.K., Lyons, W.B. and Munk, L. 2013. Diel stream geochemistry, Taylor Valley, Antarctica. Hydrological Processes 27: 394-404.

Fortner, S.K., Lyons, W.B. and Olesik, J.W. 2011. Eolian deposition of trace elements onto Taylor Valley Antarctic glaciers. Applied Geochemistry 26: 1897-1904.

Green, T.G.A., Seppelt, R.D. and Schwarz, A-M.J. 1992. Epilithic lichens on the floor of the Taylor Valley, Ross Dependency, Antarctica. Lichenologist 24(1) : 57-61.

HowardWilliams, C., Priscu, J.C. and Vincent, W.F. 1989. Nitrogen dynamics in two Antarctic streams. Hydrobiologia 172: 5161.

HowardWilliams, C. and Vincent, W.F. 1989. Microbial communities in Southern Victoria Land streams I: Photosynthesis. Hydrobiologia : 172 : 2738.

HowardWilliams, C., Vincent, C.L., Broady, P.A. and Vincent, W.F. 1986. Antarctic stream ecosystems : Variability in environmental properties and algal community structure. Internationale Revue der gesamten Hydrobiologie 71: 511544.

Lewis, K.J., Fountain, A.G. and Dana, G.L. 1999. How important is terminus cliff melt? A study of the Canada Glacier terminus, Taylor Valley, Antarctica. Global and Planetary Change 22(1-4): 105-115.

Lewis, K.J., Fountain, A.G. and Dana, G.L. 1998. Surface energy balance and meltwater production for a Dry Valley glacier, Taylor Valley, Antarctica. International Symposium on Antarctica and Global Change: Interactions and Impacts, Hobart, Tasmania, Australia, July 13-18, 1997. Papers. Edited by W.F. Budd, et al; Annals of glaciology, Vol.27, p.603-609. United Kingdom.

McKnight, D.M. and Tate, C.M. 1997. Canada Stream: A glacial meltwater stream in Taylor Valley, South Victoria Land, Antarctica. Journal of the North American Benthological Society 16(1) : 14-17.

Pannewitz, S., Green, T.G.A., Scheiddegger, C., Schlensog, M. and Schroeter, B. 2003. Activity pattern of the moss *Hennediella heimii* (Hedw.) Zand. in the Dry Valleys, Southern Victoria Land, Antarctica during the mid-austral summer. Polar Biology 26(8): 545-551.

Seppelt, R.D. and Green, T.G.A. 1998. A bryophyte flora for Southern Victoria Land, Antarctica. New Zealand Journal of Botany 36: 617-635.

Seppelt, R.D., Green, T.G.A., Schwarz, A-M.J. and Frost, A. 1992. Extreme southern locations for moss sporophytes in Antarctica. Antarctic Science 4: 37-39.

Seppelt, R.D., Turk, R., Green, T.G.A., Moser, G., Pannewitz, S., Sancho, L.G. and Schroeter, B. 2010. Lichen and moss communities of Botany Bay, Granite Harbour, Ross Sea, Antarctica. Antarctic Science 22(6): 691-702.

Schwarz, A.-M. J., Green, J.D., Green, T.G.A. and Seppelt, R.D. 1993. Invertebrates associated with moss communities at Canada Glacier, southern Victoria Land, Antarctica. Polar Biology 13(3): 157-162.

Schwarz, A-M. J., Green, T.G.A. and Seppelt, R.D. 1992. Terrestrial vegetation at Canada Glacier, South Victoria Land, Antarctica. Polar Biology 12: 397-404.

Sjoling, S. and Cowan, D.A. 2000. Detecting human bacterial contamination in Antarctic soils. Polar Biology 23(9): 644-650.

Skotnicki, M.L., Ninham, J.A. and Selkirk, P.M. 1999. Genetic diversity and dispersal of the moss *Sarconeurum glaciale* on Ross Island, East Antarctica. Molecular Ecology 8(5): 753-762.

Strandtmann, R.W. and George, J.E. 1973. Distribution of the Antarctic mite *Stereotydeus mollis* Womersley and Strandtmann in South Victoria Land. Antarctic Journal of the USA 8 :209-211.

Vandal, G.M., Mason, R.P., McKnight, D.M. and Fitzgerald, W. 1998. Mercury speciation and distribution in a polar desert lake (Lake Hoare, Antarctica) and two glacial meltwater streams. Science of the Total Environment 213(1-3): 229-237.

Vincent, W.F. and HowardWilliams, C. 1989. Microbial communities in Southern Victoria Land Streams II: The effects of low temperature. Hydrobiologia 172: 3949.

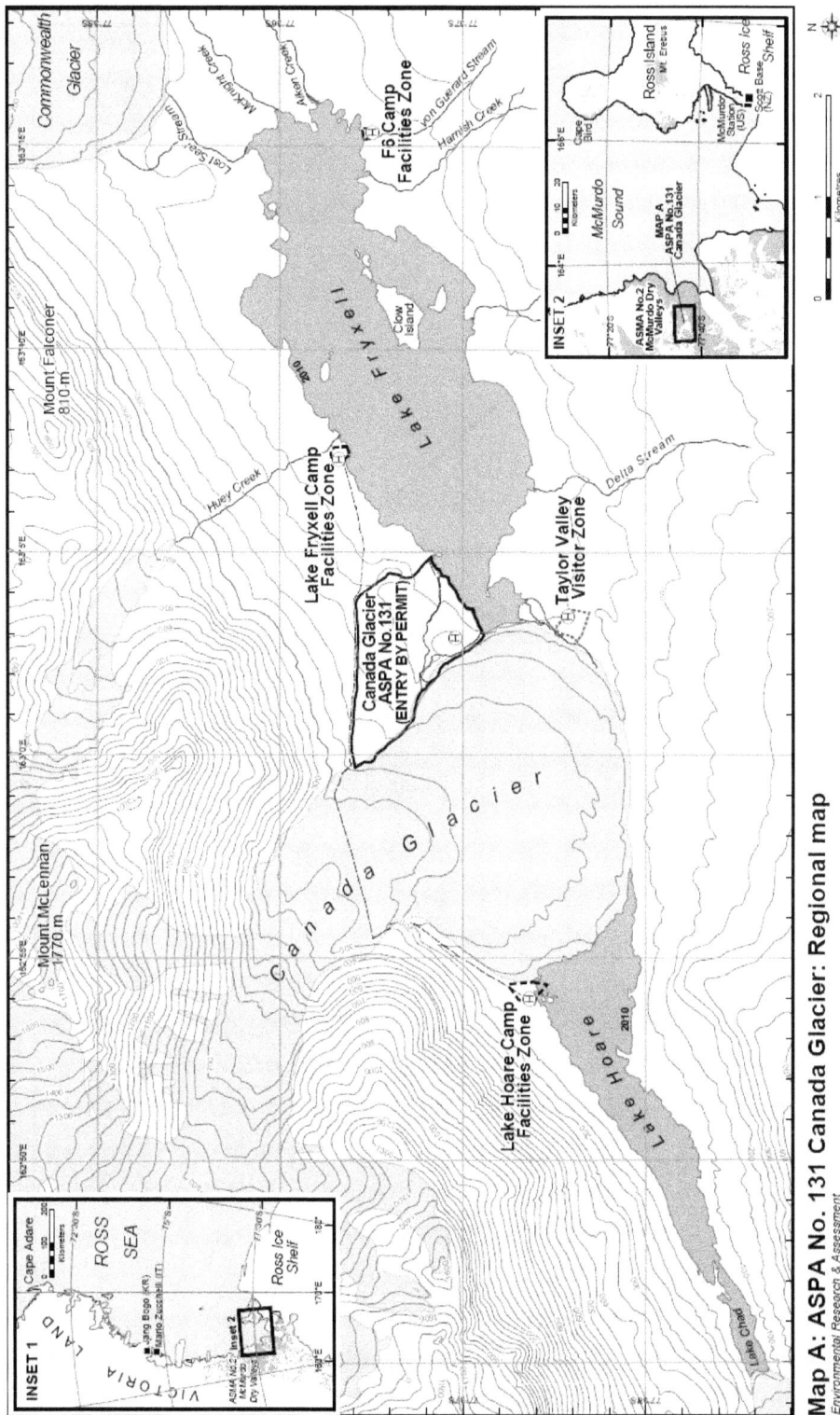

ZSPA no 131 – glacier Canada, lac Fryxell, vallée Taylor, Terre Victoria

Map A: ASPA No. 131 Canada Glacier: Regional map
Environmental Research & Assessment
Issued 24 Mar 2016

Rapport final de la XXXIXe RCTA

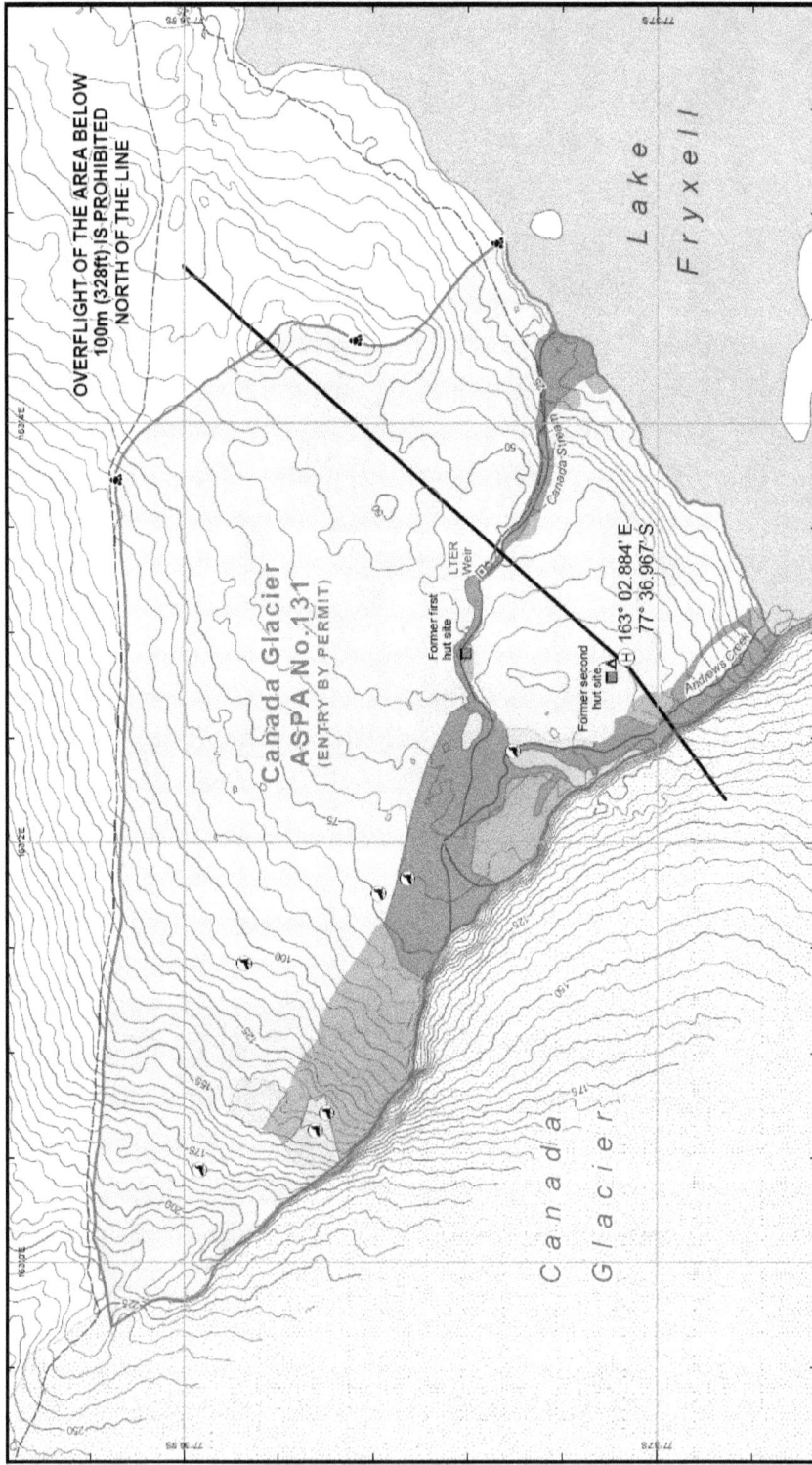

Map B: ASPA No. 131 Canada Glacier: Vegetation density map

Environmental Research & Assessment
Issued 04 Apr 2016

OVERFLIGHT OF THE AREA BELOW
100m (328ft) IS PROHIBITED
NORTH OF THE LINE

Canada Glacier
ASPA No. 131
(ENTRY BY PERMIT)

Lake Fryxell

Canada Glacier

Former first hut site
LTER Weir

Former second hut site

163° 02.884' E
77° 36.967' S

Canada Stream

Andrews Creek

Legend:

Index Contour (25m)
Contour (5m)
Stream

Protected Area boundary
Path
Cairn

▲10 Designated camp site
Former hut site
Weir

Vegetation density
(within ASPA only)
Dense >25%
Medium 1 - 25%
Scattered 0.01 - 0.99%

0   100   200   300   400   500
Metres

N

Projection: Lambert Conformal Conic.
Spheroid & horizontal datum: WGS84.
Central Meridian and Imagery (1993).
Data sources: Streams digitised from aerial imagery (1993).
Contours, cairns, mummified seals, camps,
former huts, weir & Lake: Gateway Antarctica.
Vegetation survey: Dept. of Botany, University of Waikato.

Plan de gestion pour la
Zone spécialement protégée de l'Antarctique (ZSPA) n° 149
CAP SHIRREFF ET ÎLE SAN TELMO, ÎLE LIVINGSTON,
ILES SHETLAND DU SUD

Introduction

La Zone spécialement protégée de l'Antarctique (ZSPA) du cap Shirreff se situe sur la côte nord de l'île Livingston, dans les îles Shetland du Sud, à 60°47'17" de longitude ouest et 62°27'30"de latitude sud, et s'étend sur une superficie d'environ 9,7 km². Cette zone a été désignée principalement pour protéger le biote présent dans la zone, en particulier des populations importantes et variées d'oiseaux de mer et de pinnipèdes faisant l'objet d'un suivi scientifique à long terme. Des activités de pêche au krill sont menées dans les aires d'alimentation de ces espèces. Le cap Shirreff est donc un site essentiel pour la surveillance de l'écosystème, et répond ainsi aux objectifs de la Convention sur la conservation de la faune et la flore marines de l'Antarctique (CCAMLR). La zone comprend la plus grande colonie reproductrice d'otaries à fourrure de l'Antarctique (*Arctocephalus gazella*) de la péninsule antarctique, et constitue la colonie la plus méridionale dont nous pouvons suivre les paramètres de reproduction, de démographie et d'alimentation. La zone comprend par ailleurs de nombreux sites présentant une valeur archéologique et historique, associés principalement aux activités des chasseurs de phoques du XIX e siècle. La zone avait à l'origine été désignée suite à des propositions faites par le Chili et les États-Unis d'Amérique et adoptée en vertu de la Recommandation IV-11 [1966, Zone spécialement protégée (ZPA) n° 11]. La zone a été redésignée en tant que site présentant un intérêt scientifique particulier (SISP) n° 32 par le biais de la Recommandation XV-7 (1989). La zone a été désignée comme site n° 2 du Programme de contrôle de l'écosystème de la CCAMLR (CEMP) au moyen de la mesure de conservation 82/XIII (1994) de la CCAMLR. La protection de la zone a ensuite été poursuivie à travers la mesure de conservation 91/02 (2004), et ses lignes de démarcation ont été élargies par la mesure 2 (2005) afin de présenter une plus forte composante marine ainsi que des sites de plantes fossiles. La mesure de conservation 91-02 a expiré en novembre 2009, et la protection du cap Shirreff continue à être assurée par le plan de gestion ZSPA n° 149 (SC-CAMLR-XXVIII, paragraphe 5.29 de l'Annexe 4). Le plan de gestion avait été révisé par le biais de la Mesure 7 (2011).

La zone fait partie des domaines environnementaux E (péninsule antarctique, île Alexandre et autres îles) et G (îles au large des côtes de la péninsule Antarctique), conformément à l'Analyse des domaines environnementaux du continent antarctique (Résolution 3, 2008). D'après la classification des régions de conservation biogéographiques de l'Antarctique (Résolution 6, 2012), la zone se trouve dans la RCBA3 (nord-ouest de la péninsule antarctique).

1.   Description des valeurs à protéger

Le cap Shirreff (60°47'17" de longitude ouest, 62°27'30" de latitude sud,), une péninsule d'une superficie de quelque 3,1 km², sur l'île Livingston, aux îles Shetland du Sud, avait à l'origine été désigné zone spécialement protégée (ZSP) n° 11 en vertu de la recommandation IV-11 (1966) et ce, à l'initiative du Chili qui s'était appuyé sur les résultats du premier recensement de pinnipèdes effectué dans les îles Shetland du Sud (Aguayo et Torres, 1966). Ce sont cependant les États-Unis qui ont officiellement proposé que cette zone soit désignée comme une zone spécialement protégée. La zone comprenait la portion de terre ferme libre de glace de la péninsule de cap Shirreff, au nord de la calotte de glace de l'île Livingston. Les valeurs à protéger lorsque la zone avait été désignée initialement couvraient une grande variété de plantes et d'animaux, de nombreux invertébrés, une importante population d'éléphants de mer (*Mirounga leonina*) et une petite colonie d'otaries à fourrure de l'Antarctique (*Arctocephalus gazella*).

Après la désignation de la zone, la taille de la colonie d'otaries à fourrure de l'Antarctique au cap Shirreff a augmenté à un point tel qu'il est devenu possible d'entreprendre des travaux de recherche biologique sans empêcher pour autant la colonie de s'agrandir. Une étude des îles Shetland du Sud et de la péninsule antarctique a permis d'identifier le cap Shirreff et l'île San Telmo comme constituant le site le plus approprié pour surveiller les colonies d'otaries à fourrure de l'Antarctique susceptibles d'être touchées par les opérations de pêche autour des îles Shetland du Sud. Pour tenir compte du programme de surveillance, la ZSP a été redésignée en tant que site présentant un intérêt scientifique particulier (SISP) n° 32 par le biais de la recommandation XV-7 (1989) suite à une proposition faite conjointement par le Chili, le Royaume-Uni et les États-Unis d'Amérique. Cette décision procédait des arguments que « la présence de colonies de manchots et d'otaries à fourrure de l'Antarctique ainsi que de pêcheries de krill dans les aires d'alimentation de ces espèces, font de cette zone un site idéal à inclure dans le réseau de contrôle des écosystèmes en cours de création afin d'aider à répondre aux objectifs de la Convention sur la conservation de la faune et de la flore marines de l'Antarctique (CCAMLR). Le but de cette désignation est de permettre l'exécution de travaux de recherche et de surveillance, tout en évitant ou en réduisant autant que faire se peut d'autres activités qui risqueraient d'influer sur les résultats de ce programme de recherche et de surveillance, ou de leur nuire, ou encore d'altérer les caractéristiques naturelles du site. » Les limites de la zone ont été repoussées afin d'inclure l'île San Telmo et des îles proches apparentées. Suite à une proposition élaborée par le Chili et les États-Unis d'Amérique, la zone a été ultérieurement désignée comme site n° 2 du Programme de contrôle de l'écosystème de la CCAMLR au moyen de la mesure de conservation 82/XIII (1994) de la CCAMLR, ses lignes de démarcation étant identiques à celles du SISP n° 32. La protection du cap Shirreff en tant que site de Programme de contrôle de l'écosystème de la CCAMLR a continué en vertu de la mesure de conservation (MC) 91/02 (2004).

Les lignes de démarcation de la zone ont été à nouveau élargies au moyen de la Mesure 2 (2005) afin d'inclure un élément marin plus important et d'incorporer deux nouveaux sites où furent découvertes des plantes fossiles en 2001 (cartes 1 et 2). La zone désignée (9,7 km^2) comprend la totalité de la péninsule du cap Shirreff au nord de la calotte de glace permanente de l'île Livingston, la partie adjacente de la calotte de glace permanente de l'île Livingston où l'on a découvert les fossiles en 2001, le groupe d'îles San Telmo, ainsi que la zone marine environnante et intermédiaire qui s'étend sur 100 m depuis le littoral de la péninsule du cap Shirreff et depuis l'îlot le plus excentré du groupe d'îles San Telmo. La limite s'étend du groupe d'îles San Telmo jusqu'au sud de Mercury Bluff.

La Mesure de conservation 91-02 a expiré en novembre 2009, et la protection du cap Shirreff se poursuivant avec l'application du plan de gestion ZSPA n° 149 (SC-CAMLR-XXVIII, paragraphe 5.29 de l'Annexe 4,). Cette modification a été effectuée en vue d'harmoniser les mesures de protection de la CCAMLR et du Protocole au Traité sur l'Antarctique relatif à la protection de l'environnement (le Protocole) et d'éviter la possibilité de doubles emplois dans les exigences et les procédures de gestion.

Le plan de gestion actuel réaffirme les valeurs scientifiques et les valeurs de surveillance exceptionnelles associées aux populations nombreuses et variées d'oiseaux de mer et de pinnipèdes qui se reproduisent dans la zone et, en particulier, celles de la colonie d'otaries à fourrure de l'Antarctique. Cette colonie est en effet la plus grande que l'on trouve dans la région de la péninsule antarctique, ainsi que la plus méridionale; cette taille permet d'en étudier les modalités de croissance, de survie, d'alimentation et de reproduction. En 2002, elle totalisait quelque 21 000 individus (Hucke-Gaete *et al.*, 2004). L'observation de la colonie d'otaries à fourrure de l'Antarctique a commencé en 1965 (Aguayo et Torres, 1966, 1967) et des données saisonnières sont disponibles depuis 1991, ce qui en fait l'un des plus longs programmes de surveillance continue des otaries à fourrure de l'Antarctique. Partie intégrante du Programme de contrôle de l'écosystème de la CCAMLR (CEMP), les travaux de surveillance ont pour but de détecter et d'éviter les effets négatifs que pourraient avoir les pêcheries sur des espèces dépendantes telles que les pinnipèdes et les oiseaux de mer ainsi que sur des espèces cibles telles le krill antarctique (*Euphausia superba*). Des études sur le long terme ont pour but l'évaluation et la surveillance de la survie, de l'écologie alimentaire, de la croissance, de l'état, de la reproduction, du comportement, des taux démographiques ainsi que de l'abondance des pinnipèdes et des oiseaux de mer qui se reproduisent dans la zone. Les données émanant de ces études seront comparées aux données environnementales et autres données biologiques, de même qu'aux statistiques de pêche, afin d'aider à identifier les relations de cause à effet qui pourraient exister entre les pêcheries et les populations de pinnipèdes et d'oiseaux de mer.

En 2001-2002, on a découvert des empreintes de mégaflore dans des rochers incorporés à des moraines du glacier de l'île Livingston (Palma-Heldt *et al.*, 2004, 2007) (carte 2). Les rochers fossilifères contiennent deux assemblages palynologiques distincts indiquant des époques et des conditions climatiques différentes, et ont contribué à une étude de l'histoire géologique de l'Antarctique et du Gondwana. Des études microbiologiques ont été menées dans la zone en 2009-2010 afin d'évaluer l'influence qu'ont les microhabitats sur la diversité microbiologique et la capacité métabolique (INACH 2010).

Il n'est pas possible de confirmer que les valeurs originales de la zone protégée associées aux communautés des plantes et d'invertébrés constituent les principaux motifs de la protection spéciale de la zone. Nous manquons en effet de données disponibles pour décrire ces communautés.

La zone contient divers objets d'origine anthropique datant d'avant 1958. Elle abrite le site et monument historique n° 59, un cairn commémorant les personnes ayant perdu la vie lors du naufrage du vaisseau espagnol San Telmo dans le passage de Drake en 1819. On peut aussi y trouver les vestiges d'une communauté de chasseurs de phoques datant du XIXᵉ siècle.

2.   Buts et objectifs

La gestion au cap Shirreff vise à :

- éviter toute détérioration ou tout risque considérable de détérioration des valeurs de la zone en empêchant toute perturbation humaine inutile ;
- éviter les activités qui porteraient atteinte ou nuiraient aux travaux de recherche et de surveillance du programme de contrôle de l'écosystème CEMP ;
- permettre des recherches scientifiques sur l'écosystème et l'environnement physique dans la zone, associées au CEMP ;
- permettre d'autres recherches scientifiques dans la zone sous réserve qu'elles soient dues à des motifs impérieux auxquels il n'est pas possible de répondre ailleurs et qu'elles ne portent aucun préjudice aux valeurs pour lesquelles la zone est protégée ;
- permettre des travaux de recherche archéologique et historique et prendre des mesures de protection des objets tout en protégeant les objets historiques présents dans la zone d'une destruction, d'une perturbation ou d'un retrait inutile ;
- réduire au minimum les risques d'introduction de plantes, d'animaux ou de microbes exotiques dans la zone ; et
- permettre des visites à des fins de gestion à l'appui des buts et objectifs du plan.

3.   Activités de gestion

Les activités de gestion ci-après seront réalisées pour protéger les valeurs de la zone :

- Des copies de ce plan de gestion, y compris les cartes de la zone, seront mises à la disposition des intéressés aux endroits suivants:
    1. installations d'hébergement au cap Shirreff ;
    2. station Saint-Clément d'Ohrid (Bulgarie), péninsule Hurd, île Livingston ;
    3. station Arturo Prat (Chili), baie de Discovery/baie du Chili, île Greenwich ;
    4. base Juan Carlos I (Espagne), péninsule Hurd, île Livingston ;
    5. station Julio Escudero (Chili), péninsule Fildes, île du roi George ; et
    6. station Eduardo Frei (Chili), péninsule Fildes, île du roi George.
- Un panneau indiquant l'emplacement et les lignes de démarcation de la zone et donnant des explications claires et précises sur les restrictions imposées à l'entrée dans cette zone doit être placé à la plage El Módulo, cap Shirreff, pour éviter un accès fortuit;
- Les dispositifs de bornages, les panneaux et autres structures mis en place dans la zone à des fins scientifiques ou à des fins de gestion devront être solidement fixés et soigneusement entretenus;
- Les programmes antarctiques nationaux travaillant dans la zone devront tenir à jour un registre de tous les dispositifs de bornages, panneaux et structures nouvellement érigés à l'intérieur de la zone;

- Des visites seront organisées en fonction des besoins (au moins une fois tous les 5 ans) afin de déterminer si la zone répond toujours aux objectifs pour lesquels elle a été désignée et de s'assurer que les mesures de gestion et d'entretien sont adéquates;
- Les programmes antarctiques nationaux actifs dans la région devront se concerter afin de veiller à ce que les dispositions ci-dessus soient mises en œuvre.

4. Durée de la désignation

La zone est désignée pour une période indéterminée.

5. Cartes

Carte 1 : le cap Shirreff et l'île San Telmo, ZSPA n° 149, par rapport à l'île Livingston, indiquant l'emplacement de la base Juan Carlos I (Espagne) et de la station Saint-Clément d'Ohrid (Bulgarie), ainsi que l'emplacement de la zone protégée la plus proche, péninsule Byers (ZSPA n° 126), également sur l'île Livingston. Spécifications de la carte : Projection : conique conforme de Lambert ; Parallèles types : 1er 60°00' S ; 2e 64°00' S ; Méridien central : 60°45' O ; Latitude d'origine : 62°00'S ; Sphéroïde : WGS84 ; Précision horizontale : < ±200 m. L'intervalle des courbes bathymétriques est de 50 m et de 200 m. La précision verticale est inconnue. Sources des données : caractéristiques des sols de la base de données antarctiques du SCAR v6 (2012) ; bathymétrie fournie par le programme des États-Unis sur les ressources marines vivantes de l'Antarctique (U.S. AMLR) , NOAA (2002) et IBCSO (v1.0 2013) (http://ibcso.org).

Encart : emplacement de la carte 1 par rapport aux îles Shetland du Sud et à la péninsule antarctique.

Carte 2 : Le cap Shirreff et l'île San Telmo, ZSPA n° 149, lignes de démarcation de la zone protégée et modalités d'accès. Les spécifications de la carte sont identiques à celles de la carte 1, à l'exception de l'intervalle des courbes de niveau verticales qui est de 10 m. La précision horizontale devrait être supérieure à ±5 m. Source de données : données numériques fournies par l'Institut antarctique chilien (INACH) (2002) (Torres *et al.*, 2001), à l'exception du site d'accès pour petites embarcations fourni par M. Goebel (déc. 2015).

Carte 3 : Le cap Shirreff, ZSPA n° 149 : faune et flore en phase de reproduction et caractéristiques anthropiques. Les spécifications et la source de données sont les mêmes que celles de la carte 2 à l'exception de l'équidistance des courbes de niveau verticales, qui est de 5 m. Station d'observation des otaries et SMH : D. Krause (déc. 2015). Itinéraires de marche et faune : INACH, mis à jour par M. Goebel et D. Krause (déc. 2015).

6. Description de la zone

6(i) Coordonnées géographiques, bornage et caractéristiques du milieu naturel

Limites et coordonnées

Le cap Shirreff (60°47'17" de longitude ouest, 62°27'30" de latitude sud) est situé sur la côte nord de l'île Livingston, la deuxième plus grande île des Shetland du Sud, entre la baie Barclay et la baie Hero (carte 1). Il se trouve à l'extrémité nord d'une péninsule libre de glace au relief vallonné de faible altitude. À l'ouest de cette péninsule, on trouve l'anse Shirreff, à l'est de pointe Black, tandis qu'au sud on trouve la calotte de glace permanente de l'île Livingston. La péninsule a une superficie de quelque 3,1 km², s'étendant sur 2,6 km du nord au sud et sur 0,5 à 1,5 km d'est en ouest. L'intérieur de la péninsule comprend une série de plages surélevées ainsi que de collines arrondies et abruptes dont la plus élevée est Toqui (82 m) dans la partie centre-nord de la péninsule. La côte ouest est formée de falaises quasiment continues dont la hauteur varie entre 10 et 15 m tandis que la côte est comprend, elle, de vastes plages de sable et de gravier.

Un petit groupe d'îlots rocheux de faible altitude se trouve à environ 1 200 m à l'ouest de la péninsule du cap Shirreff, et constitue l'enveloppe occidentale de l'anse Shirreff. L'île San Telmo, la plus grande du groupe, est longue de 950 m et large jusqu'à 200 m, sa superficie atteignant quelque 0,1 km². Il y a sur la côte sud-est de cette île une plage de sable et de galets, séparée d'une plage de sable au nord par deux falaises irrégulières et d'étroites plages de cailloux.

La zone désignée comprend la totalité de la péninsule du cap Shirreff au nord de la calotte de glace de l'île Livingston, le groupe d'îles San Telmo, ainsi que la zone marine environnante et intermédiaire (carte 2). Les lignes de démarcation renferment une zone marine qui s'étend sur 100 m à partir du littoral de la péninsule du cap Shirreff et du groupe d'îles San Telmo. Au nord, elles s'étendent de l'extrémité nord-ouest de la péninsule du cap Shirreff vers le sud-ouest sur 1,4 km jusqu'au groupe d'îles San Telmo, délimitant la mer environnante dans l'anse Shirreff. La ligne de démarcation ouest s'étend vers le sud sur 1,8 km à partir du point 62°28' de latitude sud jusqu'à une petite île au point 62°29' de latitude sud, contournant la rive occidentale de cette même petite île et poursuivant sur 1,2 km au sud-est du littoral de l'île Livingston au 62°29'30" de latitude sud, soit environ 300 m au sud de l'à-pic Mercury. De ce point sur la côte, la ligne de démarcation sud s'étend sur environ 300 m plein est jusqu'à point 60°49' de longitude ouest, où elle prend une direction nord-est parallèle à la côte sur environ 2 km jusqu'au bord de la calotte de glace au 60°47' de longitude ouest. La ligne de démarcation sud s'étend ensuite plein est sur 600 m jusqu'à la côte est. La ligne de démarcation marine orientale suit le littoral est à 100 m de la rive. Elle délimite une superficie de 9,7 km² (carte 2).

Climat

Des scientifiques chiliens et américains ont collecté pendant plusieurs années des données météorologiques pour le cap Shirreff. Elles sont actuellement enregistrées à l'aide d'instruments placés sur les bâtiments de la station du cap Shirreff. Les données sur de récentes saisons estivales (nov. – févr. inclus, 2005-2006 à 2009-2010) font état au cap Shirreff d'une température quotidienne moyenne de l'air de 1,84°C (données fournies par le programme U.S. AMLR , 2005-2010). La température de l'air maximale enregistrée au cours de cette période a été de 19,9°C et la minimale de -8,1°C. La vitesse de vent moyenne a été de 5,36 m/s et la vitesse de vent maximale enregistrée a été de 20,1 m/s. La direction prédominante du vent pendant la période de collecte des données a été l'ouest, suivi par l'ouest-nord-ouest et l'est-nord-est. On dispose de données météorologiques pour deux hivers récents, faisant état d'une température quotidienne moyenne de l'air pour juin-août 2007 de -6,7°C, avec une température minimale de -20,6°C et une température maximale de +0,9°C, ainsi que d'une température quotidienne moyenne de l'air pour juin-septembre 2009 de -5,8°C, avec un minimum de -15,2°C et un maximum de +1,9°C.

Les précipitations enregistrées durant les saisons estivales (21 déc. –24 févr., 1998-2001) ont varié entre 56 mm (sur 36 jours en 2000-2001) et 59,6 mm (sur 43 jours en 1998-1999) (Goebel *et al.*, 2000, 2001). La péninsule est couverte de neige durant la majeure partie de l'année mais elle est d'ordinaire sans neige vers la fin de l'été.

Géologie, géomorphologie et sols

Le cap Shirreff se compose de laves porphyritiques basaltiques et d'intercalations mineures de brèche volcanique d'une épaisseur d'environ 450 m (Smellie *et al.*, 1996). Les roches du cap Shirreff ont été déformées en plis ouverts d'orientation NO-SE, dont les surfaces axiales verticales sont pénétrées par de nombreux dykes. Un échantillon rocheux provenant de la partie sud du cap Shirreff a été identifié comme étant une roche fraîche de basalte à olivine composée d'environ 4 % d'olivine et 10 % de phénocristaux de plagioclase dans une pâte contenant du plagioclase, du clinopyroxène et de l'oxyde opaque. Les échantillons rocheux du cap Shirreff ont été datés par K-Ar au Crétacé supérieur, indiquant un âge minimum de 90,2 ± 5,6 millions d'années (Smellie *et al.*, 1996). Les séquences volcaniques du cap Shirreff font partie d'un groupe plus large de laves basaltiques et andésitiques relativement fraîches recouvrant la partie centrale orientale de l'île Livingston, qui présentent des caractéristiques similaires aux basaltes que l'on trouve sur la péninsule Byers.

La péninsule consiste essentiellement en une plate-forme marine surélevée, de 46 à 53 m au-dessus du niveau de la mer (Bonner et Smith, 1985). Le socle rocheux est largement couvert de roches érodées et de dépôts de glace. Deux plates-formes inférieures, couvertes de galets arrondis par l'action de l'eau, apparaissent à des altitudes d'environ 7 à 9 m et 12 à 15 m au-dessus du niveau de la mer (Hobbs, 1968).

On ne dispose que de peu d'informations sur les sols du cap Shirreff. Très poreux, ils se composent principalement de fines cendres et de scories. Les sols entretiennent une végétation éparse et ils sont enrichis par les colonies d'oiseaux et de phoques qui habitent la zone.

Paléontologie

Un spécimen en bois fossilisé appartenant à la famille des Araucariacées (*Araucarioxylon* sp.) a été découvert à cap Shirreff (Torres, 1993). Il est similaire aux fossiles qui ont été découverts sur la péninsule Byers (ZSPA n° 126), un site riche en flore et faune fossiles à 20 km au sud-ouest. Plusieurs spécimens fossiles ont également été découverts à l'extrémité nord de la péninsule du cap Shirreff. En 2001-2002, des roches fossilifères de deux époques différentes ont été découvertes dans des moraines frontales et latérales du glacier de l'île Livingston (carte 2). L'étude des palynomorphes retrouvés dans les moraines a identifié deux assemblages palynologiques distincts, arbitrairement surnommés « Type A » et « Type B »'(Palma-Heldt *et al.*, 2004, 2007). L'association « Type A » était dominée par des ptéridophytes, principalement des Cyatheaceae et des Gleicheniaceae, et par *Podocarpidites* spp. Elle contenait aussi des *Myrtaceidites eugenioides* et des spores fongiques épiphylles. Cet assemblage semble être représentatif des conditions chaudes et humides régnant au Crétacé inférieur (Palma-Heldt *et al.*, 2007). L'assemblage « Type B » était caractérisé par une flore subantarctique contenant notamment *Nothofagidites*, *Araucariacites australis*, *Podocarpidites otagoensis*, *P. marwickii*, *Proteacidites parvus* et des spores fongiques épiphylles, indiquant un climat tempéré froid et humide (Palma-Heldt *et al.*, 2007). On estime que cet assemblage remonte au Crétacé supérieur-Paléogène (Palma-Heldt *et al.*, 2004 ; Leppe *et al.*, 2003). Des travaux de recherche palynologique furent entrepris au cap Shirreff afin d'étudier l'évolution de la bordure sud pacifique du Gondwana et d'élaborer un modèle de l'évolution de la péninsule antarctique au Mésozoïque-Cénozoïque. On constate aussi qu'une nouvelle retraite de la calotte glaciaire de l'île de Livingston pourrait révéler d'autres fossiles (D. Torres, A. Aguayo et J. Acevedo, communication personnelle, 2010).

Cours d'eau et lacs

Il y a un lac permanent au cap Shirreff. Il se trouve au nord, au pied de la colline Toqui (carte 3). Le lac est profond d'environ 2 à 3 m et long de 12 m lorsqu'il est plein, son volume diminuant après février (Torres, 1995). Des bancs de mousse poussent sur les pentes environnantes. Il y a également sur la péninsule plusieurs étangs et cours d'eau éphémères, alimentés par la fonte de la neige, principalement en janvier et en février. Les plus grands de ces cours d'eau irriguent les versants sud-ouest en direction de la côte à la plage Yamana.

Végétation et invertébrés

Bien qu'aucune étude approfondie des communautés végétales n'y ait été faite, il semblerait que la végétation soit moins fournie au cap Shirreff qu'en de nombreux autres sites des îles Shetland du Sud. Les observations faites à ce jour ont permis de répertorier une espèce d'herbe, cinq de mousse, six de lichen, une de champignon et une de macroalgues nitrophiles (Torres, 1995).

Des nappes de canche antarctique (*Deschampsia antarctica*) se retrouvent dans certaines vallées, souvent auprès de mousses. Les mousses sont principalement situées à l'intérieur des terres. Une vallée orientée nord-ouest à partir de la plage Half Moon abrite un tapis humide très développé de mousse *Warnstorfia laculosa* (=*Calliergidium austro-stramineum*, aussi =*Calliergon sarmentosum*) (Bonner 1989, cité par Heap, 1994). Dans les zones où l'écoulement est plus fluide, se trouvent *Sanionia uncinata* (=*Drepanocladus uncinatus*) et *Polytrichastrum alpinum* (=*Polytrichum alpinum*). Les zones de plage surélevées et certains plateaux plus élevés abritent d'importantes concentrations de la macroalgue verte nitrophile *Prasiola crispa*, qui est caractéristique des zones enrichies par les excréments d'animaux et remplace, selon les observations effectuées, les associations mousse-lichen endommagées par les otaries à fourrure de l'Antarctique (Bonner 1989, cité par Heap, 1994).

Les six espèces de lichen décrites jusqu'ici au cap Shirreff sont *Caloplaca spp*, *Umbilicaria antarctica*, *Usnea antarctica*, *U. fasciata*, *Xanthoria candelaria* et *X. elegans*. Les espèces fruticuleuses *Umbilicaria antarctica*, *Usnea antarctica* et *U. fasciata* forment des concentrations denses sur les flancs de falaise et sur les rochers abrupts (Bonner 1989, cité par Heap 1994). On trouve couramment des lichens crustacés jaune-orange clair *Caloplaca spp*, *Xanthoria candelaria* et *X. elegans* sous les colonies d'oiseaux et aux côtés des espèces fruticuleuses. On ignore l'identité de la seule espèce fongique répertoriée.

La faune invertébrée au cap Shirreff n'a pas été décrite.

Écologie microbienne

Des études de terrain sur l'écologie microbienne du cap Shirreff ont été réalisées sur la période du 11 au 21 janvier 2010. Les résultats obtenus ont été comparés aux communautés bactériennes que l'on trouve sur la péninsule Fildes, île du roi George. Le but de l'étude était d'évaluer l'influence des divers microhabitats sur la biodiversité et les capacités métaboliques des communautés bactériennes du cap Shirreff et de la péninsule Fildes (INACH, 2010).

Oiseaux en phase de reproduction

La faune avienne du cap Shirreff est très diverse, dix espèces étant connues pour se reproduire à l'intérieur de la zone. Plusieurs espèces qui elles ne se reproduisent pas y sont également présentes. Les manchots à jugulaire (*Pygoscelis antarctica*) et les manchots papous (*P. papua*) se reproduisent dans la zone ; on n'a pas vu de manchots Adélie (*P. adeliae*) se reproduire au cap Shirreff ou sur l'île San Telmo bien qu'on en trouve un peu partout dans la région. On trouve de petites colonies de manchots à jugulaire et de manchots papous sur les côtes nord-est et nord-ouest de la péninsule du cap Shirreff (carte 3). Des données sur les colonies de manchots à jugulaire et de manchots papous ont été recueillies à chaque saison estivale depuis 1996-1997. Ces données se rapportent notamment au succès de reproduction, à la démographie, à l'alimentation, aux comportements de plongée et aux comportements alimentaires (par ex. Hinke *et al.*, 2007 ; Pietrzak *et al.*, 2009 ; Polito *et al.*, 2015). Pendant la saison estivale 2009-2010, les manchots à jugulaire et les manchots papous du cap Shirreff ont été munis d'émetteurs satellites afin de pouvoir étudier leur comportement hivernal.

Le tableau 1 présente les données relatives au nombre de manchots. En 2015-2016, le cap Shirreff comptait 19 colonies en phase de reproduction, pour un total de 655 nids de manchots papous et 3 302 nids de manchots à jugulaire (U.S AMLR, données non publiées), bien que le nombre de sous-colonies et leur composition présentent des variations d'une année à l'autre. Entre la fin des années 1990 et 2004, le nombre de manchots à jugulaire au cap Shirreff a considérablement diminué, alors qu'il n'y a eu aucune tendance perceptible chez les manchots papous (Hinke *et al.*, 2007). La tendance à la baisse des manchots à jugulaire a persisté, et en 2007-2008 le dénombrement de nids des deux espèces de manchots a obtenu les plus faibles résultats depuis 11 ans, en raison des mauvaises conditions météorologiques (Chisholm *et al.*, 2008 ; Miller et Trivelpiece, 2008). En 2008-2009 la population et la bonne reproduction des manchots papous et des manchots à jugulaire du cap Shirreff ont connu une forte croissance par rapport à l'année antérieure, mais le nombre de nids de manchots à jugulaire était encore inférieur de 30 % à la moyenne du site (Pietrzak *et al.*, 2009). On attribue la différence entre les tendances marquant les populations de manchots à jugulaire et de manchots papous au taux de mortalité juvénile hivernal plus élevé chez les manchots à jugulaire (Hinke *et al.*, 2007) et à une plus grande adaptabilité des manchots papous dans leur régime alimentaire (Miller *et al.*, 2009).

En général, les manchots à jugulaire font leur nid sur des escarpements plus élevés mais on en trouve également qui se reproduisent sur de petits promontoires à proximité du littoral. Quant aux manchots papous, ils tendent à se reproduire sur des pentes plus douces et des promontoires arrondis. Pendant la période d'élevage des poussins, la recherche alimentaire chez les deux espèces de manchots se cantonne aux eaux du plateau continental, à environ 20 à 30 km au large des côtes du cap Shirreff (Miller et Trivelpiece, 2007). Pendant les saisons 2010-2011 et 2012-2013, des véhicules aériens sans pilotes ont été mis à l'essai afin de déterminer leur utilité dans le cadre de l'estimation de l'abondance des manchots (Goebel *et al.*, 2015).

Plusieurs autres espèces se reproduisent à l'intérieur de la zone (carte 3), encore que les données obtenues sur leur nombre soient inégales. Les goélands dominicains (*Larus dominicanus*) et les labbes bruns (*Catharacta antarctica*) nichent en abondance tout le long du littoral de la zone. En 2000, on dénombrait respectivement 25 et 22 couples en phase de reproduction (U.S AMLR, communication personnelle, 2000). En 2007-2008, 24 couples de labbes ont été identifiés au cap Shirreff et à proximité de Mercury Bluff, dont 23 étaient des labbes bruns (*Catharacta antarctica*) ; l'autre couple était un hybride de labbe brun-labbe de l'Antarctique (*C. maccormicki*). Cinquante-six nids de goélands dominicains ont été relevés au cap Shirreff au cours de la saison 2006-2007. Lors des dernières saisons estivales, le succès de reproduction des labbes et des goélands dominicains a fait l'objet d'une surveillance régulière aux sites de nidification du cap Shirreff (Chisholm *et al.*, 2008 ; Pietrzak *et al.*, 2009).

Les chionis blancs (*Chionis alba*) nichent en deux endroits : un couple a été observé nichant sur la côte ouest de la péninsule du cap Shirreff ; un second couple a été observé se reproduisant parmi des rochers sur la plage nord de l'île San Telmo, à proximité d'un site de reproduction d'otaries à fourrure de l'Antarctique (Daniel Torres, communication personnelle, 2002). Des sternes antarctiques (*Sterna vittata*) se reproduisent en plusieurs endroits, qui, selon les observations, varient d'une année sur l'autre. Depuis 1990-1991, une petite colonie d'environ 11 couples de cormorans antarctiques (*Phalacrocorax* [atriceps] *bransfieldensis*) a été observée qui se reproduisait sur Yeco Rocks, sur la côte ouest de la péninsule (Torres, 1995). Des damiers du cap (*Daption capense)* se reproduisent sur des falaises sur la côte ouest de la zone ; 14 couples y ont été recensés en janvier 1993, neuf en janvier 1994, trois en janvier 1995 et huit en 1999. Des océanites de Wilson (*Oceanites oceanicus*) se reproduisent également sur la côte ouest de la zone. Des pétrels à ventre noir (*Fregetta tropica*) ont été observés en phase de reproduction près du camp sur la côte est. Un grand nombre de pétrels géants (*Macronectes giganteus*) fréquentent la zone en été mais le repérage d'une colonie en phase de reproduction sur la péninsule (Bonner 1989, cité par Heap 1994) était une erreur (Daniel Torres, communication personnelle, 2002). Parmi les autres espèces d'oiseaux recensés mais ne se reproduisant pas dans la zone figurent les manchots macaroni (*Eudyptes chrysolophus*), les manchots royaux (*Aptenodytes patagonicus*), les manchots empereurs (*Aptenodytes forsteri*), les pétrels des neiges (*Pagadroma nivea*), les bécasseaux à croupion blanc (*Calidris fuscicollis*), les cygnes à cou noir (*Cygnus melanocorypha*) et le héron *Bubulcus ibis* (Torres, 1995 ; Olavarría *et al.*, 1999). Les autres espèces d'oiseaux recensés alors qu'ils étaient à la recherche de nourriture près du cap Shirreff étaient les albatros à sourcils noirs (*Thalassarche melanophris*) et les albatros à tête grise (*T. chrysostoma*), alors que ces espèces n'avaient pas encore été recensées dans la zone (Cox *et al.*, 2009).

Tableau 1 : Nombre de manchots à jugulaire (*Pygoscelis antarctica*) et papous (*P. papua*) au cap Shirreff

Année	À jugulaire (couples)	Papous (couples)	Source
1958	2000 (N3[1])	200-500 (N1[1])	Croxall et Kirkwood, 1979
1981	2164 (A4)	843 (A4)	Sallaberry et Schlatter, 1983 [2]
1987	5200 (A3)	300 (N4)	Woehler, 1993
1997	6907 (N1)	682 (N1)	Hucke-Gaete *et al.* 1997a
1999/2000	7744 (N1)	922 (N1)	Données U.S. AMLR, Carten *et al.* 2001
2000/2001	7212 (N1)	1043 (N1)	Données U.S. AMLR , Taft *et al.* 2001
2001/2002	6606	907	Données U.S. AMLR, Saxer *et al.* 2003
2002/2003	5868 (A3)	778 (A3)	Données U.S. AMLR, Shill *et al.* 2003
2003/2004	5636 (N1)	751 (N1)	Données U.S. AMLR, Antolos *et al.*, 2004
2004/2005	4907 (N1)	818 (N1)	Données U.S. AMLR, Miller *et al.* 2005
2005/2006	4849 (N1)	807 (N1)	Données U.S. AMLR, Leung *et al.* 2006
2006/2007	4544 (N1)	781 (N1)	Données U.S. AMLR, Orben *et al.* 2007
2007/2008	3032 (N1)	610 (N1)	Données U.S. AMLR, Chisholm *et al..*, 2008
2008/2009	4026 (N1)	879 (N1)	Données U.S. AMLR, Pietrzak *et al.* 2009
2009/2010	4339 (N1)	802 (N1)	Données U.S. AMLR, Pietrzak *et al.* 2011
2010/2011	4127 (N1)	834 (N1)	Données U.S. AMLR, Mudge *et al.* 2014
2011/2012	4100 (N1)	829 (N1)	U.S. AMLR, données non publiées
2012/2013	4200 (N1)	853 (N1)	U.S. AMLR, données non publiées
2013/2014	3582 (N1)	839 (N1)	U.S. AMLR, données non publiées
2014/2015	3464 (N1)	721 (N1)	U.S. AMLR, données non publiées
2015/2016	3302 (N1)	655 (N1)	U.S. AMLR, données non publiées

1. Le code alphanumérique s'entend du type de recensement, comme dans Woehler (1993).
2. Les données déclarées ne précisaient pas l'espèce. On a supposé que le nombre plus élevé se référait aux manchots à jugulaire. Les données portaient sur des individus dont le total a été divisé par deux pour obtenir les « couples » dans le tableau.

Animaux en phase de reproduction

Le cap Shirreff et l'île San Telmo forment de nos jours le site de la plus grande colonie d'otaries à fourrure de l'Antarctique (*Arctocephalus gazella*) en phase de reproduction que l'on connaisse dans la région de la péninsule antarctique. Jadis, ces otaries se trouvaient partout en nombre dans les îles Shetland du Sud mais, entre 1820 et 1824, les chasseurs ont entraîné leur extinction à l'échelle locale. Il fallut attendre le 14 janvier 1958 pour que des otaries à fourrure de l'Antarctique soient à nouveau aperçues au cap Shirreff, avec 27 individus répertoriés, dont sept jeunes (Tufft, 1958). L'année suivante, le 31 janvier 1959, un groupe de sept adultes mâles, une femelle et un bébé mâle a été observé, avec un bébé mâle sans vie (O'Gorman, 1961). Une deuxième femelle est arrivée trois jours plus tard et, à la mi-mars, 32 otaries à fourrure de l'Antarctique étaient présentes. En 2002, la population d'otaries à fourrure de l'Antarctique au cap Shirreff (à l'exclusion de l'île San Telmo) était estimée avoir atteint 14 842 individus (dont 6 453 petits), alors que la population totale (y compris celle de l'île San Telmo) s'élevait à 21 190 otaries (dont 8 577 petits) (Hucke-Gaete *et al.*, 2004). Des données de recensement plus récentes sur les otaries à fourrure de l'Antarctique n'ont pas encore été publiées. Il est cependant clair que le nombre d'otaries à fourrure de l'Antarctique recensé actuellement au cap Shirreff est d'un ordre de grandeur inférieur à celui des populations présentes avant leur exploitation, et l'on ignore encore si la population retrouvera son niveau antérieur (Hucke-Gaete *et al.* 2004).

Les sites de reproduction des otaries à fourrure de l'Antarctique au cap Shirreff sont concentrés autour du littoral de la moitié nord de la péninsule (carte 3). À l'île San Telmo, la reproduction est concentrée aux deux extrémités, les jeunes se trouvant normalement près du milieu de l'île (Torres, 1995). Un programme de surveillance à long terme des otaries à fourrure de l'Antarctique a été mis en place au cap Shirreff depuis 1991, avec pour objectif principal l'étude du succès reproductif par rapport à la disponibilité des proies, à la variabilité de l'environnement et aux impacts d'origine anthropique (Osman *et al.*, 2004). Des chercheurs ont étudié divers aspects de la colonie d'otaries à fourrure, notamment la reproduction, la prédation et la croissance, les soins maternels, l'alimentation des phoques, la plongée et la recherche de nourriture (Goebel *et al.*, 2014). Des analyses génétiques visant à étudier la recolonisation du cap Shirreff par des otaries à fourrure de l'Antarctique provenant de la population présumée d'otaries des îles Géorgie du Sud ont été réalisées. Il en résulte de très importantes différences génétiques, ce qui indique que même des populations relictuelles peuvent se recréer sans perte aucune du point de vue de la diversité génétique (Bonin *et al.*, 2013). La colonie d'otaries à fourrure de l'Antarctique du cap Shirreff a également été mise à profit pour l'étude des analyses génétiques effectuées sur les petits jumeaux, très rares parmi les pinnipèdes (Bonin *et al.*, 2012).

Pendant la saison 2010-2011, le programme U.S AMLR a relevé une diminution du taux de reproduction de 14 % par rapport à la saison estivale précédente (Goebel *et al.*, 2014). Le taux de reproduction au cap Shirreff était particulièrement faible pour les saisons 2007-2008, 2008-2009, 2009-2010 et 2010-2011, toutes affichant un recul à deux chiffres, très probablement en raison de conditions hivernales peu propices et de changements démographiques marqués par l'augmentation du nombre de femelles âgées, menant ainsi à des taux de reproduction plus faibles et une plus grande mortalité (Goebel *et al.*, 2008, 2009, 2011, 2014). Durant les dernières saisons, des études ont été menées dans la zone sur le taux de croissance des bébés otaries à fourrure en fonction du sexe, de la saison de reproduction, de l'aire alimentaire des mères et des soins maternels (Vargas *et al.*, 2009 ; McDonald *et al.*, 2012a, 2012b). Des études en matière de dynamique des populations ont également été réalisées, dont les résultats indiquent que sans l'impact négatif de la prédation, la population des otaries à fourrure de l'Antarctique augmenterait vraisemblablement, et ce malgré les effets positifs du changement climatique (Schwarz *et al.*, 2013).

Un petit nombre d'éléphants de mer se reproduisent en octobre sur des plages situées au sud (U.S. AMLR, communication personnelle, 2000 ; Daniel Torres, communication personnelle, 2002). Le 2 novembre 1999, 34 bébés ont été dénombrés sur des plages au sud de la colline Condor (U.S. AMLR, données non publiées). Pendant la saison 2008-2009, un total de 40 bébés éléphants de mer sont nés à proximité du cap Shirreff (Goebel *et al.*, 2009). Pendant la saison 2010-2011, 31 bébés éléphants de mer sont nés au total au cap Shirreff (Goebel *et al.*, 2014).

On trouve également sur l'île des groupes d'éléphants de mer qui ne se reproduisent pas ainsi que des animaux isolés, principalement des jeunes, sur diverses plages. Le nombre maximum d'éléphants de mer répertoriés au cap Shirreff au cours de la saison 2010-2011 s'élevait à 221 individus (Goebel *et al.*, 2014). Le comportement de recherche alimentaire des éléphants de mer a été étudié grâce au repérage par satellite des animaux marqués au cap Shirreff, et a été analysé par rapport aux caractéristiques physiques de la colonne d'eau (Huckstadt *et al.*, 2006 ; Goebel *et al.*, 2009). On a découvert que les phoques vont rechercher leur nourriture jusque dans la mer d'Amundsen, et un phoque solitaire a même été observé à 4 700 km à l'ouest de la péninsule antarctique.

Des phoques de Weddell, des léopards de mer et des phoques mangeurs de crabes, qui ne se reproduisent pas, ont été aperçus sur la péninsule du cap Shirreff et font l'objet de programmes de surveillance (O'Gorman 1961 ; Bengtson *et al.*, 1990, Oliva *et al.*, 1988 ; Torres 1995 ; Goebel, communication personnelle, 2015). Tout au long de la saison 2010-2011 ne furent jamais recensés plus de 48 phoques de Weddell, 19 léopards de mer et 2 phoques mangeurs de crabes (Goebel *et al.*, 2014). La surveillance des effets de prédation des léopards de mer sur la population de bébés otaries à fourrure de l'Antarctique a commencé en 2001-2002 et a été consignée durant la campagne antarctique 2003-2004 (Vera *et al.*, 2004). Alors qu'ils occupaient leurs sites de reproduction du cap Shirreff, on a muni les léopards de mer de caméras haute résolution, de GPS et d'enregistreurs de profondeur-temps afin d'observer leur rayon de prospection alimentaire et leurs stratégies de chasse (Krause *et al.*, 2015). D'après les observations existant sur le comportement des léopards de mer et selon des études sur la survie des bébés otaries, il semble qu'ils consomment chaque année près de la moitié des bébés otaries à fourrure de l'Antarctique nés dans la zone (Goebel *et al.*, 2008, 2009). Outre les bébés otaries à fourrure et manchots, il est apparu que les léopards de mer se nourrissaient également de deux espèces de poissons démersaux (*Gobionotothen gibberifrons* et *Notothenia coriiceps*) ainsi que de carcasses d'otaries à fourrure et manchots adultes (Krause *et al.*, sous presse) Des échantillons d'ADN sont régulièrement prélevés sur quatre espèces différentes d'otaries du cap Shirreff, et sont conservés dans les archives ADN du Southwest Fisheries Science Center (Goebel *et al.*, 2009). Pendant les saisons estivales 2009-2010, 2010-2011, 2011-2012 et 2014-2015, les chercheurs ont marqué des otaries à fourrure de l'Antarctique par le biais d'étiquettes, de même que des phoques de Weddell et des léopards de mer, afin de surveiller leur comportement pendant la période hivernale (Goebel *et al.*, 2014). Des études réalisées au moyen de véhicules aériens sans pilote ont été effectuées en 2010-2011 et 2012-2013, qui se sont révélées efficaces pour estimer l'abondance et la taille de ces mammifères (Goebel *et al.*, 2015).

Des variations de couleurs extrêmement rares ont été observées dans la zone chez les bébés otaries à fourrure. Des otaries à fourrure de l'Antarctique pies ou de couleur claire ont été recensées pour la première fois, et un phoque de Wedell a été le premier cas confirmé d'albinisme chez les phoques de Weddell, les léopards de mer, les phoques de Ross ou les phoques mangeurs de crabes (Acevedo *et al.*, 2009a, 2009b). En décembre 2005, une otarie à fourrure subantarctique adulte mâle a été aperçue parmi les otaries à fourrure de l'Antarctique du cap Shirreff, soit à une distance de plus de 4 000 km de la plus proche colonie reproductrice d'otaries à fourrure subantarctiques (Torres *et al.*, 2012).

Des baleines à bosse (*Megaptera novaeangliae*) ont été aperçues dans la région côtière située juste au nord-est de la zone (Cox *et al.*, 2009).

Milieu et écosystème marin

Les fonds marins qui entourent la péninsule du cap Shirreff présentent une inclinaison progressive à partir de la côte pour atteindre des profondeurs de 50 m à 2 à 3 km environ du littoral et de 100 m à environ 6 à 11 km (carte 1). Cette crête sous-marine relativement peu profonde et large s'étend vers le nord-ouest sur environ 24 km avant de plonger plus profondément au bord du plateau continental. La crête est large d'environ 20 km et bordée, de part et d'autre, de canyons qui atteignent des profondeurs allant de 300 à 400 m. Des macroalgues sont présentes en abondance dans l'estran. La patelle *Nacella concinna* y est courante, comme ailleurs dans les îles Shetland du Sud.

Les eaux au large du cap Shirreff ont été identifiées comme l'une des trois zones de la région des îles Shetland du Sud où la densité de biomasse du krill est toujours élevée, en dépit de variations importantes dans le temps des populations de krill en chiffres absolus (Hewitt *et al.*, 2004 ; Reiss *et al.*, 2008). Des études sur la répartition spatiale, la démographie, la densité et la taille du krill et des essaims de krill ont été menées dans la région côtière du cap Shirreff, se servant principalement de relevés acoustiques, mais aussi de véhicules sous-marins autonomes (AUV) (Reiss *et al.*, 2008 ; Warren *et al.*, 2005). Les relevés acoustiques des eaux côtières indiquent que l'abondance du krill la plus élevée se trouve dans la zone située au sud et au sud-est du cap Shirreff, ainsi qu'en bordure des deux canyons sous-marins, qui sont apparemment une source d'eaux riches en nutriments, augmentant à leur tour la productivité des zones côtières entourant le cap Shirreff (Warren *et al.*, 2006, 2007). Des traits de filets effectués dans les eaux côtières indiquent que les organismes identifiés par les relevés acoustiques étaient principalement des *euphausides Euphausia superba, Thysanoessa macrura* et *Euphausia frigida*, et qu'il pouvait aussi y avoir des chaetognathes, des salpes, des siphonophores, des larves de poissons, des myctophidés et des amphipodes (Warren *et al.*, 2007).

Il a été établi que les eaux proches de la côte du cap Shirreff représentent l'aire d'alimentation principale des manchots présents dans la zone, surtout lors de la saison de reproduction, durant laquelle le besoin d'approvisionner les poussins impose un rayon de prospection alimentaire limité (Cox *et al.*, 2009). Les otaries à fourrure et les manchots du cap Shirreff dépendent en grande partie du krill pour se nourrir. On sait qu'il existe un chevauchement entre les aires d'alimentation des prédateurs et les zones de pêche commerciale du krill et que les variations d'abondance des prédateurs et du krill ont été liées aux changements climatiques. Les recherches réalisées au cap Shirreff ont donc pour but la surveillance à la fois de l'abondance du krill et des populations de prédateurs et de leur succès de reproduction, aux fins d'évaluer les effets potentiels de la pêche commerciale ainsi que les effets de la variabilité environnementale et des changements climatiques sur l'écosystème.

De nombreuses études sur l'environnement marin ont été effectuées dans les eaux côtières du cap Shirreff dans le cadre des recherches menées dans la grille d'échantillonnage de l'U.S AMLR. Ces études interrogent divers aspects de l'environnement marin, notamment l'océanographie physique, les conditions environnementales, la répartition et la productivité du phytoplancton, la répartition et la biomasse du krill ainsi que la répartition et la densité des oiseaux de mer et des mammifères marins (U.S AMLR 2008, 2009).

Caractéristiques historiques

Après la découverte en 1819 des îles Shetland du Sud, de grandes expéditions de chasse au phoque entre 1820 et 1824 au cap Shirreff avaient entraîné l'extermination de la quasi-totalité des otaries à fourrure de l'Antarctique et des éléphants de mer (Smith et Simpson, 1987). En janvier 1821, de 60 à 75 chasseurs de phoque britanniques auraient vécu à terre au cap Shirreff et 95 000 peaux auraient été prises durant la campagne 1821/1822 (O'Gorman, 1963). Il existe encore des témoins de l'occupation de ces chasseurs, notamment les vestiges d'au moins une cabane dans le nord-ouest de la péninsule et les traces de leurs campements sur plusieurs plages (D. Torres, A. Aquayo et J. Acevedo, communication personnelle, 2010). En outre, le littoral de plusieurs baies est jonché de bois et de morceaux d'épaves des bateaux utilisés pour la chasse au phoque. Au nombre des autres éléments qui prouvent qu'ont eu lieu des activités de chasse au phoque figurent les restes de fourneaux, des morceaux de bouteilles en verre, un harpon en bois et une figure en os sculptée à la main. (Torres et Aguayo, 1993). Fildes (1821) a relaté que des chasseurs au phoque avaient découvert sur la plage Half Moon un jas d'ancre et un gréement du navire espagnol San Telmo à peu près à l'époque où le navire avait fait naufrage. Il avait coulé le 4 septembre 1819 dans le passage Drake à environ 62° de latitude sud, avec 644 personnes à bord (Headland, 1989 ; Pinochet de la Barra, 1991). Ce sont vraisemblablement les premières personnes qui ont péri dans l'Antarctique et ce naufrage demeure la plus grande perte de vies humaines qui ait jamais eu lieu au sud du 60° de latitude sud. Un cairn a été érigé sur la côte nord-ouest de la péninsule du cap Shirreff pour commémorer cette disparition, cairn qui a été désigné comme le monument historique n° 59 (carte 3).

Les vestiges d'un camp ont été découverts à proximité de l'emplacement actuel du campement (Torres et Aguayo, 1993). Si l'on en croit les écrits figurant sur les objets découverts sur place, le camp serait d'origine russe et daterait des années 1940-1950, mais ses origines précises restent à déterminer. Au nombre des objets découverts figurent des morceaux d'une antenne, des fils électriques, des outils, des bottes, des clous, des piles, des aliments en conserve, des munitions et une boîte en bois couverte d'une pyramide de pierres. Plusieurs notes en russe, qui datent de visites ultérieures, ont été découvertes dans cette boîte (Torres, 2007).

En janvier 1985, on a découvert à la plage Yamana (Torres, 1992) un crâne qui serait celui d'une jeune femme (Constantinescu et Torres, 1995). En janvier 1987, on a découvert à la surface du sol tout près de cet endroit, à l'intérieur des terres, un fragment de fémur humain. Après un examen minutieux des lieux, aucun autre reste n'a été découvert à l'époque. En janvier 1991, cependant, une autre partie de fémur a été découverte à proximité du site de la découverte antérieure (1987). En janvier 1993, une étude archéologique a été réalisée dans la zone, mais aucun nouveau reste humain n'a été découvert. Selon les analyses de datation, les premiers échantillons seraient vieux d'environ 175 ans, et on a supposé qu'ils appartenaient à un seul et même individu (Torres, 1999).

Activités et impacts humains

L'époque moderne des activités humaines au cap Shirreff s'est dans une large mesure limitée à la science. Au cours des trente dernières années, la population d'otaries à fourrure de l'Antarctique dans les îles Shetland du Sud est passée à un niveau tel que les travaux de marquage et autres travaux de recherche ont pu être effectués sans mettre en péril l'existence et la croissance de la population locale. Les études chiliennes sur le cap Shirreff ont commencé en 1965 (Aguayo et Torres, 1966, 1967), un programme plus intensif ayant été entrepris en 1982 par des scientifiques chiliens, notamment un programme de marquage des otaries à fourrure de l'Antarctique toujours en cours (Cattan *et al.*, 1982 ; Torres, 1984 ; Oliva *et al.*, 1987). Des chercheurs américains se livrent depuis 1986-1987 à des études sur les pinnipèdes et les oiseaux de mer au cap Shirreff et à l'île San Telmo (Bengtson *et al.*, 1990).

Les études du programme de contrôle de l'écosystème (CEMP) au cap Shirreff ont commencé au milieu des années 1980, lancées par des scientifiques chiliens et américains. Le cap Shirreff a été désigné en 1994 comme un site du CEMP afin de le protéger des dommages ou des perturbations qui risqueraient d'avoir des effets négatifs à long terme sur le suivi du CEMP. Dans le cadre du CEMP, des études de long terme ont pour but d'évaluer et de surveiller l'écologie d'alimentation, la croissance et l'état, le succès en matière de reproduction, le comportement, les taux démographiques et l'abondance des pinnipèdes et des oiseaux de mer qui se reproduisent dans la zone. Les résultats de ces études seront comparés aux données environnementales, aux données d'échantillonnage en haute mer et aux données statistiques sur la pêche en vue d'identifier la possible relation de cause à effet entre les pêcheries de krill et les populations de pinnipèdes et d'oiseaux de mer.

Des anticorps de Brucella et du virus de l'herpès ont été détectés dans des échantillons de tissu prélevés durant les saisons estivales de 1998 à 2001 au cap Shirreff sur des otaries à fourrure de l'Antarctique, et des anticorps de Brucella ont également été détectés dans des tissus de phoques de Weddell (Blank *et al*, 1999 ; Blank *et al.*, 2001 a et b). Les études sur la mortalité de bébés otaries à fourrure de l'Antarctique imputable à des maladies ont commencé durant la campagne antarctique 2003-2004 (Torres et Valdenegro, 2004). La bactérie entérophathogène *Escherichia coli* (EPEC) a été identifiée dans des frottis prélevés sur des otaries à fourrure de l'Antarctique au cap Shirreff, et deux des 33 bébés échantillonnés ont été testé positif pour ce pathogène. Ces résultats représentent les premiers cas d'EPEC relevés dans la faune antarctique et chez les pinnipèdes, et l'on ignore encore les effets que pourrait avoir ce pathogène sur la faune de l'Antarctique. (Hernandez *et al.*, 2007).

Des déchets en plastique ont été pour la première fois signalés au cap Shirreff par Torres et Gajardo (1985) tandis que des études de surveillance des débris marins ont été réalisées à intervalles réguliers depuis 1992 (Torres et Jorquera, 1995). Le problème des débris persiste sur ce site, et les chercheurs chiliens ont à ce jour évacué plus de 1,5 tonne de déchets ramassés dans la zone (D. Torres, A. Aquayo et J. Acevedo, communication personnelle, 2010). De récentes études ont fait état de la présence dans la zone d'un grand nombre d'objets, la plupart en plastique, mais aussi de déchets végétaux provenant de navires, de bidons à huile en métal, de cartouches de fusil et d'une antenne. C'est ainsi, par exemple, qu'ont été ramassés pendant la campagne 2000-2001, 1 774 objets dont près de 98 % étaient en matière plastique; les objets restants étant en verre, en métal et en papier. Il est intéressant de noter que 34 % des objets en matière plastique trouvés en 2000-2001 étaient des sangles d'emballage, environ 589 au total, dont 40 n'avaient pas été coupées et 48 avaient été nouées sous la forme d'une boucle. Plusieurs des objets trouvés étaient huilés et quelques objets en plastique étaient partiellement brûlés. L'enchevêtrement d'otaries à fourrure de l'Antarctique dans des débris marins a fréquemment été signalé au cap Shirreff (Torres, 1990 ; Hucke-Gaete *et al.*, 1997c ; Goebel *et al.*, 2008, 2009), principalement dans du matériel de pêche tel que des cordes en nylon, des fragments de filet de pêche et des sangles d'emballage. Entre 1987 et 1997, un total de 20 otaries à fourrure de l'Antarctique portant des colliers de débris ont été recensées. On a également trouvé des fibres en matière plastique dans des nids de goélands dominicains et de manchots à jugulaire (Torres et Jorquera, 1992) ainsi que dans ceux de chionis (Torres et Jorquera, 1994).

Les eaux baignant le cap Shirreff représentent une zone importante pour la pêche commerciale du krill. Il n'existe pas encore de données sur l'effort de pêche au cap Shirreff en particulier, mais il existe des statistiques de pêche publiées pour la sous-zone statistique 48.1 de la CCAMLR, dont fait partie la zone. En 2008-2009, 33 970 tonnes de krill antarctique (*Euphausia superba*) ont été pêchées dans la sous-zone 48.1, contre une moyenne annuelle de 32 993 tonnes durant la période allant de 1999-2000 à 2008-2009 (CCAMLR 2010). Le 10 octobre 2010, la pêcherie de krill de la sous-zone 48.1 fut fermée pour le reste de la saison de pêche 2009-2010 (1er décembre 2009-30 novembre 2010), parce que le niveau des captures avait atteint 99,9 % de la limite annuelle établie pour la sous-zone (155 000 tonnes). Pendant les saisons 2012-2013, 2013-2014 et 2014-2015 (données provisoires) , 153 830, 146 191 et 153 946 tonnes de krill furent respectivement pêchées, et la saison de pêche fut fermée lors de chacune de ces saisons en raison des limites de captures (CCAMLR 2015, 2015b). Les nations pêcheuses de krill récemment enregistrées dans la sous-zone comprennent l'Allemagne, le Chili, la Chine, la Corée, les États-Unis, le Japon, la Norvège, la Pologne, l'Ukraine, l'Uruguay et le Vanuatu. La pêche du krill a généralement lieu de décembre à août, les niveaux de captures les plus élevés étant normalement entre mars et mai. Le niveau de capture des autres espèces a été bien plus faible, notamment pour les espèces *Champsocephalus gunnari*, *Champsocephalus gunnari*, *Nototheniops nybelini*, *Notothenia coriiceps*, *Notolepis* spp, *Notothenia gibberifrons*, *Notothenia neglecta*, *Notothenia rossii*, *Pseudochaenichthys georgianus* et *Chaenocephalus aceratus* (CCAMLR 2010).

6(ii) Accès à la Zone

L'accès à la zone peut se faire au moyen d'une petite embarcation, d'un aéronef, d'un véhicule sur la glace de mer ou à pied. Historiquement, le cycle saisonnier de formation de glace de mer dans la zone des îles Shetland Sud commence au début du mois d'avril, et la glace de mer persiste jusqu'au début du mois de décembre, quoique plus récemment les îles Shetland du Sud restent parfois libres de glace toute l'année en raison du réchauffement régional.

L'accès par voie aérienne est déconseillé et des restrictions relatives aux itinéraires et aux zones d'atterrissage s'appliquent du 1er novembre au 31 mars inclus. Les détails liés à ces restrictions figurent au point 7(ii) ci-dessous. Quant aux zones d'accès par hélicoptère, elles sont indiquées au point 6(v).

Deux postes de mouillage ont été identifiés à proximité de la zone (carte 2) et lorsque l'accès à la zone se fait par la mer, les petites embarcations doivent mouiller à l'un des endroits indiqués au point 7(ii). La houle oscille généralement entre 1 et 4 m, diminuant en direction de la côte et sous le vent du cap Shirreff (Warren *et al.*, 2006, 2007).

Dans la mesure où les conditions de la glace de mer le permettent, l'accès à la zone doit se faire à pied ou au moyen d'un véhicule. Cependant, les véhicules peuvent être utilisés à terre uniquement dans la zone côtière entre la plage El Módulo et les installations de campement américaines et chiliennes. Afin de réapprovisionner le point d'observation ornithologique/refuge d'urgence, il convient de suivre les chemins d'accès répertoriés sur la carte 3 (cf. point 7(ii) pour de plus amples détails).

6(iii) Emplacement des structures à l'intérieur de la zone et adjacentes à elle

Un camp de recherche semi-permanent mais ouvert l'été seulement a été installé sur la côte est de la péninsule du cap Shirreff ; il se trouve au pied de la colline Condor (62°28.249' de latitude sud, 60°46'.283' de longitude ouest) (carte 3). Les bâtiments du camp demeurent sur place toute l'année. En 2015, le camp portant le nom de « Cape Shirreff Field Station » (États-Unis) se composait de quatre petites constructions et de latrines (Krause, communication personnelle, 2015). Le camp « Dr Guillermo Mann-Fischer » (Chili) est situé à environ 50 m de la station américaine et comprend une cabine principale, un laboratoire, une construction pour le stockage, un igloo en fibre de verre, des latrines et une génératrice éolienne (D. Torres, A. Aquayo et J. Acevedo, communication personnelle, 2010). L'igloo en fibre de verre chilien a été installé à l'origine en 1990-1991 tandis que le camp américain l'a été en 1996-1997. On y trouve également des aires de stockage, et des tentes sont, selon que de besoin, érigées chaque saison à proximité. Durant la saison 2009-2010, un hangar pour les véhicules tous terrains (VTT) a été construit dans le camp américain, servant de conteneur d'appoint pendant l'été et d'entreposage d'hiver pour les VTT. Le site a été choisi de sorte qu'il soit inclus dans le périmètre actuel de la station, évitant ainsi de gêner les déplacements de phoques. Une structure de toile « Weatherport » est entreposée au cap Shirreff, pouvant servir d'hébergement d'appoint aux chercheurs de passage dans la zone. Elle est dressée, le cas échéant, à moins de 10 m au sud de la station américaine.

Deux postes d'observation météorologique automatiques sont installés à l'extérieur des bâtiments du cap Shirreff. Deux stations de réception pour le suivi télémétrique des phoques se trouvent chacune dans une boîte (90 x 60 x 100 cm), l'une située à l'est de l'aire d'atterrissage A sur le versant nord-est de la colline Condor, et l'autre sur le versant nord-est de la colline Toqui (carte 3).

Une borne de marquage est située sur la plage El Módulo, près des stations chilienne et américaine. Elle indique que la zone est protégée et qu'elle est interdite d'accès. Durant la saison 2015-2016, la borne nécessitait d'être réparée. Il est prévu d'en installer une nouvelle pendant la saison 2016-2017 (Krause, communication personnelle, 2015). Les lignes de démarcation de la zone ne sont pas autrement marquées.

Les vestiges d'un camp, vraisemblablement d'origine russe, se trouvent près des camps chilien et américain. On peut trouver dans d'autres parties de la péninsule quelques traces des camps qu'avaient installés au XIXe siècle des chasseurs de phoque (Smith et Simpson, 1987 ; Torres, 1993 ; Stehberg et Lucero, 1996). Un cairn (monument historique n° 59) a été érigé au sommet de la colline Gaviota sur la côte nord-ouest afin de commémorer la perte des passagers du San Telmo en 1819 (carte 3). En 1998-1999, un point d'observation ornithologique/refuge d'urgence de 5 x 7 m (62°27.653' de latitude sud, 60°47.404' de longitude ouest) a été installé par des scientifiques américains sur les pentes nord de la colline Enrique au-dessus de la plage Bahamonde, à proximité des colonies de manchots (carte 3).

6(iv) Emplacement d'autres zones protégées à proximité immédiate de la zone

Les zones protégées les plus proches du cap Shirreff sont la péninsule Byers (ZSPA n°126), qui se trouve à environ 20 km au sud-ouest; port Foster (ZSPA n° 145, île de la Déception) et d'autres parties de l'île de la Déception (ZSPA n° 140), qui sont situées à quelque 30 km au sud; et la « baie du Chili » (baie Discovery) (ZSPA n° 144), située à environ 30 km à l'est à l'île Greenwich (carte 1).

6(v) Zones spéciales à l'intérieur de la zone

Une zone dans le nord et l'ouest de la zone protégée a été désignée comme aire à accès limité, en raison de la grande concentration de faune et de flore sauvage qui s'y trouve. Les restrictions d'accès s'appliquent uniquement à l'accès par aéronef et interdisent les survols à moins de 2000 pieds (~610 m), à moins qu'un permis ne l'autorise spécifiquement. L'aire à accès limité est définie comme la zone au nord du point 62°28' de latitude sud (carte 2), à l'ouest du 60°48' de longitude ouest et au nord du 62°29' de latitude sud.

Une aire d'accès à la zone par hélicoptère a été retenue (carte 2) qui s'applique aux aéronefs accédant aux sites d'atterrissage désignés à l'intérieur de la zone. Cette aire d'accès s'étend vers le nord de la calotte glaciaire de l'île Livingston en suivant la principale ligne de crête de la péninsule sur 1 200 m (~ 0.65 Nm.) vers la colline Selknam. L'aire d'accès à la zone par hélicoptère s'étend ensuite à l'est sur 300 m (~0.15 Nm), jusqu'à l'aire d'atterrissage B au col d'Ancho, et se prolonge encore sur 400 m (~0.23 Nm) à l'est jusqu'au sommet de la colline Condor, à proximité de l'aire d'atterrissage d'hélicoptère. La limite sud de l'aire d'accès à la zone par hélicoptère coïncide avec la ligne de démarcation sud de la zone.

7. Critères de délivrance des permis d'accès

7(i) Conditions générales pour l'obtention d'un permis

L'accès à la zone est interdit sauf si un permis a été délivré par une autorité nationale compétente. Les critères de délivrance d'un permis pour entrer dans la zone sont les suivants :

- Un permis est délivré uniquement pour une étude scientifique associée au Programme de contrôle de l'écosystème ou pour des raisons scientifiques, éducatives, archéologiques ou historiques impérieuses qu'il n'est pas possible de satisfaire ailleurs.

- Un permis est délivré pour des buts de gestion essentiels qui sont conformes aux objectifs du plan tels que des activités d'inspection, d'entretien ou de révision.

- Les actions autorisées ne porteront pas atteinte aux valeurs écologiques, scientifiques, éducatives, archéologiques ou historiques de la zone.
- Toutes les activités de gestion entreprises le seront à l'appui des objectifs du plan de gestion ;
- les activités autorisées le sont en conformité avec le plan de gestion ;
- La détention du permis ou d'une copie certifiée conforme est impérative dans la zone.
- Un rapport de visite devra être soumis à l'autorité nommée dans le permis.
- Tout permis sera délivré pour une durée déterminée.

7(ii) Accès à la zone et déplacements à l'intérieur ou au-dessus de celle-ci

L'accès à la zone se fera au moyen d'une petite embarcation, d'un hélicoptère ou à pied. Les personnes pénétrant dans la zone doivent rester à proximité immédiate de leur aire d'atterrissage, à moins qu'un permis ne les autorise à s'éloigner.

Accès par embarcation

L'accès à la zone au moyen d'une petite embarcation doit se faire à l'un des endroits suivants (carte 2) :

1. La côte orientale de la péninsule sur la plage El Módulo, à 300 m au nord des installations du camp, où un profond canal rend l'accès plus ou moins facile ;
2. L'extrémité nord de la plage Half Moon, sur la côte orientale de la péninsule ;
3. L'extrémité nord de la plage Yamana, sur la côte occidentale (à marée haute uniquement) ;
4. La côte nord de la plage Alcazar, près du point d'observation ornithologique/refuge d'urgence ;
5. L'extrémité sud de la plage nord sur l'île San Telmo.

L'accès en petite embarcation à d'autres endroits sur la côte est autorisé sous réserve qu'il soit conforme aux objectifs pour lesquels un permis a été délivré. Deux postes de mouillage ont été identifiés à proximité de la zone : le premier à 1 600 m au nord-est des principales installations de campement et le second à environ 800 m au nord de l'île San Telmo (carte 2). Les visiteurs doivent, dans la mesure du possible, éviter de débarquer lorsque des colonies de pinnipèdes ou d'oiseaux de mer sont présentes sur la côte ou à proximité.

Accès en aéronef et survol

En raison de la présence marquée de pinnipèdes et d'oiseaux de mer dans la péninsule du cap Shirreff pendant la saison de reproduction (1er novembre-31 mars), il est vivement déconseillé d'accéder à la zone en aéronef pendant cette période. Dans la mesure du possible et de préférence, l'accès doit se faire au moyen d'une petite embarcation. Toutes les restrictions imposées à l'accès en aéronef et au survol de la zone que renferme ce plan s'appliqueront durant la période qui va du 1er novembre au 31 mars inclus. Pendant cette période le mouvement et l'atterrissage d'aéronefs dans la zone sont autorisés sous réserve que les conditions suivantes soient strictement réunies :

1) Il est recommandé que les aéronefs se maintiennent à une distance horizontale aussi bien que verticale de 2000 pieds (~610 m) de la limite de démarcation de la zone protégée (carte 2), à moins qu'ils n'accèdent aux aires d'atterrissage désignées ou qu'un permis les autorise à agir autrement.
2) Tous les survols de la zone à accès limité sont interdits à moins de 610 m (2000 pieds), sauf si un permis l'autorise. La zone à accès limité est définie comme étant la zone située au nord du 62°28' de latitude sud (carte 2) ou au nord du 62°29' de latitude sud et à l'ouest du 60°48' de longitude ouest (carte 2), et comprend les aires où l'on trouve les plus grandes concentrations de faune et de flore sauvages.
3) L'atterrissage d'hélicoptères est autorisé à deux endroits spécifiques (carte 2). Les aires d'atterrissage et leurs coordonnées sont décrites ci-dessous :

(A) sur une petite surface plane, à environ 150 m au nord-ouest du sommet de la colline Condor (50 m, ou ~150 pieds ; 60°46.438' de longitude ouest, 62°28.257' de latitude sud), qui est le site de débarquement privilégié pour la plupart des activités ; et

(B) sur la vaste surface plane du col Ancho (25 m), située entre la colline Condor et la colline Selknam (60°46.814' de longitude ouest, 62°28.269' de latitude sud).

4) Les aéronefs accédant à la zone le feront autant que possible par l'aire d'accès à la zone pour hélicoptère. L'aire d'accès permet une approche par le sud au-dessus de la calotte de glace permanente de l'île Livingston, et s'étend le long de la principale ligne de crête de la péninsule sur 1 200 m (~ 0,65 Nm) vers la colline Selknam (altitude = 50 m ou ~150 pieds). L'aire d'accès par hélicoptère continue ensuite à l'est sur 300 m (~ 0,15 Nm) au col d'Ancho, où se situe l'aire d'atterrissage B, et sur 400 m (~0,23 Nm) de plus à l'est jusqu'au sommet de la colline Condor (altitude = 50 m ou ~150 pieds), près de l'aire d'atterrissage A. Les aéronefs doivent éviter de survoler les aires où se trouvent la cabane et la plage du côté est de la colline Condor.

5) Les approches privilégiées de l'aire d'accès sont celles du sud au-dessus de la calotte de glace permanente de l'île Livingston, du sud-ouest en venant de la baie Barclay, et du sud-est en venant de la baie Hero (cartes 1 et 2).

6) Il arrive fréquemment que le temps soit nuageux avec un plafond bas au cap Shirreff, en particulier dans les environs de la calotte de glace permanente, ce qui peut rendre difficile l'évaluation des conditions de neige/glace à terre depuis l'aéronef. Le personnel sur le terrain qui est chargé, s'il y a lieu, d'informer les pilotes des conditions météorologiques locales avant l'approche ne doit jamais oublier que la base de nuage minimale de 150 m (500 pieds) au-dessus du niveau moyen de la mer dans la zone d'approche de l'île Livingston est nécessaire pour respecter les lignes directrices régissant l'accès.

7) L'utilisation de grenades fumigènes pour déterminer la direction des vents est interdite dans la zone sauf pour des raisons impérieuses de sécurité, et toutes les grenades utilisées doivent être récupérées.

Accès en véhicule et utilisation de véhicules dans la zone

L'accès en véhicule à terre est autorisé jusqu'aux lignes de démarcation de la zone. L'accès en véhicule sur la glace de mer est autorisé jusqu'au littoral à l'intérieur de la zone. Les véhicules peuvent être utilisés à terre uniquement :

- dans la zone côtière entre la plage El Módulo et les installations de campement américaines et chiliennes (carte 3) ; et

- en soutien pour le ravitaillement annuel du point d'observation ornithologique/refuge d'urgence en suivant la voie d'accès indiquée (carte 3), celui-ci devant avoir lieu avant le 15 novembre de chaque saison et à la seule condition qu'une couche neigeuse d'au moins 40 cm recouvre tout l'itinéraire, afin de réduire au minimum les éventuels dommages aux sols et à la végétation sous-jacents (Felix et Raynolds, 1989). Passée cette date du 15 novembre, chaque trajet devra faire l'objet d'une grande attention afin de ne pas causer d'éventuelles perturbations aux otaries à fourrure femelles adultes, qui reviennent souvent à cette période de l'année. Pas plus de deux trajets par saison ne pourront être effectués pour ce ravitaillement. Le chemin d'accès devra être minutieusement inspecté en cas d'absence de neige afin de s'assurer que les véhicules n'auront causé aucun dommage aux sols ou à la végétation. Si tel était le cas, l'usage des véhicules à des fins de ravitaillement sera suspendu jusqu'à la révision de cette politique.

Il est interdit d'utiliser des véhicules ailleurs dans la zone.

Accès à pied et déplacements dans la zone

À l'exception de l'utilisation limitée de véhicules décrite ci-dessus, les déplacements à terre dans la zone se feront à pied. Il est interdit aux pilotes, aux membres d'équipage des aéronefs, des embarcations ou des véhicules ainsi qu'à quiconque se trouve dans ces aéronefs, embarcations et véhicules de se déplacer à pied en dehors des environs immédiats de leurs sites de débarquement ou des cabanes sauf autorisation contraire prévue par un permis. Les visiteurs doivent se déplacer avec le plus grand soin afin de réduire au minimum les perturbations de la flore, de la faune et des sols. Ils doivent, dans la mesure du possible, rester sur les sections enneigées ou rocheuses tout en veillant à ne pas endommager les lichens. Les déplacements à pied doivent être réduits au maximum en fonction des objectifs de toute activité autorisée et tout doit être mis en œuvre pour en limiter les effets.

7(iii) Activités pouvant être menées dans la zone

- Travaux de recherche scientifique qui ne portent pas atteinte aux valeurs de la zone, en particulier à celles qui sont associées au programme de contrôle de l'écosystème de la CCAMLR;
- Activités de gestion essentielles, y compris la surveillance;
- Activités à visée pédagogique (de type rapports documentaires – photographiques, audio ou écrits – ou production de ressources ou de services pédagogiques) qu'il n'est pas possible de mener ailleurs.
- Activités dont le but est de préserver ou de protéger les ressources historiques à l'intérieur de la zone.
- Recherches archéologiques qui ne menacent pas les valeurs de la Zone.

7(iv) Installation, modification ou enlèvement de structures

- Aucune structure ne peut être installée dans la zone sauf autorisation stipulée dans le permis.
- Les principales installations de campement sont limitées à l'aire qui se trouve dans un rayon de 200 m des camps chilien et américain existants (carte 3). De petits abris ou postes d'observation temporaires peuvent être construits en vue de faciliter l'étude scientifique de la faune.
- Toutes les structures, tout le matériel scientifique et tous les repères installés dans la zone doivent être autorisés par un permis et clairement identifiés par pays, nom du principal chercheur et année d'installation. Tout l'équipement doit être fabriqué avec des matériaux qui posent un risque minimum de perturbation de la faune et de pollution de la zone.
- Toute activité liée à l'installation (y compris le choix du site), à l'entretien, à la modification ou à l'enlèvement de structures sera menée à bien de manière à réduire au minimum les perturbations de la faune et de la flore ; à cet égard, il est recommandé d'éviter autant que faire se peut la principale saison de reproduction (1er novembre-31 mars).
- L'enlèvement de structures, d'équipement, de jalons ou de dispositifs de bornage pour lequel le permis a expiré sera du ressort de l'autorité qui a délivré le permis original et figurera parmi les critères régissant la délivrance du permis.

7(v) Emplacement des camps

Les campements sont autorisés dans un rayon de 200 m des installations des camps chiliens et américains, sur la côte est de la péninsule du cap Shirreff (carte 3). Les campements temporaires sont permis à l'extrémité nord de la plage Yamana pour pourvoir aux besoins des travaux sur le terrain sur les îlots San Telmo (carte 3). La cabane américaine d'observation des oiseaux sur les pentes nord de la colline Enrique (60°47'28" de longitude ouest, 62°27'41"de latitude sud) peut être utilisée comme abri de nuit temporaire à des fins de recherche mais elle ne doit pas être utilisée comme un camp semi-permanent. Les campements sont autorisés sur l'île San Telmo lorsque cela s'avère nécessaire pour répondre aux buts et objectifs du plan. L'endroit à privilégier pour installer un camp se trouve à l'extrémité sud de la plage nord de l'île. Les campements sont interdits ailleurs dans la zone.

7(vi) Restrictions concernant les matériaux et organismes pouvant être introduits dans la zone

- L'introduction délibérée d'animaux, de végétaux, de micro-organismes ou de sols est interdite dans la zone et les précautions visées ci-dessous seront prises en cas d'introductions accidentelles.
- Afin de contribuer à protéger les valeurs écologiques et scientifiques au cap Shirreff et sur l'île San Telmo, les visiteurs prendront des mesures de précaution particulières contre les introductions accidentelles. Les introductions particulièrement préoccupantes sont celles concernant les agents pathogènes, les microbes, les invertébrés ou les plantes issus d'autres sites antarctiques, y compris de stations, ou provenant d'autres régions hors de l'Antarctique. Les visiteurs doivent veiller à ce que le matériel d'échantillonnage et de balisage soit stérile avant d'entrer dans la zone. Les chaussures et autres

articles utilisés ou introduits dans la zone (y compris les sacs à dos, les mallettes et les tentes) seront sans toute la mesure du possible nettoyés à fond avant d'entrer dans la zone.

- La volaille préparée doit être exempte de maladies ou d'infections avant d'être expédiée dans la zone et, si elle y est introduite à des fins alimentaires, toutes ses parties et tous ses déchets seront retirés dans leur intégralité et incinérés, ou bouillis suffisamment longtemps pour éliminer toutes les bactéries ou tous les virus potentiellement infectieux.

- Aucun herbicide ni pesticide ne doit être introduit dans la zone.

- Tout autre produit chimique, y compris les radionucléides ou isotopes stables, susceptibles d'être introduits à des fins scientifiques ou de gestion en vertu du permis, seront retirés de la zone au plus tard lorsque prendront fin les activités prévues par le permis.

- Aucun combustible, produit alimentaire ou autre matériel ne sera entreposé dans la zone à moins d'être essentiel aux activités prévues par le permis.

- Tous les matériaux seront introduits dans la zone pour une période déterminée. Ils seront retirés de ladite zone au plus tard à la fin de cette période, puis ils seront gérés et entreposés de manière à réduire au minimum les risques pour l'environnement.

- En cas de déversement susceptible de mettre en péril les valeurs de la zone, leur enlèvement est encouragé à condition que l'impact de celui-ci ne soit pas susceptible d'être supérieur à celui consistant à laisser le matériel *in situ.*

7(vii) Prélèvement de végétaux et capture d'animaux ou perturbations nuisibles à la faune et la flore

Le prélèvement de végétaux et la capture d'animaux ou les perturbations nuisibles à la faune et à la flore sont interdits, sauf avec un permis distinct délivré par l'autorité nationale compétente, conformément à l'article 3 de l'annexe II du Protocole au Traité sur l'Antarctique relatif à la protection de l'environnement, et uniquement à cette fin. Les programmes de recherche du CEMP en cours dans la zone doivent être consultés avant que d'autres permis pour la capture ou la perturbation nuisible d'animaux ne soient délivrés

7(viii) Ramassage ou enlèvement de toute chose qui n'a pas été apportée dans la zone par le détenteur du permis

- Le ramassage ou l'enlèvement de toute chose qui n'a pas été apportée dans la zone par le détenteur du permis ne peut se faire qu'en conformité avec le permis, et doit se limiter au minimum requis pour les activités menées à des fins scientifiques ou de gestion.

- Tout matériau d'origine anthropique susceptible d'avoir un impact sur les valeurs de la zone et n'ayant pas été introduit par le titulaire du permis ou toute autre personne autorisée, doit être enlevé à condition que cet enlèvement n'entraîne pas de conséquences plus graves que de le laisser *in situ.* Dans ce cas, les autorités compétentes devront en être informées.

- Tout matériau susceptible de posséder une valeur archéologique, historique ou de patrimoine importante ne devra pas être manipulé, endommagé, enlevé ou détruit. Ces objets devront être répertoriés et soumis à une décision par l'autorité compétente quant à leur conservation ou leur transfert. La réinstallation ou l'enlèvement à des fins de préservation ou de protection, ou pour rétablir l'exactitude historique est autorisé sous réserve de la délivrance d'un permis.

- L'autorité nationale compétente devra être informée de l'enlèvement de tout objet n'ayant pas été apporté dans la zone par le détenteur du permis.

ix) Élimination des déchets

Tous les déchets seront retirés de la zone, à l'exception des déchets humains et des effluents domestiques liquides qui peuvent être enlevés de la zone ou déversés dans la mer.

7(x) Mesures nécessaires pour continuer d'atteindre les objectifs du plan de gestion

1) Des permis peuvent être délivrés pour entrer dans la zone et s'y livrer à des activités de surveillance biologique et des inspections de site qui peuvent faire intervenir le prélèvement de petites quantités de

matière végétale ou d'un petit nombre d'animaux à des fins d'analyse ou d'audit, ou encore pour prendre des mesures de protection.

2) Tous les sites spécifiques qui doivent faire l'objet d'une surveillance de longue durée doivent être bien indiqués balisés.

3) Pour éviter toute interférence avec les travaux de recherche et de surveillance ou tout double emploi éventuel, les personnes qui ont l'intention d'entreprendre de nouveaux projets dans la zone doivent, avant d'entamer les travaux, consulter les responsables de programmes en cours d'exécution au cap Shirreff, comme ceux du Chili et des États-Unis.

4) Étant donné que l'échantillonnage géologique a un impact à la fois permanent et cumulatif, les visiteurs qui prélèvent des échantillons géologiques dans la zone doivent remplir un formulaire décrivant le type géologique, la quantité et l'emplacement des échantillons pris, qui devra au minimum être déposé auprès de leur Centre national de données antarctiques ou du Répertoire maître de l'Antarctique.

7(xi) Rapports de visite

• Les Parties doivent s'assurer que le principal détenteur de chaque permis délivré soumet aux autorités compétentes un rapport décrivant les activités menées dans la zone. Ces rapports doivent, le cas échéant, inclure les informations identifiées dans le Guide pour l'élaboration des plans de gestion des zones spécialement protégées de l'Antarctique

• Les Parties doivent conserver des archives de ces activités et, lors de l'échange annuel d'informations, fournir une description synoptique des activités menées par les personnes relevant de leur juridiction, avec suffisamment de détails pour permettre une évaluation de l'efficacité du plan de gestion. Les Parties doivent, dans la mesure du possible, déposer les originaux ou les copies de ces rapports dans des archives auxquelles le public pourra avoir accès, et ce, afin de conserver des archives d'usage qui seront utilisées dans l'examen du plan de gestion et dans l'organisation de l'utilisation scientifique de la zone

• L'autorité compétente doit être informée de toutes les activités ou mesures entreprises, et/ou des matériaux rejetés et non enlevés, qui n'avaient pas été prévus par le permis

8. Documentation complémentaire

Acevedo, J., Vallejos, V., Vargas, R., Torres, J.P. & Torres, D. 2002. Informe científico. ECA XXXVIII (2001/2002). Proyecto INACH 018 "Estudios ecológicos sobre el lobo fino antártico, *Arctocephalus gazella*", cabo Shirreff, isla Livingston, Shetland del Sur, Antártica. Ministerio de Relaciones Exteriores, Instituto Antártico Chileno. Nº Ingreso 642/710, 11.ABR.2002.

Acevedo, J., Aguayo-Lobo, A. & Torres, D. 2009a. Albino Weddell seal at Cape Shirreff, Livingston Island, Antarctica. *Polar Biology* 32 (8):1239–43.

Acevedo, J., Aguayo-Lobo, A. & Torres, D. 2009b. Rare piebald and partially leucistic Antarctic fur seals, *Arctocephalus gazella*, at Cape Shirreff, Livingston Island, Antarctica. *Polar Biology* 32 (1): 41–45.

Agnew, A.J. 1997. Review: the CCAMLR Ecosystem Monitoring Programme. *Antarctic Science* 9 (3): 235-242.

Aguayo, A. 1978. The present status of the Antarctic fur seal *Arctocephalus gazella* at the South Shetland Islands. *Polar Record* 19: 167-176.

Aguayo, A. & Torres, D. 1966. A first census of Pinnipedia in the South Shetland Islands and other observations on marine mammals. In: SCAR / SCOR / IAPO / IUBS Symposium on Antarctic Oceanography, Santiago, Chile, 13-16 September 1966, Section 4: Coastal Waters: 166-168.

Aguayo, A. & Torres, D. 1967. Observaciones sobre mamíferos marinos durante la Vigésima Comisión Antártica Chilena. Primer censo de pinípedos en las Islas Shetland del Sur. *Revta. Biol. Mar.*, 13(1): 1-57.

Aguayo, A. & Torres, D. 1993. Análisis de los censos de *Arctocephalus gazella* efectuados en el Sitio de Especial Interés Científico No. 32, isla Livingston, Antártica. *Serie Científica Instituto Antártico Chileno* 43: 87-91.

Antolos, M., Miller, A.K. & Trivelpiece, W.Z. 2004. Seabird research at Cape Shirreff, Livingston Island, Antarctica 2003-2004. In Lipsky, J. (ed.) AMLR (Antarctic Marine Living Resources) 2003-2004 Field Season Report, Ch. 7. Antarctic Ecosystem Research Division, Southwest Fisheries Science Center, La Jolla, California.

Bengston, J.L., Ferm, L.M., Härkönen, T.J. & Stewart, B.S. 1990. Abundance of Antarctic fur seals in the South Shetland Islands, Antarctica, during the 1986/87 austral summer. In: Kerry, K. and Hempel, G. (Eds). *Antarctic Ecosystems, Proceedings of the Fifth SCAR Symposium on Antarctic Biology*. Springer-Verlag, Berlin: 265-270.

Blank, O., Retamal, P., Torres D. & Abalos, P. 1999. First record of *Brucella* spp. antibodies in *Arctocephalus gazella* and *Leptonychotes weddelli* from Cape Shirreff, Livingston Island, Antarctica. (SC-CAMLR-XVIII/BG/17.) *CCAMLR Scientific Abstracts* 5.

Blank, O., Retamal, P., Abalos P. & Torres, D. 2001a. Additional data on anti-*Brucella* antibodies in *Arctocephalus gazella* from Cape Shirreff, Livingston Island, Antarctica. *CCAMLR Science* 8: 147-154.

Blank, O., Montt, J.M., Celedón M. & Torres, D. 2001b. Herpes virus antibodies in *Arctocephalus gazella* from Cape Shirreff, Livingston Island, Antarctica. WG-EMM- 01/59.

Bonin, C.A., Goebel, M.E., O'Corry-Crowe, G.M., & Burton, R.S. 2012. Twins or not? Genetic analysis of putative twins in Antarctic fur seals, Arctocephalus gazella, on the South Shetland Islands. *Journal of Experimental Marine Biology and Ecology* **412**: 13–19. doi:10.1016/j.jembe.2011.10.010

Bonin, C.A., Goebel, M.E., Forcada, J., Burton, R.S., & Hoffman, J.I. 2013. Unexpected genetic differentiation between recently recolonized populations of a long-lived and highly vagile marine mammal. *Ecology and Evolution*: 3701–3712. doi:10.1002/ece3.732

Bonner, W.N. & Smith, R.I.L. (eds.) 1985. *Conservation areas in the Antarctic*. SCAR, Cambridge: 59-63.

Carten, T.M., Taft, M., Trivelpiece W.Z. & Holt, R.S. 2001. Seabird research at Cape Shirreff, Livingston Island, Antarctica, 1999/2000. In Lipsky, J. (ed.) AMLR (Antarctic Marine Living Resources) 1999-2000 Field Season Report, Ch. 7. Antarctic Ecosystem Research Division, Southwest Fisheries Science Center, La Jolla, California.

Cattan, P., Yánez, J., Torres, D., Gajardo, M. & Cárdenas, J. 1982. Censo, marcaje y estructura poblacional del lobo fino antártico *Arctocephalus gazella* (Peters, 1875) en las islas Shetland del Sur, Chile. *Serie Científica Instituto Antártico Chileno* **29**: 31-38.

CCAMLR 1997. Management plan for the protection of Cape Shirreff and the San Telmo Islands, South Shetland Islands, as a site included in the CCAMLR Ecosystem Monitoring Program. In: *Schedule of Conservation Measures in Force 1996/97*: 51-64.

CCAMLR 2010. *CCAMLR Statistical Bulletin* **22** (2000–2009). CCAMLR, Hobart, Australia.

CCAMLR 2015. *CCAMLR Statistical Bulletin* **27**. CCAMLR, Hobart, Australia.

CCAMLR 2015b. Report of the 34th Meeting of the Commission. Hobart, Australia. 19-30 October 2015. CCAMLR, Hobart,

Chisholm, S.E., Pietrzak, K.W., Miller, A.K. & Trivelpiece, W.Z. 2008. Seabird research at Cape Shirreff, Livingston Island, Antarctica 2007-2008. In Van Cise, A.M. (ed.) AMLR (Antarctic Marine Living Resources) 2007-2008 Field Season Report, Ch. 5. Antarctic Ecosystem Research Division, Southwest Fisheries Science Center, La Jolla, California.

Constantinescu, F. & Torres, D. 1995. Análisis bioantropológico de un cráneo humano hallado en cabo Shirreff, isla Livingston, Antártica. Ser. Cient. INACH **45**: 89-99.

Cox, M.J., Demer, D.A., Warren, J.D., Cutter, G.R. & Brierley, A.S. 2009. Multibeam echosounder observations reveal interactions between Antarctic krill and air-breathing predators. *Marine Ecology Progress Series* **378**: 199–209.

Croxall, J.P. & Kirkwood, E.D. 1979. *The distribution of penguins on the Antarctic Peninsula and the islands of the Scotia Sea*. British Antarctic Survey, Cambridge.

Everett, K.R. 1971. Observations on the glacial history of Livingston Island. *Arctic* **24** (1): 41-50.

Felix, N.A. & Raynolds, M.K. 1989. The role of snow cover in limiting surface disturbance caused by winter seismic exploration. *Arctic* **42**(1): 62-68.

Fildes, R. 1821. A journal of a voyage from Liverpool towards New South Shetland on a sealing and sea elephant adventure kept on board Brig Robert of Liverpool, Robert Fildes, 13 August - 26 December 1821. MS 101/1, Scott Polar Research Institute, Cambridge.

Goebel, M.E., Rutishauser, M., Parker, B., Banks, A., Costa, D.P., Gales, N. & Holt, R.S. 2001a. Pinniped research at Cape Shirreff, Livingston Island, Antarctica, 1999/2000. In Lipsky, J. (ed.) AMLR (Antarctic Marine Living Resources) 1999-2000 Field Season Report, Ch. 8. Antarctic Ecosystem Research Division, Southwest Fisheries Science Center, La Jolla, California.

Goebel, M.E., Parker, B., Banks, A., Costa, D.P., Pister, B. & Holt, R.S. 2001b. Pinniped research at Cape Shirreff, Livingston Island, Antarctica, 2000/2001. In Lipsky, J. (ed.) AMLR (Antarctic Marine Living Resources) 2000-01 Field Season Report, Ch. 8. Antarctic Ecosystem Research Division, Southwest Fisheries Science Center, La Jolla, California.

Goebel, M.E., McDonald, B.I., Freeman, S., Haner, R., Spear, N. & Sexton, S. 2008. Pinniped Research at Cape Shirreff, Livingston Island, 2008/09. In AMLR 2007-2008 field season report. Objectives, Accomplishments and Tentative Conclusions. Southwest Fisheries Science Center Antarctic Ecosystem Research Group. La Jolla, California.

Goebel, M.E., Krause, D., Freeman, S., Burner, R., Bonin, C., Vasquez del Mercado, R., Van Cise, A.M. & Gafney, J. 2009. Pinniped Research at Cape Shirreff, Livingston Island, Antarctica, 2008/09. In AMLR 2008-2009 field season report. Objectives, Accomplishments and Tentative Conclusions. Southwest Fisheries Science Center Antarctic Ecosystem Research Group. La Jolla, California.

Goebel, M.E., Burner, R., Buchheit, R., Pussini, N., Krause, D., Bonin, C., Vasquez del Mercado, R. & Van Cise, A.M. 2011. Pinniped Research at Cape Shirreff, Livingston Island, Antarctica. In Van Cise, A.M. (ed.) AMLR (Antarctic Marine Living Resources) 2009-2010 Field Season Report, Ch. 6. Antarctic Ecosystem Research Division, Southwest Fisheries Science Center, La Jolla, California.

Goebel, M.E., Pussini, N., Buchheit, R., Pietrzak, K., Krause, D., Van Cise, A.M. & Walsh, J. 2014. Pinniped Research at Cape Shirreff, Livingston Island, Antarctica. In Walsh, J.G. (ed.) AMLR (Antarctic Marine Living Resources) 2010-2011 Field Season Report, Ch. 8. Antarctic Ecosystem Research Division, Southwest Fisheries Science Center, La Jolla, California.

Goebel, M.E., Perryman, W.L., Hinke, J.T., Krause, D.J., Hann, N.A., Gardner, S., & LeRoi, D.J. 2015. A small unmanned aerial system for estimating abundance and size of Antarctic predators. *Polar Biology* **38**:619–30.

Garcia, M., Aguayo, A. & Torres, D. 1995. Aspectos conductuales de los machos de lobo fino antártico, *Arctocephalus gazella* en cabo Shirreff, isla Livingston, Antártica, durante la fase de apareamiento. *Serie Científica Instituto Antártico Chileno* **45**: 101-112.

Harris, C.M. 2001. Revision of management plans for Antarctic protected areas originally proposed by the United States of America and the United Kingdom: Field visit report. Internal report for the National Science Foundation, US, and the Foreign and Commonwealth Office, UK. *Environmental Research & Assessment*, Cambridge.

Headland, R. 1989. *Chronological list of Antarctic expeditions and related historical events*. Cambridge University Press, Cambridge.

Heap, J. (ed.) 1994. *Handbook of the Antarctic Treaty System*. 8th Edn. U.S. Department of State, Washington.

Hobbs, G.J. 1968. The geology of the South Shetland Islands. IV. The geology of Livingston Island. *British Antarctic Survey Scientific Reports* **47**.

Henadez, J., Prado, V., Torres, D., Waldenström, J., Haemig, P.D. & Olsen, B. 2007. Enteropathogenic *Escherichia coli* (EPEC) in Antarctic fur seals *Arctocephalus gazella*. *Polar Biology* **30** (10):1227–29.

Hewitt, R.P., Kim, S., Naganobu, M., Gutierrez, M., Kang, D., Taka, Y., Quinones, J., Lee Y.-H., Shin, H.-C., Kawaguchi, S., Emery, J.H., Demer, D.A. & Loeb, V.J. 2004. Variation in the biomass density and demography of Antarctic krill in the vicinity of the South Shetland Islands during the 1999/2000 austral summer. *Deep-Sea Research* II **51** 1411–1419.

Hinke, J.T., Salwicka, K., Trivelpiece, S.G., Watters, S.G., & Trivelpiece, W.Z. 2007. Divergent responses of *Pygoscelis* penguins reveal a common environmental driver. *Oecologia* **153**:845–855.

Hucke-Gaete, R., Acevedo, J., Osman, L., Vargas, R., Blank, O. & Torres, D. 2001. Informe científico. ECA XXXVII (2000/2001). Proyecto 018 "Estudios ecológicos sobre el lobo fino antártico, Arctocephalus gazella", cabo Shirreff, isla Livingston, Shetland del Sur, Antártica.

Hucke-Gaete, R., Torres, D., Aguayo, A. & Vallejos, V. 1998. Decline of Arctocephalus gazella population at SSSI No. 32, South Shetlands, Antarctica (1997/98 season): a discussion of possible causes. WG-EMM-98/17. August 1998. Kochin. 10: 16–19

Hucke-Gaete, R, Torres, D. & Vallejos, V. 1997a. Population size and distribution of *Pygoscelis antarctica* and *P. papua* at Cape Shirreff, Livingston Island, Antarctica (1996/97 Season). CCAMLR WG-EMM-97/62.

Hucke-Gaete, R, Torres, D., Vallejos, V. & Aguayo, A. 1997b. Population size and distribution of *Arctocephalus gazella* at SSSI No. 32, Livingston Island, Antarctica (1996/97 Season). CCAMLR WG-EMM-97/62.

Hucke-Gaete, R, Torres, D. & Vallejos, V. 1997c. Entanglement of Antarctic fur seals, *Arctocephalus gazella*, by marine debris at Cape Shirreff and San Telmo Islets, Livingston Island, Antarctica: 1998-1997. *Serie Científica Instituto Antártico Chileno* **47**: 123-135.

Hucke-Gaete, R., Osman, L.P., Moreno, C.A. & Torres, D. 2004. Examining natural population growth from near extinction: the case of the Antarctic fur seal at the South Shetlands, Antarctica. *Polar Biology* **27** (5): 304–311

Huckstadt, L., Costa, D. P., McDonald, B. I., Tremblay, Y., Crocker, D. E., Goebel, M. E. & Fedak, M. E. 2006. Habitat Selection and Foraging Behavior of Southern Elephant Seals in the Western Antarctic Peninsula. American Geophysical Union, Fall Meeting 2006, abstract #OS33A-1684.

INACH (Instituto Antártico Chileno) 2010. Chilean Antarctic Program of Scientific Research 2009-2010. Chilean Antarctic Institute Research Projects Department. Santiago, Chile.

Kawaguchi, S., Nicol, S., Taki, K. & Naganobu, M. 2006. Fishing ground selection in the Antarctic krill fishery: Trends in patterns across years, seasons and nations. *CCAMLR Science*, **13**: 117–141.

Krause, D. J., Goebel, M. E., Marshall, G. J., & Abernathy, K. (2015). Novel foraging strategies observed in a growing leopard seal (*Hydrurga leptonyx*) population at Livingston Island, Antarctic Peninsula. *Animal Biotelemetry*, **3**:24.

Krause, D.J., Goebel, M.E., Marshall. G.J & Abernathy, K. *In Press*. Summer diving and haul-out behavior of leopard seals (*Hydrurga leptonyx*) near mesopredator breeding colonies at Livingston Island, Antarctic Peninsula. *Marine Mammal Science*.Leppe, M., Fernandoy, F., Palma-Heldt, S. & Moisan, P 2004. Flora mesozoica en los depósitos morrénicos de cabo Shirreff, isla Livingston, Shetland del Sur, Península Antártica, in Actas del 10° Congreso Geológico Chileno. CD-ROM. Resumen Expandido, 4pp. Universidad de Concepción. Concepción. Chile.

Leung, E.S.W., Orben, R.A. & Trivelpiece, W.Z. 2006. Seabird research at Cape Shirreff, Livingston Island, Antarctica 2005-2006. In Lipsky, J. (ed.) AMLR (Antarctic Marine Living Resources) 2005-2006 Field Season Report, Ch. 9. Antarctic Ecosystem Research Division, Southwest Fisheries Science Center, La Jolla, California.

McDonald, B.I., Goebel, M.E., Crocker, D.E., & Costa, D.P. 2012a. Dynamic influence of maternal and pup traits on maternal care during lactation in an income breeder, the Antarctic fur seal. *Physiological and Biochemical Zoology* **85**(3):000-000.

McDonald, B.I., Goebel, M.E., Crocker, D.E. & Costa, D.P. 2012. Biological and environmental drivers of energy allocation in a dependent mammal, the Antarctic fur seal. *Physiological and Biochemical Zoology* **85**(2):134-47.

Miller, A.K., Leung, E.S.W. & Trivelpiece, W.Z. 2005. Seabird research at Cape Shirreff, Livingston Island, Antarctica 2004-2005. In Lipsky, J. (ed.) AMLR (Antarctic Marine Living Resources) 2004-2005 Field Season Report, Ch. 7. Antarctic Ecosystem Research Division, Southwest Fisheries Science Center, La Jolla, California.

Miller, A.K. & Trivelpiece, W.Z. 2007. Cycles of *Euphausia superba* recruitment evident in the diet of Pygoscelid penguins and net trawls in the South Shetland Islands, Antarctica. *Polar Biology* **30** (12):1615–1623.

Miller, A.K. & Trivelpiece, W.Z. 2008. Chinstrap penguins alter foraging and diving behavior in response to the size of their principle prey, Antarctic krill. *Marine Biology* **154**: 201-208.

Miller, A.K., Karnovsky, N.J. & Trivelpiece, W.Z. 2008. Flexible foraging strategies of gentoo penguins *Pygoscelis papua* over 5 years in the South Shetland Islands, Antarctica. *Marine Biology* **156**: 2527-2537.

Mudge, M.L., Larned, A., Hinke, J. & Trivelpiece, W.Z. 2014. Seabird research at Cape Shirreff, Livingston Island, Antarctica 2010-2011. In Walsh, J.G. (ed.) AMLR (Antarctic Marine Living Resources) 2010-2011 Field Season Report, Ch. 7. Antarctic Ecosystem Research Division, Southwest Fisheries Science Center, La Jolla, California.

O'Gorman, F.A. 1961. Fur seals breeding in the Falkland Islands Dependencies. *Nature* **192**: 914-16.

O'Gorman, F.A. 1963. The return of the Antarctic fur seal. *New Scientist* **20**: 374-76.

Olavarría, C., Coria, N., Schlatter, R., Vallejos, V., Godoy, C., Torres D. & Aguayo, A. 1999. Cisnes de cuello negro, *Cygnus melanocoripha* (Molina, 1782) en el área de las islas Shetland del Sur y península Antártica. *Serie Científica Instituto Antártico Chileno* **49**: 79-87.

Oliva, D., Durán, R, Gajardo, M. & Torres, D. 1987. Numerical changes in the population of the Antarctic fur seal *Arctocephalus gazella* at two localities of the South Shetland Islands. *Serie Científica Instituto Antártico Chileno* **36**: 135-144.

Oliva, D., Durán, R, Gajardo, M. & Torres, D. 1988. Population structure and harem size groups of the Antarctic fur seal *Arctocephalus gazella* Cape Shirreff, Livingston Island, South Shetland Islands. Meeting of the SCAR Group of Specialists on Seals, Hobart, Tasmania, Australia. *Biomass Report Series* **59**: 39.

Orben, R.A., Chisholm, S.E., Miller, S.K. & Trivelpiece, W.Z. 2007. Seabird research at Cape Shirreff, Livingston Island, Antarctica 2006-2007. In Lipsky, J. (ed.) AMLR (Antarctic Marine Living Resources) 2006-2007 Field Season Report, Ch. 7. Antarctic Ecosystem Research Division, Southwest Fisheries Science Center, La Jolla, California.

Osman, L.P., Hucke-Gaete, R., Moreno, C.A., & Torres, D. 2004. Feeding ecology of Antarctic fur seals at Cape Shirreff, South Shetlands, Antarctica. *Polar Biology* **27**(2): 92–98.

Palma-Heldt, S., Fernandoy, F., Quezada, I. & Leppe, M 2004. Registro Palinológico de cabo Shirreff, isla Livingston, nueva localidad para el Mesozoico de Las Shetland del Sur, in V Simposio Argentino y I Latinoamericano sobre Investigaciones Antárticas CD-ROM. Resumen Expandido N° 104GP. Buenos Aires, Argentina.

Palma-Heldt, S., Fernandoy, F., Henríquez, G. & Leppe, M 2007. Palynoflora of Livingston Island, South Shetland Islands: Contribution to the understanding of the evolution of the southern Pacific Gondwana margin. U.S. Geological Survey and The National Academies; USGS OF-2007-1047, Extended Abstract 100.

Pietrzak, K.W., Breeden, J.H, Miller, A.K. & Trivelpiece, W.Z. 2009. Seabird research at Cape Shirreff, Livingston Island, Antarctica 2008-2009. In Van Cise, A.M. (ed.) AMLR (Antarctic Marine Living Resources) 2008-2009 Field Season Report, Ch. 6. Antarctic Ecosystem Research Division, Southwest Fisheries Science Center, La Jolla, California.

Pietrzak, K.W., Mudge, M.L. & Trivelpiece, W.Z. 2011. Seabird research at Cape Shirreff, Livingston Island, Antarctica 2009-2010. In Van Cise, A.M. (ed.) AMLR (Antarctic Marine Living Resources) 2009-2010 Field Season Report, Ch. 5. Antarctic Ecosystem Research Division, Southwest Fisheries Science Center, La Jolla, California.Pinochet de la Barra, O. 1991. El misterio del "San Telmo". ¿Náufragos españoles pisaron por primera vez la Antártida? *Revista Historia* (Madrid), **16** (18): 31-36.

Polito, M.J., Trivelpiece, W.Z., Patterson, W.P., Karnovsky, N.J., Reiss, C.S., & Emslie, S.D. 2015. Contrasting specialist and generalist patterns facilitate foraging niche partitioning in sympatric populations of Pygoscelis penguins. *Marine Ecology Progress Series* **519**: 221–37.

Reid, K., Jessop, M.J., Barrett, M.S., Kawaguchi, S., Siegel, V. & Goebel, M.E. 2004. Widening the net: spatio-temporal variability in the krill population structure across the Scotia Sea. *Deep-Sea Research* II **51**: 1275–1287

Reiss, C. S., Cossio, A. M., Loeb, V. & Demer, D. A. 2008. Variations in the biomass of Antarctic krill (Euphausia superba) around the South Shetland Islands, 1996–2006. *ICES Journal of Marine Science* **65**: 497–508.

Sallaberry, M. & Schlatter, R. 1983. Estimacíon del número de pingüinos en el Archipiélago de las Shetland del Sur. *Serie Científica Instituto Antártico Chileno* 30: 87-91.

Saxer, I.M., Scheffler, D.A. & Trivelpiece, W.Z. 2003. Seabird research at Cape Shirreff, Livingston Island, Antarctica 2001-2002. In Lipsky, J. (ed.) AMLR (Antarctic Marine Living Resources) 2001-2002 Field Season Report, Ch. 6. Antarctic Ecosystem Research Division, Southwest Fisheries Science Center, La Jolla, California.

Schwarz, L.K., Goebel, M.E., Costa, D.P., & Kilpatrick, A.M. 2013. Top-down and bottom-up influences on demographic rates of Antarctic fur seals Arctocephalus gazella. *Journal of Animal Ecology* **82**(4): 903–11.

Shill, L.F., Antolos, M. & Trivelpiece, W.Z. 2003. Seabird research at Cape Shirreff, Livingston Island, Antarctica 2002-2003. In Lipsky, J. (ed.) AMLR (Antarctic Marine Living Resources) 2002-2003 Field Season Report, Ch. 8. Antarctic Ecosystem Research Division, Southwest Fisheries Science Center, La Jolla, California.

Smellie, J.L., Pallàs, R.M., Sàbata, F. & Zheng, X. 1996. Age and correlation of volcanism in central Livingston Island, South Shetland Islands: K-Ar and geochemical constraints. *Journal of South American Earth Sciences* **9** (3/4): 265-272.

Smith, R.I.L. & Simpson, H.W. 1987. Early Nineteenth Century sealers' refuges on Livingston Island, South Shetland Islands. *British Antarctic Survey Bulletin* 74: 49-72.

Stehberg, R. & V. Lucero, 1996. Excavaciones arqueológicas en playa Yámana, cabo Shirreff, isla Livingston, Shetland del Sur, Antártica. *Serie Científica Instituto Antártico Chileno* 46: 59-81.

Taft, M.R., Saxer, I.M. & Trivelpiece W.Z 2001. Seabird research at Cape Shirreff, Livingston Island, Antarctica, 2000/2001. In Lipsky, J. (ed.) AMLR (Antarctic Marine Living Resources) 2000-01 Field Season Report, Ch. 7. Antarctic Ecosystem Research Division, Southwest Fisheries Science Center, La Jolla, California.

Torres, D. 1984. Síntesis de actividades, resultados y proyecciones de las investigaciones chilenas sobre pinípedos antarcticos. *Boletín Antártico Chileno* **4**(1): 33-34.

Torres, D. 1990. Collares plásticos en lobos finos antárticos: Otra evidencia de contaminación. *Boletín Antártico Chileno* 10 (1): 20-22.

Torres, D. 1992. ¿Cráneo indígena en cabo Shirreff? Un estudio en desarrollo. *Boletín Antártico Chileno* 11 (2): 2-6.

Torres, D. 1994. Synthesis of CEMP activities carried out at Cape Shirreff. Report to CCAMLR WG-CEMP 94/28.

Torres, D. 1995. Antecedentes y proyecciones científicas de los estudios en el SEIC No. 32 y Sitio CEMP «Cabo Shirreff e islotes San Telmo», isla Livingston, Antártica. *Serie Científica Instituto Antártico Chileno* 45: 143-169.

Torres, D. 1999. Observations on ca. 175-Year Old Human Remains from Antarctica (Cape Shirreff, Livingston Island, South Shetlands). *International Journal of Circumpolar Health* 58: 72-83.

Torres, D. 2007. Evidencias del uso de armas de fuego en cabo Shirreff. *Boletín Antártico Chileno*, 26 (2): 22.

Torres, D. & Aguayo, A. 1993. Impacto antrópico en cabo Shirreff, isla Livingston, Antártica. *Serie Científica Instituto Antártico Chileno* 43: 93-108.

Torres, D. & Gajardo, M. 1985. Información preliminar sobre desechos plásticos hallados en cabo Shirreff, isla Livingston, Shetland del Sur, Chile. *Boletín Antártico Chileno* **5**(2): 12-13.

Torres, D. & Jorquera, D. 1992. Analysis of Marine Debris found at Cape Shirreff, Livingston Island, South Shetlands, Antarctica. SC-CAMLR/BG/7, 12 pp. CCAMLR, Hobart, Australia.

Torres, D. & Jorquera, D. 1994. Marine Debris Collected at Cape Shirreff, Livingston Island, during the Antarctic Season 1993/94. CCMALR-XIII/BG/17, 10 pp. 18 October 1994. Hobart, Australia.

Torres, D. & Jorquera, D. 1995. Línea de base para el seguimiento de los desechos marinos en cabo Shirreff, isla Livingston, Antártica. *Serie Científica Instituto Antártico Chileno* 45: 131-141.

Torres, D., Jaña, R., Encina, L. & Vicuña, P. 2001. Cartografía digital de cabo Shirreff, isla Livingston, Antártica: un avance importante. *Boletín Antártico Chileno* 20 (2): 4-6.

Torres, D.E. & Valdenegro V. 2004. Nuevos registros de mortalidad y necropsias de cachorros de lobo fino antártico, Arctocephalus gazella, en cabo Shirreff, Isla Livingston, Antártica. *Boletín Antártico Chileno* 23 (1).

Torres, D., Vallejos, V., Acevedo, J., Hucke-Gaete, R. & Zarate, S. 1998. Registros biologicos atípicos en cabo Shirreff, isla Livingston, Antártica. *Boletín Antártico Chileno* 17 (1): 17-19.

Torres, D., Vallejos, V., Acevedo, J., Blank, O., Hucke-Gaete, R. & Tirado, S. 1999. Actividades realizadas en cabo Shirreff, isla Livingston, en temporada 1998/99. *Boletín Antártico Chileno* 18 (1): 29-32.

Torres, T. 1993. Primer hallazgo de madera fósil en cabo Shirreff, isla Livingston, Antártica. *Serie Científica Instituto Antártico Chileno* 43: 31-39.

Torres, D., Acevedo, J., Torres, D.E., Vargas, R., & Aguayo-Lobo, A. 2012. Vagrant Subantarctic fur seal at Cape Shirreff, Livingston Island, Antarctica. *Polar Biology* **35** (3): 469–473.

Tufft, R. 1958. Preliminary biology report Livingston Island summer survey. Unpublished British Antarctic Survey report, BAS Archives Ref. AD6/2D/1957/N2.

U.S. AMLR 2008. AMLR 2007-2008 field season report. Objectives, Accomplishments and Tentative Conclusions. Southwest Fisheries Science Center Antarctic Ecosystem Research Group. October 2008.

U.S. AMLR 2009. AMLR 2008-2009 field season report. Objectives, Accomplishments and Tentative Conclusions. Southwest Fisheries Science Center Antarctic Ecosystem Research Group. May 2009.

Vargas, R., Osman, L.P. & Torres, D. 2009. Inter-sexual differences in Antarctic fur seal pup growth rates: evidence of environmental regulation? *Polar Biology* **32** (8):1177–86.

Vallejos, V., Acevedo, J., Blank, O., Osman, L. & Torres, D. 2000. Informe científico - logístico. ECA XXXVI (1999/2000). Proyecto 018 "Estudios ecológicos sobre el lobo fino antártico, Arctocephalus gazella", cabo Shirreff, archipiélago de las Shetland del Sur, Antártica. Ministerio de Relaciones Exteriores, Instituto Antártico Chileno. Nº Ingreso 642/712, 19 ABR.2000.

Vallejos, V., Osman, L., Vargas, R., Vera, C. & Torres, D. 2003. Informe científico. ECA XXXIX (2002/2003). Proyecto INACH 018 "Estudios ecológicos sobre el lobo fino antártico, Arctocephalus gazella", cabo Shirreff, isla Livingston, Shetland del Sur, Antártica. Ministerio de Relaciones Exteriores, Instituto Antártico Chileno.

Vera, C., Vargas, R. & Torres, D. 2004. El impacto de la foca leopardo en la población de cachorros de lobo fino antártico en cabo Shirreff, Antártica, durante la temporada 2003/2004. *Boletín Antártico Chileno* **23** (1).

Warren, J., Sessions, S., Patterson, M. Jenkins, A., Needham, D. & Demer, D. 2005. Nearshore Survey. In AMLR 2004-2005 field season report. Objectives, Accomplishments and Tentative Conclusions. Southwest Fisheries Science Center Antarctic Ecosystem Research Group. La Jolla, California.

Warren, J., Cox, M., Sessions, S. Jenkins, A., Needham, D. & Demer, D. 2006. Nearshore acoustical survey near Cape Shirreff, Livingston Island. In AMLR 2005-2006 field season report. Objectives, Accomplishments and Tentative Conclusions. Southwest Fisheries Science Center Antarctic Ecosystem Research Group. La Jolla, California.

Warren, J., Cox, M., Sessions, S. Jenkins, A., Needham, D. & Demer, D. 2007. Nearshore acoustical survey near Cape Shirreff, Livingston Island. In AMLR 2006-2007 field season report. Objectives, Accomplishments and Tentative Conclusions. Southwest Fisheries Science Center Antarctic Ecosystem Research Group. La Jolla, California.

Woehler, E.J. (ed.) 1993. *The distribution and abundance of Antarctic and sub-Antarctic penguins.* SCAR, Cambridge.

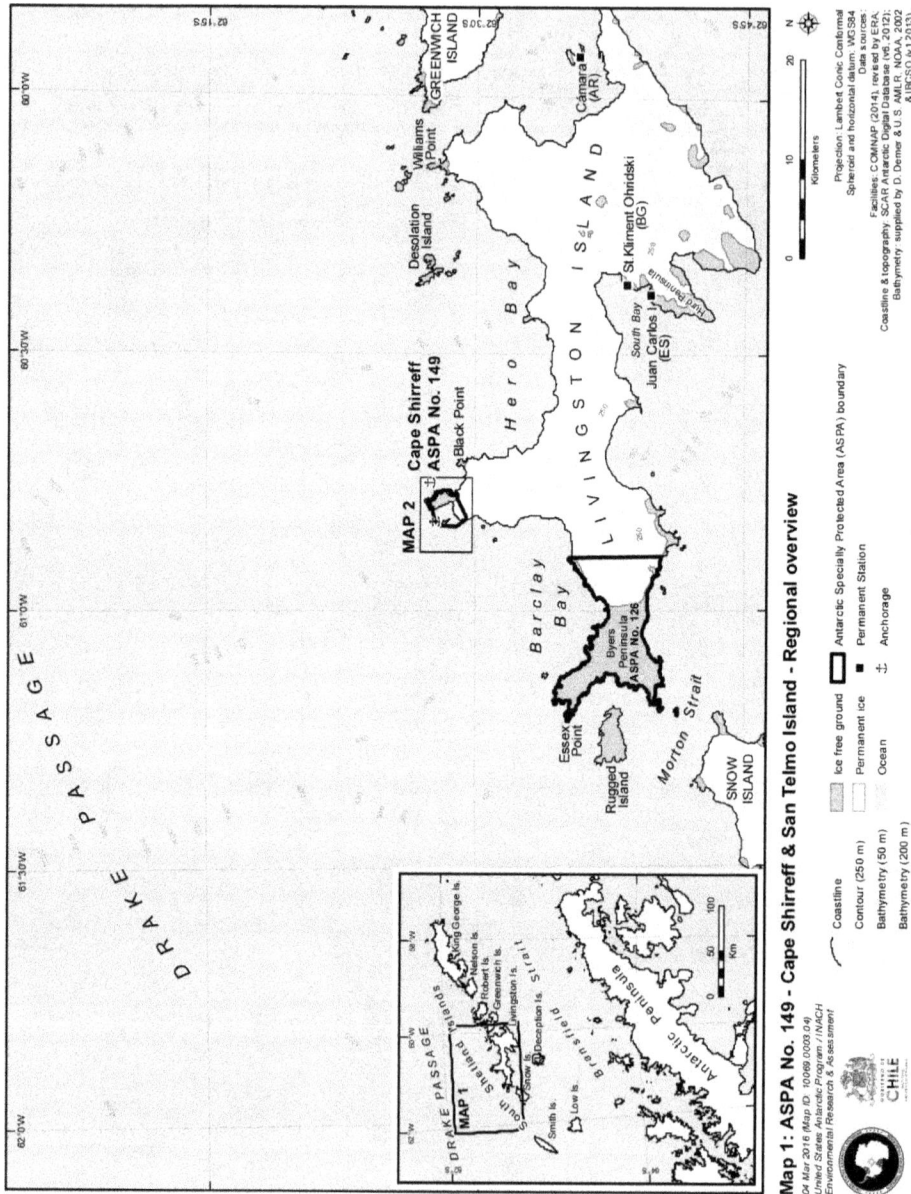

Map 1: ASPA No. 149 - Cape Shirreff & San Telmo Island - Regional overview

04 Mar 2016 (Map ID 10069 0003 04)
United States Antarctic Program / INACH
Environmental Research & Assessment

Coastline
Contour (250 m)
Bathymetry (50 m)
Bathymetry (200 m)

Ice free ground
Permanent ice
Ocean

Antarctic Specially Protected Area (ASPA) boundary
Permanent Station
Anchorage

Projection: Lambert Conic Conformal
Spheroid and horizontal datum: WGS84
Data sources:
Facilities: COMNAP (2014), revised by ERA.
Coastline & topography: SCAR Antarctic Digital Database (v6, 2012);
Bathymetry supplied by D. Demer & U.S. AMLR, NOAA, 2002
& IBCSO (v1 2013).

134

ZSPA no 149 – cap Shirreff et île San Telmo, île Livingston, îles Shetland du Sud

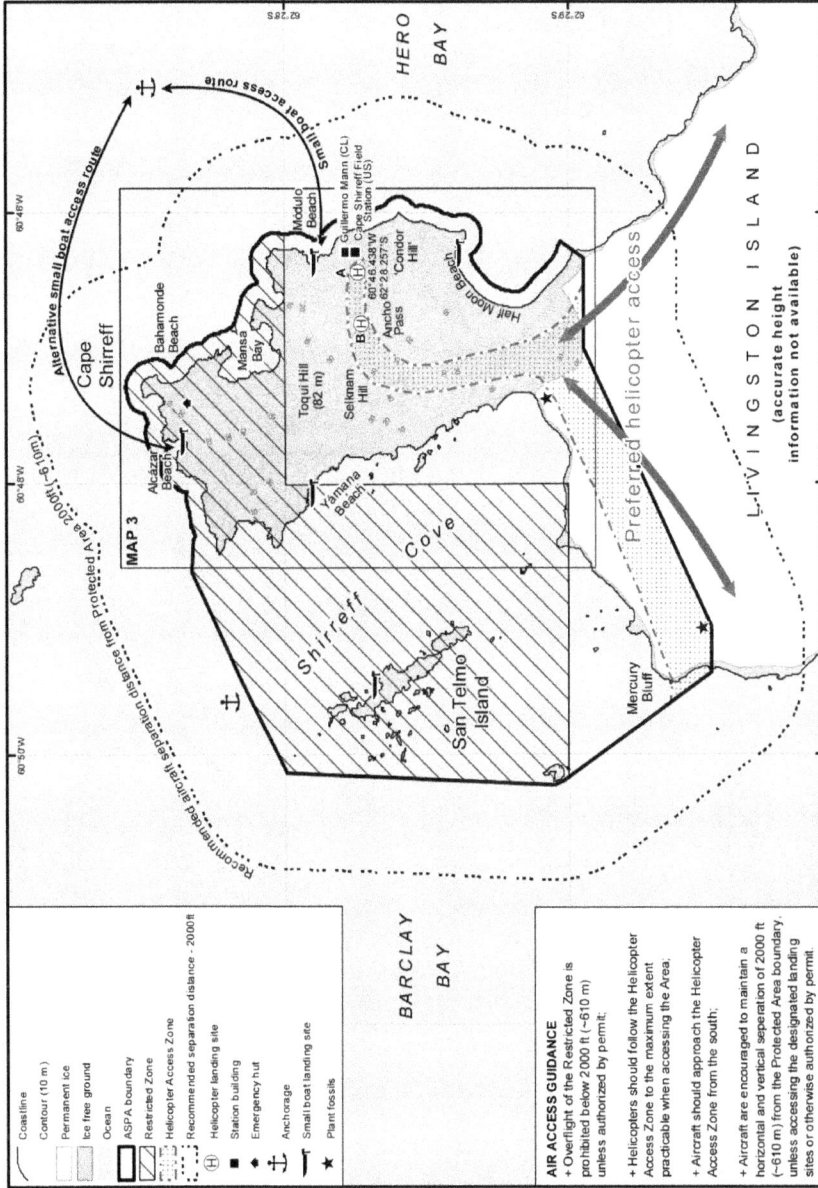

Map 2: ASPA No. 149 Cape Shirreff & San Telmo Island - boundary and access guidelines

Legend:

- Coastline
- Contour (10 m)
- Permanent ice
- Ice free ground
- Ocean
- ASPA boundary
- Restricted Zone
- Helicopter Access Zone
- Recommended separation distance - 2000 ft
- (H) Helicopter landing site
- Station building
- Emergency hut
- Anchorage
- Small boat landing site
- Plant fossils

AIR ACCESS GUIDANCE

+ Overflight of the Restricted Zone is prohibited below 2000 ft (~610 m) unless authorized by permit;

+ Helicopters should follow the Helicopter Access Zone to the maximum extent practicable when accessing the Area;

+ Aircraft should approach the Helicopter Access Zone from the south;

+ Aircraft are encouraged to maintain a horizontal and vertical seperation of 2000 ft (~610 m) from the Protected Area boundary, unless accessing the designated landing sites or otherwise authorized by permit.

135

Cape Shirreff

Fauna
- ▨ *Arctocephalus gazella*
- *Mirounga leonina*
- *Pygoscelis antarctica*
- *Pygoscelis papua*
- ● *Catharacta antarctica*
- ⊛ *Phalacrocorax bransfieldensis*
- ⊙ *Sterna vittata*
- ⊕ *Daption capense*
- ⊕ *Oceanites oceanicus*
- ⊗ *Fregetta tropica*
- ◗ *Larus dominicanus*

Alcázar Beach
Bahamonde Beach
Enrique Hill
Mansa Bay
Gaviota Hill
Historic Monument No. 59
Toqui Hill (82 m)

San Telmo Island group

Yámana Beach
Módulo Beach

Guillermo Mann (CL)
A
Cape Shirreff Field Station (US)
60°46.438'W
62°28.257'S
'Condor Hill'

Selknam Hill
Ancho Pass
B (H)

Yeco Rocks

Half Moon Beach

Coastline
Contour 5m
Ice free ground
Permanent ice
Ocean
Lake
Oversnow vehicle route for use only when snow depth <40cm and generally prior to 15 Nov.
Walking route
Small boat landing site
(H) Helicopter landing site
■ Station building
♠ Emergency hut
▲ Temporary campsite (approx)
★ Plant fossils

L I V I N G S T O N   I S L A N D

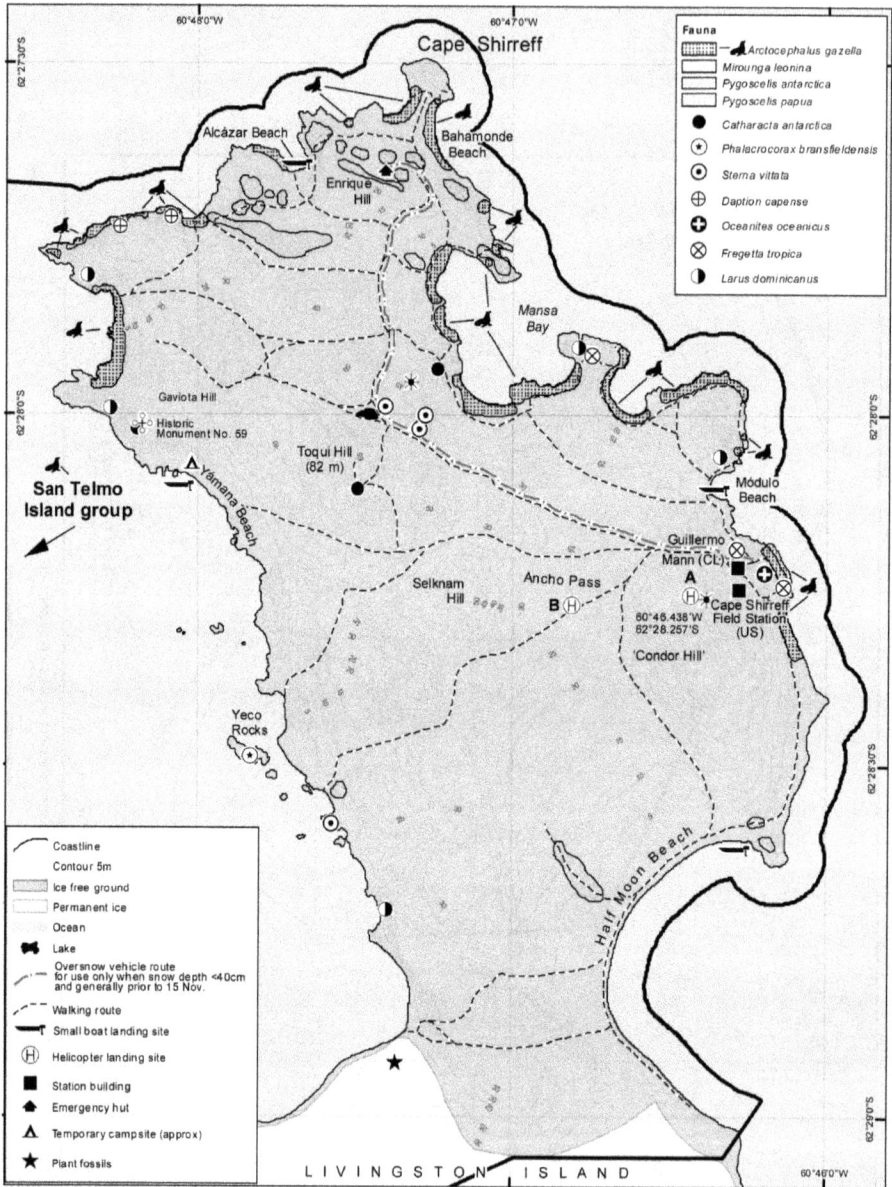

Map 3: ASPA No. 149 - Cape Shirreff & San Telmo Island - wildlife & human features

04 Mar 2016 (Map ID: 10069.005.08)
United States Antarctic Program / INACH
Environmental Research & Assessment

0 100 200 300 400 500
Meters

Projection: Lambert Conic Conformal
Spheroid and horizontal datum: WGS84
Data sources: Seal tracking station & HSM: D. Krause (Dec 2015).
Walking routes, fauna: INACH, updated by M. Goebel
D. Krause (2015). All other data: Instituto Antártico Chileno (INACH)

Plan de gestion pour la Zone spécialement protégée de l'Antarctique n° 167

île Hawker, terre de la Princesse Elisabeth

Introduction

L'île Hawker (68°38' de latitude sud, 77°51' de longitude est, carte A) est située à 7 km au sud-ouest de la station Davis au large des collines Vestford sur la côte Ingrid Christensen, terre de la Princesse-Élisabeth, Antarctique oriental. L'île a été désignée en tant que ZSPA n° 167 en application de la mesure 1 (2006), sur proposition de l'Australie, le motif principal étant la protection de la colonie de reproduction de pétrels géants *(Macronectes giganteus)* située la plus au sud (carte B). Un plan de gestion révisé pour la Zone a été adopté en vertu de la Mesure 9 (2011). La Zone constitue l'un des quatre sites de reproduction connus du pétrel géant sur le littoral de l'Antarctique oriental, qui ont tous été désignés ZSPA : la ZSPA n° 102, îles Rookery, baie Holme, terre Mac Robertson (67°36' de latitude sud, 62°53' de longitude est) – près de la station Mawson ; la ZSPA n° 160, îles Frazier, terre de Wilkes (66°13' de latitude sud, 110°11' de longitude est) – près de la station Casey ; et la ZSPA n° 120, pointe Géologie, terre Adélie (66°40' de latitude sud, 140°01' de longitude est) – près de Dumont d'Urville. L'île Hawker abrite également des colonies reproductrices de manchots Adélie *(Pygocelis adeliae)*, de labbes antarctiques *(Catharacta maccormicki)*, de pétrels du Cap *(Daption capense)* et, occasionnellement, des éléphants de mer du sud *(Mirounga leonina)* s'y reposent.

1. Description des valeurs à protéger

La population totale de pétrels géants de l'Antarctique oriental représente moins de 1% du total de la population reproductrice. Il est difficile d'estimer les populations reproductrices, puisque des oiseaux peuvent occuper un site de nids au moment où le suivi est opéré, mais ne pas se reproduire à cette saison. Le nombre de nids actuellement occupés est estimé à environ 280 couples en Antarctique oriental, dont 40 sur l'île Hawker (2014), 2 nids occupés sur l'île Giganteus (qui fait partie du groupe des îles Rookery) (2015), environ 230 nids occupés dans les îles Frazier (2013), et 8 à la pointe Géologie (2005). Les pétrels géants se reproduisent également sur des îles de la partie sud des océans Indien et Atlantique ainsi qu'à proximité de la péninsule Antarctique.

La colonie de pétrels géants nichant sur l'île Hawker a été découverte en décembre 1963 ; elle comportait à l'époque quelque 40 ou 50 nids, « certains contenant des œufs », mais le nombre de nids occupés n'a pas été enregistré. De 1963 à 2007, des comptages d'adultes, d'œufs ou de poussins ont été réalisés de façon irrégulière à divers stages du cycle de reproduction. Il est impossible de dégager la tendance à long terme de cette population en raison de la variabilité des dates de comptage et du manque de cohérence des unités de comptage. Les nombres recueillis antérieurement pour cette colonie étaient peu élevés parce que seuls les oisillons bagués lors d'une même année avaient été comptés, et non le nombre total d'oisillons.

Les pétrels géants sont particulièrement sensibles aux perturbations à proximité de leurs nids. Des restrictions aux activités autorisées sur les sites de reproduction situés à proximité des stations australiennes ont été mises en place vers le milieu des années 1980, avec notamment une interdiction du baguage.

Dans les îles Shetland du Sud et les îles Orkney du Sud, les prises accessoires de pétrels géants par les chalutiers de pêche à la palangre opérant dans l'océan Austral sont sans doute en partie responsables de la réduction de population observée. De telles observations ont aussi été notées dans l'Antarctique oriental.

Les pétrels géants sont repris dans la catégorie « Préoccupation mineure » par l'Union internationale pour la conservation de la nature (UICN, 2016). Cependant, les données de recensement effectuées dans une série de lieux sont vieilles de plusieurs décennies et la taille et la tendance démographique globale ne sont pas absolument certaines. L'île Hawker abrite également des colonies reproductrices de manchots Adélie, de labbes antarctiques et de damiers du Cap. Occasionnellement elle accueille également des éléphants de mer du sud sur ses plages méridionales.

2. Buts et objectifs

Les buts et objectifs de la ZSPA de l'île Hawker sont les suivants :

- protéger la colonie reproductrice de pétrels géants et les autres espèces;

- éviter la dégradation des valeurs de la Zone ou les risques substantiels qui la menacent en empêchant toute perturbation humaine inutile ;

- permettre de faire des recherches sur l'écosystème de la zone, notamment l'avifaune, à condition que ces recherches soient indispensables et ne puissent être menées ailleurs ;

- réduire au maximum les risques d'introduction d'agents pathogènes susceptibles de provoquer des maladies parmi les populations aviaires dans la Zone ;

- réduire au maximum les perturbations d'origine humaine des colonies de pétrels géants dans la Zone ;

- permettre que la Zone serve de site de référence pour les études comparatives futures avec d'autres populations de pétrels géants en phase de reproduction ;

- protéger les valeurs de l'île Hawker comme site de référence pour les études comparatives futures avec d'autres populations de pétrels géants en phase de reproduction ;

- limiter les risques d'introduction de plantes, d'animaux et de microbes sur l'île Hawker ;

- permettre la collecte à intervalles réguliers de données sur le statut et la démographie connexe des espèces d'oiseaux ; et

- permettre des visites à des fins de gestion en soutien aux objectifs du Plan de gestion.

3. Activités de gestion

Les activités de gestion ci-dessous seront menées à bien afin de protéger les valeurs de la zone :

- les visites de recherche pour évaluer l'état et les tendances de la de la colonie de pétrels géants et / ou des autres espèces présentes seront autorisées.   Les activités et les méthodes causant le moins de perturbations possible à la colonie de pétrels géants seront privilégiées (ex : utilisation de caméras de surveillance automatiques) ;

- des visites seront organisées selon que de besoin (de préférence au moins une fois tous les cinq ans) afin de déterminer si la Zone répond toujours aux objectifs pour lesquelles elle a été désignée et de s'assurer que les mesures de gestion et d'entretien sont adéquates ;

- les visites dans la Zone seront organisées, dans la mesure du possible, en dehors de la saison de reproduction des pétrels géants (entre mi-avril et mi-septembre), afin d'évaluer si elle continue à servir les fins pour lesquelles elle a été désignée et s'assurer que les activités de gestion sont pertinentes ;

- des informations devront figurer au sein de la ZSPA de l'île Hawker (détaillant les restrictions qui s'y appliquent), et des exemplaires du présent plan de gestion seront disponibles dans les stations avoisinantes. Des documents informatifs ainsi que le présent plan de gestion seront mis à la disposition des bateaux visitant les environs ; et

- le plan de gestion sera réexaminé une fois tous les cinq ans au moins.

4. Durée de désignation

La Zone est désignée pour une période indéterminée.

5. Cartes

Carte A : Zone spécialement protégée de l'Antarctique n°167 île Hawker, collines Vestfold, côte Ingrid Christensen, terre de la Princesse Elisabeth, Antarctique oriental.

Carte B : Zone spécialement protégée de l'Antarctique n°167 île Hawker, collines Vestfold, côte Ingrid Christensen, terre de la Princesse Elisabeth, Antarctique oriental - topographie et caractéristiques physiques.

Spécifications pour toutes les cartes :

> Projection : UTM Zone 49
> Système géodésique : WGS84

6. Description de la Zone

6(i)   Coordonnées géographiques, bornage et caractéristiques du milieu naturel

L'île Hawker (68°38' de latitude sud, 77°51' de longitude est) est située à environ 300 m des côtes des collines Vestfold. Ces dernières représentent une zone quasi triangulaire libre de glace de quelque 512 km², composée de fonds rocheux, de débris glaciaires, de lacs et d'anses. Les collines Vestfold sont délimitées à l'est par le plateau glaciaire, au sud par le glacier Sørsdal et à l'ouest par la baie Prydz. Elles sont composées de collines de basse altitude (alt. maximum à la colline Boulder : 158 m) et de vallées, avec une pénétration profonde de fjords et de lacs. De nombreuses îles bordent la côte des collines Vestfold, et l'île Hawker se trouve au sud-ouest, entre l'île Mule et la péninsule Mule.

L'île Hawker est une île de forme irrégulière à faible relief (altitude maximum : près de 40 m), comprenant deux chaînes parallèles de collines sur un axe nord-sud se terminant par deux petites péninsules méridionales. Une troisième péninsule se trouve directement à l'ouest et s'achève par une colline de 40 m bordée de falaises abruptes se jetant dans la mer sur ses versants occidental et méridional. On trouve plusieurs petits lacs d'eau douce entre les chaînes de falaises de la partie nord de l'île, et divers petits lacs sur la surface plane de la partie est de l'île. À ses points les plus distants, l'île fait 2 km du nord au sud et 1,7 km d'est en ouest.

La ZSPA de l'île Hawker comprend l'intégralité de la superficie terrestre de l'île Hawker, sa ligne de démarcation maritime se trouvant à la laisse de basse mer (carte B). La superficie totale de la ZSPA de l'île Hawker est d'environ 1,9 km². Aucun repère mettant en évidence les limites de la Zone n'a été installé.

Domaines environnementaux et régions de conservation biogéographiques

D'après l'analyse des domaines environnementaux de l'Antarctique (Résolution 3, 2008), l'île Hawker est située dans le domaine environnemental T *Géologique de l'inlandsis continental.*

D'après les régions de conservation biogéographiques de l'Antarctique (Résolution 6, 2012), la Zone est située dans la région biogéographique 7 *Antarctique de l'Est.*

Historique des contacts humains

La première notation enregistrée de la découverte des collines Vestfold est attribuée à Douglas Mawson, le 9 février 1931, lors de l'expédition BANZARE à bord du *Discovery*. Quatre ans plus tard, le 20 février 1935, le capitaine Klarius Mikkelsen du pétrolier *Thorshavn* (de la compagnie Lars Christensen) a aperçu les collines et a débarqué dans la zone. Il en a baptisé plusieurs caractéristiques géographiques et a donné à la zone le nom de collines Vestfold, en hommage à sa province natale en Norvège. Les collines Vestfold ont de nouveau été visitées par Mikkelsen au début de l'année 1937, à l'occasion d'un relevé aérien du littoral.

Les visiteurs suivants furent, en janvier 1939, l'explorateur américain Lincoln Ellsworth et son conseiller australien, Sir Hubert Wilkins, à bord du navire à moteur *Wyatt Earp*. Ellsworth a survolé quelque 400 km vers l'intérieur des terres. Début 1947, le navire *USS Currituck* a visité la côte Ingrid Christensen dans le cadre de l'opération Highjump. Des vols ont été effectués pour assurer un relevé photographique aérien du littoral.

La première expédition australienne de l'ANARE (Australian National Antarctic Research Expeditions) dans la zone, sous le commandement de Phillip Law à bord du *Kista Dan*, a atteint les collines Vestfold le 1er mars 1954. En janvier 1956, des membres de l'Expédition antarctique soviétique ont débarqué sur la côte Ingrid Christensen, en prévision de l'Année géophysique internationale, pour établir la station Mirny à 595 km à l'est. La station Davis, sous supervision australienne, a été installée sur les collines Vestfold en 1957. L'île Hawker a été nommée en hommage à A.C. Hawker, superviseur radio de la station Davis en 1957.

Climat

Les données météorologiques disponibles pour la Zone proviennent quasi exclusivement d'observations effectuées à la station Davis, à 7 km au nord-ouest de l'île Hawker. La région des collines Vestfold connaît un climat maritime polaire sec, froid et venteux. En été les températures moyennes varient de -1°C à +3°C, et de -14°C à -21°C en hiver. Entre 1957 à 2015, la température maximale enregistrée à la station Davis fut de +13°C; la plus basse température enregistrée fut de -41.8°C, le 27 avril 1998. De longues périodes de conditions plaisantes et relativement calmes se produisent pendant l'année. Les vents sont généralement légers. La moyenne annuelle tourne autour de 20 km/h. Les vents violents et les blizzards peuvent se lever pratiquement sans préavis; des bourrasques de plus de 200 km/h ont été enregistrées en 1972. Les chutes de neige représentent en moyenne 78 mm/an, la majeure partie des accumulations annuelles étant attribuable au vent. Mis à part plusieurs zones de glace permanentes, les collines Vestfold sont pratiquement sans neige en été et légèrement couvertes en hiver. Les précipitations maximales enregistrées à la station Davis furent de 55,6 mm, en 2013. Les archives révèlent un climat saisonnier correspondant à celui des latitudes élevées, mais les températures à la station Davis sont en moyenne supérieures à celles des autres stations de l'Antarctique situées à des latitudes similaires. Ce phénomène est attribué à l'oasis rocheux résultant de l'albédo inférieur des surfaces rocheuses par rapport à la glace, qui permet l'absorption de davantage d'énergie solaire et sa réémission.

Géologie

Les collines Vestfold se composent de gneiss archéen dont les dépressions sont souvent occupées par de fines couches de sédiments fossilifères du Pliocène et du Quaternaire. Les strates cénozoïques les plus anciennes des collines Vestfold se trouvent dans la formation de Sørsdal du milieu du Pliocène, qui renferme une flore et une faune marines fossiles très diversifiées. D'autres strates cénozoïques plus jeunes témoignent des glaciations répétées, et de plusieurs transgressions et régressions marines. Les trois principales lithologies composant les collines Vestfold sont (par ordre chronologique) le paragneiss de Chelnock, le gneiss de Mossel et le gneiss du lac Crooked. Cette composition se répète par blocs est-nord-est à ouest-sud-ouest. Ceux-ci sont entrecoupés de rangées de dykes mafiques suivant un axe globalement nord-sud. Ces filons sont une caractéristique notable des collines Vestfold. L'île Hawker comprend une extension du gneiss du lac Crooked dans la partie nord de la péninsule Mule, au-dessus du passage Laternula. Le gneiss du lac Crooked de l'île Hawker, tout comme les gneiss archéens des collines Vestfold, est interrompu par nombre de filons de dolérite très caractéristiques du début au milieu du Protérozoïque.

Pétrels géants

La colonie de pétrels géants de l'île Hawker est située sur un terrain légèrement incliné, à environ 20 m au-dessus du niveau de la mer, à l'extrémité nord de l'île (carte B). La même zone sert d'aire de nidification depuis les premiers relevés, en 1963-1964.

La saison de la reproduction des pétrels géants sur l'île Hawker commence fin septembre/début octobre, et la ponte intervient pendant la seconde moitié du mois d'octobre. Après une période d'incubation d'environ 60 jours, l'éclosion commence au cours de la deuxième moitié du mois de décembre et se poursuit pendant trois à quatre semaines jusqu'à la mi-janvier. Les jeunes oiseaux quittent la colonie à peu près 14 à 16 semaines après leur éclosion, entre la fin mars et le début mai. D'après l'analyse des données recueillies par les caméras automatiques tout au long de l'année, on sait qu'un petit nombre d'oiseaux persistent dans la Zone en dehors de la saison reproductive ; par conséquent, les visites dans la Zone doivent être menées de manière à causer le moins de perturbations possible.

Vers le milieu des années 1980, une stratégie de gestion a été mise en application pour les trois sites de nidification des pétrels géants à proximité des stations australiennes, afin de réduire autant que possible les perturbations causées par les humains. Le Département australien de l'Antarctique avait auparavant limité les recensements à une fois tous les trois ou cinq ans et soumis toutes les autres visites à des contrôles administratifs rigoureux. Cet intervalle était à l'époque considéré comme un compromis acceptable entre les risques de perturber les oiseaux pour leur recensement et le besoin de se procurer des données démographiques significatives. Ce mode de gestion a contraint à des visites en nombre insuffisant pour estimer les niveaux de population (et les tendances démographiques) et n'a visiblement pas eu d'effet bénéfique significatif sur le succès de reproduction des pétrels géants. Avec le développement de nouvelles technologies (caméras automatiques), il est désormais possible d'obtenir des informations détaillées avec une présence humaine minime, voire nulle, pendant la période de reproduction.

Au cours de la saison de reproduction 2013-2014, 43 nids étaient occupés à un moment, mais tous les adultes présents n'ont pas tenté de se reproduire. En février 2014, 23 poussins ayant bien grandi ont été recensés dans la zone. Certains nids sont situés en dehors du champ de vision des caméras automatiques; il se peut donc que le nombre d'oisillons soit légèrement plus élevé.

Autres oiseaux

Des manchots Adélie se reproduisent le long de la côte des collines Vestfold et sur au moins 27 îles au large, y compris l'île Hawker. Le nombre total de manchots Adélie sur la côte et les îles au large des collines Vestfold a été récemment estimé à 330 000 couples, en 2009-2010. La colonie de manchots Adélie de l'île Hawker se trouve actuellement à proximité d'une petite colline à mi-chemin du versant occidental de l'île et comporterait 5 000 couples, en 2009-2010. Tout porte à croire que la colonie ou certains de ses groupes nicheurs se déplacent régulièrement. Certaines zones qui étaient auparavant occupées ne le sont plus. Ceci est commun chez les populations de manchots Adélie dans la région de Davis. Les premiers manchots Adélie apparaissent généralement dans la région vers le milieu du mois d'octobre, et la ponte commence environ quatre semaines plus tard. L'intervalle entre la ponte du premier et du deuxième œuf est de deux à quatre jours, et la période d'incubation varie entre 32 et 35 jours. Après la mue, les derniers adultes quittent l'île Hawker avant la fin du mois de mars.

La présence d'une colonie peu nombreuse de damiers du Cap a été enregistrée sur l'île Hawker, à la pointe sud de la péninsule sud-ouest. Les damiers du Cap ne sont pas présents dans la région en hiver. Ils regagnent les sites de nidification au cours du mois d'octobre, la ponte se produisant entre la fin novembre et le début décembre, et le départ du nid fin février-début mars.

Phoques

Le phoque de Weddell a choisi comme zone de reproduction les fjords des collines Vestfold, et de temps à autre la partie sud-est de l'île Hawker. Les phoques font leur apparition vers la fin septembre et le début octobre, et les bébés phoques naissent entre la mi-octobre et la fin novembre. Pendant tout l'été, les phoques en mue continuent leur fréquentation de la glace marine et se hissent parfois sur la côte. L'essentiel de la population locale demeure dans la zone de glace de mer proche des collines Vestfold pendant tout l'été. Des groupes hors âge reproducteur d'éléphants de mer du sud (*Mirounga leonina*) vont à terre pendant les mois d'été à proximité de la péninsule sud-ouest de l'île Hawker. Leurs zones de mue contiennent des dépôts de poils et d'excréments accumulés depuis plusieurs milliers d'années, et pourraient être considérées comme des zones uniques et vulnérables.

Végétation

La flore des collines Vestfold comprend au moins 82 espèces d'algues terrestres, six espèces de mousses et au moins 23 espèces de lichens. Les lichens et les mousses se répartissent pour l'essentiel dans le secteur oriental ou à l'intérieur des terres, et leur schéma de répartition reflète la disponibilité de neige soufflée, le temps écoulé depuis la dernière exposition du substrat du plateau glaciaire, la durée écoulée depuis la dernière glaciation, l'altitude et la proximité de l'eau de mer. Dans de rares cas, la présence de lichens ou de mousses a été relevée à proximité des côtes halomorphes, notamment sur l'île Hawker où le terrain de faible altitude est recouvert de dépôts importants de sable et de moraine de forte densité.

Les algues terrestres, qui sont extrêmement répandues, sont le principal producteur primaire des collines Vestfold. La présence d'algues infralithiques (ou hypolithiques) a été enregistrée sur l'île Hawker, notamment sur la face cachée des blocs de quartz translucide qui sont partiellement enterrés. L'algue dominante, la cyanobactérie ou algue bleu-vert, notamment ses variétés oscillatoriacées, *Chroococidiopsis sp.*, et *Aphanothece sp.* sont celles les plus fréquemment rencontrées de concert avec les espèces de la famille des chlorophytae, *Desmococcus sp.A* et *Prasiococcus calcarius*. L'algue édaphique *Prasiola crispa* se présente comme une série de mèches vertes fripées dans les zones de fonte de glace, souvent en compagnie de la diatomée *Navicula muticopsis* et d'algues oscillatoriacées. La présence du lichen ornithocophile *Candelariella flava* a également été enregistrée sur l'île Hawker, à proximité des sites de nidification.

Invertébrés

Une étude approfondie des tardigrades terrestres (invertébrés vivant dans l'eau, à huit pattes et segmentés) entreprise dans les collines Vestfold en 1981 a permis de retrouver quatre genres et quatre espèces de tardigrades terrestres. Bien qu'aucun tardigrade n'ait été retrouvé sur le site de prélèvement d'échantillons de l'île Hawker, il a été suggéré que, dans la mesure où deux espèces, *Hypsibius allisonii* et *Macrobiotus fuciger (?)*, ont été recueillies à Walkabout Rocks, il serait possible de les retrouver dans d'autres zones côtières à l'écologie similaire en compagnie de la *Prasiola crispa*. L'acarien *Tydeus erebus* se retrouve souvent sur les sites de nidification des manchots Adélie de l'île.

6(ii) Accès à la Zone

Selon l'état de la glace de mer, on peut approcher la Zone au moyen d'un véhicule, d'une petite embarcation ou d'un aéronef ; ceux-ci doivent tous rester en dehors de la Zone. Il n'y a pas d'aires d'atterrissage désignées dans la Zone.

L'accès au moyen d'une petite embarcation devra se faire via un site situé à un distance respectant la distance minimale requise par rapport aux espèces sauvages, et, dans la mesure du possible, séparé par une caractéristique géographique, telle qu'une ligne de crête basse, afin de réduire au maximum les perturbations lors de l'approche.

6(iii) Emplacement de structures à l'intérieur de la Zone et à proximité

Il n'y a pas de structures permanentes à l'intérieur de la Zone ou adjacentes à elle. Trois caméras automatiques ont été placées temporairement à proximité de la colonie de pétrels géants pour une surveillance continue de la population.

6(iv) Emplacement d'autres zones protégées à proximité directe de la zone

: Plaine Marine, Zone spécialement protégée de l'Antarctique n°143 (68°36' de latitude sud, 78°07' de longitude est) se trouve à environ 8km à l'est.

6(v) Zones spéciales à l'intérieur de la zone

Il n'y a aucune zone spéciale à l'intérieur de la zone.

7. Critères de délivrance des permis d'accès

7(i) Conditions générales

L'accès à la Zone est interdit sauf avec un permis délivré par une autorité nationale compétente. Les conditions de délivrance d'un permis pour entrer dans la Zone sont les suivantes :

- un permis sera délivré uniquement pour des raisons scientifiques indispensables qu'il n'est pas possible de justifier ailleurs, notamment pour l'étude scientifique de l'avifaune et de l'écosystème de la zone, ou à des fins de gestion essentielles conformes aux objectifs du plan comme l'inspection, la gestion ou l'examen;

- les actions autorisées ne porteront pas atteinte aux valeurs de la Zone ;

- les actions autorisées sont conformes au plan de gestion ;

- le permis, ou une copie certifiée, doit être emmené dans la Zone.

- un rapport de visite devra être fourni à l'autorité mentionnée dans le permis ;

- tout permis sera délivré pour une durée donnée;

- l'autorité nationale compétente sera notifiée de toutes les activités et mesures entreprises, qui ne sont pas incluses dans le permis délivré.

7(ii) Accès à la Zone et déplacements à l'intérieur ou au-dessus de celle-ci

- Les véhicules sont interdits dans la zone. Les déplacements à l'intérieur de la Zone doivent se faire à pied exclusivement.

- L'accès aux frontières de la ZSPA île Hawker peut se faire par bateau ou par véhicule, selon les conditions saisonnières. Les bateaux utilisés pour visiter les îles doivent être laissés sur les rives. Seul le personnel nécessaire chargé de réaliser des activités scientifiques ou de gestion à l'intérieur de la Zone est autorisé à quitter le site de débarquement ou de stationnement. Les quad-bikes et les véhicules utilisés pour atteindre la Zone ne seront pas introduits à l'intérieur de la Zone. Les véhicules devront rester sur la glace de mer à une distance de la colonie de pétrels géants d'au moins 200 m (cf. Tableau 1) ;

- Les distances minimales d'approche (la proximité maximale) de la faune sauvage sont indiquées au Tableau 1. Si l'on observe une perturbation de la faune, il faut augmenter la distance de séparation ou modifier l'activité en cours jusqu'à ce la perturbation cesse d'être évidente. Les seules exceptions qui interviennent sont si un permis autorise une distance d'approche moindre.

- Les personnes autorisées par un permis à s'approcher des pétrels géants pour l'obtention de données de recensement ou de valeurs biologiques doivent maintenir la plus grande distance de séparation pratique. Les personnes ne s'approcheront pas plus près que nécessaire pour obtenir des données de recensement ou des données biologiques des pétrels géants nicheurs et, en aucun cas, à plus de 20 m ;

- Les perturbations peuvent être réduites au minimum en laissant les véhicules le plus loin possible du site, en approchant lentement et doucement, et en utilisant la topographie pour contrôler son approche.

- Pour réduire les perturbations de la faune et de la flore, les niveaux sonores, y compris des conversations, doivent être réduits à leur plus simple expression. L'utilisation d'outils à moteur et toute autre activité susceptible de produire du bruit et donc de gêner les pétrels géants et les autres oiseaux nicheurs est interdite à l'intérieur de la Zone pendant la période de reproduction des pétrels géants (mi-septembre à mi-avril) ;

- Il est interdit de survoler l'île pendant la saison de reproduction du pétrel géant sauf, lorsque cela s'avère essentiel à des fins scientifiques ou de gestion. Les survols doivent avoir lieu à une altitude d'au moins 930 m pour les hélicoptères monomoteurs et les aéronefs à voilure fixe, et d'au moins 1500 m pour les hélicoptères bimoteurs;

- Les atterrissages à proximité d'une aire de concentration de la faune sont strictement interdits dans un rayon de 930 m pour les hélicoptères monomoteurs et les aéronefs à voilure fixe, et de 1500 m pour les hélicoptères bimoteurs.

- Le survol de la zone, y compris par des véhicules aériens sans pilotes, est interdit (sauf lorsqu'il se révèle essentiel à des fins scientifiques et de gestion, tel que stipulé par un permis).

- Les vêtements (en particulier les chaussures et les vêtements pour l'extérieur) et l'équipement pour le terrain seront entièrement nettoyés avant d'entrer dans la zone.

Tableau 1 : Distances minimales à respecter en cas de contact avec la faune sauvage de l'île Hawker

Espèce	Distances (m)		
	Personnes à pied /à ski (a	Tous véhicules	Embarcation légère

	moins qu'une distance d'approche moindre soit autorisée par un permis)	**Quad/skidoo** **Hagglunds, etc.**	
Pétrels géants	100 m	Interdits dans la Zone. Devront être stationnés sur la glace de mer à une distance minimale de 200 m des colonies d'espèces sauvages.	Les embarcations doivent maintenir une distance minimale de 200 m des colonies lors du trajet et ne doivent pas débarquer à moins de 50 m des espèces ; ceci concerne particulièrement la colonie de manchots Adélie sur le littoral oriental. Il faut faire preuve de prudence à proximité immédiate de l'île.
Manchots empereurs reproducteurs/en mue	50 m		
Tout autre animal ou oiseau reproducteur	15 m		
Phoque ou oiseau hors âge reproducteur	5 m		

7(iii) Activités qui sont ou peuvent être menées dans la zone, y compris les restrictions spatio-temporelles

Les activités exécutées à l'intérieur de la Zone lorsque les pétrels géants se reproduisent (entre le 16 septembre et le 14 avril) seront autorisées à la condition exclusive que l'activité soit non invasive et ne puisse être raisonnablement entreprise en dehors de la période de reproduction. Dans la mesure du possible, les activités qui ne sont pas liées aux pétrels géants sont confinées aux zones situées hors du champ de vision du site de reproduction des pétrels géants.

Les activités suivantes peuvent être menées dans la zone, moyennant un permis :

- travaux de recherche scientifique conformes au présent plan de gestion qui ne peuvent être menés ailleurs ;
- activités de gestion essentielles, y compris la surveillance ; et
- échantillonnage qui doit être réduit au minimum pour répondre aux programmes de recherches approuvés.

7(iv) Installation, modification ou retrait de structures

- Les structures ou installations permanentes sont interdites.
- Les structures temporaires ou les matériels, y compris les caméras, ne pourront être installés à l'intérieur de la Zone qu'en conformité avec un permis.
- Les petits refuges temporaires, les affûts, les cachettes et les écrans peuvent être érigés à des fins de recherche scientifique.

- L'installation (incluant le choix de sites), le retrait, la modification ou l'enlèvement des structures et matériels doivent avoir lieu selon des modalités réduisant au minimum la perturbation des oiseaux en phase de reproduction et de leur environnement immédiat.

- Tout équipement scientifique ou borne installés dans la Zone doivent clairement être identifiés par pays, nom du principal chercheur, année d'installation et date prévue d'enlèvement.

- Les bornes, les panneaux ou autres structures érigés dans la Zone à des fins scientifiques et de gestion seront attachés et maintenus en bon état puis enlevés lorsqu'ils ne sont plus nécessaires. Tous ces éléments doivent être fabriqués à partir de matériaux posant un risque minimal de perturbation de la faune et de contamination de la Zone.

7(v) Emplacement des camps

- L'établissement de camps dans la Zone est interdit, sauf en cas d'urgence. Les camps d'urgence doivent éviter les zones de concentration de la faune dans la mesure du possible.

7 (vi) Restrictions sur les matériaux et les organismes pouvant être introduits dans la zone

- Aucun carburant ou combustible ne sera stocké à l'intérieur de la Zone. Le ravitaillement en carburant des embarcations peut être effectué aux sites de débarquement. Une petite quantité de combustible peut être introduite à l'intérieur de la Zone pour alimenter un poêle de secours en prenant soin de réduire au maximum le risque d'introduction accidentelle dans l'environnement.

- Aucune réserve de nourriture et autres fournitures ne seront laissées dans la Zone au-delà de la saison pour laquelle elles sont destinées.

- Aucun produit à base de volaille, y compris des aliments lyophilisés contenant des œufs en poudre, ne peut être introduit dans la zone.

- Aucun herbicide ou pesticide ne peut être introduit dans la Zone.

- Toute substance chimique introduite éventuellement pour des raisons scientifiques essentielles et précisées sur un permis sera retirée de la Zone à la conclusion de l'activité pour laquelle un permis a été délivré, ou avant. L'utilisation de radionucléides ou d'isotopes stables est interdite.

- Aucun animal, aucune matière végétale et aucun microorganisme ne seront introduits délibérément à l'intérieur de la Zone et des mesures de précaution doivent être prises contre toute introduction accidentelle ; tous les équipements et vêtements (en particulier les chaussures) seront soigneusement nettoyés avant d'accéder à l'intérieur de la zone.

- Tout élément sera introduit dans la Zone pour une période déterminée. Il sera retiré de ladite Zone au plus tard à la fin de cette période, puis sera manipulé et entreposé de manière à réduire au maximum les risques d'impact sur l'environnement.

7(vii) Prélèvement de végétaux et capture d'animaux ou perturbations nuisibles à la faune et la flore

- Tout prélèvement de végétaux, toute capture d'animaux, ou toute perturbation nuisible à la flore et à la faune est interdit, sauf si un permis l'autorise spécifiquement. Ce permis déterminera clairement les limites et les conditions imposées à ces activités qui, à moins d'une situation d'urgence, ne pourront être menées qu'après avoir été approuvées par un comité d'éthique compétent. En cas de collecte ou de perturbation néfaste des animaux, le Code de conduite du SCAR pour l'utilisation d'animaux à des fins scientifiques dans l'Antarctique doit être utilisé à titre de norme minimale.

- Les travaux de recherche ornithologique se limiteront à des activités non invasives et non perturbatrices des oiseaux de mer en phase de reproduction qui sont présents dans la zone. Les études, y compris les photographies aériennes pour les recensements de la population, auront une priorité élevée.

- Il faut éviter en tout temps de perturber les pétrels géants, ou toute autre espèce sauvage. Les visiteurs doivent être attentifs aux changements de comportement des espèces, surtout au niveau de la posture et de la vocalisation. Si les oiseaux montrent des signes indiquant qu'ils souhaitent quitter le nid, les personnes présentes doivent battre immédiatement en retraite. .

7(viii) Ramassage ou enlèvement de tout matériel non introduit dans la Zone par le titulaire du permis

- Le ramassage ou l'enlèvement de tout élément présent dans la Zone doit être autorisé par le permis, mais se limiter au minimum requis pour les activités menées à des fins scientifiques ou de gestion.

- Tout matériau d'origine humaine susceptible d'avoir un impact sur les valeurs de la Zone, et n'ayant pas été introduit par le détenteur du permis ou toute autre personne autorisée, peut être enlevé dans la mesure où cela n'a pas de conséquences plus graves que de le laisser *in situ*. Dans ce cas, l'autorité nationale compétente devra en être informée et l'approbation obtenue avant l'enlèvement.

7(ix) Élimination des déchets

Tous les déchets, y compris les déchets humains, seront enlevés de la zone.

7(x) Mesures pouvant s'avérer nécessaires pour que les buts et objectifs du plan de gestion continuent à être atteints

- Tous les sites spécifiques qui doivent faire l'objet d'une surveillance de longue durée doivent être bien balisés et les positions GPS seront obtenues pour être transmis à l'Australian Antarctic Data Centre ou au Système de répertoire de données de l'Antarctique.

- Des permis peuvent être délivrés pour entrer dans la Zone en vue d'y réaliser des activités de suivi biologique et d'inspection du site qui peuvent impliquer le prélèvement de petits échantillons à des fins d'analyse ou de révision, d'y installer et entretenir les structures et le matériel scientifique ainsi que les panneaux, ou d'y prendre d'autres mesures de protection.

- Lorsque c'est possible, un recensement des pétrels géants doit avoir lieu une fois au moins tous les cinq ans. Les recensements d'autres espèces peuvent être effectués à condition qu'ils ne perturbent pas davantage les pétrels géants.

- Dans la mesure du possible, les activités qui ne sont pas liées aux pétrels géants sont confinées aux zones situées hors du champ de vision du site de reproduction des pétrels géants.

- Les visiteurs prendront des précautions particulières afin de ne pas introduire d'organismes non indigènes dans la zone. Il conviendra notamment de ne pas introduire d'agents pathogènes, de microbes et de plantes issus des sols ou de la faune et de la flore d'autres sites antarctiques, y compris les stations de recherche, ou provenant d'autres régions hors de l'Antarctique. Afin de réduire au minimum les risques d'introductions, les visiteurs veilleront à ce que leurs chaussures, leurs vêtements et tout matériel – en particulier le matériel d'échantillonnage et de balisage introduit dans la zone – soient parfaitement nettoyés avant d'accéder au site.

7(xi) Rapports de visites

Les visiteurs doivent communiquer des informations détaillées relatives aux données de recensement ; l'emplacement de nouvelles colonies, ou de nouveaux site de nidification non encore enregistrés, sous forme de texte et de cartes, et un résumé des conclusions des recherches ; les copies des photographies pertinentes de la zone ; et des commentaires qui indiquent les mesures à prendre pour garantir le respect des dispositions du permis.

Le rapport peut contenir des recommandations utiles à la gestion de la zone, en particulier concernant la protection adéquate des valeurs que la Zone vise à protéger et l'efficacité des mesures de gestion.

Le rapport est présenté le plus rapidement possible après la fin de la visite de la Zone aux autorités nationales compétentes ayant octroyé le permis, et pas plus de six mois après la visite. Une copie du rapport est mise à la disposition des autorités ayant délivré le permis et de la Partie responsable du développement du plan de gestion (Australie, Département australien de l'Antarctique), si elle est différente, afin que le plan de gestion soit révisé. Ces rapports doivent contenir, le cas échéant, les informations identifiées dans le formulaire de rapport de visite du Guide pour l'élaboration des plans de gestion des Zones spécialement protégées de l'Antarctique. Les Parties devront tenir à jour des archives de ces activités et, dans l'échange annuel d'information, fournir une description sommaire des activités réalisées par des personnes subordonnées à leur juridiction, description qui devra donner suffisamment de détails pour permettre une évaluation de l'efficacité du plan de gestion.

8. Support documentaire

Une partie ou l'ensemble des données citées dans ce document proviennent des bases de données de l'**Australian Antarctic Data Centre (IDN Node AMD/AU)**, qui fait partie de la Division antarctique australienne (Commonwealth d'Australie).

Adamson, D.A. et Pickard, J. (1986): Cainozoic history of the Vestfold Hills, In Pickard, J., ed. *Antarctic Oasis, Terrestrial environments and history of the Vestfold Hills*. Sydney, Academic Press, 63–97.

Adamson, D.A. et Pickard, J. (1986): Physiology and geomorphology of the Vestfold Hills, In Pickard, J., ed. *Antarctic oasis: terrestrial environments and history of the Vestfold Hills*. Sydney, Academic Press, 99-139.

ACAP (Accord sur la conservation des albatros et des pétrels) (2012) *Species assessments: southern giant petrel Macronectes giganteus*. <www.acap.aq/en/acap-species/288-southern-giant-petrel/file>, consulté le 19 septembre 2012.

ERA (1968) Données non publiées.

Département australien de l'Antarctique (2010): Environmental Code of Conduct for Australian Field Activities, Territories, Environment and Treaties Section, Département australien de l'Antarctique

Birdlife International (2000): Threatened birds of the world. Barcelona et Cambridge U. K, Lynx Edicions et Birdlife International.

BirdLife International (2011): *Macronectes giganteus*, In: UICN 2011, Liste rouge des espèces menacées de l'UICN, 2011<http://www.iucnredlist.org/>, consulté le 17 janvier 2011.

BirdLife International (2011): Species fact sheet: *Macronectes giganteus*, <http://www.birdlife.org/> consulté le 17 janvier 2011.

Cooper, J., Woehler, E., Belbin, L. (2000): Guest editorial, Selecting Antarctic Specially Protected Areas: Important Bird Areas can help, *Antarctic Science* 12: 129.

DSEWPC (Department of Sustainability, Environment, Water, Population and Communities) (2011a): *Background Paper: Population status and threats to albatrosses and giant petrels listed as threatened under Environment Protection and Biodiversity Conservation Act 1999*<http://www.environment.gov.au/resource/national-recovery-plan-threatened-albatrosses-and-giant-petrels-2011%E2%80%942016> consulté le 10 février 2016.

DSEWPC (Department of Sustainability, Environment, Water, Population and Communities) (2011b): *National recovery plan for threatened albatrosses and giant petrels: 20112016*, <http://www.environment.gov.au/biodiversity/threatened/publications/recovery/albatrosses-and-giant-petrels.html>, consulté le 10 février 2016.

Fabel, D., Stone, J., Fifield, L.K. et Cresswell, R.G. (1997): Deglaciation of the Vestfold Hills, East Antarctica; preliminary evidence from exposure dating of three subglacial erratics. In RICCI, C.A., ed. *The Antarctic region: geological evolution and processes*, Siena: Museo Nazionale dell'Antartide, 829–834.

Garnett ST, Szabo JK et Dutson G (2011). The action plan for Australian birds 2010. CSIRO Publishing.

Gore, D.B. (1997). Last glaciation of Vestfold Hills; extension of the East Antarctic ice sheet or lateral expansion of Sørsdal Glacier. *Polar Record*, 33: 5–12.

Hirvas, H., Nenonen, K. et Quilty, P. (1993): Till stratigraphy and glacial history of the Vestfold Hills area, East Antarctica, *Quaternary International*, 18: 81-95.

UICN (Union internationale pour la conservation de la nature) (2001): *IUCN Red List Categories: Version 3.1*, IUCN Species Survival Commission, <www.iucnredlist.org>. Consulté le 25 janvier 2016.

UICN (Union internationale pour la conservation de la nature) (2015): *IUCN Red List of Threatened Species*. Version 2015.4<www.iucnredlist.org>. Consulté le 25 janvier 2016.

Jouventin, P., Weimerskirch, H. (1991). Changes in the population size and demography of southern seabirds: management implications, in: Perrins, C.M., Lebreton, J.-D. et Hirons, G.J.M. *Bird population studies: Relevance to conservation and management.* Oxford University Press: 297-314.

Johnstone, Gavin W.; Lugg, Desmond J., et Brown, D.A. (1973). The biology of the Vestfold Hills, Antarctica. Melbourne, Department of Science, Antarctic Division, *ANARE Scientific Reports*, Series B(1) Zoology, Publication No. 123.

Law P. (1958): Australian Coastal Exploration in Antarctica, *The Geographical Journal CXXIV*, 151-162.

Leishman, M.R. et Wild, C. (2001): Vegetation abundance and diversity in relation to soil nutrients and soil water content in Vestfold Hills, East, *Antarctic Science*, 13(2): 126-134

Micol, T., Jouventin, P. (2001): Long-term population trends in seven Antarctic seabirds at Point Géologie (Terre Adélie), Human impact compared with environmental change, *Polar Biology* 24: 175-185.

Miller, J.D. et al. (1984): A survey of the terrestrial Tardigrada of the Vestfold Hills, Antarctica, In Pickard, J., ed. *Antarctic Oasis, Terrestrial environments and history of the Vestfold Hills.* Sydney, Academic Press, 197-208.

Orton, M.N. (1963): Movements of young Giant Petrels bred in Antarctica, *Emu* 63: 260.

Patterson D.L., Woehler, E.J., Croxall, J.P., Cooper, J., Poncet, S., Fraser, W.R. (2008): Breeding distribution and population status of the Northern Giant Petrel *Macronectes halli* and the southern giant petrel *M. Giganteus, Marine Ornithology* 36: 115-124.

Pickard, J. ed., (1986): *Antarctic oasis: terrestrial environments and history of the Vestfold Hills.* Sydney, Academic Press.

Puddicombe, R.A.; et Johnstone, G.W. (1988): Breeding season diet of Adélie penguins at Vestfold Hills, East Antarctica, In *Biology of the Vestfold Hills*, Antarctica, edited by J.M. Ferris, H.R. Burton, G.W. Johnstone, et I.A.E. Bayly.

Rounsevell, D.E., et Horne, P.A. (1986). Terrestrial, parasitic and introduced invertebrates of the Vestfold Hills. *Antarctic oasis; terrestrial environments and history of the Vestfold Hills*, Sydney: Academic Press, 309-331.

Southwell C., Emmerson L., McKinlay J., Newberry K., Takahashi A., Kato A., Barbraud C., DeLord K., Weimerskirch H. (2015) Spatially extensive standardized surveys reveal widespread, multi-decadal increase in East Antarctic Adélie penguin populations. PLoS ONE 10(10): e0139877. doi:10.1371/journal.pone.0139877

Stattersfield, A.J., Capper, D.R. (eds.) (2000): Threatened birds of the world. Lynx Editions, Barcelona.

Terauds, A., Chown, S.L., Morgan, F., Peat, H.J., Watts, D.J., Keys, H., Convey, P., et Bergstrom, D.M. (2012). Conservation biogeography of the Antarctic, *Diversity and Distributions* Vol. 18. 726-741.

Wienecke, B., Leaper, R., Hay, I., van den Hoff, J. (2009): Retrofitting historical data in population studies: southern giant petrels in the Australian Antarctic Territory, *Endangered Species Research* Vol. 8: 157-164.

Woehler, E.J., Cooper, J., Croxall, J.P., Fraser, W.R., Kooyman, G.L., Miller, G.D., Nel, D.C., Patterson, D.L., Peter, H-U, Ribic, C.A., Salwicka, K., Trivelpiece, W.Z., Wiemerskirch, H. (2001): *A Statistical Assessment of the Status and Trends of Antarctic and Subantarctic Seabirds*, SCAR/CCAMLR/NSF, 43 pp.

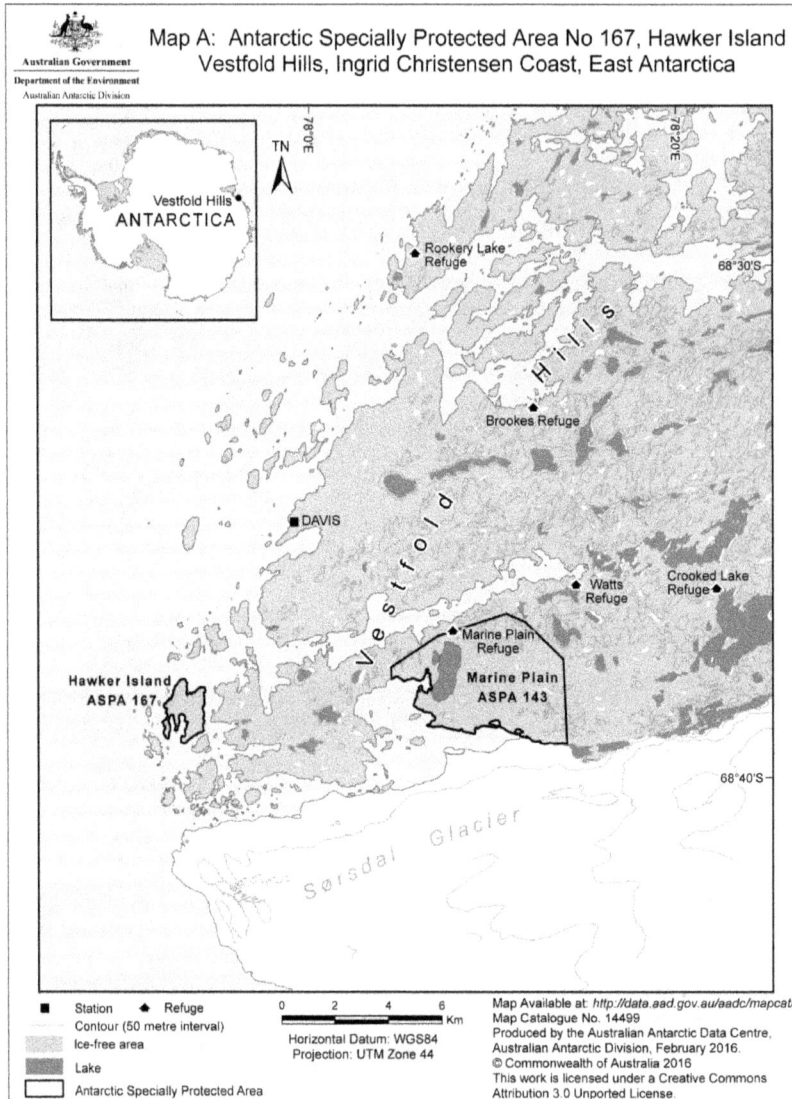

Map A: Antarctic Specially Protected Area No 167, Hawker Island Vestfold Hills, Ingrid Christensen Coast, East Antarctica

Map B: Antarctic Specially Protected Area No 167, Hawker Island Vestfold Hills, Ingrid Christensen Coast, East Antarctica Topography and Fauna Distribution

PARTIE III

Discours d'ouverture et de clôture et rapports

1. Discours des d'ouverture et de clôture

Allocution de bienvenue du Ministre des affaires étrangères, Heraldo Muñoz Valenzuela, à l'occasion de la cérémonie d'ouverture de la XXXIXe Réunion Consultative du Traité sur l'Antarctique

Santiago, le 23 mai 2016

(Vocatives)

Je voudrais avant tout souhaiter la bienvenue aux représentants de la communauté internationale de l'Antarctique à l'occasion de cette Réunion consultative du Traité sur l'Antarctique (RCTA) et de la dix-neuvième Réunion du comité pour la protection de l'environnement.

Ces réunions ont lieu exactement 50 ans après la dernière réunion consultative régulière qui s'est tenue à Santiago (en 1966), et 55 ans après l'entrée en vigueur du Traité sur l'Antarctique. En un peu plus de cinquante ans, le système du Traité sur l'Antarctique s'est affirmé comme un modèle efficace de coopération internationale en préservant ce continent des désaccords et des conflits internationaux présents dans d'autres régions de notre planète. Il s'agit d'un héritage que nous nous devons d'apprécier et de protéger en évitant les éventuelles différences qui pourraient avoir un impact négatif sur les travaux de ce forum multilatéral.

Ce régime international a considérablement évolué depuis sa création. Chaque étape que nous avons franchi, que ce soit en conservant ses ressources marines et terrestres, ou en créant des instruments pour la protection de l'environnement, a été possible grâce à la créativité et la conviction de tous selon laquelle les objectifs et les principes du système du Traité sur l'Antarctique sont extrêmement importants et méritent d'être protégés.

J'aimerais saisir cette occasion pour partager avec vous certaines pistes de réflexion que nous, en tant que pays, avons accueilli favorablement et qui, d'après moi, pourraient s'avérer utiles lors des délibérations qui se tiendront au cours des huit prochains jours de la réunion :

Une coopération internationale efficace pour les principaux défis actuels

La coopération internationale sur le continent antarctique, en particulier dans le domaine scientifique, existe depuis de nombreuses années et remonte à bien avant la signature du Traité sur l'Antarctique. Ce traité a fourni un cadre juridique à ce qui était déjà réalisé dans la pratique, et l'année géophysique internationale 1957-1958 en est l'exemple le plus éclatant. L'entrée en vigueur du Traité établit un cadre qui repose sur l'échange d'informations scientifiques. La *Déclaration sur la coopération antarctique*, à l'occasion du cinquantième anniversaire de l'entrée en vigueur du Traité sur l'Antarctique en 2011 fut une expression claire et récente de la volonté des Parties de continuer à développer cette coopération.

Les défis, ainsi que le nombre de pays adhérents et de Parties consultatives du Traité, se sont cependant multipliés et nous pensons que l'interaction entre nous n'est pas en mesure d'y faire face. Il existe de nombreuses stations qui soutiennent la science dans la zone de la péninsule Antarctique, mais cette capacité installée reste sous-exploitée et la coordination entre les programmes nationaux est encore partielle. Nous estimons qu'il est nécessaire que les Parties poursuivent leurs efforts afin d'encourager une plus grande coopération dans le domaine de la science, mais également dans l'utilisation des centres logistiques existants.

Une plus grande coordination présenterait sans aucun doute des avantages importants : davantage de projets scientifiques à travers la réduction des frais d'exploitation des programmes nationaux, une

157

plus grande synergie entre les différents projets de recherche et, en outre, une réduction de l'empreinte humaine sur le continent, en évitant, à terme, la construction de nouvelles installations.

En ce sens, le Chili déploie de nombreux efforts afin de soutenir le développement de la science dans l'Antarctique occidentale. La construction de l'***International Antarctic Centre*** dans la ville de Punta Arenas constitue l'un des projets phares de notre programme national. Avec un investissement s'élevant à presque 40 millions de dollars, l'édifice sera doté de bureaux, de laboratoires et d'installations logistiques à seulement deux heures de vol du continent Antarctique.

Un processus d'appel d'offres international sera bientôt lancé et nous prévoyons qu'il sera opérationnel d'ici 2019. Ce projet ne vise pas seulement à fournir une infrastructure d'excellence à la communauté scientifique nationale. Nous souhaitons également ouvrir les portes de ces installations à nos partenaires internationaux, exploitant au maximum la position géographique privilégiée de notre pays et sa proximité avec le continent blanc.

En outre, notre pays fait chaque année des efforts importants afin de servir les plate-formes logistiques de la péninsule Antarctique ainsi que les 21 programmes nationaux de l'Antarctique que nous avons accueilli à Punta Arenas au cours de la saison dernière. Notre apport logistique constitue, d'une façon ou d'une autre, une coopération efficace avec la communauté internationale de l'Antarctique.

Nous reconnaissons également le fait que l'Antarctique représente un lieu privilégié pour la surveillance de différents phénomènes qui sont sources d'intérêt et de préoccupation dans le monde, notamment le changement climatique. La température de la péninsule Antarctique a subi une augmentation de 3 degrés au cours des 50 dernières années. Cela peut paraître bénin, mais il s'agit d'une valeur 5 fois plus élevée que la moyenne de la planète. Les changements causés par l'effet de serre rencontrés dans cette région ont un impact direct sur le climat continental au Chili et dans le monde entier, il est donc vital pour toute la planète d'étudier ce phénomène.

Aucun pays ne peut à lui seul étudier efficacement ces phénomènes qui présentent une importance mondiale et qui nous touchent tous. Une coopération internationale renforcée est nécessaire, et le Chili souhaite coopérer et mettre sa plate-forme scientifique à disposition à cette fin.

Un Antarctique propre, mais utile à l'humanité

La conservation et la protection des écosystèmes terrestres et marins de l'Antarctique seront et resteront une priorité pour le Chili. Notre pays a été particulièrement actif lors de la négociation du Protocole au Traité sur l'Antarctique relatif à la protection de l'environnement signé en 1991 à Madrid. Ce n'est pas un hasard si notre Politique nationale Antarctique - un document établissant les principales lignes directrices de nos travaux en Antarctique - a été rédigé seulement un an après l'entrée en vigueur du protocole. À cette époque, nous avons estimé qu'il était nécessaire d'adapter notre action à l'évolution du système du Traité sur l'Antarctique en incluant la protection de l'environnement dans nos priorités nationales.

Seize ans ont passé depuis que notre Politique nationale Antarctique a été approuvée et que le système du Traité sur l'Antarctique a continué à évoluer. Pour cette raison, le principal organisme national pour les affaires en Antarctique, le Conseil politique de l'Antarctique, que j'ai l'honneur de présider, a adopté un mandat afin de mettre à jour cette politique nationale. Cette nouvelle formulation doit nécessairement renforcer les aspects de la protection de l'environnement en tenant compte de son évolution depuis l'entrée en vigueur du Protocole sur la protection de l'environnement. Ce processus de mise à jour devra être achevé d'ici la fin de l'année.

Cette décision est le fruit d'une analyse détaillée des atouts, des faiblesses et des opportunités provenant des travaux du Chili en Antarctique. Sur la base de cette analyse réalisée auprès d'institutions, nous présentons le document « ***Le Chili en Antarctique : Une vision stratégique vers***

2035 » qui expose plus de 100 propositions d'action visant à renforcer notre position en tant que pays avec une projection polaire. Les thématiques liées à l'environnement occupent une place particulière dans cette stratégie.

La protection de l'environnement, le changement climatique et la mesure de l'acidification de l'océan doivent être traités de façon préventive et créative. . La création d'un système représentatif d'aires marines protégées (AMP) au sein du continent Antarctique constitue l'une des priorités du Chili pour l'océan Austral. À cette fin, notre pays travaille, avec l'Argentine, à une proposition d'AMP pour la péninsule Antarctique et le sud de la mer de la Scotia. En outre, le Chili soutient les deux propositions qui sont actuellement débattues par la Commission pour la conservation de la faune et de la flore marines de l'Antarctique : une présentée par le Royaume-Uni et la Nouvelle-Zélande pour la région de la mer de Ross, et l'autre avancée par l'Australie, l'Union Européenne et la France pour la région de l'Antarctique oriental. Nous soutenons également le processus mené par l'Allemagne afin de créer une proposition d'AMP dans la région de la mer de Weddell.

Notre politique nationale Antarctique sur les thématiques liées à l'environnement peut se résumer dans la devise suivante, prononcée par l'ambassadeur Oscar Pinochet de la Barra lorsqu'il était président de l'institut de l'Antarctique chilien : « *Un Antarctique propre, mais utile.* » La protection et la conservation de l'environnement doivent aller de pair avec les activités en faveur de l'humanité. Il s'agit d'un équilibre difficile à atteindre, mais c'est un objectif vers lequel nous devons inlassablement tendre.

Préservation de l'héritage historique

Lorsque nous abordons le sujet de la coopération face aux principaux défis que notre planète affronte actuellement et du besoin de minimiser l'impact de l'homme sur les écosystèmes de l'Antarctique, nous dressons un agenda pour le futur. Toutefois, nous ne devons pas oublier que nos pays sont également unis par une histoire commune et riche en réussites au cours de laquelle, en raison des intempéries et de la géographie, les hommes ont dû donner le meilleur d'eux-mêmes pour conquérir ces terres froides et éloignées.

L'exemple qui nous vient à l'esprit aujourd'hui est celui de l'exploit réalisé par le Chili lorsque celui-ci, mené par le pilote Luis Pardo, a bravement sauvé l'équipage de l'expédition Endurance, il y a de cela exactement un siècle. Nous voulions vous offrir une nouvelle exposition au siège de la conférence, résultat d'un travail sans relâche effectué conjointement par le Département des bibliothèques, des archives et des musées (DIBAM), le National Maritime Museum, la marine chilienne et le ministère des affaires étrangères. Vous pouvez y suivre jour après jour le développement de cette expédition, conduite en 1916 dans des conditions aujourd'hui difficiles à imaginer.

Il est important de se souvenir de notre histoire commune. Pour cette raison, la protection des sites historiques en Antarctique est un travail qui exige notre attention. Nous sommes ravis du fait que cette année, à travers une proposition conjointe du Royaume-Uni, du Chili et de l'*Association internationale des organisateurs de voyages dans l'Antarctique* (IAATO), de nouvelles lignes directrices sont adressées pour les visiteurs de la pointe Wild sur l'île Éléphant, là où l'Endurance a coulé. Des propositions telles que celle-ci visent à prendre soin de lieux présentant une importance historique. C'est également dans ce contexte que nous apprécions les informations fournies cette année par la France concernant la réinstallation d'une plaque commémorant le voyage du *Pourquoi Pas* sur l'île Petermann. Ces actions, d'une grande portée historique, sont pertinentes dans le cadre de la présence de l'homme sur le continent Antarctique.

Conclusion

Lundi prochain, nous aurons l'occasion de nous rencontrer à nouveau afin de célébrer le 25ᵉ anniversaire de la signature du Protocole au Traité sur l'Antarctique relatif à la protection de l'environnement. Ce sera l'occasion d'explorer plus en détail cet instrument international, dont la négociation a commencé ici au Chili lors de deux Réunions spéciales du Traité, tenues à Viña del Mar en novembre et en décembre 1990. Nous sommes ravis de célébrer cet anniversaire important dans notre pays.

Pour cette raison, lundi prochain se tiendra un groupe de travail spécial de la Réunion consultative du Traité sur l'Antarctique sous la forme d'un symposium. Je me pencherai sur ce qui a été réalisé depuis l'entrée en vigueur de ce Protocole et j'analyserai les défis environnementaux présents et futurs du continent Antarctique dans son ensemble.

Je vous souhaite beaucoup de succès dans vos délibérations et vos travaux, ainsi qu'un séjour agréable et fructueux dans notre pays. Prenons soin de notre Antarctique.

Merci beaucoup.

2. Rapports des dépositaires et des observateurs

Rapport du gouvernement dépositaire du Traité sur l'Antarctique et de son Protocole conformément à la Recommandation XIII-2

Document de travail soumis par les États-Unis

Le présent rapport couvre les évènements relatifs au Traité sur l'Antarctique et au Protocole au Traité sur l'Antarctique relatif à la protection de l'environnement.

Un pays a adhéré au Traité sur l'Antarctique l'année dernière. L'Islande a déposé son instrument d'adhésion au Traité le 13 octobre 2015. Il n'y a pas eu au cours de l'année écoulée de nouvelles adhésions. Il y a cinquante-trois (53) Parties au Traité et trente-sept (37) Parties au Protocole.

Les pays suivants ont fourni la notification qu'ils ont désigné les personnes ci-mentionnées comme arbitres, conformément à l'article 2 (1) de l'annexe au Protocole relatif à la protection de l'environnement :

Bulgarie	Mme Guenka Beleva	30 juillet 2004
Chili	Amb. María Teresa Infante	juin 2005
	Amb. Jorge Berguño	juin 2005
	Dr Francisco Orrego	juin 2005
Finlande	Amb. Holger Bertil Rotkirch	14 juin 2006
Inde	Pr Upendra Baxi	6 octobre 2004
	M. Ajai Saxena	6 octobre 2004
	Dr N. Khare	6 octobre 2004
Japon	Juge Shunji Yanai	18 juillet 2008
République de Corée	Pr Park Ki Gab	21 octobre 2008
États-Unis	Pr Daniel Bodansky	1er mai 2008
	M. David Colson	1er mai 2008

Les listes des Parties au Traité, des Parties au Protocole ainsi que celle des Recommandations/Mesures et de leur approbation sont jointes au présent document.

Date de l'action la plus récente : 13 octobre 2015

Traité sur l'Antarctique

Fait :   à Washington, le 1er décembre 1959

Entrée en vigueur :   23 juin 1961

Conformément à l'article XIII, le Traité a été soumis à la ratification des États signataires et il est ouvert à l'adhésion de tout État membre de l'Organisation des Nations Unies, ou de tout autre État qui pourrait être invité à adhérer au Traité avec le consentement de toutes les Parties contractantes, dont les représentants sont habilités à participer aux réunions énoncées à l'article IX du Traité ; les instruments de ratification et les instruments d'adhésion seront déposés au gouvernement des États-Unis d'Amérique. À l'issue du dépôt des instruments de ratification par tous les États signataires, le Traité est entré en vigueur pour ces États et pour les États qui avaient déposé des instruments d'adhésion au Traité. Le Traité est ensuite entré en vigueur pour tout État adhérent au moment dépôt de son instrument d'adhésion.

Légende : (aucune marque) = ratification ; a = accession ; d = succession ; w = retrait ou action équivalente

Participant	Signature	Consentement à être lié		Autre action	Notes
Argentine	1er décembre 1959	23 juin 1961			
Australie	1er décembre 1959	23 juin 1961			
Autriche		25 août 1987	a		
Bélarus		27 décembre 2006	a		
Belgique	1er décembre 1959	26 juillet 1960			
Brésil		16 mai 1975	a		
Bulgarie		11 septembre 1978	a		
Canada		4 mai 1988	a		
Chili	1er décembre 1959	23 juin 1961			
Chine		8 juin 1983	a		
Colombie		31 janvier 1989	a		
Cuba		16 août 1984	a		
République tchèque		1er janvier 1993	d		1
Danemark		20 mai 1965	a		
Équateur		15 septembre 1987	a		
Estonie		17 mai 2001	a		
Finlande		15 mai 1984	a		
France	1er décembre 1959	16 septembre 1960			

---

[1] Date d'entrée en vigueur de la succession de la République tchèque. La Tchécoslovaquie avait déposé un instrument d'adhésion au Traité le 14 juin 1962. Le 31 décembre 1992, à minuit, la Tchécoslovaquie a cessé d'exister et a été remplacée par deux États distincts et indépendants, la République tchèque et la République slovaque.

					2
Allemagne		5 février 1979	a		
Grèce		8 janvier 1987	a		
Guatemala		31 juillet 1991	a		
Hongrie		27 janvier 1984	a		
Islande		13 octobre 2015	a		
Inde		19 août 1983	a		
Italie		18 mars 1981	a		
Japon	1er décembre 1959	4 août 1960			
Kazakhstan		27 janvier 2015	a		
Corée (RPDC)		21 janvier 1987	a		
Corée (République de Corée)		28 novembre 1986	a		
Malaisie		31 octobre 2011	a		
Monaco		31 mai 2008	a		
Mongolie		23 mars 2015	a		

---

[2] L'ambassade de la République fédérale d'Allemagne à Washington a transmis au Département d'État une note diplomatique en date du 2 octobre 1990, libellée comme suit :

« L'ambassade de la République fédérale d'Allemagne présente ses compliments au Département d'État et a l'honneur d'informer le gouvernement des États-Unis d'Amérique, en sa qualité de Gouvernement dépositaire du Traité sur l'Antarctique, que, suite à l'accession de la République démocratique allemande à la République fédérale d'Allemagne, qui a pris effet à compter du 3 octobre 1990, les deux États allemands s'uniront pour former un seul État souverain qui, en sa qualité de Partie contractante au Traité sur l'Antarctique, demeurera lié par les dispositions du Traité, et soumis aux recommandations adoptées lors des 15 réunions consultatives que la République fédérale d'Allemagne a approuvées. À compter de la date de réunification de l'Allemagne, la République fédérale d'Allemagne agira sous la désignation de "Allemagne" dans le cadre du Système de l'Antarctique.
« L'ambassade serait reconnaissante au gouvernement des États-Unis d'Amérique de bien vouloir informer toutes les Parties contractantes au Traité sur l'Antarctique du contenu de la présente note.
L'ambassade de la République fédérale d'Allemagne saisit cette occasion pour renouveler au Département d'État l'assurance de sa plus haute considération. »

Avant l'unification, le 19 novembre 1974, la République démocratique allemande avait déposé un instrument d'adhésion au Traité, en l'accompagnant d'une déclaration traduite en anglais par le Département d'État américain, libellée comme suit :

« La République fédérale d'Allemagne considère que le premier paragraphe de l'article XIII du Traité est contradictoire avec le principe selon lequel tous les États qui sont guidés dans leurs politiques par les objectifs et principes de la Charte des Nations Unies sont habilités à devenir Parties aux traités qui touchent les intérêts de tous les États. »

Ultérieurement, le 5 février 1979, la République fédérale d'Allemagne a déposé un instrument d'adhésion au Traité, en l'accompagnant d'une déclaration traduite en anglais par l'ambassade de la République fédérale d'Allemagne, libellée comme suit :

« Monsieur le Secrétaire,
« En relation avec le dépôt aujourd'hui de l'instrument d'adhésion au Traité sur l'Antarctique signé à Washington le 1er décembre 1959, j'ai l'honneur de déclarer au nom de la République fédérale d'Allemagne qu'à compter de la date d'entrée en vigueur du Traité pour la République fédérale d'Allemagne, ce dernier sera également appliqué à Berlin (Ouest), sous réserve des droits et responsabilités de la République française, du Royaume-Uni de Grande-Bretagne et d'Irlande du Nord, et des États-Unis d'Amérique, notamment ceux relatifs au désarmement et à la démilitarisation.
« Je vous prie d'agréer, Excellence, l'expression de ma plus haute considération. »

Pays-Bas		30 mars 1967	a		[3]
Nouvelle-Zélande	1er décembre 1959	1er novembre 1960			
Norvège	1er décembre 1959	24 août 1960			
Pakistan		1er mars 2012	a		
Papouasie-Nouvelle-Guinée		16 mars 1981	d		[4]
Pérou		10 avril 1981	a		
Pologne		8 juin 1961	a		
Portugal		29 janvier 2010	a		

---

[3] L'instrument d'adhésion au Traité déposé par les Pays-Bas signale que l'adhésion concerne le Royaume en Europe, le Suriname et les Antilles néerlandaises.

Le Suriname est devenu un État indépendant le 25 novembre 1975.

L'ambassade du Royaume des Pays-Bas à Washington a transmis au Département d'État une note diplomatique en date du 9 janvier 1986, libellée comme suit :

« L'ambassade du Royaume des Pays-Bas présente ses compliments au Département d'État et a l'honneur d'attirer l'attention du Département sur le point suivant concernant son rôle de dépositaire [du Traité sur l'Antarctique].
« Depuis le 1er janvier 1986, l'île d'Aruba – qui faisait antérieurement partie des Antilles néerlandaises – a obtenu l'autonomie interne en tant que pays au sein du Royaume des Pays-Bas. En conséquence, le Royaume des Pays-Bas comporte 3 pays depuis le 1er janvier 1986, à savoir : les Pays-Bas en Europe, les Antilles néerlandaises et Aruba.
« L'événement susmentionné porte uniquement sur un changement des relations constitutionnelles internes du Royaume des Pays-Bas, et le Royaume, en tant que sujet de droit international, reste lié par les traités qu'il a conclu, les changements susmentionnés n'a donc aucune conséquence sur le droit international relatif aux traités conclus par le Royaume, traités dont l'application était étendue aux Antilles néerlandaises, y compris Aruba.
« Ces traités resteront alors applicables à Aruba dans son nouveau statut de pays autonome au sein du Royaume des Pays-Bas à compter du 1er janvier 1986.
« En conséquence, le [Traité sur l'Antarctique] auquel le Royaume des Pays-Bas est Partie, et qui a été étendu aux Antilles néerlandaises, sera appliqué aux trois pays du Royaume des Pays-Bas à compter du 1er janvier 1986.
« L'ambassade vous serait reconnaissante de bien vouloir informer les autres Parties concernées du point susmentionné.
« L'ambassade du Royaume des Pays-Bas saisit cette occasion pour renouveler au Département d'État l'assurance de sa plus haute considération. »

L'ambassade du Royaume des Pays-Bas à Washington avait transmis une note diplomatique au Département d'État en date du 6 octobre 2010, dont voici en substance la teneur :

« Le Royaume des Pays-Bas comporte actuellement trois parties : les Pays-Bas, les Antilles néerlandaises et Aruba. Les Antilles néerlandaises comportent les îles de Curaçao, Saint-Martin, Bonaire, Saint-Eustache et Saba.
« À compter du 10 octobre 2010, les Antilles néerlandaises cesseront d'exister au sein du Royaume des Pays-Bas. À partir de cette date, le Royaume sera constitué de quatre parties : les Pays-Bas, Aruba, Curaçao et Saint-Martin. Curaçao et Saint-Martin jouiront d'un gouvernement autonome au sein du Royaume, au même titre qu'Aruba, et jusqu'au 10 octobre 2010, que les Antilles néerlandaises.
« Ces changements constituent une modification des relations constitutionnelles internes du Royaume des Pays-Bas. Le Royaume des Pays-Bas restera en conséquence sujet au droit international dans le cadre des accords conclus. Par conséquent, la modification de la structure du Royaume n'affectera pas la validité des accords internationaux ratifiés par le Royaume pour les Antilles néerlandaises ; ces accords continueront à s'appliquer à Curaçao et à Saint-Martin.
« Les autres îles qui ont jusqu'ici fait partie des Antilles néerlandaises – Bonaire, Saint-Eustache et Saba – continueront de faire partie des Pays-Bas, et formeront "la partie des Pays-Bas située dans les Caraïbes". Les accords qui s'appliquent actuellement aux Antilles néerlandaises continueront à s'appliquer à ces îles ; toutefois, le gouvernement des Pays-Bas sera dorénavant responsable de la mise en œuvre de ces accords. »

[4] Date du dépôt de la notification de succession par la Papouasie-Nouvelle-Guinée ; entrée en vigueur le 16 septembre 1975, à la date de son indépendance.

Roumanie		15 septembre 1971	a		5
Fédération de Russie	1er décembre 1959	2 novembre 1960			6
République slovaque		1er janvier 1993	d		7
Afrique du Sud	1er décembre 1959	21 juin 1960			
Espagne		31 mars 1982	a		
Suède		24 avril 1984	a		
Suisse		15 novembre 1990	a		
Turquie		24 janvier 1996	a		
Ukraine		28 octobre 1992	a		
Royaume-Uni	1er décembre 1959	31 mai 1960			
États-Unis	1er décembre 1959	18 août 1960			

---

[5] L'instrument d'accession de la Roumanie au Traité s'est accompagné d'une note signée de l'ambassadeur de la République socialiste de Roumanie aux États-Unis d'Amérique, en date du 15 septembre 1971, libellée comme suit :
« Monsieur le Secrétaire,
« Soumettant l'instrument d'adhésion de la République socialiste de Roumanie au Traité sur l'Antarctique, signé à Washington le 1er décembre 1959, j'ai l'honneur de vous informer de ce qui suit
« Le Conseil d'État de la République socialiste de Roumanie indique que les dispositions du premier paragraphe de l'article XIII du Traité sur l'Antarctique ne sont pas conformes au principe selon lequel les traités multilatéraux dont l'objet et les objectifs concernent la communauté internationale, dans son ensemble, devraient être ouverts à la participation universelle.
« Je vous demande cordialement, Monsieur le Secrétaire, de transmettre à toutes les Parties concernées le texte de l'instrument d'adhésion de la Roumanie au Traité sur l'Antarctique, ainsi que le texte du présent courrier contenant la déclaration du gouvernement roumain mentionnée ci-dessus.
« Je saisis cette occasion pour vous renouveler, Monsieur le Secrétaire, l'assurance de ma plus haute considération. »

Des copies de la lettre de l'ambassadeur et l'instrument roumain d'adhésion au Traité ont été transmises aux Parties au Traité sur l'Antarctique par la circulaire du Secrétaire d'État en date du 1er octobre 1971.

[6] Le traité a été signé et ratifié par l'ex-Union des Républiques socialistes soviétiques. Par une note datée du 13 janvier 1992, la Fédération de Russie a informé le gouvernement des États-Unis qu'elle « continue d'exercer les droits et s'acquittent des obligations découlant des accords internationaux signés par l'Union des Républiques socialistes soviétiques. »

[7] Date d'entrée en vigueur de la succession par la République slovaque. La Tchécoslovaquie avait déposé un instrument d'adhésion au Traité le 14 juin 1962. Le 31 décembre 1992, à minuit, la Tchécoslovaquie a cessé d'exister et a été remplacée par deux États distincts et indépendants, la République tchèque et la République slovaque.

Uruguay		11 janvier 1980	a		8
Venezuela		24 mars 1999	a		

---

[8] L'instrument d'adhésion de l'Uruguay au Traité s'est accompagné d'une déclaration traduite en anglais par le Département d'État américain, libellée comme suit :

« Le gouvernement de la République orientale de l'Uruguay estime que, grâce à son adhésion au Traité de l'Antarctique signé à Washington (États-Unis d'Amérique), le 1er décembre 1959, il contribue à affirmer les principes en faveur de l'utilisation de l'Antarctique à des fins exclusivement pacifiques, de l'interdiction de toute explosion nucléaire ou déchet radioactif dans cette région, de la liberté de recherche scientifique en Antarctique au service de l'humanité, et de la coopération internationale dans la réalisation des objectifs qui sont fixés dans ledit Traité.

« Dans le contexte de ces principes, l'Uruguay propose, par le biais d'une procédure fondée sur le principe d'égalité juridique, l'établissement d'un statut général et définitif sur l'Antarctique dans lequel, tout en respectant les droits des États tels que reconnus dans le droit international, les intérêts de tous les États engagés dans, et appartenant à la communauté internationale, prise dans son ensemble, seraient considérés équitablement.

« La décision du gouvernement uruguayen d'adhérer au Traité sur l'Antarctique se fonde non seulement sur l'intérêt que l'Uruguay, à l'instar des membres de la communauté internationale, porte à l'Antarctique, mais également sur l'intérêt spécial, direct et substantiel qui provient de son emplacement géographique, du fait que sa ligne côtière atlantique s'ouvre sur le continent de l'Antarctique, de son influence qui en résulte sur le climat, l'écologie et la biologie marine, des liens historiques qui remontent aux premières expéditions lancées pour explorer ce continent et ses eaux et également des obligations souscrites conformément au Traité interaméricain d'assistance réciproque qui inclut une partie du territoire antarctique dans la zone décrite à l'article 4, en vertu duquel l'Uruguay partage la responsabilité de la défense de la région.

« En communiquant sa décision d'adhérer au Traité sur l'Antarctique, le gouvernement de la République orientale de l'Uruguay déclare qu'il se réserve ses droits dans l'Antarctique en conformité avec le droit international. »

PROTOCOLE AU TRAITÉ SUR L'ANTARCTIQUE RELATIF À LA PROTECTION DE L'ENVIRONNEMENT

Signé à Madrid le 4 octobre 1991*

État	Date de Signature	Date de dépôt de la ratification (A) de l'acceptation (A) ou Approbation (AA)	Date de dépôt de l'adhésion	Date d'entrée en vigueur	Date de Acceptation de l'ANNEXE V**	Date d'entrée en vigueur de l'Annexe V
PARTIES CONSULTATIVES						
Rép. de Corée	2 juil. 1992	2 janv. 1996		14 janv. 1998	5 juin 1996 (B)	24 mai 2002
Afrique du Sud	4 oct. 1991	3 août 1995		14 janv. 1998	14 juin 1995 (B)	24 mai 2002
Pérou	4 oct. 1991	8 mars 1993		14 janv. 1998	8 mars 1993 (A)	24 mai 2002
Norvège	4 oct. 1991	16 juin 1993		14 janv. 1998	13 oct. 1993 (B)	24 mai 2002
Espagne	4 oct. 1991	1er juil. 1992		14 janv. 1998	8 déc. 1993 (A)	24 mai 2002
Suède	4 oct. 1991	30 mars 1994		14 janv. 1998	30 mars 1994 (A)	24 mai 2002
Australie	4 oct. 1991	6 avr. 1994		14 janv. 1998	6 avr. 1994 (A) / 7 avr. 1994 (B)	24 mai 2002
Allemagne	4 oct. 1991	25 nov. 1994		14 janv. 1998	25 nov. 1994 (A)	24 mai 2002
Chine	4 oct. 1991	2 août 1994		14 janv. 1998	26 janv. 1995 (AB)	24 mai 2002
France	4 oct. 1991	5 févr. 1993 (AA)		14 janv. 1998	26 avr. 1995 (B)	24 mai 2002
Uruguay	4 oct. 1991	11 janv. 1995		14 janv. 1998	15 mai 1995 (B)	24 mai 2002
Italie	4 oct. 1991	31 mars 1995		14 janv. 1998	31 mai 1995 (A) / 7 juin 1995 (B) / 4 août 1995 (B)	24 mai 2002
Pologne	4 oct. 1991	1er nov. 1995		14 janv. 1998	20 sept. 1995 (B)	24 mai 2002
Belgique	4 oct. 1991	26 avr. 1996		14 janv. 1998	26 avr. 1996 (A)	24 mai 2002
Royaume-Uni	4 oct. 1991	25 avr. 1995 [5]		14 janv. 1998	21 mai 1996 (B) / 2 avr. 1997 (B)	24 mai 2002
États-Unis	4 oct. 1991	17 avr. 1997		14 janv. 1998	17 avr. 1997 (A)	24 mai 2002
Japon	29 sept. 1992	15 déc. 1997 (A)		14 janv. 1998	15 déc. 1997 (AB)	24 mai 2002
Finlande	4 oct. 1991	1er nov. 1996 (A)		14 janv. 1998	1er nov. 1996 (A)	24 mai 2002
Nouvelle-Zélande	4 oct. 1991	22 déc. 1994		14 janv. 1998	21 oct. 1992 (B)	24 mai 2002
Fédération de Russie	4 oct. 1991	6 août 1997		14 janv. 1998	19 juin 2001 (B) / 11 févr. 1998 (B)	24 mai 2002
Chili	4 oct. 1991	11 janv. 1995		14 janv. 1998	25 mars 1998 (B) / 6 mai 1998 (B)	24 mai 2002
Brésil	4 oct. 1991	15 août 1995		14 janv. 1998	20 mai 1998 (B) / 1er sept. 1998 (B) / 18 nov. 1998 (A) / 17 mars 1999 (B) / 18 févr. 2000 (B)	24 mai 2002
Argentine	4 oct. 1991	28 oct. 1993 [3]		14 janv. 1998	8 sept. 2000 (A) / 23 octobre 2000 (B)	24 mai 2002

Rapport final de la XXXIXè RCTA

Équateur	4 oct. 1991	4 janv. 1993	14 janv. 1998	11 mai 2001 (A)	24 mai 2002
Ukraine		25 mai 2001	24 juin 2001	25 mai 2001 (A)	24 mai 2002
				15 nov. 2001 (B)	
Bulgarie		21 avr. 1998	21 mai 1998	5 mai 1999 (AB)	24 mai 2002
Inde	2 juil. 1992	26 avr. 1996	14 janv. 1998	24 mai 2002 (B)	24 mai 2002
République tchèque[1,2]	1er janv. 1993	25 août 2004 [4]	24 sept. 2004	23 avr. 2014 (B)	
Pays-Bas	4 oct. 1991	14 avr. 1994 (A) [6]	14 janv. 1998	18 mars 1998 (B)	24 mai 2002

** L'indication suivante désigne la date relative soit
à l'acceptation de l'Annexe V, soit à l'approbation de la Recommandation XVI-10
(A) Acceptation de l'Annexe V, (B) Approbation de la Recommandation XVI-10

170

2. Rapports des dépositaires et des observateurs

État	Date de Signature	Ratification Acceptation ou Approbation	Date de dépôt de l'adhésion	Date d'entrée en vigueur	Date l'acceptation de l'ANNEXE V**	Date d'entrée en vigueur de l'Annexe V
PARTIES NON CONSULTATIVES						
Autriche	4 oct. 1991					
Bélarus			16 juil. 2008	15 août 2008		
Canada	4 oct. 1991	13 nov. 2003		13 déc. 2003		
Colombie	4 oct. 1991					
Cuba	2 juil. 1992					
Danemark						
Estonie						
Grèce	4 oct. 1991	23 mai 1995		14 janv. 1998		
Guatemala	4 oct. 1991					
Hongrie	4 oct. 1991					
Corée, RDP	4 oct. 1991					
Malaisie						
Monaco			1er juil. 2009	31 juil. 2009		
Pakistan			1er mars 2012	31 mars 2012		
Papouasie-Nouvelle-Guinée						
Portugal			10 sept. 2014	10 oct. 2014		
Roumanie	4 oct. 1991	3 févr. 2003		5 mars 2003	3 février 2003	5 mars 2003
Rép. slovaque[1,2]	1er janv. 1993					
Suisse	4 oct. 1991					
Turquie						
Venezuela			1er août 2014	31 août 2014		

---

* Signé à Madrid le 4 octobre 1991 ; puis à Washington jusqu'au 3 octobre 1992.
Le Protocole entrera en vigueur initialement au trentième jour après la date de dépôt des instruments de ratification, d'acceptation, d'approbation ou d'adhésion par tous les États qui étaient Parties consultatives au Traité sur l'Antarctique à la date où le Protocole a été adopté. (Article 23)

** Adopté à Bonn le 17 Octobre 1991, a la XVIe Réunion consultative sur l'Antarctique.

1. Signé pour les Républiques tchèque et slovaque le 2 octobre 1992 – La Tchécoslovaquie accepte la juridiction de la Cour internationale de justice et du Tribunal arbitral pour la résolution des litiges selon l'article 19, paragraphe premier. Le 31 décembre 1992, à minuit, la Tchécoslovaquie a cessé d'exister et a été remplacée par deux États distincts et indépendants, la République tchèque et la République slovaque.

2. Date effective de succession, conformément à la signature de la Tchécoslovaquie, qui est soumise à ratification par la République tchèque et la République slovaque.

3. Elle s'est accompagnée d'une déclaration dont la traduction informelle en anglais a été fournie par l'ambassade d'Argentine, libellée comme suit : « La République argentine déclare que dans la mesure où le Protocole relatif à la protection de l'environnement est un accord complémentaire du Traité sur l'Antarctique et que son article 4 respecte ainsi pleinement ce qui a été indiqué dans l'article IV, paragraphe 1, alinéa A) dudit traité, aucune de ses stipulations ne doit être interprétée ou être utilisée comme atteinte à ses droits, basé sur les titres, actes de possession, contiguïté et continuité de la géologie dans la région Sud du parallèle 60, dans laquelle il a proclamé et a maintenu sa souveraineté. »

4. Elle s'est accompagnée d'une déclaration dont la traduction informelle en anglais a été fournie par l'ambassade de la République tchèque, libellée comme suit : « La République tchèque accepte la juridiction de la Cour internationale de justice et du Tribunal arbitral au titre de l'article 19, paragraphe premier du Protocole au Traité sur l'Antarctique relatif à la protection de l'environnement, fait à Madrid, le 4 octobre 1991. »

5. La ratification effectuée au nom du Royaume-Uni de Grande-Bretagne et d'Irlande du Nord, du bailliage de Jersey, du bailliage de Guernesey, de l'île de Man, d'Anguilla, des Bermudes, de la Terre antarctique britannique, des îles Caïman, des îles Falkland, de Montserrat, Sainte-Hélène et Dépendances, des îles de la Géorgie du Sud et Sandwich du Sud, des îles Turques-et-Caïques et des îles Vierges britanniques.

6. L'acceptation vaut pour le Royaume en Europe.   Au moment de l'acceptation, le Royaume des Pays-Bas a déclaré qu'il choisissait les deux recours possibles pour la résolution des litiges mentionnés à l'article 19, paragraphe premier du Protocole, à savoir la Cour internationale de justice et le Tribunal arbitral.

Une déclaration du Royaume des Pays-Bas en date du 15 octobre 2004 acceptant le Protocole pour les Antilles néerlandaises a été déposée le 27 octobre 2004, accompagnée d'une déclaration confirmant qu'il choisissait les deux recours possibles pour la résolution des litiges mentionnés à l'article 19, paragraphe premier du Protocole.

L'ambassade du Royaume des Pays-Bas à Washington avait transmis une note diplomatique au Département d'État en date du 6 octobre 2010, dont voici en substance la teneur :

« Le Royaume des Pays-Bas comporte actuellement trois parties : les Pays-Bas, les Antilles néerlandaises et Aruba. Les Antilles néerlandaises comportent les îles de Curaçao, Saint-Martin, Bonaire, Saint-Eustache et Saba.

« À compter du 10 octobre 2010, les Antilles néerlandaises cesseront d'exister au sein du Royaume des Pays-Bas. À partir de cette date, le Royaume sera constitué de quatre parties : les Pays-Bas, Aruba, Curaçao et Saint-Martin. Curaçao et Saint-Martin jouiront d'un gouvernement autonome au sein du Royaume, au même titre qu'Aruba, et jusqu'au 10 octobre 2010, que les Antilles néerlandaises.

« Ces changements constituent une modification des relations constitutionnelles internes du Royaume des Pays-Bas. Le Royaume des Pays-Bas restera en conséquence sujet de droit international dans le cadre des accords conclus. Par conséquent, la modification de la structure du Royaume n'affectera pas la validité des accords internationaux ratifiés par le Royaume pour les Antilles néerlandaises ; ces accords continueront à s'appliquer à Curaçao et à Saint-Martin.

« Les autres îles qui ont jusqu'ici fait partie des Antilles néerlandaises – Bonaire, Saint-Eustache et Saba – continueront de faire partie des Pays-Bas, et formeront "la partie des Pays-Bas située dans les Caraïbes". Les accords qui s'appliquent actuellement aux Antilles néerlandaises continueront à s'appliquer à ces îles ; toutefois, le gouvernement des Pays-Bas sera dorénavant responsable de la mise en œuvre de ces accords. »

Le 16 octobre 2014, le Royaume des Pays-Bas a déposé un instrument daté du 3 septembre 2014 déclarant que le Royaume des Pays-Bas approuvait l'Annexe V du Protocole pour la partie des Pays-Bas située dans les Caraïbes (les îles de Bonaire, Saint-Eustache et Saba).

Département d'État,
Washington, le 21 avril 2016.

172

2. Rapports des dépositaires et des observateurs

Approbation, ainsi que notifiée par le gouvernement des États-Unis d'Amérique, des mesures relatives à la promotion des principes et objectifs du Traité sur l'Antarctique

	16 recommandations adoptées à la première Réunion (Canberra, 1961†)	10 recommandations adoptées à la deuxième Réunion (Buenos Aires, 1962)	11 recommandations adoptées à la troisième Réunion (Bruxelles, 1964)	28 recommandations adoptées à la quatrième Réunion (Santiago, 1966)	9 recommandations adoptées à la cinquième Réunion (Paris, 1968)	15 recommandations adoptées à la sixième Réunion (Tokyo, 1970)
	Approuvées	Approuvées	Approuvées	Approuvées	Approuvées	Approuvées
Argentine	TOUTES	TOUTES	TOUTES	TOUTES	TOUTES	TOUTES
Australie	TOUTES	TOUTES	TOUTES	TOUTES	TOUTES	TOUTES
Belgique	TOUTES	TOUTES	TOUTES	TOUTES	TOUTES	TOUTES
Brésil (1983)+	TOUTES	TOUTES	TOUTES	TOUTES	TOUTES	TOUTES sauf 10
Bulgarie (1998)+						
Chili	TOUTES	TOUTES	TOUTES	TOUTES	TOUTES	TOUTES
Chine (1985)+	TOUTES	TOUTES	TOUTES	TOUTES	TOUTES	TOUTES sauf 10
République tchèque (2014)+	1-7, 10 et 12-14	1, 4, 6-7 et 9	1-2, 7 et 11	14-15, 18, 21-24 et 27	2-3 et 6-7	1, 3, 5-7 et 10-13
Équateur (1990)+						
Finlande (1989)+						
France	TOUTES	TOUTES	TOUTES	TOUTES	TOUTES	TOUTES
Allemagne (1981)+	TOUTES	TOUTES	TOUTES sauf 8	TOUTES sauf 16-19	TOUTES sauf 6	TOUTES sauf 9
Inde (1983)+	TOUTES	TOUTES	TOUTES sauf 8***	TOUTES sauf 18	TOUTES	TOUTES sauf 9 et 10
Italie (1987)+	TOUTES	TOUTES	TOUTES	TOUTES	TOUTES	TOUTES
Japon	TOUTES	TOUTES	TOUTES	TOUTES	TOUTES	TOUTES
République de Corée (1989)+	TOUTES	TOUTES	TOUTES	TOUTES	TOUTES	TOUTES sauf 15
Pays-Bas (1990)+	TOUTES sauf 11 et 15	TOUTES sauf 3, 5, 8 et 10	TOUTES sauf 3, 4, 6 et 9	TOUTES sauf 20, 25, 26 et 28	TOUTES sauf 1, 8 et 9	TOUTES
Nouvelle-Zélande	TOUTES	TOUTES	TOUTES	TOUTES	TOUTES	TOUTES
Norvège	TOUTES	TOUTES	TOUTES	TOUTES	TOUTES	TOUTES
Pérou (1989)+	TOUTES	TOUTES	TOUTES	TOUTES	TOUTES	TOUTES
Pologne (1977)+	TOUTES	TOUTES	TOUTES	TOUTES	TOUTES	TOUTES
Russie	TOUTES	TOUTES	TOUTES	TOUTES	TOUTES	TOUTES
Afrique du Sud	TOUTES	TOUTES	TOUTES	TOUTES	TOUTES	TOUTES
Espagne (1988)+	TOUTES	TOUTES	TOUTES	TOUTES	TOUTES	TOUTES
Suède (1988)+	TOUTES	TOUTES	TOUTES	TOUTES	TOUTES	TOUTES
R.-U.	TOUTES	TOUTES	TOUTES	TOUTES	TOUTES	TOUTES
Uruguay (1985)+	TOUTES	TOUTES	TOUTES	TOUTES	TOUTES	TOUTES
États-Unis	TOUTES	TOUTES	TOUTES	TOUTES	TOUTES	TOUTES

*IV-6, IV-10, IV-12, et V-5 terminées par VIII-2.

***Accepté en tant que ligne directrice temporaire

+ Année d'obtention du statut de membre consultatif. Acceptation par cet État nécessaire pour que les recommandations ou mesures adoptées au cours des Réunions entrent en vigueur à partir de cette année.

Rapport final de la XXXIXe RCTA

Approbation, ainsi que notifiée par le gouvernement des États-Unis d'Amérique, des mesures relatives à la promotion des principes et objectifs du Traité sur l'Antarctique

	9 recommandations adoptées à la septième Réunion (Wellington, 1972) Approuvées	14 recommandations adoptées à la huitième Réunion (Oslo, 1975) Approuvées	6 recommandations adoptées à la neuvième Réunion (Londres, 1977) Approuvées	9 recommandations adoptées à la dixième Réunion (Washington, 1979) Approuvées	3 recommandations adoptées à la onzième Réunion (Buenos Aires, 1981) Approuvées	8 recommandations adoptées à la douzième Réunion (Canberra, 1983) Approuvées
Argentine	TOUTES	TOUTES	TOUTES	TOUTES	TOUTES	TOUTES
Australie	TOUTES	TOUTES	TOUTES	TOUTES	TOUTES	TOUTES
Belgique	TOUTES	TOUTES	TOUTES	TOUTES	TOUTES	TOUTES
Brésil (1983)+	TOUTES sauf 5	TOUTES	TOUTES	TOUTES	TOUTES	TOUTES
Bulgarie (1998)+						
Chili	TOUTES	TOUTES	TOUTES	TOUTES	TOUTES	TOUTES
Chine (1985)+	TOUTES sauf 5	TOUTES	TOUTES	1-3 et 8	TOUTES	TOUTES
République tchèque (2014)+	4 et 6-8	1, 4, 6-10, 12 et 14	1 et 2		TOUTES sauf 2	TOUTES sauf 3-5
Équateur (1990)+						
Finlande (1989)+						
France	TOUTES	TOUTES	TOUTES	TOUTES	TOUTES	TOUTES
Allemagne (1981)+	TOUTES sauf 5	TOUTES sauf 2 et 5	TOUTES	TOUTES sauf 1 et 9	TOUTES	TOUTES
Inde (1983)+	TOUTES	TOUTES	TOUTES	TOUTES sauf 1 et 9	TOUTES	TOUTES
Italie (1987)+	TOUTES sauf 5	TOUTES	TOUTES	TOUTES		
Japon	TOUTES	TOUTES	TOUTES	TOUTES	TOUTES	TOUTES
République de Corée (1989)+	TOUTES	TOUTES	TOUTES	TOUTES	TOUTES	TOUTES
Pays-Bas (1990)+	TOUTES	TOUTES	TOUTES sauf 3	TOUTES sauf 9	TOUTES sauf 2	TOUTES
Nouvelle-Zélande	TOUTES	TOUTES	TOUTES	TOUTES	TOUTES	TOUTES
Norvège	TOUTES	TOUTES	TOUTES	TOUTES	TOUTES	TOUTES
Pérou (1989)+	TOUTES	TOUTES	TOUTES	TOUTES	TOUTES	
Pologne (1977)+	TOUTES	TOUTES	TOUTES	TOUTES	TOUTES	TOUTES
Russie	TOUTES	TOUTES	TOUTES	TOUTES	TOUTES	TOUTES
Afrique du Sud	TOUTES	TOUTES	TOUTES	TOUTES	TOUTES	TOUTES
Espagne (1988)+	TOUTES	TOUTES	TOUTES	TOUTES sauf 1 et 9	TOUTES sauf 1	TOUTES
Suède (1988)+						
R.-U.	TOUTES	TOUTES	TOUTES	TOUTES	TOUTES	TOUTES
Uruguay (1985)+	TOUTES	TOUTES	TOUTES	TOUTES	TOUTES	TOUTES
États-Unis	TOUTES	TOUTES	TOUTES	TOUTES	TOUTES	TOUTES

*IV-6, IV-10, IV-12, et V-5 terminées par VIII-2

***Accepté en tant que ligne directrice temporaire

+ Année d'obtention du statut de membre consultatif. Acceptation par cet État nécessaire pour que les recommandations ou mesures adoptées au cours des Réunions entrent en vigueur à partir de cette année.

Approbation, ainsi que notifiée par le gouvernement des États-Unis d'Amérique, des mesures relatives à la promotion des principes et objectifs du Traité sur l'Antarctique

| | 16 recommandations adoptées à la treizième Réunion (Bruxelles, 1985) | 10 recommandations adoptées à la quatorzième Réunion (Rio de Janeiro, 1987) | 22 recommandations adoptées à la quinzième Réunion (Paris, 1989) | 13 recommandations adoptées à la seizième Réunion (Bonn, 1991) | 4 recommandations adoptées à la dix-septième Réunion (Venise, 1992) | 1 recommandation adoptée à la dix-huitième Réunion (Kyoto, 1994) |
	Approuvées	Approuvées	Approuvées	Approuvées	Approuvées	Approuvées
Argentine	TOUTES	TOUTES	TOUTES	TOUTES	TOUTES	TOUTES
Australie	TOUTES	TOUTES	TOUTES	TOUTES	TOUTES	TOUTES
Belgique	TOUTES	TOUTES	TOUTES	TOUTES	TOUTES	TOUTES
Brésil (1983)+	TOUTES	TOUTES	TOUTES	TOUTES	TOUTES	TOUTES
Bulgarie (1998)+				XVI-10		
Chili	TOUTES	TOUTES	TOUTES	TOUTES	TOUTES	TOUTES
Chine (1985)+	TOUTES	TOUTES	TOUTES	TOUTES	TOUTES	TOUTES
République tchèque (2014)+	1-3, 5-6, 8, 11 et 15-16	1, 3, 5, 7-8 et 10	2, 5, 12-19 et 21	1, 2, 5-6 et 10-12 XV-10	TOUTES sauf 2	TOUTES
Équateur (1990)+						
Finlande (1989)+			TOUTES	TOUTES	TOUTES	TOUTES
France	TOUTES	TOUTES	TOUTES	TOUTES	TOUTES	TOUTES
Allemagne (1981)+	TOUTES	TOUTES	TOUTES sauf 3, 8, 10, 11 et 22	TOUTES	TOUTES	TOUTES
Inde (1983)+	TOUTES	TOUTES	TOUTES	TOUTES	TOUTES	TOUTES
Italie (1987)+		TOUTES	TOUTES	TOUTES	TOUTES	TOUTES
Japon	TOUTES	TOUTES	TOUTES sauf 1-11, 16, 18 et 19	TOUTES sauf 1, 3-9, 12 et 13	TOUTES sauf 1-2 et 4	TOUTES
République de Corée (1989)+	TOUTES	TOUTES	TOUTES sauf 22	TOUTES sauf 12	TOUTES sauf 1	TOUTES
Pays-Bas (1990)+	TOUTES	TOUTES sauf 9	TOUTES sauf 22	TOUTES	TOUTES	TOUTES
Nouvelle-Zélande	TOUTES	TOUTES	TOUTES	TOUTES	TOUTES	TOUTES
Norvège	TOUTES	TOUTES	TOUTES	TOUTES	TOUTES	TOUTES
Pérou (1989)+	TOUTES	TOUTES	TOUTES sauf 22	TOUTES sauf 13	TOUTES	TOUTES
Pologne (1977)+	TOUTES	TOUTES	TOUTES	TOUTES	TOUTES	TOUTES
Russie	TOUTES	TOUTES	TOUTES	TOUTES	TOUTES	TOUTES
Afrique du Sud	TOUTES	TOUTES	TOUTES	TOUTES	TOUTES	TOUTES
Espagne (1988)+	TOUTES	TOUTES	TOUTES	TOUTES	TOUTES	TOUTES
Suède (1988)+				TOUTES	TOUTES	TOUTES
R.-U.	TOUTES sauf 2	TOUTES	TOUTES sauf 3, 4, 8, 10 et 11	TOUTES sauf 4, 6, 8 et 9	TOUTES	TOUTES
Uruguay (1985)+	TOUTES	TOUTES	TOUTES	TOUTES	TOUTES	TOUTES
États-Unis	TOUTES	TOUTES	TOUTES sauf 1-4, 10 et 11	TOUTES	TOUTES	TOUTES

* IV-6, IV-10, IV-12, et V-5 terminées par VIII-2

*** Accepté en tant que ligne directrice temporaire

+ Année d'obtention du statut de membre consultatif. Acceptation par cet État nécessaire pour que les recommandations ou mesures adoptées au cours des Réunions entrent en vigueur à partir de cette année.

Rapport final de la XXXIXe RCTA

Approbation, ainsi que notifiée par le gouvernement des États-Unis d'Amérique, des mesures relatives à la promotion des principes et objectifs du Traité sur l'Antarctique

	5 mesures adoptées à la dix-neuvième Réunion (Séoul, 1995)	2 mesures adoptées à la vingtième Réunion (Utrecht, 1996)	5 mesures adoptées à la vingt et unième Réunion (Christchurch, 1997)	2 mesures adoptées à la vingt-deuxième Réunion (Tromsø, 1998)	1 mesure adoptée à la vingt-troisième Réunion (Lima, 1999)
	Approuvées	**Approuvées**	**Approuvées**	**Approuvées**	**Approuvées**
Argentine	TOUTES	TOUTES	TOUTES	TOUTES	TOUTES
Australie	TOUTES	TOUTES	TOUTES	TOUTES	TOUTES
Belgique	TOUTES	TOUTES	TOUTES	TOUTES	TOUTES
Brésil (1983)+	TOUTES	TOUTES	TOUTES	TOUTES	TOUTES
Bulgarie (1998)+					
Chili	TOUTES	TOUTES	TOUTES	TOUTES	TOUTES
Chine (1985)+	TOUTES	TOUTES	TOUTES	TOUTES	TOUTES
République tchèque (2014)+	TOUTES sauf 1 et 2	TOUTES sauf 1	TOUTES sauf 1 et 2	TOUTES sauf 1	
Équateur (1990)+					
Finlande (1989)+	TOUTES	TOUTES	TOUTES	TOUTES	TOUTES
France	TOUTES	TOUTES	TOUTES	TOUTES	TOUTES
Allemagne (1981)+	TOUTES	TOUTES	TOUTES	TOUTES	TOUTES
Inde (1983)+	TOUTES	TOUTES			
Italie (1987)+	TOUTES	TOUTES	TOUTES	TOUTES	TOUTES
Japon	TOUTES (sauf 2 et 5)	TOUTES (sauf 1)	TOUTES (sauf 1-2 et 5)		
République de Corée (1989)+	TOUTES	TOUTES	TOUTES	TOUTES	TOUTES
Pays-Bas (1990)+	TOUTES	TOUTES	TOUTES	TOUTES	TOUTES
Nouvelle-Zélande	TOUTES	TOUTES	TOUTES	TOUTES	TOUTES
Norvège	TOUTES	TOUTES	TOUTES	TOUTES	
Pérou (1989)+	TOUTES	TOUTES	TOUTES	TOUTES	TOUTES
Pologne (1977)+	TOUTES	TOUTES	TOUTES	TOUTES	TOUTES
Russie	TOUTES	TOUTES	TOUTES	TOUTES	TOUTES
Afrique du Sud	TOUTES	TOUTES	TOUTES	TOUTES	TOUTES
Espagne (1988)+	TOUTES	TOUTES	TOUTES	TOUTES	TOUTES
Suède (1988)+	TOUTES	TOUTES	TOUTES	TOUTES	TOUTES
R.-U.	TOUTES	TOUTES	TOUTES	TOUTES	TOUTES
Uruguay (1985)+	TOUTES	TOUTES	TOUTES	TOUTES	TOUTES
États-Unis	TOUTES	TOUTES	TOUTES	TOUTES	TOUTES

« + Année d'obtention du statut de membre consultatif. Acceptation par cet État nécessaire pour que les recommandations ou mesures adoptées au cours des Réunions entrent en vigueur à partir de cette année. »

Approbation, ainsi que notifiée par le gouvernement des États-Unis d'Amérique, des mesures relatives à la promotion des principes et objectifs du Traité sur l'Antarctique

	2 mesures adoptées à la douzième Réunion extraordinaire (Le Haye, 2000) Approuvées	3 mesures adoptées à la vingt-quatrième Réunion (St-Pétersbourg, 2001) Approuvées	1 mesure adoptée à la vingt-cinquième Réunion (Varsovie, 2002) Approuvées	3 mesures adoptées à la vingt-sixième Réunion (Madrid, 2003) Approuvées	4 mesures adoptées à la vingt-septième Réunion (Le Cap, 2004) Approuvées
Argentine	TOUTES		*	XXVI-1, XXVI-2*, XXVI-3**	XXVII-1*, XXVII-2*, XXVII-3**, XXVII-4
Australie	TOUTES	TOUTES	TOUTES	XXVI-1, XXVI-2*, XXVI-3**	XXVII-1*, XXVII-2*, XXVII-3**, XXVII-4
Belgique	TOUTES	TOUTES	TOUTES	TOUTES	TOUTES
Brésil (1983)+		TOUTES	TOUTES	TOUTES	XXVII-1, XXVII-2, XXVII-3
Bulgarie (1998)+			*	XXVI-1, XXVI-2*, XXVI-3**	XXVII-1*, XXVII-2*, XXVII-3**
Chili	TOUTES	TOUTES	TOUTES	TOUTES	TOUTES
Chine (1985)+	TOUTES	TOUTES	TOUTES	TOUTES	XXVII-1*, XXVII-2*, XXVII-3**
République tchèque (2014)+	TOUTES	TOUTES	TOUTES	TOUTES	TOUTES
Équateur (1990)+			*	XXVI-1, XXVI-2*, XXVI-3**	XXVII-1*, XXVII-2*, XXVII-3**
Finlande (1989)+	TOUTES	TOUTES	*	XXVI-1, XXVI-2*, XXVI-3**	XXVII-1*, XXVII-2*, XXVII-3**, XXVII-4
France	TOUTES (sauf RCETA XII-2)	TOUTES	*	XXVI-1, XXVI-2*, XXVI-3**	XXVII-1, XXVII-2*, XXVII-3, XXVII-4
Allemagne (1981)+	TOUTES	TOUTES	TOUTES	TOUTES	XXVII-1*, XXVII-2*, XXVII-3**
Inde (1983)+	TOUTES	TOUTES	TOUTES	TOUTES	XXVII-1*, XXVII-2*, XXVII-3**
Italie (1987)+			*	XXVI-1, XXVI-2*, XXVI-3**	XXVII-1*, XXVII-2*, XXVII-3**
Japon		TOUTES	*	TOUTES	XXVII-1*, XXVII-2*, XXVII-3**, XXVII-4
République de Corée (1989)+	TOUTES	TOUTES	*	XXVI-1, XXVI-2*, XXVI-3**	XXVII-1*, XXVII-2*, XXVII-3**
Pays-Bas (1990)+	TOUTES	TOUTES	TOUTES	TOUTES	TOUTES
Nouvelle-Zélande	TOUTES	TOUTES	TOUTES	TOUTES	XXVII-1*, XXVII-2*, XXVII-3**, XXVII-4
Norvège		TOUTES	*	XXVI-1, XXVI-2*, XXVI-3**	XXVII-1*, XXVII-2*, XXVII-3**
Pérou (1989)+	TOUTES	TOUTES	TOUTES	XXVI-1, XXVI-2*, XXVI-3**	TOUTES
Pologne (1977)+		TOUTES	TOUTES	TOUTES	TOUTES
Russie	TOUTES	TOUTES	TOUTES	XXVI-1, XXVI-2, XXVI-3 **	XXVII-1*, XXVII-2*, XXVII-3**
Afrique du Sud	TOUTES	TOUTES	TOUTES	TOUTES	XXVII-1*, XXVII-2*, XXVII-3**
Espagne (1988)+			*	XXVI-1, XXVI-2*, XXVI-3**	XXVII-1*, XXVII-2*, XXVII-3**
Suède (1988)+	TOUTES	TOUTES	TOUTES	TOUTES	XXVII-1*, XXVII-2*, XXVII-3**
Ukraine (2004)+					XXVII-1*, XXVII-2*, XXVII-3**
R.-U.	TOUTES (sauf RCETA XII-2)	TOUTES (sauf XXIV-3)	TOUTES	TOUTES	XXVII-1*, XXVII-2*, XXVII-3**, XXVII-4
Uruguay (1985)+	TOUTES	TOUTES	*	XXVI-1, XXVI-2*, XXVI-3	XXVII-1*, XXVII-2*, XXVII-3**, XXVII-4
États-Unis	TOUTES	TOUTES	*	XXVI-1, XXVI-2*, XXVI-3**	XXVII-1*, XXVII-2*, XXVII-3**

« + Année d'obtention du statut de membre consultatif. Acceptation par cet État nécessaire pour que les recommandations ou mesures adoptées au cours des Réunions entrent en vigueur à partir de cette année. »

* « Les plans de gestion des sites et monuments historiques révisés et actualisés annexée à cette mesure a été jugée approuvée conformément à l'article 6(1) de l'Annexe V au Protocole relatif à la protection de l'environnement au Traité sur l'Antarctique, et la mesure ne précisait pas de méthode d'adoption différente. »

** La liste des sites et monuments historiques révisée et actualisés annexée à cette mesure a été jugée approuvée conformément à l'article 8(2) de l'Annexe V au Protocole relatif à la protection de l'environnement au Traité sur l'Antarctique, et la mesure ne précisait pas de méthode d'adoption différente.

Approbation, ainsi que notifiée par le gouvernement des États-Unis d'Amérique, des mesures relatives à la promotion des principes et objectifs du Traité sur l'Antarctique

	5 mesures adoptées à la vingt-huitième Réunion (Stockholm, 2005) Approuvées	4 mesures adoptées à la vingt-neuvième Réunion (Édimbourg, 2006) Approuvées	3 mesures adoptées à la trentième Réunion (New Delhi, 2007) Approuvées	14 mesures adoptées à la trente et unième Réunion (Kiev, 2008) Approuvées
Argentine	XXVIII-2*, XXVIII-3*, XXVIII-4*, XXVIII-5**	XXIX-1*, XXIX-2*, XXIX-3**, XXIX-4***	XXX-1*, XXX-2*, XXX-3**	XXXI-1 - XXXI-14*
Australie	XXVIII-1, XXVIII-2*, XXVIII-3*, XXVIII-4*, XXVIII-5**	XXIX-1*, XXIX-2*, XXIX-3**, XXIX-4***	XXX-1*, XXX-2*, XXX-3**	XXXI-1 - XXXI-14*
Belgique	TOUTES sauf la Mesure 1	TOUTES	TOUTES	XXXI-1 - XXXI-14*
Brésil (1983)+	XXVIII-2*, XXVIII-3*, XXVIII-4*, XXVIII-5**	XXIX-1*, XXIX-2*, XXIX-3**, XXIX-4***	XXX-1*, XXX-2*, XXX-3**	XXXI-1 - XXXI-14*
Bulgarie (1998)+	TOUTES sauf la Mesure 1	XXIX-1*, XXIX-2*, XXIX-3**, XXIX-4***	XXX-1*, XXX-2*, XXX-3**	XXXI-1 - XXXI-14*
Chili	XXVIII-2*, XXVIII-3*, XXVIII-4*, XXVIII-5**	XXIX-1*, XXIX-2*, XXIX-3**, XXIX-4***	XXX-1*, XXX-2*, XXX-3**	XXXI-1 - XXXI-14*
Chine (1985)+	TOUTES sauf la Mesure 1	XXIX-1*, XXIX-2*, XXIX-3**, XXIX-4***	XXX-1*, XXX-2*, XXX-3**	XXXI-1 - XXXI-14*
République tchèque (2014)+	TOUTES sauf la Mesure 1	TOUTES	TOUTES	TOUTES sauf la Mesure 8
Équateur (1990)+	XXVIII-2*, XXVIII-3*, XXVIII-4*, XXVIII-5**	XXIX-1*, XXIX-2*, XXIX-3**, XXIX-4***	XXX-1*, XXX-2*, XXX-3**	XXXI-1 - XXXI-14*
Finlande (1989)+	XXVIII-1, XXVIII-2*, XXVIII-3*, XXVIII-4*, XXVIII-5**	XXIX-1*, XXIX-2*, XXIX-3**, XXIX-4***	XXX-1*, XXX-2*, XXX-3**	XXXI-1 - XXXI-14*
France	XXVIII-2*, XXVIII-3*, XXVIII-4*, XXVIII-5**	XXIX-1*, XXIX-2*, XXIX-3**, XXIX-4***	XXX-1*, XXX-2*, XXX-3**	XXXI-1 - XXXI-14*
Allemagne (1981)+	XXVIII-2*, XXVIII-3*, XXVIII-4*, XXVIII-5**	XXIX-1*, XXIX-2*, XXIX-3**, XXIX-4***	XXX-1*, XXX-2*, XXX-3**	XXXI-1 - XXXI-14*
Inde (1983)+	XXVIII-2*, XXVIII-3*, XXVIII-4*, XXVIII-5**	XXIX-1*, XXIX-2*, XXIX-3**, XXIX-4***	XXX-1*, XXX-2*, XXX-3**	XXXI-1 - XXXI-14*
Italie (1987)+	XXVIII-1, XXVIII-2*, XXVIII-3*, XXVIII-4*, XXVIII-5**	XXIX-1*, XXIX-2*, XXIX-3**, XXIX-4***	XXX-1*, XXX-2*, XXX-3**	XXXI-1 - XXXI-14*
Japon	XXVIII-2*, XXVIII-3*, XXVIII-4*, XXVIII-5**	XXIX-1*, XXIX-2*, XXIX-3**, XXIX-4***	XXX-1*, XXX-2*, XXX-3**	XXXI-1 - XXXI-14*
République de Corée (1989)+	TOUTES	XXIX-1*, XXIX-2*, XXIX-3**, XXIX-4***	XXX-1*, XXX-2*, XXX-3**	XXXI-1 - XXXI-14*
Pays-Bas (1990)+	TOUTES	TOUTES	TOUTES	TOUTES
Nouvelle-Zélande	XXVIII-1, XXVIII-2*, XXVIII-3*, XXVIII-4*, XXVIII-5**	XXIX-1*, XXIX-2*, XXIX-3**, XXIX-4***	XXX-1*, XXX-2*, XXX-3**	XXXI-1 - XXXI-14*
Norvège	XXVIII-1, XXVIII-2*, XXVIII-3*, XXVIII-4*, XXVIII-5**	XXIX-1*, XXIX-2*, XXIX-3**, XXIX-4***	XXX-1*, XXX-2*, XXX-3**	XXXI-1 - XXXI-14*
Pérou (1989)+	XXVIII-1, XXVIII-2*, XXVIII-3*, XXVIII-4*, XXVIII-5**	XXIX-1*, XXIX-2*, XXIX-3**, XXIX-4***	XXX-1*, XXX-2*, XXX-3**	XXXI-1 - XXXI-14*
Pologne (1977)+	TOUTES	TOUTES	TOUTES	XXXI-1 - XXXI-14*
Russie	XXVIII-2*, XXVIII-3*, XXVIII-4*, XXVIII-5**	XXIX-1*, XXIX-2*, XXIX-3**, XXIX-4***	TOUTES	XXXI-1 - XXXI-14*
Afrique du Sud	XXVIII-1, XXVIII-2*, XXVIII-3*, XXVIII-4*, XXVIII-5**	TOUTES	XXX-1*, XXX-2*, XXX-3**	XXXI-1 - XXXI-14*
Espagne (1988)+	XXVIII-1, XXVIII-2*, XXVIII-3*, XXVIII-4*, XXVIII-5**	TOUTES	XXX-1*, XXX-2*, XXX-3**	XXXI-1 - XXXI-14*
Suède (1988)+	XXVIII-1, XXVIII-2*, XXVIII-3*, XXVIII-4*, XXVIII-5**	XXIX-1*, XXIX-2*, XXIX-3**, XXIX-4***	XXX-1*, XXX-2*, XXX-3**	XXXI-1 - XXXI-14*
Ukraine (2004)+	XXVIII-1, XXVIII-2*, XXVIII-3*, XXVIII-4*, XXVIII-5**	XXIX-1*, XXIX-2*, XXIX-3**, XXIX-4***	XXX-1*, XXX-2*, XXX-3**	XXXI-1 - XXXI-14*
R.-U.	XXVIII-1, XXVIII-2*, XXVIII-3*, XXVIII-4*, XXVIII-5**	XXIX-1*, XXIX-2*, XXIX-3**, XXIX-4***	XXX-1*, XXX-2*, XXX-3**	XXXI-1 - XXXI-14*
Uruguay (1985)+	XXVIII-2*, XXVIII-3*, XXVIII-4*, XXVIII-5**	XXIX-1*, XXIX-2*, XXIX-3**, XXIX-4***	XXX-1*, XXX-2*, XXX-3**	XXXI-1 - XXXI-14*
États-Unis	XXVIII-2*, XXVIII-3*, XXVIII-4*, XXVIII-5**	XXIX-1*, XXIX-2*, XXIX-3**, XXIX-4***	XXX-1*, XXX-2*, XXX-3**	XXXI-1 - XXXI-14*

+ « Année d'obtention du statut de membre consultatif. Acceptation par cet État nécessaire pour que les recommandations ou mesures adoptées au cours des Réunions entrent en vigueur à partir de cette année. »

* « Les plans de gestion annexés à cette mesure ont été jugés approuvés conformément à l'article 6(1) de l'Annexe V au Protocole relatif à la protection de l'environnement au Traité sur l'Antarctique, et la mesure ne précisait pas de méthode d'adoption différente.

** « La liste des sites et monuments historiques révisée et actualisée annexée à cette mesure a été jugée approuvée conformément à l'article 8(2) de l'Annexe V au Protocole relatif à la protection de l'environnement au Traité sur l'Antarctique, et la mesure ne précisait pas de méthode d'adoption différente.

*** « La modification apportée à l'Appendice A de l'Annexe II au Protocole relatif à la protection de l'environnement au Traité sur l'Antarctique, ainsi que le changement apporté à l'Appendice A de l'Annexe II au Protocole relatif à la protection de l'environnement au Traité sur l'Antarctique a été jugée approuvée conformément à l'article 9(1) de l'Annexe V au Protocole relatif à la protection de l'environnement au Traité sur l'Antarctique, et la mesure ne précisait pas de méthode d'adoption différente. »

Approbation, ainsi que notifiée par le gouvernement des États-Unis d'Amérique, des mesures relatives à la promotion des principes et objectifs du Traité sur l'Antarctique

	16 mesures adoptées à la trente-deuxième Réunion (Baltimore, 2009) Approuvées	15 mesures adoptées à la trente-troisième Réunion (Punta del Este, 2010) Approuvées	12 mesures adoptées à la trente-quatrième Réunion (Buenos Aires, 2011) Approuvées	11 mesures adoptées à la trente-cinquième Réunion (Hobart, 2012) Approuvées	21 mesures adoptées à la trente-sixième Réunion (Bruxelles, 2013) Approuvées
Argentine	XXXII-1 - XXXII-13* et XXXII-14**	XXXIII-1 - XXXIII-14* et XXXIII-15**	XXXIV-1 - XXXIV-10* et XXXIV-11 - XXXIV-12**	XXXV-1 - XXXV-10* et XXXV-11**	XXXVI-1 - XXXVI-17* et XXXVI-18 - XXXVI-21**
Australie	XXXII-1 - XXXII-13* et XXXII-14** ; XXXII-15	XXXIII-1 - XXXIII-14* et XXXIII-15**	XXXIV-1 - XXXIV-10* et XXXIV-11 - XXXIV-12**	XXXV-1 - XXXV-10* et XXXV-11**	XXXVI-1 - XXXVI-17* et XXXVI-18 - XXXVI-21**
Belgique	XXXII-1 - XXXII-13* et XXXII-14**	XXXIII-1 - XXXIII-14* et XXXIII-15**	XXXIV-1 - XXXIV-10* et XXXIV-11 - XXXIV-12**	XXXV-1 - XXXV-10* et XXXV-11**	XXXVI-1 - XXXVI-17* et XXXVI-18 - XXXVI-21**
Brésil (1983)+	XXXII-1 - XXXII-13* et XXXII-14**	XXXIII-1 - XXXIII-14* et XXXIII-15**	XXXIV-1 - XXXIV-10* et XXXIV-11 - XXXIV-12**	XXXV-1 - XXXV-10* et XXXV-11**	XXXVI-1 - XXXVI-17* et XXXVI-18 - XXXVI-21**
Bulgarie (1998)+	XXXII-1 - XXXII-13* et XXXII-14**	XXXIII-1 - XXXIII-14* et XXXIII-15**	XXXIV-1 - XXXIV-10* et XXXIV-11 - XXXIV-12**	XXXV-1 - XXXV-10* et XXXV-11**	XXXVI-1 - XXXVI-17* et XXXVI-18 - XXXVI-21**
Chili	XXXII-1 - XXXII-13* et XXXII-14**	XXXIII-1 - XXXIII-14* et XXXIII-15**	XXXIV-1 - XXXIV-10* et XXXIV-11 - XXXIV-12**	XXXV-1 - XXXV-10* et XXXV-11**	XXXVI-1 - XXXVI-17* et XXXVI-18 - XXXVI-21**
Chine (1985)+	XXXII-1 - XXXII-13* et XXXII-14**	XXXIII-1 - XXXIII-14* et XXXIII-15**	XXXIV-1 - XXXIV-10* et XXXIV-11 - XXXIV-12**	XXXV-1 - XXXV-10* et XXXV-11**	XXXVI-1 - XXXVI-17* et XXXVI-18 - XXXVI-21**
République tchèque (2014)+	TOUTES sauf 2 et 16	TOUTES	TOUTES	TOUTES	TOUTES
Équateur (1990)+	XXXII-1 - XXXII-13* et XXXII-14**	XXXIII-1 - XXXIII-14* et XXXIII-15**	XXXIV-1 - XXXIV-10* et XXXIV-11 - XXXIV-12**	XXXV-1 - XXXV-10* et XXXV-11**	XXXVI-1 - XXXVI-17* et XXXVI-18 - XXXVI-21**
Finlande (1989)+	XXXII-1 - XXXII-13* et XXXII-14**, XXXII-16	XXXIII-1 - XXXIII-14* et XXXIII-15**	XXXIV-1 - XXXIV-10* et XXXIV-11 - XXXIV-12**	XXXV-1 - XXXV-10* et XXXV-11**	XXXVI-1 - XXXVI-17* et XXXVI-18 - XXXVI-21**
France	XXXII-1 - XXXII-13* et XXXII-14**, XXXII-15	XXXIII-1 - XXXIII-14* et XXXIII-15**	XXXIV-1 - XXXIV-10* et XXXIV-11 - XXXIV-12**	XXXV-1 - XXXV-10* et XXXV-11**	XXXVI-1 - XXXVI-17* et XXXVI-18 - XXXVI-21**
Allemagne (1981)+	XXXII-1 - XXXII-13* et XXXII-14**	XXXIII-1 - XXXIII-14* et XXXIII-15**	XXXIV-1 - XXXIV-10* et XXXIV-11 - XXXIV-12**	XXXV-1 - XXXV-10* et XXXV-11**	XXXVI-1 - XXXVI-17* et XXXVI-18 - XXXVI-21**
Inde (1983)+	XXXII-1 - XXXII-13* et XXXII-14**	XXXIII-1 - XXXIII-14* et XXXIII-15**	XXXIV-1 - XXXIV-10* et XXXIV-11 - XXXIV-12**	XXXV-1 - XXXV-10* et XXXV-11**	XXXVI-1 - XXXVI-17* et XXXVI-18 - XXXVI-21**
Italie (1987)+	XXXII-1 - XXXII-13* et XXXII-14**	XXXIII-1 - XXXIII-14* et XXXIII-15**	XXXIV-1 - XXXIV-10* et XXXIV-11 - XXXIV-12**	XXXV-1 - XXXV-10* et XXXV-11**	XXXVI-1 - XXXVI-17* et XXXVI-18 - XXXVI-21**
Japon	XXXII-1 - XXXII-13* et XXXII-14**, XXXII-15	XXXIII-1 - XXXIII-14* et XXXIII-15**	XXXIV-1 - XXXIV-10* et XXXIV-11 - XXXIV-12**	XXXV-1 - XXXV-10* et XXXV-11**	XXXVI-1 - XXXVI-17* et XXXVI-18 - XXXVI-21**
République de Corée (1989)+	XXXII-1 - XXXII-13* et XXXII-14**	XXXIII-1 - XXXIII-14* et XXXIII-15**	XXXIV-1 - XXXIV-10* et XXXIV-11 - XXXIV-12**	XXXV-1 - XXXV-10* et XXXV-11**	XXXVI-1 - XXXVI-17* et XXXVI-18 - XXXVI-21**
Pays-Bas (1990)+	XXXII-1 - XXXII-13 et XXXII-14; XXXII-15 - XXXII-16	TOUTES	XXXIV-1 - XXXIV-10* et XXXIV-11 - XXXIV-12**	TOUTES	XXXVI-1 - XXXVI-17* et XXXVI-18 - XXXVI-21**
Nouvelle-Zélande	XXXII-1 - XXXII-13* et XXXII-14**	XXXIII-1 - XXXIII-14* et XXXIII-15**	XXXIV-1 - XXXIV-10* et XXXIV-11 - XXXIV-12**	XXXV-1 - XXXV-10* et XXXV-11**	XXXVI-1 - XXXVI-17* et XXXVI-18 - XXXVI-21**
Norvège	XXXII-1 - XXXII-13* et XXXII-14**	XXXIII-1 - XXXIII-14* et XXXIII-15**	XXXIV-1 - XXXIV-10* et XXXIV-11 - XXXIV-12**	XXXV-1 - XXXV-10* et XXXV-11**	XXXVI-1 - XXXVI-17* et XXXVI-18 - XXXVI-21**
Pérou (1989)+	XXXII-1 - XXXII-13* et XXXII-14**	XXXIII-1 - XXXIII-14* et XXXIII-15**	XXXIV-1 - XXXIV-10* et XXXIV-11 - XXXIV-12**	XXXV-1 - XXXV-10* et XXXV-11**	XXXVI-1 - XXXVI-17* et XXXVI-18 - XXXVI-21**
Pologne (1977)+	XXXII-1 - XXXII-13* et XXXII-14**	XXXIII-1 - XXXIII-14* et XXXIII-15**	XXXIV-1 - XXXIV-10* et XXXIV-11 - XXXIV-12**	XXXV-1 - XXXV-10* et XXXV-11**	XXXVI-1 - XXXVI-17* et XXXVI-18 - XXXVI-21**
Russie	XXXII-1 - XXXII-13* et XXXII-14**	XXXIII-1 - XXXIII-14* et XXXIII-15**	XXXIV-1 - XXXIV-10* et XXXIV-11 - XXXIV-12**	XXXV-1 - XXXV-10* et XXXV-11**	XXXVI-1 - XXXVI-17* et XXXVI-18 - XXXVI-21**
Afrique du Sud	XXXII-1 - XXXII-13* et XXXII-14**	XXXIII-1 - XXXIII-14* et XXXIII-15**	XXXIV-1 - XXXIV-10* et XXXIV-11 - XXXIV-12**	XXXV-1 - XXXV-10* et XXXV-11**	XXXVI-1 - XXXVI-17* et XXXVI-18 - XXXVI-21**
Espagne (1988)+	XXXII-1 - XXXII-13* et XXXII-14**	XXXIII-1 - XXXIII-14* et XXXIII-15**	XXXIV-1 - XXXIV-10* et XXXIV-11 - XXXIV-12**	XXXV-1 - XXXV-10* et XXXV-11**	XXXVI-1 - XXXVI-17* et XXXVI-18 - XXXVI-21**
Suède (1988)+	XXXII-1 - XXXII-13* et XXXII-14**	XXXIII-1 - XXXIII-14* et XXXIII-15**	XXXIV-1 - XXXIV-10* et XXXIV-11 - XXXIV-12**	XXXV-1 - XXXV-10* et XXXV-11**	XXXVI-1 - XXXVI-17* et XXXVI-18 - XXXVI-21**
Ukraine (2004)+	XXXII-1 - XXXII-13* et XXXII-14**	XXXIII-1 - XXXIII-14* et XXXIII-15**	XXXIV-1 - XXXIV-10* et XXXIV-11 - XXXIV-12**	XXXV-1 - XXXV-10* et XXXV-11**	XXXVI-1 - XXXVI-17* et XXXVI-18 - XXXVI-21**
R.-U.	XXXII-1 - XXXII-13* et XXXII-14**; XXXII-15 - XXXII-16	XXXIII-1 - XXXIII-14* et XXXIII-15**	XXXIV-1 - XXXIV-10* et XXXIV-11 - XXXIV-12**	XXXV-1 - XXXV-10* et XXXV-11**	XXXVI-1 - XXXVI-17* et XXXVI-18 - XXXVI-21**
Uruguay (1985)+	XXXII-1 - XXXII-13* et XXXII-14**; XXXII-15	XXXIII-1 - XXXIII-14* et XXXIII-15**	XXXIV-1 - XXXIV-10* et XXXIV-11 - XXXIV-12**	XXXV-1 - XXXV-10* et XXXV-11**	XXXVI-1 - XXXVI-17* et XXXVI-18 - XXXVI-21**
États-Unis	XXXII-1 - XXXII-13* et XXXII-14**	XXXIII-1 - XXXIII-14* et XXXIII-15**	XXXIV-1 - XXXIV-10* et XXXIV-11 - XXXIV-12**	XXXV-1 - XXXV-10* et XXXV-11**	XXXVI-1 - XXXVI-17* et XXXVI-18 - XXXVI-21**

* + Année d'obtention du statut de membre consultatif   Acceptation par cet État nécessaire pour que les recommandations ou mesures adoptées au cours des Réunions entrent en vigueur à partir de cette année. »

* Les plans de gestion annexés à cette mesure ont été jugés approuvés conformément à l'article 6(1) de l'Annexe V au Protocole relatif à la protection de l'environnement au Traité sur l'Antarctique, et la mesure ne précisait pas de méthode d'adoption différente.

** Les modifications et/ou les ajouts apportés à la liste des sites et monuments historiques ont été jugés approuvés conformément à l'article 8(2) de l'Annexe V au Protocole relatif à la protection de l'environnement au Traité sur l'Antarctique, et la mesure ne précisait pas de méthode d'adoption différente.

Rapport final de la XXXIXe RCTA

	16 mesures adoptées à la trente-septième Réunion (Brasilia, 2014) Approuvées	19 mesures adoptées à la trente-huitième Réunion (Sofia, 2015) Approuvées
Argentine	XXXVII-1 - XXXVII-16*	XXXVIII-1 - XXXVIII-18* et XXXVIII-19**
Australie	XXXVII-1 - XXXVII-16*	XXXVIII-1 - XXXVIII-18* et XXXVIII-19**
Belgique	XXXVII-1 - XXXVII-16*	XXXVIII-1 - XXXVIII-18* et XXXVIII-19**
Brésil (1983)+	XXXVII-1 - XXXVII-16*	XXXVIII-1 - XXXVIII-18* et XXXVIII-19**
Bulgarie (1998)+	XXXVII-1 - XXXVII-16*	XXXVIII-1 - XXXVIII-18* et XXXVIII-19**
Chili	XXXVII-1 - XXXVII-16*	XXXVIII-1 - XXXVIII-18* et XXXVIII-19**
Chine (1985)+	XXXVII-1 - XXXVII-16*	XXXVIII-1 - XXXVIII-18* et XXXVIII-19**
République tchèque (2014)+	XXXVII-1 - XXXVII-16*	XXXVIII-1 - XXXVIII-18* et XXXVIII-19**
Équateur (1990)+	XXXVII-1 - XXXVII-16*	XXXVIII-1 - XXXVIII-18* et XXXVIII-19**
Finlande (1989)+	XXXVII-1 - XXXVII-16*	XXXVIII-1 - XXXVIII-18* et XXXVIII-19**
France	XXXVII-1 - XXXVII-16*	XXXVIII-1 - XXXVIII-18* et XXXVIII-19**
Allemagne (1981)+	XXXVII-1 - XXXVII-16*	XXXVIII-1 - XXXVIII-18* et XXXVIII-19**
Inde (1983)+	XXXVII-1 - XXXVII-16*	XXXVIII-1 - XXXVIII-18* et XXXVIII-19**
Italie (1987)+	XXXVII-1 - XXXVII-16*	XXXVIII-1 - XXXVIII-18* et XXXVIII-19**
Japon	XXXVII-1 - XXXVII-16*	XXXVIII-1 - XXXVIII-18* et XXXVIII-19**
République de Corée (1989)+	XXXVII-1 - XXXVII-16*	XXXVIII-1 - XXXVIII-18* et XXXVIII-19**
Pays-Bas (1990)+	XXXVII-1 - XXXVII-16*	XXXVIII-1 - XXXVIII-18* et XXXVIII-19**
Nouvelle-Zélande	XXXVII-1 - XXXVII-16*	XXXVIII-1 - XXXVIII-18* et XXXVIII-19**
Norvège	XXXVII-1 - XXXVII-16*	XXXVIII-1 - XXXVIII-18* et XXXVIII-19**
Pérou (1989)+	XXXVII-1 - XXXVII-16*	XXXVIII-1 - XXXVIII-18* et XXXVIII-19**
Pologne (1977)+	XXXVII-1 - XXXVII-16*	XXXVIII-1 - XXXVIII-18* et XXXVIII-19**
Russie	XXXVII-1 - XXXVII-16*	XXXVIII-1 - XXXVIII-18* et XXXVIII-19**
Afrique du Sud	XXXVII-1 - XXXVII-16*	XXXVIII-1 - XXXVIII-18* et XXXVIII-19**
Espagne (1988)+	XXXVII-1 - XXXVII-16*	XXXVIII-1 - XXXVIII-18* et XXXVIII-19**
Suède (1988)+	XXXVII-1 - XXXVII-16*	XXXVIII-1 - XXXVIII-18* et XXXVIII-19**
Ukraine (2004)+	XXXVII-1 - XXXVII-16*	XXXVIII-1 - XXXVIII-18* et XXXVIII-19**
R.-U.	XXXVII-1 - XXXVII-16*	XXXVIII-1 - XXXVIII-18* et XXXVIII-19**
Uruguay (1985)+	XXXVII-1 - XXXVII-16*	XXXVIII-1 - XXXVIII-18* et XXXVIII-19**
États-Unis	XXXVII-1 - XXXVII-16*	XXXVIII-1 - XXXVIII-18* et XXXVIII-19**

« + Année d'obtention du statut de membre consultatif. Acceptation par cet État nécessaire pour que les recommandations ou mesures adoptées au cours des Réunions entrent en vigueur à partir de cette année. »

* Les plans de gestion annexés à cette mesure ont été jugés approuvés conformément à l'article 6(1) de l'Annexe V au Protocole relatif à la protection de l'environnement au Traité sur l'Antarctique, et la mesure ne précisait pas de méthode d'adoption différente.

** Les modifications et/ou les ajouts apportés à la liste des sites et monuments historiques ont été jugés approuvés conformément à l'article 8(2) de l'Annexe V au Protocole relatif à la protection de l'environnement au Traité sur l'Antarctique, et la mesure ne précisait pas de méthode d'adoption différente.

Bureau du Conseiller juridique adjoint pour les Affaires relatives au Traité
Ministère des Affaires étrangères
Washington, le 21 avril 2016.

Rapport du gouvernement dépositaire de la Convention sur la conservation de la faune et la flore marines de l'Antarctique (CCAMLR)

Document d'information soumis par l'Australie

Résumé

L'Australie présente un rapport en sa qualité de gouvernement dépositaire de la Convention sur la conservation des ressources vivantes marines de l'Antarctique adoptée en 1980.

Contexte

L'Australie, en sa qualité de gouvernement dépositaire de la *Convention sur la conservation de la faune et la flore marines de l'Antarctique* de 1980 (ci-après « la Convention »), a le plaisir de rendre compte à la trente-neuvième Réunion consultative du Traité sur l'Antarctique (XXXIX RCTA) de l'état de la Convention.

L'Australie informe les Parties au Traité sur l'Antarctique que, depuis la trente-huitième Réunion consultative du Traité sur l'Antarctique (XXXVIII RCTA), il n'y a eu aucune activité dépositaire.

Un exemplaire de la liste de l'état de la Convention est disponible sur internet, dans la Base de données australienne des Traités, à l'adresse suivante :

http://www.austlii.edu.au/au/other/dfat/treaty_list/depository/CCAMLR.html

Cette liste est également disponible sur demande auprès du Secrétariat chargé des traités du ministère australien des Affaires étrangères et du Commerce extérieur. Les demandes peuvent être transmises par le truchement des missions diplomatiques australiennes.

Rapport du gouvernement dépositaire de l'Accord sur la conservation des albatros et des pétrels (ACAP)

Document d'information soumis par l'Australie

Extrait

Un rapport est fourni par l'Australie en sa qualité de gouvernement dépositaire de l'*Accord sur la conservation des albatros et des pétrels* de 2001.

Contexte

L'Australie, en sa qualité de gouvernement dépositaire de l'*Accord sur la conservation des albatros et des pétrels* de 2001 (ci-après « l'Accord »), a le plaisir de rendre compte à la trente-neuvième Réunion consultative du Traité sur l'Antarctique (XXXIXᵉ RCTA) de l'état de l'Accord.

L'Australie informe les Parties au Traité sur l'Antarctique que, depuis la trente-huitième Réunion consultative du Traité sur l'Antarctique (XXXVIIIᵉ RCTA), aucun État n'a adhéré à l'Accord.

Un exemplaire de la liste de l'état de l'Accord est disponible en ligne, dans la Base de données australienne des Traités, à l'adresse suivante :

http://www.austlii.edu.au/au/other/dfat/treaty_list/depository/consalbnpet.html

La liste de l'état de l'Accord peut également être demandée au Secrétariat des Traités du ministère des Affaires étrangères et du Commerce australien. Les requêtes peuvent être adressées par le biais des missions diplomatiques australiennes.

Rapport présenté par le Royaume-Uni en sa qualité de gouvernement dépositaire de la Convention pour la conservation des phoques de l'Antarctique (CCAS), en vertu de la Recommandation XIII-2, paragraphe 2(D)

Les Parties à la Convention et les nouvelles adhésions

En sa qualité de gouvernement dépositaire de la Convention pour la protection des phoques de l'Antarctique (CCAS), le Royaume-Uni a fait savoir qu'aucune nouvelle demande d'adhésion à cette Convention, ni aucun instrument d'adhésion, n'avait été déposé depuis le dernier rapport (XXXVIIIᵉ RCTA/IP 5).

La liste complète des pays qui constituent les signataires originels de la Convention, et des pays qui y ont adhéré par la suite est fournie en annexe à ce rapport (Annexe A).

Déclaration annuelle de la CCAS 2014/2015

L'Annexe B reprend une liste de tous les phoques de l'Antarctique qui ont été capturés et abattus pas les Parties à la CCAS, pour la période allant du 1ᵉʳ mars 2014 au 28 février 2015. Toutes les captures signalées ont été effectuées à des fins scientifiques.

Prochaine déclaration annuelle de la CCAS

Le Royaume-Uni souhaite rappeler aux Parties contractantes à la CCAS que l'échange d'informations auquel il est fait référence au paragraphe 6(a) de l'Annexe à la Convention pour la période allant du 1ᵉʳ mars 2015 au 29 février 2016 doit être effectué pour le 30 juin 2016 au plus tard. Les Parties à la CCAS sont invitées à soumettre leurs déclarations annuelles, y compris les déclarations nulles, au Royaume-Uni et au SCAR. Le Royaume-Uni invite toutes les Parties contractantes à la CCAS à soumettre leurs résultats dans les délais impartis.

Le rapport de la CCAS pour la période 2015/2016 sera présenté à la XLᵉ RCTA, après expiration du délai prévu pour l'échange d'informations de juin 2016.

Parties à la Convention pour la protection des phoques de l'Antarctique (CCAS)

Londres, du 1er juin au 31 décembre 1972 ; la Convention est entrée en vigueur le 11 mars 1978.

État	Date de la signature	Date de dépôt (ratification ou adoption)
Afrique du Sud	9 juin 1972	15 août 1972
Argentine*	9 juin 1972	7 mars 1978
Australie	5 octobre 1972	1er juillet 1987
Belgique	9 juin 1972	9 février 1978
Chili*	28 décembre 1972	7 février 1980
États-Unis d'Amérique	28 juin 1972	19 janvier 1977
France**	19 décembre 1972	19 février 1975
Japon	28 décembre 1972	28 août 1980
Norvège	9 juin 1972	10 décembre 1973
Royaume-Uni**	9 juin 1972	10 septembre 1974***
Russie****	9 juin 1972	8 février 1978

Adhésions

État	Date de dépôt de l'instrument d'adhésion
Allemagne	30 septembre 1987
Brésil	11 février 1991
Canada	4 octobre 1990
Italie	2 avril 1992
Pakistan	25 mars 2013
Pologne	15 août 1980

* Déclaration ou réserve
** Objection
*** L'instrument de ratification incluait les îles de la Manche et l'île de Man
**** Ex-URSS

Rapport annuel 2014/2015 de la CCAS

Résumé de rapport en vertu de l'article 5 et de l'annexe à la Convention : capture et abattage de phoques entre le 1er mars 2014 et le 28 février 2015.

Partie contractante	Phoques de l'Antarctique capturés	Phoques de l'Antarctique tués
Afrique du Sud	0	0
Allemagne	0	0
Argentine	248 (a)	2 (b)
Australie	0	0
Belgique	0	0
Brésil	0	0
Canada	0	0
Chili	0	0
États-Unis d'Amérique	2926 (d)	9 (e)
France	87 (c)	0
Italie	0	0
Japon	0	0
Norvège	0	0
Pakistan	Aucune donnée reçue	Aucune donnée reçue
Pologne	0	0
Royaume-Uni	0	0
Russie	Aucune donnée reçue	Aucune donnée reçue

Toutes les captures signalées ont été effectuées à des fins scientifiques.

(a) **Éléphants de mer du sud :** 8 juvéniles, 56 juvéniles et adultes, 15 juvéniles et adultes recapturés, 100 blanchons. **Léopards de mer :** 14 adultes. **Phoques de Weddell :** 32 adultes. **Phoques crabiers :** 23 adultes.

(b) Un **léopard de mer** adulte et un **phoque crabier** adulte sont morts accidentellement en captivité en raison d'un problème physiologique particulier lié à leur réaction à l'anesthésiant.

(c) **Phoques de Weddell :** 2 mâles adultes, 35 femelles adultes, 25 blanchons mâles, 25 blanchons femelles.

(d) **Otaries à fourrure antarctique :** 90 adultes/juvéniles, 592 blanchons (sexe indéterminé). **Léopards de mer :** 18 adultes/juvéniles. **Éléphants de mer du sud :** 14 adultes/juvéniles, 10 blanchons (sexe indéterminé). **Phoques de Weddell :** 20 adultes/juvéniles, 26 blanchons (sexe indéterminé), 289 femelles adultes, 86 mâles adultes, 1176 adultes/juvéniles pour observation uniquement, 5 adultes (sexe indéterminé) pour observation uniquement, 2 femelles juvéniles, 1 mâle juvénile, 278 blanchons femelles et 313 blanchons mâles. **Phoques crabiers :** 4 adultes/juvéniles ; 2 adultes/juvéniles pour observation uniquement.

(e) **Otaries à fourrure antarctique :** 2 mâles adultes et 2 femelles adultes. **Éléphants de mer du sud :** 4 blanchons (sexe indéterminé). **Phoque de Weddell :** 1 femelle adulte. Tous découverts morts sur la côte et sans avoir été manipulés au préalable.

Rapport de la trente-quatrième
Réunion de la Commission

(Hobart, Australie, du 19 au 30 octobre 2015)

Ouverture de la réunion

1.   La trente-quatrième Réunion annuelle de la CCAMLR s'est tenue à Hobart, en Australie, du 19 au 30 octobre 2015, sous la présidence de M. Dmitry Gonchar (Fédération de Russie).

2.   Vingt-trois Membres, deux États en voie d'adhésion et douze observateurs issus d'organisations non gouvernementales ou sectorielles ont pris part à la réunion.

Organisation de la réunion

Statut de la Convention

3.   L'Australie, en sa qualité de dépositaire, a fait savoir que le statut de la Convention n'avait pas changé au cours de la dernière période intersessions.

Mise en œuvre et conformité

4.   La Commission a adopté le rapport CCAMLR de conformité pour l'année 2015, troisième année de la mise en œuvre de la procédure CCAMLR d'évaluation de la conformité.

5.   Par ailleurs, ont été examinés :

- La mise en œuvre fructueuse d'un système de suivi des navires (VMS) en 2015, comprenant l'adoption de normes minimums pour les unités VMS et le passage, d'ici 2019, à un système de rapports plus fréquents (une fois par heure) dans toutes les pêcheries.

- Une stratégie de sensibilisation visant à inviter les Parties non contractantes à coopérer avec la CCAMLR pour mettre en œuvre le Système de documentation des captures de la légine de la CCAMLR et à participer aux efforts que la CCAMLR ne cesse de déployer pour régler la question des activités de pêche illicites, non déclarées et non réglementées (INN) dans la zone de la Convention.

- Un accord visant à fournir des précisions sur la classification des navires pouvant naviguer sur les glaces dans les notifications de licences.

- La mise en œuvre fructueuse d'un accord relatif à la communication des données de VMS de la CCAMLR aux cinq centres de coordination de sauvetage maritime (MRCC) en charge de la recherche et du sauvetage dans l'océan Austral pour appuyer les activités de recherche et de sauvetage (SAR) dans la zone de la Convention CAMLR (voir les discussions précédentes concernant la recherche et le sauvetage, XXXVIe et XXXVIIe RCTA).

- L'absence de liste de navires INN des Parties contractantes pour la période 2015–2016, et l'absence de proposition d'inscription de nouveaux navires à la liste de navires INN des Parties non contractantes pour la période 2015–2016.

- L'adoption d'une Résolution sur les activités des navires sans nationalité dans la zone de la Convention.

Administration et finances

6.   La Commission s'est dite favorable à la poursuite des travaux visant à examiner les moyens de générer des revenus et de continuer à réduire les coûts afin de mobiliser un financement durable. Il a été noté que les contributions devraient se maintenir à croissance réelle zéro pour la période 2014–2018, sauf imprévu.

Rapport du Comité Scientifique *[un rapport plus détaillé axé sur les cinq questions intéressant à la fois le CPE et le SC-CAMLR, telles qu'elles ont été identifiées en 2009 lors de l'atelier conjoint du CPE et du SC-CAMLR tenu à Baltimore, sera présenté au XIXe CPE par le Président du Comité scientifique, le Dr Mark Belchier (Royaume-Uni)]. Le CPE débattra également des résultats du deuxième atelier du CPE*

et du SC-CAMLR qui se tiendra à Punta Arenas juste avant la XXXVIIIe RCTA (les 19 et 20 mai 2016). Les autres sujets d'ordre général examinés par le Comité scientifique lors de sa dernière réunion reprenaient :

Ressources de krill

7.   Concernant les prises de la saison 2014-2015, la prise totale préliminaire pour la sous-zone 48.1, clôturée le 28 mai 2015, s'élevait à 154 001 tonnes (99 % de la limite, fixée à 155 000 tonnes), à 17 100 tonnes pour la sous-zone 48.2, et à 54 364 tonnes pour la sous-zone 48.3. Les prises dans les sous-zones 48.2 et 48.3 s'élevaient respectivement à 94% et 81% des limites qui y sont prévues.

8.   Des notifications de projet de pêche de krill pour la saison de pêche 2015-2016 ont été soumises par sept membres pour 18 navires.

9.   La Commission a fait sien l'avis du Comité scientifique selon lequel les indices disponibles de biomasse de krill dans la Zone 48 ne présentaient pas de signe de changement systématique depuis 2000. Étant donné que le seuil de déclenchement était de moins de 2% de la biomasse de krill estimée pour toute année comprise entre 2000 et 2011, le Comité scientifique a fait savoir que le seuil actuel permettrait d'atteindre les objectifs de la Convention inscrits à l'article II concernant les stocks de krill à l'échelle de la zone, mais pas de gérer les conséquences des pêches locales sur les prédateurs du krill.

10.   La Commission a souscrit à l'avis du Comité scientifique sur l'importance de faciliter les recherches menées dans les pêches en vue de la création d'un système de gestion par rétroaction, notamment en matière de recherches en acoustique sous-marine afin d'aider à suivre les cycles saisonniers et mensuels de la biomasse de krill. La Commission a également fait sien l'avis du Comité scientifique sur l'importance d'utiliser les indices du Programme de contrôle de l'écosystème de la CCAMLR (CEMP) et les indices et données relatifs aux résultats des pêcheries collectés dans le cadre du Système international d'observation scientifique de la CCAMLR (SISO) lors de la création de la gestion par rétroaction.

Ressources halieutiques

11.   En 2014-2015, 13 Membres ont pêché la légine [la légine australe (*Dissostichus eleginoides*) et/ou la légine antarctique (*D. mawsoni*)] dans les sous-zones 48.3, 48.4, 48.6, 58.6, 58.7, 88.1 et 88.2 et dans les divisions 58.4.1, 58.4.2, 58.4.3a, 58.5.1 et 58.5.2 ; les Membres ont aussi mené des activités de pêche exploratoire d'espèces *Dissostichus* dans la zone fermée de la sous-zone 48.2 et de la division 58.4.4b. La capture totale déclarée d'espèces *Dissostichus* était de 15 795 tonnes. À titre de comparaison, la prise totale rapportée de légine en 2013-2014 était de 15 232 tonnes.

12.   En 2015, les limites de capture étant atteintes, le Secrétariat a fermé les pêches d'espèces *Dissostichus* dans la sous-zone 48.4 le 22 avril, dans la sous-zone 48.6 le 10 mars, dans la sous-zone 88.1 le 1er février, et dans la sous-zone 88.2 le 14 février 2015. Des unités de recherche à petite échelle (SSRU) ont également été fermées dans les sous-zones 88.1 et 88.2.

13.   Le Royaume-Uni a ciblé des poissons des glaces antarctiques (*Champsocephalus gunnari*) dans la sous-zone 48.3 (277 tonnes), l'Australie a pêché ces espèces dans la division 58.5.2 (10 tonnes) et la France a pêché ces espèces dans la division 58.5.1 (178 tonnes).

Pêche exploratoire et nouvelle pêche de poissons à nageoires

14.   Des notifications de projet de pêche exploratoire de *Dissostichus* pour la période 2015-2016 ont été soumises par neuf membres, pour un total de 18 navires. Conformément à l'avis que lui a fourni le Comité scientifique, la Commission a approuvé ces notifications, les limites de captures (y compris les limites pour les captures accessoires) et les plans de recherches et d'études connexes.

Évaluation et prévention de la mortalité accidentelle

15.   À la suite d'une analyse des captures accessoires, qui a mis au jour des incohérences concernant les prises non ciblées, la Commission a souligné qu'il était fondamental que des données précises sur les captures accessoires lui soient communiquées, ainsi qu'au Comité scientifique, pour que les objectifs inscrits à l'article II de la Convention puissent être atteints.

16.   La Commission s'est félicitée de l'avis selon lequel le taux de mortalité accidentelle des oiseaux de mer était, en 2014-2015, le plus bas jamais enregistré depuis le début des observations de captures accessoires des oiseaux de mer dans la zone de la Convention.

Aires marines protégées

17.   La Commission a salué la mise à jour des travaux préparatoires de l'aménagement du territoire des aires marines protégées (AMP) dans i) la péninsule antarctique occidentale - l'Arc des Antilles australes, ii) la mer de Weddell, iii) le système représentatif des AMP en Antarctique oriental et iv) dans la région de la mer de Ross.

Changements climatiques

18.   La Commission a fait sien l'avis du Comité scientifique selon lequel il est primordial de tenir compte des aspects relatifs aux changements climatiques dans ses travaux, afin de garantir que des études scientifiques soient menées et que des séries chronologiques soient établies, pour constituer une base scientifique permettant de mener des analyses sur le long terme grâce auxquelles il sera possible de mettre en œuvre les approches de gestion de la CCAMLR, notamment l'approche de gestion par rétroaction de la pêche de krill.

19.   La Commission a convenu d'accorder à un GCI un mandat visant à envisager les approches qui lui permettraient d'inclure dans ses travaux la question des changements climatiques.

Renforcement des capacités

20.   La Commission a fait sien l'avis du Comité scientifique concernant le renforcement des capacités, notamment au moyen du Programme de bourse scientifique de la CCAMLR et en invitant des observateurs et des experts à participer aux réunions du Comité scientifique et de ses groupes de travail. Six bourses ont été octroyées depuis la création du Programme en 2010 à des bénéficiaires issus d'Argentine, du Chili, de Chine, des États-Unis, de Pologne et de Russie. À ce jour, toutefois, le lauréat russe n'a pas été en mesure d'obtenir sa bourse.

Mesures de conservation

21.   Les mesures de conservation et les résolutions adoptées lors de la XXXIVe Réunion de la CCAMLR ont été publiées sur le site de la Commission (Liste officielle des mesures de conservation en vigueur en 2015-2016).

Aires marines protégées

22.   La Nouvelle-Zélande et les États-Unis ont présenté une proposition révisée pour la création d'une AMP dans la région de la mer de Ross. L'Australie, la France et l'Union européenne ont présenté une proposition révisée pour la création d'un système représentatif d'AMP en Antarctique oriental, et l'Union européenne et l'Allemagne ont fourni un rapport d'étape sur les progrès relatifs à l'élaboration d'une proposition en faveur d'une AMP en mer de Weddell. La Commission a également examiné une proposition soumise par l'UE et le Royaume-Uni visant à adopter une mesure de conservation pour promouvoir et faciliter les recherches scientifiques dans les zones marines nouvellement exposées suite au recul ou à l'effondrement de plates-formes glaciaires dans l'ensemble de la Péninsule antarctique. La Commission s'est dite impatiente de poursuivre l'examen de ces propositions lors de ses prochaines réunions.

Mise en œuvre des objectifs de la Convention

Symposium de la CCAMLR

23.   Lors de la XXXIIIe Réunion de la CCAMLR, la Commission a accepté de tenir un deuxième symposium pour marquer le 35e anniversaire de la signature de la Convention. Lors de sa XXXIVe Réunion, la CCAMLR a examiné les résultats du symposium qui s'est tenu du 5 au 8 mai 2015 à Santiago, au Chili. Durant cette réunion, la CCAMLR a débattu des résultats relatifs aux changements climatiques, de la relation

qu'elle entretient avec le Comité scientifique, des priorités stratégiques des cinq prochaines années, du lien entre la conservation et l'utilisation rationnelle, de la sûreté maritime et de la relation qu'elle entretient avec les autres organisations qui partagent les mêmes intérêts. Elle a par ailleurs souligné que la CCAMLR faisait partie intégrante du Système du Traité sur l'Antarctique et qu'elle était tenue, à ce titre, de coopérer.

Coopération avec les Parties consultatives au Traité sur l'Antarctique

Coopération avec les Parties consultatives au Traité sur l'Antarctique

24.   La Commission a reçu des rapports relatifs aux résultats de la 38e Réunion consultative du Traité sur l'Antarctique.

25.   La Commission a souligné la possibilité de dialoguer avec le COMNAP en 2016, à l'occasion de l'atelier sur la recherche et le sauvetage qui devrait se tenir en marge de la XXXIXe RCTA, ainsi qu'avec le CPE à l'occasion du deuxième atelier CPE / CS-CCAMLR, qui se tiendra les 19 et 20 mai 2016 à Punta Arenas, au Chili.

Prochaine réunion

Élection des membres du Bureau

26.   La Commission a élu l'Allemagne à la vice-présidence des réunions de la Commission pour 2016 et 2017.

Prochaine réunion

27.   La Commission a convenu de tenir sa trente-cinquième réunion à Hobart du 17 au 28 octobre 2016. La trente-cinquième Réunion du Comité scientifique se tiendra la première semaine de la Réunion de la Commission, du 17 au 21 octobre 2016.

Rapport annuel du Comité scientifique pour la recherche en Antarctique (SCAR) 2015-2016 du Système du Traité sur l'Antarctique

1. Contexte

Le Comité scientifique pour la recherche en Antarctique (SCAR) est un organisme scientifique interdisciplinaire non gouvernemental du Conseil international pour la science (CIUS), ainsi qu'un Observateur du Traité sur l'Antarctique et de la CCNUCC.

La mission du SCAR consiste (i) à être le principal facilitateur non gouvernemental, indépendant, le coordinateur et le défenseur de l'excellence dans la recherche et la science sur l'Antarctique et l'océan Austral et (ii) à fournir des conseils indépendants, avisés et basés sur la recherche scientifique au Système du Traité sur l'Antarctique ainsi qu'à d'autres décideurs, notamment sur l'utilisation de la science pour identifier les nouvelles tendances et attirer l'attention des dirigeants sur ces problèmes.

2. Introduction

La recherche scientifique du SCAR renforce la valeur des efforts nationaux en permettant aux chercheurs de collaborer dans des programmes scientifiques à grande échelle afin d'atteindre des objectifs qui seraient difficilement atteignables par chaque pays, isolément. Le SCAR comprend actuellement 39 pays membres et 9 unions scientifiques du CIUS.

Le succès du SCAR est basé sur la qualité et la rapidité de ses contributions scientifiques ainsi que sur le volontariat de chercheurs de renommée mondiale. Des descriptions des activités du SCAR et de ses contributions scientifiques sont disponibles sur : http://www.scar.org/. Ce document devrait être lu accompagné d'un Document de référence séparé (BP002) qui souligne les récentes publications scientifiques réalisées par la communauté de chercheurs du SCAR depuis la dernière Réunion du Traité sur l'Antarctique.

3. L'essentiel du SCAR (2015-2016)

Le SCAR se compose de nombreux organismes secondaires et de programmes axés sur la science ou sur des activités liées à la science dans la région de l'Antarctique. Ici, nous mettons en avant et informons sur les activités du SCAR qui sont selon nous d'un grand intérêt pour les Parties du Traité.

Comité permanent sur le Système du Traité Antarctique (SCATS)
(http://www.scar.org/antarctic-treaty-system/scats)

Le SCATS est l'organisme chargé de développer les conseils scientifiques du SCAR à destination du Traité sur l'Antarctique. En plus de fournir et de coordonner les conseils scientifiques pour le SCAR, les membres du SCATS sont également activement impliqués dans la recherche. Le SCAR soutient le Portail des environnements en Antarctique au sein duquel le directeur général du SCATS siège au Comité de rédaction et le directeur exécutif du SCAR siège au Comité de gestion. Le SCAR, en collaboration avec plusieurs partenaires, a continué à développer la Préservation de l'Antarctique pour la Stratégie du 21e siècle.

L'évaluation de Monaco (http://www.scar.org/monaco-assessment/document)

En 2015, le SCAR était représenté à la réunion des experts sur l'Antarctique et la biodiversité mondiale intitulée « L'Antarctique et le Plan stratégique pour la biodiversité 2011-2020

: L'évaluation de Monaco ». Le principal objectif de la réunion était de déterminer ce que représentent la préservation de la biodiversité de l'Antarctique et de l'océan Austral par rapport à l'ensemble des objectifs à atteindre à l'échelle du monde dans le cadre du Plan stratégique pour la biodiversité 2011-2020. La réunion avait aussi pour but de fournir une orientation concernant les mesures qui peuvent effectivement contribuer à soutenir les succès de la préservation de l'Antarctique et de l'océan Austral. Voir le document d'information IP038, soumis par le SCAR et Monaco, qui résume l'atelier.

L'acidification de l'océan Austral *(http://www.scar.org/ssg/physical-sciences/acidification)*

Le SCAR a entrepris une synthèse de l'état des connaissances scientifiques sur l'acidification de l'océan Austral. Ce rapport de référence a été mis en avant lors de la XXXVIIIe RCTA - XVIIIe CPE et était le sujet de la Conférence sur le Traité (Voir 2015 BP001). Le rapport sera lancé à la Conférence scientifique ouverte du SCAR à Kuala Lumpur, en Malaisie, du 22 au 26 août 2016.

Suivi de la Réunion sur l'avenir de la science du SCAR *(http://www.scar.org/horizonscanning/)*

En 2014, la première Réunion sur l'avenir de la science en Antarctique et dans l'océan Austral du SCAR a identifié les questions scientifiques les plus importantes devant être traitées dans les deux décennies à venir et au-delà (Voir document d'information IP020 de 2015). Avec l'aide du SCAR, le COMNAP a mené une seconde phase du processus avec le Projet des défis de la recherche en Antarctique (ARC) dans le but de soutenir les programmes nationaux en Antarctique dans leurs efforts pour comprendre et trouver des façons de gérer les défis et partager toute innovation ou accès à la technologie (Voir document d'information IP051, soumis par le COMNAP). Le thème de la conférence du SCAR de cette année sera à la fois les priorités scientifiques de la Réunion sur l'avenir de la science du SCAR et les résultats du projet ARC ; il sera également question des étapes nécessaires pour traiter ces priorités scientifiques (Voir document de référence BP003).

Changement climatique et environnement en Antarctique *(http://www.scar.org/ssg/physical-sciences/acce)*

Les caractéristiques biologiques, physiques et climatiques de l'Antarctique et de l'océan Austral sont étroitement liées à d'autres parties de l'environnement mondial par l'intermédiaire des océans et de l'atmosphère. En 2009, le SCAR a publié le Rapport sur l'environnement et le changement climatique en antarctique (ACCE) qui est une référence et a depuis été mis à jour chaque année. Voir document d'information IP035.

Recommandations pour les activités ayant lieu dans des zones géothermiques terrestres

Après de nombreuses consultations approfondies, notamment des organismes secondaires concernés du SCAR et du COMNAP, le Code de conduite pour les activités en environnement géothermique continental dans l'Antarctique du SCAR a été élaboré (Voir document d'information WP023).

Patrimoine géologique et géoconservation *(http://www.scar.org/ssg/geosciences/geoconservation)*

Le Groupe d'action pour la géoconservation et le patrimoine géologique du SCAR a été créé dans le but d'examiner les nouvelles préoccupations concernant la reconnaissance, la protection et la gestion continue des sites géomorphologiques et géologiques importants en Antarctique, notamment les fossiles. L'un de ses objectifs est de rédiger un document à soumettre au CPE en 2018. Les avancées sur ce sujet sont incluses dans le document d'information IP031.

Le *SCAR à la COP21 de la CCNUCC* *(http://www.scar.org/srp/ant-era#COP21)*

Le SCAR a eu un rôle actif lors de l'historique COP21 de la CCNUCC 2015 qui a eu lieu à Paris, mettant en avant les changements en Antarctique ayant des ramifications mondiales et promouvant de façon générale la science en Antarctique. Le SCAR s'est adjoint à l'Initiative internationale sur le climat et la cryosphère (ICCI) pour deux événements officiels lors de la Journée de l'Antarctique (1er décembre) et a promu la mise à jour des informations de l'ACCE de 2015 présentées à la XXXVIIIe RCTA (Voir document d'information IP092 de 2015) et les informations sur le Portail des environnements de l'Antarctique.

Produits et données du SCAR (http://www.scar.org/data-products)

Le SCAR promeut un accès libre et sans restrictions aux données et informations sur l'Antarctique grâce à des archives ouvertes et accessibles, gérées par ses Comités permanents sur la gestion des données sur l'Antarctique (SC-ADM) et les informations géographiques sur l'Antarctique (SC-IGA). Le SCAR a également plusieurs produits qui pourraient intéresser la communauté antarctique, comme Quantarctica, le Catalogue de la carte de l'Antarctique et l'Atlas biogéographique de l'océan Austral, parmi d'autres.

Plateforme d'observation de glace de mer de l'Antarctique v2 en cours de réalisation (http://aspect.antarctica.gov.au/)

La méthode digitale d'observation de la glace en cours du Climat et processus de la glace de mer en Antarctique (ASPeCt), v 2, a été lancée. D'octobre 2015 à mars 2016, des données ont été téléchargées quasiment en temps réel lors des voyages, reliées du réseau d'un bateau à un serveur central et des caméras automatiques ont été placées sur certaines croisières de recherche afin de capturer des images qui viennent actuellement compléter les observations visuelles d'ASPeCT. Les bateaux se rendant en Antarctique sont encouragés à participer à la collecte de données.

Plan stratégique du SCAR 2017-2022 (http://www.scar.org/about/futureplans)

Le Plan stratégique actuel du SCAR expire fin 2016 et des efforts sont en cours pour l'élaboration d'un nouveau plan répondant au futurs besoins. Le SCAR consulte énormément durant son développement et salue les remarques de toutes les personnes intéressées par l'orientation future de l'organisation et des activités. Le nouveau plan sera discuté à la XXXIVe Réunion des délégués du SCAR à Kuala Lumpur, Malaisie les 29 et 30 août 2016 et sera finalisé cette année.

Célébration des femmes dans la recherche en Antarctique (http://www.scar.org/outreach/women)

Dans les années 1950, la plupart des pays n'autorisait pas les femmes à travailler en Antarctique et on y trouvait peu de femmes chercheuses. Aujourd'hui, les femmes sont à des postes de responsabilité et ont de l'influence dans la recherche en Antarctique. Pour aider à leur reconnaissance, le SCAR accueille un événement « Wikibomb » afin de promouvoir et de célébrer le travail des femmes chercheuses en Antarctique en améliorant leur visibilité sur Wikipédia lors de la prochaine Conférence ouverte sur la science. L'objectif est d'améliorer la visibilité des modèles à l'attention des jeunes chercheuses et d'inciter les filles du monde entier à poursuivre des carrières scientifiques.

4. Prix et bourses du SCAR

Afin de donner à tous ses Membres la capacité d'effectuer leurs recherches, le SCAR a plusieurs Programmes de bourses et de prix (http://www.scar.org/awards):

- **Les bourses SCAR/COMNAP** sont destinées aux chercheurs en début de carrière et visent à bâtir de nouvelles connections ainsi qu'à renforcer la capacité et la coopération internationales dans la recherche en Antarctique. Les bourses sont proposées en tandem avec les bourse de la CCAMLR. En 2015, quatre bourses du SCAR, notamment la nouvelle bourse du Prince Albert II de Monaco pour la biodiversité et une bourse SCAR/COMNAP ont été décernées. Dans le but de mettre en lumière les bourses SCAR/COMNAP, un mini-symposium aura lieu pendant la Conférence ouverte sur la science du SCAR en 2016. *http://www.scar.org/awards/fellowships*

- **Le Programme de mobilité des professeurs du SCAR** donne aux scientifiques en milieu et en fin de carrière l'occasion d'effectuer des mobilités de courte durée dans une installation opérée par, ou située dans, des pays membres du SCAR, dans le but de former et d'encadrer les chercheurs moins expérimentés. Deux chaires de mobilité ont été décernées en 2015. *http://www.scar.org/awards/visitingprofs*

  - Le **Prix Tinker-Muse pour la science et la politique en Antarctique**, facilité par le SCAR, est un prix de 100 000 dollars des États-Unis sans restriction présenté à quelqu'un travaillant dans les domaines de la politique ou de la science en Antarctique. Le Dr Valérie Masson-Delmotte s'est vue décernée le Prix Tinker-Muse pour son travail sur la caractérisation, la quantification et la compréhension des changements climatiques et des cycles de l'eau passés, en traduisant les données isotopiques pour les rendre exploitables dans les registres de paléo-température. *www.museprize.org.*

5. Autres nouvelles

Dans l'optique de poursuivre l'amélioration, une étude structurelle a été réalisée l'année dernière, aboutissant à plusieurs recommandations pour rationaliser les réunions et la structure organisationnelle du SCAR. Cette année, cinq des six programmes de recherche scientifique du SCAR seront soumis à des études externes, tout comme le Système d'observation de l'océan Antarctique (Voir document d'information IP032 pour des nouvelles du SOOA). Le SCAR lui-même fait également l'objet d'une étude du CIUS cette année. Pour plus d'informations, voir *http://www.scar.org/about/reviews*.

En juillet 2015, le Dr Jenny Baeseman a été nommé nouvelle directrice générale du SCAR, succédant au Dr Mike Sparrow.

6. Réunions importantes du SCAR

- *XIIe Symposium international sur les sciences de la terre en Antarctique (ISAES) 2015.* 13-17 juillet 2015, Goa, Inde *http://www.isaes2015goa.in*

- *XXXIVe Conférence ouverte sur la science et les réunions du SCAR.* 20-30 août 2016, Kuala Lumpur, Malaisie. *http://scar2016.com*

- *XIIe Symposium de biologie du SCAR* 3-9 juillet 2017, Bruxelles, Belgique.

- La *XXXVe Conférence ouverte sur la science et les réunions du SCAR*, 15 au 27 juin 2008 à *Davos, Suisse*. La Conférence ouverte sur la science concernera les deux régions polaires, étant organisée conjointement avec le Comité scientifique international de l'Arctique (CSIA). *http://www.polar2018.org/*

Rapport annuel 2015-2016 du Conseil des directeurs des programmes antarctiques nationaux (COMNAP)

Le COMNAP est l'organisation en charge des programmes antarctiques nationaux. Il réunit en particulier les responsables nationaux qui programment, dirigent et gèrent les soutiens apportés à la recherche scientifique en Antarctique, au nom de leurs gouvernements respectifs.

Le COMNAP est une association internationale créée en septembre 1988 ayant, pour membres, les 30 programmes antarctiques nationaux lesquels se situent en Argentine, Australie, Biélorussie (devenue membre en août 2015), Belgique, Brésil, Bulgarie, Chili, Chine, République tchèque, Équateur, Finlande, France, Allemagne, Inde, Italie, Japon, République de Corée, Pays-Bas, Nouvelle-Zélande, Norvège, Pérou, Pologne, Fédération de Russie, Afrique du Sud, Espagne, Suède, Ukraine, Royaume-Uni, États-Unis et Uruguay. Les programmes antarctiques nationaux du Portugal et du Vénézuela sont devenus membres (août 2015) pour un mandat de trois ans en tant qu'organisations observatrices du CONMAP.

Le COMNAP vise à élaborer et promouvoir les bonnes pratiques en matière de gestion des soutiens à la recherche scientifique dans l'Antarctique. En tant qu'organisation, le COMNAP agit pour apporter une valeur ajoutée aux efforts déployés par les programmes antarctiques nationaux, en servant de forum à l'élaboration des pratiques qui améliorent, d'une manière écologiquement responsable, l'efficacité des activités, en facilitant et en promouvant les partenariats internationaux, et en fournissant des occasions et des systèmes d'échange d'informations.

Le COMNAP s'efforce de donner au Système du Traité sur l'Antarctique des avis objectifs, pratiques, techniques et apolitiques, lesquels s'appuient sur le vaste vivier de compétences des programmes antarctiques nationaux, et de leurs connaissances directes de l'Antarctique. Depuis 1988, le COMNAP est un contributeur actif aux discussions de la RCTA et du CPE : il a présenté 31 documents de travail et 102 documents d'informations à ce jour.

Le COMNAP maintient une étroite collaboration avec d'autres organisations liées à l'Antarctique, en particulier avec le SCAR. Une réunion conjointe du Comité exécutif du COMNAP/du SCAR s'est tenue à Tromsø en août 2015. Le COMNAP était invité en qualité d'observateur à la réunion de l'IAATO et a présenté des rapports aux réunions du Forum of Arctic Research Operators (FARO) et du Groupe de travail international de cartographie des glaces (IICWG).

Le COMNAP a tenu sa réunion générale annuelle (RGA) en août 2015 à Tromsø, en Norvège, organisée par l'Institut polaire norvégien. Des sessions en petits groupes portant sur l'énergie et la technologie, l'éducation et la sensibilisation et la sécurité s'y sont déroulées. Le Dr Kazuyuki Shiraishi du NIPR japonais continue son mandat de trois ans en tant que président du COMNAP jusqu'à la RGA de 2017. Michelle Rogan-Finnemore continue d'officier en tant que Secrétaire exécutif. L'université de Canterbury à Christchurch, Nouvelle-Zélande, continue d'organiser le secrétariat du COMNAP.

Points saillants et réalisations COMNAP de 2015-2016

Projet du COMNAP : Défis du plan d'action de l'Antarctique (ARC) - achevé

Le projet ARC du COMNAP, un projet corollaire du SCAR de scan de l'horizon antarctique, a exploré les défis liés à la technologie, la logistique, aux opérations, au financement et à la collaboration internationale que les programmes antarctiques nationaux seront susceptibles de rencontrer en matière de diffusion de la science antarctique à moyen et à long terme.Plus de 1 000 experts ont participé au projet ARC : en répondant à des sondages en ligne, en participant à un atelier, en apportant leur contribution aux livres blancs à thème et/ou en fournissant des conseils experts sur les rapports écrits du groupe ou la publication des résultats de l'ARC. Ce fut un effort communautaire et nous remercions toutes les personnes qui y ont pris part et, en particulier, Mahlon

C. Kennicutt II (Professeur émérite, Texas A & M University) et Yeadong Kim (President, KOPRI) pour avoir co-organisé le projet ARC. Les résultats du projet ARC ont désormais été publiés (voir le document d'information du COMNAP) et voir : www.comnap.aq/Projects/SitePages/ARC.aspx.

Rapport du séminaire sur les défis posés par la banquise *- publié*

Le COMNAP a organisé l'atelier sur les défis posés par la banquise les 12-13 mai 2015, co-organisé par l'AAD et l'ACE CRC à Hobart, Tasmanie, Australie. L'atelier fut l'occasion pour les communautés scientifiques et opérationnelles de discuter des tendances régionales de la banquise autour de l'Antarctique et de proposer des moyens techniques et pratiques pour affronter les conditions difficiles. Le rapport (publié en décembre 2015) peut être téléchargé sur le site :www.comnap.aq/Publications/SitePages/Home.aspx.

Atelier sur la télémédecine *- organisé*

Le groupe d'experts conjoint sur la biologie humaine et sur la médecine (JEGHBM) a organisé le séminaire sur la télémédecine le 27 août 2016 à Tromsø, Norvège. L'objectif de l'atelier était de faire en sorte que les programmes antarctiques nationaux examinent une série de services de télémédecine à distance et de leur permettre d'examiner ce qui pourrait convenir à leurs opérations en Antarctique.Voir : www.comnap.aq/Groups/medical/SitePages/Home.aspx.

Groupe de travail des systèmes aériens sans pilote (GT-UAS) *- mis en place*

Créé en tant que sous-groupe du Groupe d'experts aériens du COMNAP, l'objectif du GT-UAS est de « (...) réduire les risques encourus par les personnes, les infrastructures et l'environnement dans la zone du traité sur l'Antarctique, tout en permettant (…) d'utiliser les UAS dans la zone pour des applications spécifiques et un support scientifique ». Des experts provenant de quatorze programmes antarctiques nationaux des membres du COMNAP font partie du groupe. Les mandats du GT-UAS comprennent le développement des lignes directrices du COMNAP ; (voir également le document de travail du COMNAP) et assister les programmes antarctique nationaux des membres dans la préparation des procédures opérationnelles de l'UAS de leur programme propres à leurs opérations en Antarctique, échanger des informations, et communiquer, en collaboration avec les autres membres de la communauté de l'Antarctique, des informations sur l'utilisation de l'UAS dans la zone.

Catalogue des infrastructures des stations *- lancé*

Le projet EU-PolarNet, mené en collaboration avec INTERACT et COMNAP, comprend le développement d'un catalogue axé sur les infrastructures arctiques et antarctiques européennes. Ce projet comprenait déjà l'ensemble des membres européens du COMNAP. Le COMNAP a décidé de saisir l'occasion et d'étendre l'exercice à tous ses membres. Le catalogue des infrastructures du COMNAP fournira pour la première fois des informations complètes et exhaustives sur les installations du programme antarctique national qui seront utiles pour la promotion de futures collaborations, les échanges entre les scientifiques et le partage des infrastructures, le tout dans l'esprit du Traité sur l'Antarctique.

Bourse de recherche pour les études antarctiques du COMNAP *- session de candidature ouverte*

Le COMNAP a mis en place la Bourse de recherche pour les études antarctiques en 2011 et a depuis été en mesure d'offrir six bourses, plus trois en collaboration avec le SCAR. La bourse vise à aider des chercheurs, des techniciens et des ingénieurs en début de carrière. La bourse de 2015 a été attribuée à Alejandro Velasco Castrillon (université d'Adélaïde, Australie) pour qu'il puisse entreprendre un voyage en Antarctique à l'appui de la recherche sur « Une ré-évaluation de la première découverte de la microfaune limnoterrestre de la région du détroit de McMurdo ». Une bourse conjointe du COMNAP/SCAR a également été attribuée à Inka Koch (université d'Otago, Nouvelle-Zélande) afin de démarrer une recherche sur la « Détection des couches internes et de l'épaisseur des glaces marines dans une plateforme de glace antarctique avec un radar aérien de pénétration de la glace ». La session de candidatures pour la bourse 2016 prendra fin le 1er juin 2016. Le SCAR et le COMNAP travaillent aussi avec le CCAMLR pour promouvoir leur bourse. Voir https://www.comnap.aq/SitePages/fellowships.aspx.

Projet d'encadrement intermédiaire - *étude en cours*

Le projet vise à aider les gestionnaires des programmes antarctiques nationaux à développer les domaines de la collaboration internationale, les programmes de formation ou le partage des bonnes pratiques dans un autre bureau du programme antarctique national ou une autre station de recherche en Antarctique. Les candidatures pour le projet posées par des membres du personnel des programmes antarctiques nationaux des membres du COMNAP peuvent être soumises à tout moment de l'année et seront évaluées par le Comité exécutif du COMNAP.

Atelier III - Système de recherche et de sauvetage (SAR) - *à venir*

Afin de soutenir les opérations de sécurité réalisées dans la région du Traité sur l'Antarctique, et comme convenu par le COMNAP en réponse à la Résolution 4 (2013) de la RCTA, à savoir d'organiser régulièrement des séminaires afin de discuter du SAR et de l'intervention d'urgence dans la région, le COMNAP organisera l'atelier III du SAR. Le séminaire se tiendra les 1-2 juin 2016 et sera co-organisé par INACH et DIRECTEMAR. Des experts de l'IAATO, la CCAMLR (COLTO et ARK), ainsi que de COSPAS-SARSAT ont également été invités à participer. Une fois disponible, le rapport de l'atelier sera soumis à la RCTA. Pour de plus amples informations, voir : https://www.comnap.aq/SitePages/SARWorkshopIII.aspx.

Produits et outils du COMNAP

Site internet du système de recherche et de sauvetage (SAR)
www.comnap.aq/membersonly/SitePages/SAR.aspx

Comme demandé dans la Résolution 4 (2013) de la RCTA, le COMNAP a créé une page web SAR régulièrement mise à jour en concertation avec les RCC. Il sera retravaillé pendant l'atelier III du SAR.

Déclarations d'accidents, d'incidents & d'accidents évités de justesse (AINMR)
www.comnap.aq/membersonly/AINMR/SitePages/Home.aspx

Le système AINMR a été développé pour faciliter cette communication des informations et il est disponible sur l'espace membre du site du COMNAP. L'objectif principal de l'AINMR est de rassembler les informations sur les évènements qui ont eu, ou qui aurait pu avoir des conséquences graves ; et/ou desquels des leçons sont à tirer ; et/ou qui sont nouveaux ou très rares. Les rapports détaillés sur les accidents peuvent aussi être mis en ligne, partagés, discutés et retravaillés sur le site. Les programmes antarctiques nationaux peuvent apprendre les uns des autres afin de réduire les risques de conséquences graves d'accidents lors de leurs activités en Antarctique.

Système de notification de la position des navires (SPRS)
www.comnap.aq/sprs/SitePages/Home.aspx

Le SPRS est un système optionnel et volontaire d'échange d'informations sur les opérations des navires des programmes antarctiques nationaux. Son objectif principal est de faciliter la collaboration. Il peut toutefois également apporter une importante contribution à la sécurité avec toutes les informations SPRS mises à disposition des RCC en tant que source d'informations supplémentaire qui complète tous les autres systèmes nationaux et internationaux en place. Les informations sur la position des navires sont communiquées par courriel et peuvent être affichées graphiquement par Google Earth. Un examen du SPRS est en cours.

Manuel d'information de vol en Antarctique (AFIM)

L'AFIM est un manuel d'informations aéronautiques publié par le COMNAP : c'est un outil qui vise à améliorer la sécurité lors des opérations aériennes en Antarctique conformément à la Résolution 1 (2013). Le COMNAP poursuit la transformation du format papier de l'AFIM en un produit électronique. L'AFIM est régulièrement mis à jour par les informations des programmes antarctiques nationaux.

Manuel des opérateurs de télécommunications en Antarctique (ATOM)
www.comnap.aq/membersonly/SitePages/ATOM.aspx

L'ATOM est une évolution du manuel sur les pratiques de télécommunications, auquel la Résolution X-3 de la RCTA (Amélioration des télécommunications dans l'Antarctique et collecte et diffusion des données météorologiques de l'Antarctique) fait référence. Les membres du COMNAP et les autorités du SAR ont accès à la dernière version (janvier 2016) via le site du COMNAP.

_____

Plus d'informations sur www.comnap.aq.

Annexe 1 : Responsables, projets, groupes d'experts et réunions du COMNAP

Comité exécutif (EXCOM)

Le Président et les vice-présidents du COMNAP sont des membres élus du COMNAP. Les responsabkes élus et le Secrétaire exécutif constituent le Comité exécutif du COMNAP comme suit :

Poste	Membre	Fin du mandat
Président	Kazuyuki Shiraishi (NIPR) kshiraishi@nipr.ac.jp	RGA 2017
Vice-présidents	Hyoung Chul Shin (KOPRI) hcshin@kopri.re.kr	RGA 2016
	John Hall (BAS) jhal@bas.ac.uk	RGA 2016
	José Retamales (INACH) jretamales@inach.cl	RGA 2017
	Rob Wooding (AAD) rob.wooding@aad.gov.au	RGA 2017
	Yves Frenot (IPEV) yves.frenot@ipev.fr	RGA 2017
Secrétaire exécutif	Michelle Rogan-Finnemore michelle.finnemore@comnap.aq	

Tableau 1 - Comité exécutif du COMNAP.

Projets

Projet	Gestionnaire de projet	Membre EXCOM (supervision)
Manuel d'information sur les vols en Antarctique (AFIM) - Mise en œuvre du format électronique	Paul Morin & Brian Stone	John Hall
Défis du plan d'action de l'Antarctique (ARC)	Michelle Rogan-Finnemore	Kazuyuki Shiraishi
Révision du Système de notification de la position des navires (SPRS)	Robb Clifton	Hyoung Chul Shin
Catalogue des infrastructures des stations	Michelle Rogan-Finnemore	Yves Frenot
Base de données de fournisseurs	Simon Trotter	John Hall
Atelier sur la télémédecine	Jeff Ayton	John Hall

Tableau 2 - Projets en cours de réalisation du COMNAP.

Groupe d'experts

Groupe d'experts (thème)	Responsable du groupe d'experts	Membre EXCOM (supervision)
Air (comprend le GT-UAS)	Giuseppe Di Rossi & Brian Stone	John Hall
Énergie et technologie	Felix Bartsch & Pavel Kapler	Rob Wooding
Environnement	Anoop Tiwari	Hyoung Chul Shin
Médecine	Jeff Ayton	John Hall
Sensibilisation/Éducation	Dragomir Mateev	Yves Frenot
Sécurité	Henrik Törnberg (jusqu'au 31 jan. 2016) Simon Trotter (à compter du 1er fév. 2016)	Kazuyuki Shiraishi
Science (comprend le groupe d'experts SOOS)	Robb Clifton	José Retamales
Navigation	Miguel Ojeda	José Retamales
Formation	Veronica Vlasich	Yves Frenot

Tableau 3 - Groupes d'experts du COMNAP.

Réunions

12 derniers mois

22-24 août 2015, Atelier sur les défis du plan d'action de l'Antarctique, Institut polaire norvégien (NPI), Tromsø, Norvège.

25 août 2015, Réunion exécutive conjointe du COMNAP et du SCAR, Institut polaire norvégien (NPI), Tromsø, Norvège.

26-28 août 2015, Réunion générale annuelle (COMNAP RGA XXVII), organisée par l'Institut polaire norvégien (NPI), Tromsø, Norvège (incluant une séance sur la sécurité, et l'atelier du groupe d'experts conjoint sur la biologie humaine et sur la médecine et la télémédecine).

29 août 2015, Réunion du comité exécutif du COMNAP, organisée par l'Institut polaire norvégien (NPI), Tromsø, Norvège.

29 août 2015, Réunion conjointe du Comité exécutif du COMNAP et du SCAR, organisée par l'Institut polaire norvégien (NPI), Tromsø, Norvège.

12 mois à venir

1-2 juin 2016, Atelier III : Système de recherche et de sauvetage (SAR), co-organisé par l'Instituto Antartico Chileno (INACH) et DIRECTEMAR, Valparaiso, Chili.

16-18 août 2016, XXVIIIᵉ Eéunion générale annuelle (RGA) du COMNAP (2016), organisée par le Centre national pour la recherche antarctique et océanique (NCAOR), Goa, Inde.

19-20 août 2016, Symposium 2016 du COMNAP : « Surmonter les défis polaires » organisée par le Centre national pour la recherche antarctique et océanique (NCAOR), Goa, Inde.

21 août 2016, réunion conjointe SCAR/Comité exécutif COMNAP, Kuala Lumpur, Malaisie.

21-22 août 2016, Groupe d'experts conjoint sur la biologie humaine et sur la médecine (JEGHBM), Kuala Lumpur, Malaisie.

3. Rapports des experts

Rapport de l'Organisation hydrographique internationale (OHI)

Limites des connaissances en matière d'hydrographie dans la région Antarctique et risques connexes pour les opérations scientifiques et marines

Introduction

L'Organisation hydrographique internationale (OHI) est une organisation intergouvernementale consultative et technique. Elle comprend 85 Etats membres. Chaque Etat est en principe représenté par le directeur de son Service hydrographique national.

L'OHI coordonne au niveau mondial l'établissement des normes pour les données hydrographiques et la fourniture de services hydrographiques à l'appui de la sécurité de la navigation et de la protection et de l'utilisation durable de l'environnement marin. L'objectif principal de l'OHI est d'assurer que toutes les mers, tous les océans et toutes les eaux navigables du monde soient hydrographiés et cartographiés.

Qu'est-ce que l'hydrographie ?

L'hydrographie est la branche des sciences traitant du mesurage et de la description des éléments physiques des océans, des mers, des zones côtières, des lacs et des fleuves. Les levés hydrographiques permettent d'identifier la forme et la nature des fonds marins et des dangers qui y reposent, et de comprendre l'impact des marées sur la profondeur et les mouvements de l'eau. Ces connaissances viennent à l'appui de toutes les activités maritimes, incluant le transport, le développement économique, la sécurité et la défense, les études scientifiques et la protection environnementale.

Importance de l'hydrographie dans l'Antarctique

Les informations hydrographiques sont une condition sine qua non du développement d'activités humaines réussies et durables, du point de vue de l'environnement, dans les mers et les océans. Malheureusement, on dispose de peu, voire d'aucune information hydrographique, pour de nombreuses parties du monde, particulièrement dans l'Antarctique.

Dans cette région particulière où les navires doivent parfois faire face aux conditions météorologiques les plus difficiles, tout échouement dû à un manque de levés hydrographiques ou de cartes marines appropriés peut entraîner des conséquences graves. Malheureusement, l'échouement de navires opérant en dehors de routes de navigation précédemment empruntées dans l'Antarctique n'est pas rare.

Le Code polaire, adopté par l'Organisation maritime internationale (OMI) en 2014, inclut d'importantes mises en garde relatives à l'hydrographie et à la cartographie marine.

Comme indiqué, le Code polaire

... « traite des dangers qui peuvent entraîner des degrés de risque accrus car il est plus probable qu'ils surviennent, que leurs conséquences seront plus graves, ou pour ces deux raisons (...)

et note en particulier que :

*... l'éloignement et l'absence possible de **données et de renseignements hydrographiques** précis et complets, la disponibilité limitée d'aides à la navigation et d'amers, ce qui crée des risques accrus d'échouement, aggravée par l'éloignement, des moyens SAR difficiles à déployer, des retards dans*

> *l'intervention d'urgence et des moyens de communication limités, ce qui peut compromettre l'intervention en cas d'événement ... »*

La plupart des études scientifiques et la compréhension du milieu marin retirent les plus grands bénéfices de la connaissance de la nature et de la forme des fonds marins et des mouvements d'eau engendrés par les marées. Par conséquent, le manque de ces connaissances hydrographiques dans la plupart des eaux antarctiques, notamment dans les régions côtières et moins profondes, compromet de nombreux efforts scientifiques qui sont entrepris sous les auspices de la RCTA et des Etats membres individuellement.

Etat de l'hydrographie et de la cartographie marine dans l'Antarctique

L'état de l'hydrographie et de la cartographie marine dans l'Antarctique engendre de sérieux risques pour la sécurité de la navigation et entrave également la conduite de la plupart des activités effectuées dans les mers et océans environnants.

Plus de 90% des eaux antarctiques demeurent non hydrographiées. Des zones importantes ne sont pas cartographiées, et lorsqu'elles le sont, les cartes sont d'une utilité limitée du fait du manque d'informations de profondeur fiables ou complètes.

L'hydrographie dans les eaux antarctiques est onéreuse et problématique. Ceci est dû aux états de mer difficiles et imprévisibles, aux saisons courtes pour effectuer les levés et à la lourdeur de la logistique nécessaire pour les navires et les équipements.

Conformément aux prescriptions internationales de l'OMI (Sauvegarde de la vie humaine en mer - SOLAS), les cartes électroniques de navigation (ENC) sont maintenant exigées pour la navigation sur tous les navires à passagers et sur un nombre croissant de navires d'autres types – tous opérant dans les eaux antarctiques. A ce jour, seulement la moitié des quelque 170 ENC qui ont été identifiées par la Commission hydrographique de l'OHI sur l'Antarctique (CHA de l'OHI) comme étant exigées pour la navigation dans la région ont été publiées.

La production des ENC pour l'Antarctique est sérieusement gênée par le manque de données, le mauvais état des cartes papier correspondantes qu'elles sont destinées à remplacer et les priorités de production et financières des Etats qui se sont portés volontaires pour produire les ENC; seulement 10 ENC ont été produites en 2014 et seulement cinq[9] en 2015.

L'état de l'hydrographie et de la cartographie marine est disponible sur le site web de l'OHI en tant que service SIG en ligne (www.iho.int > Comités GT > Commission Hydrographique de l'OHI sur l'Antarctique > Miscellaneous > IHO GIS for Antarctica).

Commission hydrographique de l'OHI sur l'Antarctique

La CHA de l'OHI est destinée à améliorer la qualité, la couverture et la disponibilité des cartes marines et des autres informations et services hydrographiques couvrant la région. La CHA comprend 23 Etats membres de l'OHI (Argentine, Australie, Brésil, Chili, Chine, Equateur, France, Allemagne, Grèce, Inde, Italie, Japon, République de Corée, Nouvelle-Zélande, Norvège, Pérou, Fédération de Russie, Afrique du Sud, Espagne, Royaume-Uni, Uruguay, Etats-Unis, Venezuela), tous sont parties au Traité sur l'Antarctique et sont donc également directement représentés à la RCTA. La Colombie a récemment fait part de son intention de devenir membre à part entière de la CHA de l'OHI.

La CHA de l'OHI travaille en étroite collaboration avec les organisations parties prenantes telles que le COMNAP, l'IAATO, le SCAR, l'OMI et la COI. Toutefois, à l'exception des travaux fructueux menés en collaboration avec l'IAATO, aucun programme de coopération ou projet

---

[9] Argentine (1), Chili (1), RU (3).

utilisant des bâtiments d'opportunité ou d'autres ressources n'a été exécuté dans le but d'améliorer les données hydrographiques dans les zones de navigation critiques.

L'année dernière, il a été signalé à la RCTA que la 14ème réunion de la CHA de l'OHI avait été reportée, en raison du faible nombre d'inscriptions des Etats membres et des organisations observatrices. Ceci est le triste constat de la faible priorité que les gouvernements accordent à l'amélioration des connaissances hydrographiques et bathymétriques dans la région. Une lettre d'invitation à participer à la 14ème réunion de la CHA de l'OHI qui se déroulera en Equateur, du 30 juin au 2 juillet 2016, a été publiée le 18 février. Nous saisissons cette opportunité pour rappeler aux membres de la CHA de l'OHI et aux organisations parties prenantes que les inscriptions des participants sont attendues avant le 15 avril 2016, aussi les parties intéressées qui ne l'ont pas encore fait sont invitées à s'inscrire rapidement.

Voies et moyens d'améliorer l'hydrographie et la cartographie marine dans l'Antarctique

L'OHI a régulièrement rendu compte du niveau insatisfaisant de connaissances hydrographiques dans l'Antarctique, depuis la XXXIème réunion de la RCTA (Kiev, 2008) et des risques inhérents à toutes les activités effectuées par voie maritime autour du continent. L'OHI a toujours affirmé qu'il était nécessaire d'obtenir un soutien aux plus hauts niveaux politiques si l'on voulait améliorer la situation de manière significative.

Fort heureusement la XXXVIIème RCTA a adopté la résolution 5 (2014) sur le renforcement de la coopération dans les levés hydrographiques et la cartographie marine des eaux antarctiques. Néanmoins, à l'exception des importants levés effectués dans le détroit de Gerlache en 2015, il y a eu peu d'impact ou de progression perceptible par rapport à la situation précédemment rapportée. L'on peut seulement espérer que ceci s'améliorera après la réunion de la CHA de l'OHI mi-2016, en Equateur, où il est attendu qu'une analyse complète de l'évaluation des risques sur le continent Antarctique soit finalisée. Toutes les parties à la RCTA sont invitées à participer à la réunion afin d'identifier les priorités et les risques, et de coordonner leurs levés hydrographiques et activités de cartographie.

Recommandation pour examen par la RCTA

L'OHI invite la RCTA à encourager les Parties à participer à la prochaine réunion de la CHA qui se tiendra en Equateur, du 30 juin au 2 juillet, et à contribuer efficacement à ses activités, conformément à la résolution 5 (2014).

Rapport annuel de l'OMM 2015-2016

L'Organisation météorologique mondiale[10] (OMM) est une agence spécialisée des Nations Unies et elle compte 191 États et territoires Membres. Il s'agit de l'institution spécialisée des Nations Unies qui fait autorité pour tout ce qui concerne l'état et le comportement de l'atmosphère terrestre, son interaction avec les océans, le climat qui en découle et la répartition des ressources en eau qui en résulte.

Les activités d'observation météorologique, de recherche et de services relatifs aux régions polaires et de haute montagne de l'OMM encouragent et coordonnent les programmes importants qui sont réalisés dans les régions antarctiques, arctiques et de haute montagne par des nations et des groupes de nations. Elle communique avec tous les programmes de l'OMM, notamment avec la Veille météorologique mondiale (VMM), et autres programmes connexes du monde entier, répondant aux besoins et aux exigences mondiales en termes d'observations météorologiques, de recherche et de services relatifs aux régions polaires et de haute montagne[11].

En mai 2015, le Congrès météorologique mondial a approuvé les activités polaires et de haute montagne comme l'une des sept priorités de l'OMM pour la période 2016-2019. Ces activités, et notamment les interactions avec le Système du Traité sur l'Antarctique, sont dirigées par le Groupe d'experts sur les observations, la recherche et les services relatifs aux régions polaires et de haute montagne du conseil exécutif de l'OMM (EC-PHORS).

En janvier 2016, le Dr Petteri Taalas est devenu le nouveau Secrétaire général de l'OMM. Issu de l'Institut météorologique finlandais et membre du groupe PHORS, il s'est fait le défenseur des sciences atmosphériques pendant de nombreuses années.

La Veille mondiale de la cryosphère (VMC) est à la base des initiatives polaires de l'OMM et son organe d'observation constitue l'un des quatre systèmes d'observations essentiels faisant partie des Systèmes mondiaux intégrés d'observation de l'OMM. CryoNet est l'organe d'observation central de la VMC. Plusieurs stations du réseau d'observation de l'Antarctique sont identifiées comme étant des sites CryoNet. Compte tenu de l'importance de la VMC, l'OMM est en train de mettre en place un bureau pour le projet VMC dans le Secrétariat. La VMC fera également l'objet d'un futur document à intégrer au Traité.

Avec l'aide de plusieurs partenaires, l'OMM travaille à mettre en place le Système mondial intégré de prévision polaire (GIPPS), une initiative qui améliorera considérablement notre capacité de prévision sur toutes les échelles de temps et de faire progresser notre compréhension du temps et du climat polaire.

L'Année de la Prévision polaire (YOPP) associée est une initiative qui couvre la période 2017-2019 centrée en 2018, qui vise à améliorer les capacités de prévision environnementale en coordonnant une période intensive d'observation, de modélisation, de prévision, de vérification, de participation des utilisateurs et d'activités de formation. Voir l'IP 15 associé.

Depuis sa création en 2009, EC-PHORS a fondé ses activités sur la volonté de créer des services d'information « adaptés aux objectifs » d'un vaste éventail d'intérêts polaires. L'OMM enquête actuellement sur le développement de centres d'excellence qui génèrent de manière opérationnelle des produits climatiques ; ces centres sont appelés Centres climatiques de la région polaire (voir l'IP 14 associé).

L'OMM a le plaisir de soumettre plusieurs documents supplémentaires sur ses activités afin d'informer et de faire participer la RCTA à ses activités, notamment *Les activités relatives au climat dans la région Antarctique de l'OMM, Le réseau d'observation de l'Antarctique, Le défi polaire, Les centres climatiques de la région polaire et la perspective climatique sur la flore polaire, ainsi que l'Année de la prévision polaire.*

---

[10] www.wmo.int

[11] https://www.wmo.int/pages/prog/www/polar/index_en.html

L'OMM s'engage à un rapport positif et mutuellement bénéfique avec les Parties au Traité pour la recherche et les services relatives au temps et au climat en Antarctique.

Récentes découvertes du GIEC concernant le changement climatique et les activités futures pertinentes

Résumé

Dans sa contribution au cinquième rapport d'évaluation (AR5) du GIEC, le groupe de travail I est arrivé à la conclusion, avec un degré relativement élevé de confiance, que la calotte glaciaire de l'Antarctique était en train de perdre de la masse et que les pertes de glace avaient évolué à un rythme plus élevé sur la période 2002-2011 qu'auparavant. Il a été estimé que les dernières pertes de glace équivalaient à une élévation du niveau de la mer de 0,2 à 0,61 mm/an. Il a par ailleurs été confirmé que les plateformes glaciaires dérivant autour de la péninsule antarctique poursuivaient leur mouvement de recul et d'effondrement partiel à long terme en réponse au changement des températures atmosphériques. On a de plus observé un amincissement des plateformes de glace dans la région de la mer Amundsen dans l'ouest de l'Antarctique. En dépit de certaines disparités régionales, la glace de mer a poursuivi son expansion autour de l'Antarctique et sa superficie s'est accrue de 0,13 à 0,2 million de km2 par décennie entre 1979 et 2012, réduisant les zones d'eaux libres ces dernières années.

Les produits du sixième rapport d'évaluation du GIEC (AR6) incluront des rapports spéciaux.

Quelques-unes des principales conclusions de l'AR5

Le GIEC accorde une attention toute particulière à la cryosphère dans ses évaluations régulières en raison de son rôle majeur dans le système climatique de la Terre par l'impact qu'elle exerce sur le bilan énergétique en surface, le cycle de l'eau, l'échange de gaz en surface et le niveau de la mer. Le groupe de travail I de l'AR5 a procédé à l'évaluation des derniers changements apparus au niveau des composantes de la cryosphère dans différentes région, dont l'Antarctique et les régions océaniques environnantes[12], a étudié la cause de ces changements[13] et a établi des prévisions quant aux futurs changements pouvant survenir au niveau de la cryosphère[14] et à la façon dont ils seraient susceptibles d'agir sur le niveau de la mer[15].

---

[12] Vaughan, D.G., J.C. Comiso, I. Allison, J. Carrasco, G. Kaser, R. Kwok, P. Mote, T. Murray, F. Paul, J. Ren, E. Rignot, O. Solomina, K. Steffen and T. Zhang, 2013: Observations: Cryosphere. In: Climate Change 2013: The Physical Science Basis. Contribution of Working Group I to the Fifth Assessment Report of the Intergovernmental Panel on Climate Change [Stocker, T.F., D. Qin, G.-K. Plattner, M. Tignor, S.K. Allen, J. Boschung, A. Nauels, Y. Xia, V. Bex and P.M. Midgley (eds.)]. Cambridge University Press, Cambridge, United Kingdom and New York, NY, USA.

[13] Bindoff, N.L., P.A. Stott, K.M. AchutaRao, M.R. Allen, N. Gillett, D. Gutzler, K. Hansingo, G. Hegerl, Y. Hu, S. Jain, I.I. Mokhov, J. Overland, J. Perlwitz, R. Sebbari and X. Zhang, 2013: Detection and Attribution of Climate Change: from Global to Regional. In: Climate Change 2013: The Physical Science Basis. Contribution of Working Group I to the Fifth Assessment Report of the Intergovernmental Panel on Climate Change [Stocker, T.F., D. Qin, G.-K. Plattner, M. Tignor, S.K. Allen, J. Boschung, A. Nauels, Y. Xia, V. Bex and P.M. Midgley (eds.)]. Cambridge University Press, Cambridge, United Kingdom and New York, NY, USA.

[14] Collins, M., R. Knutti, J. Arblaster, J.-L. Dufresne, T. Fichefet, P. Friedlingstein, X. Gao, W.J. Gutowski, T. Johns, G. Krinner, M. Shongwe, C. Tebaldi, A.J. Weaver and M. Wehner, 2013: Long-term Climate Change: Projections, Commitments and Irreversibility. In: Climate Change 2013: The Physical Science Basis. Contribution of Working Group I to the Fifth Assessment Report of the Intergovernmental Panel on Climate Change [Stocker, T.F., D. Qin, G.-K. Plattner, M. Tignor, S.K. Allen, J. Boschung, A. Nauels, Y. Xia, V. Bex and P.M. Midgley (eds.)]. Cambridge University Press, Cambridge, United Kingdom and New York, NY, USA.

[15] Church, J.A., P.U. Clark, A. Cazenave, J.M. Gregory, S. Jevrejeva, A. Levermann, M.A. Merrifield, G.A. Milne, R.S. Nerem, P.D. Nunn, A.J. Payne, W.T. Pfeffer, D. Stammer and A.S. Unnikrishnan, 2013: Sea Level Change. In: Climate Change 2013: The Physical Science Basis. Contribution of Working Group I to the Fifth Assessment Report of the Intergovernmental Panel on Climate Change [Stocker, T.F., D. Qin, G.-K. Plattner, M. Tignor, S.K. Allen, J. Boschung, A. Nauels, Y. Xia, V. Bex and P.M. Midgley (eds.)]. Cambridge University Press, Cambridge, United Kingdom and New York, NY, USA.

Des pertes au niveau de la masse de la calotte glaciaire ont été observées. Les plus grosses pertes, qui contrebalancent l'augmentation des précipitations, ont été enregistrées le long de la pointe nord de la péninsule antarctique, où le détachement de plusieurs plateformes de glaces ces dernières décennies a accéléré la formation de glaciers émissaires, ainsi que dans la mer Amundsen dans l'ouest de l'Antarctique1. Les changements dans la mer d'Amundsen sont imputables à l'amincissement des plateformes de glace et aux flux importants de chaleur de l'océan qui se traduisent par l'amincissement des glaciers. Les tendances saisonnières en matière de concentration des glaces de mer présentées sur la Figure 1 (adaptée à partir de la Figure 4.7 du WGI AR51) montrent des tendances significatives de différents types proches des marges glaciaires. De fortes tendances à la hausse ont été observées au niveau de la ligne de changement de date dans la mer de Ross, à chaque saison, ainsi qu'autour du méridien de Greenwich en été et en automne dans la zone s'étendant à l'ouest vers la mer de Weddell (Figures 1 d, e). Des tendances négatives ont été enregistrées dans les mers d'Amundsen et de Bellingshausen en été et en automne.

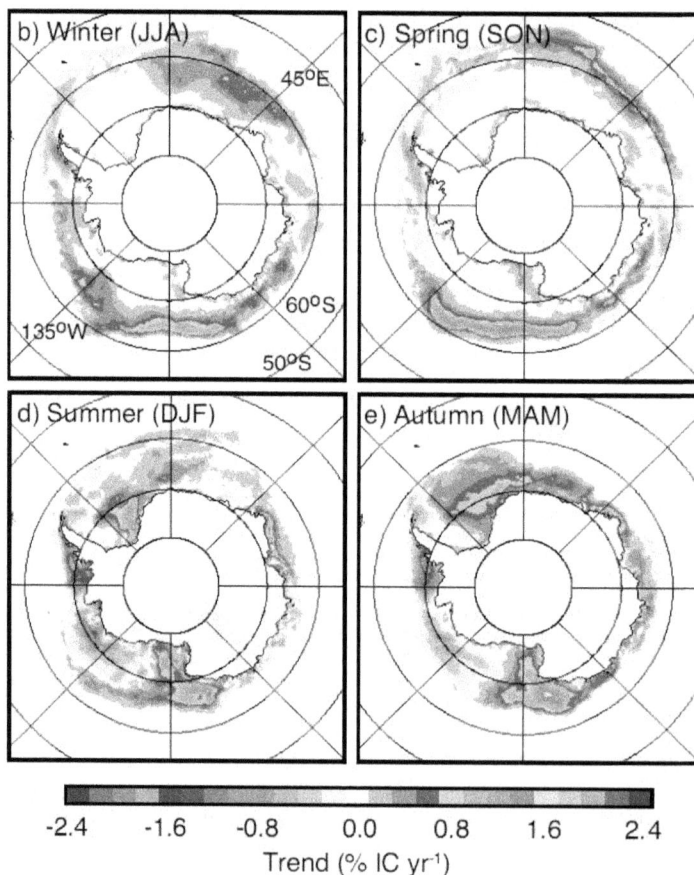

Figure 1 : Tendances saisonnières (1979–2012) des concentrations de glace pendant (b) l'hiver, (c) le printemps, (d) l'été, et (e) l'automne austral. *Source : IPCC Working Group I Fifth Assessment Report.*

D'ici la fin du 21e siècle (2081-2100), les modèles CMIP516 prévoient que les glaces de mer devraient arrêter de s'étendre dans l'océan Austral, soit la plus grande perte prévue par le scénario RCP8.5 en février3.

Produits du sixième rapport d'évaluation du GIEC (AR6)

Rapport spécial sur les conséquences d'un réchauffement planétaire de 1,5 °C

La 21e conférence des Parties (CdP) à la Convention-cadre des Nations Unies sur les changements climatiques (CCNUCC), qui s'est tenue à Paris, en France, du 30 novembre au 11 décembre 2015, a invité le GIEC à fournir un rapport spécial (RS) en 2018 sur les conséquences d'un réchauffement planétaire de 1,5 °C par rapport aux niveaux préindustriels et les profils connexes d'évolution des émissions mondiales de gaz à effet de serre. Lors de sa 43e session (Nairobi, Kenya, 11–13 avril 2016), le GIEC a décidé d'accepter l'invitation de la CCNUCC et de préparer un RS sur le sujet évoqué dans un contexte de renforcement de la réponse mondiale face aux menaces du changement climatique et d'intensification du développement durable et des efforts d'éradication de la pauvreté. La réunion de cadrage pour ce RS a eu lieu à Genève du 15 au 17 août 2016.

Autres rapports spéciaux

Le GIEC a approuvé, à l'occasion de sa 43e session, de préparer deux autres RS :

1) Un rapport spécial relatif aux liens entre le changement climatique, la désertification, la dégradation des terres, la gestion durable des terres, la sécurité alimentaire, et les flux de gaz à effet de serre dans les écosystèmes terrestres ; et

2) Un Rapport Spécial relatif aux liens entre le changement climatique, les océans et la cryosphère.

La réunion de cadrage pour ces RS aura lieu à Genève au début de 2017.

Les vice-présidents du groupe de travail chargé du 6e rapport d'évaluation du GIEC ont relevé dans leurs commentaires concernant le RS relatif aux liens entre le changement climatique, les océans et la cryosphère que, bien que de nombreux aspects relatifs aux liens entre le changement climatique, les océans et la cryosphère (avec le niveau de la mer comme sujet principal) aient été traités, dans une plus ou moins large mesure dans le 5e rapport d'évaluation, des stratégies intégrées entre groupes de travail manquaient pour traiter des questions pertinentes telles que l'élévation du niveau de la mer, les événements extrêmes, les impacts sur l'écosystème, les conséquences socio-économiques, le rôle des océans dans le cadre des stratégies d'atténuation ou encore les spécificités et implications régionales, notamment l'urbanisation effrénée des régions côtières. Les RS, qui offriront une plateforme permettant d'intégrer tous les groupes de travail, devront couvrir bon nombre de mers/bassins océaniques à travers le globe, ainsi que la cryosphère, et traiteront de la principale composante du système climatique terrestre, du plus large espace de vie sur Terre, de même que de toute une série de conséquences sociétales et socioéconomiques.

---

[16] Coupled Model Intercomparison Project Phase 5 (5e phase du Projet de comparaison de modèles couplés)

Rapport Final de la XXXIXè RCTA

Rapport de la Coalition pour l'Antarctique et l'océan Austral

Introduction

L'ASOC se réjouit d'être présente à Santiago à l'occasion de la XXXIXᵉ Réunion consultative du Traité sur l'Antarctique. Le présent rapport décrit brièvement les activités menées par l'ASOC au cours de l'année écoulée, et expose certaines des questions clés pour cette RCTA.

Le Secrétariat de l'ASOC se trouve à Washington DC, aux États-Unis d'Amérique, et son site internet est le suivant : http://www.asoc.org. L'ASOC compte 24 groupes membres à part entière, issus de dix pays, ainsi que des groupes adhérents issus de ces pays, et d'autres pays également. Des campagnes pour l'ASOC sont menées par des équipes d'experts dans de nombreux pays membres du Traité sur l'Antarctique.

Activités intersessions

Depuis la XXXVIIIᵉ RCTA, l'ASOC et les représentants de ses groupes membres ont contribué activement aux discussions intersessions des forums de la RCTA et du CPE, notamment dans les GCI portant sur les « valeurs exceptionnelles » de l'environnement marin antarctique, sur une révision des lignes directrices pour l'évaluation d'impact sur l'environnement en Antarctique, une révision d'un projet d'EGIE, la planification du symposium pour la célébration du 25ᵉ Anniversaire du Protocole sur l'environnement et le développement d'une approche stratégique concernant le tourisme.

L'ASOC et les représentants des groupes membres ont assisté à différentes réunions liées au thème de la protection environnementale, notamment la XXXIVᵉ Réunion de la CCAMLR, les réunions de l'Organisation maritime internationale sur le Code polaire, les réunions de l'IAATO et d'autres.

L'ASOC est également un membre du Fonds pour la recherche sur la faune de l'Antarctique (AWR), qui a apporté 250 000 $ pour financer trois projets de recherche scientifique sur les écosystèmes marins en Antarctique.

Documents pour la XXXIXᵉ RCTA

L'ASOC a soumis six documents d'informations et a co-sponsorisé un document supplémentaire, à la XXXIXe RCTA. Ces documents portent sur des questions environnementales clés, et comportent des recommandations à l'intention de la RCTA et du CPE, qui permettront de renforcer la protection et la conservation de l'environnement de l'Antarctique.

Le Forum sur le future de l'Antarctique (Document d'information IP 41) l'ASOC, ainsi que plusieurs autres parties concernées par l'Antarctique, a participé au Forum sur le future de l'Antarctique, qui a représenté une opportunité unique pour échanger sur les méthodes collaboratives grâce auxquelles la protection et la conservation de l'Antarctique seraient assurée dans le futur.

Changement climatique en Antarctique, Dynamiques de la calotte glaciaire et Seuils irréversibles : Contributions de la RCTA au GIEC et compréhension de la politique (IP 78) Dans ce document, l'ASOC suggère au CPE et au SCAR d'examiner la stratégie optimale pour contribuer au Rapport spécial sur les océans et la cryosphère du Groupe d'experts intergouvernemental sur l'évolution du climat (GIEC) planifié, par l'intermédiaire, par exemple, d'une étude synthétisée des dynamiques et des projections de la calotte glaciaire en Antarctique en réponse au changement climatique. Les Parties pourraient aussi envisager des efforts coopératifs avec les organismes de recherche de l'Arctique et encourager les équipes de recherche nationale à faire en sorte que les dernières conclusions tirées soient disponibles à temps pour être incluses dans le Rapport spécial.

Une réussite sans précédent : 25 ans du Protocole sur l'environnement (IP 79)

À l'occasion du 25e anniversaire du Protocole de Madrid relatif à la protection de l'environnement, l'ASOC encourage les Parties consultatives du Traité sur l'Antarctique à réfléchir sur la valeur du Protocole dans son ensemble, ainsi qu'aux bénéfices considérables, notamment l'interdiction de l'exploitation minière, que le Protocole a apporté au continent et pour une gouvernance paisible de l'Antarctique. Le document propose également différentes voies pour poursuivre la mise en œuvre du Protocole, notamment l'extension du réseau de zones protégées, le renforcement du processus d'évaluation d'impact environnemental afin d'inclure des considérations sur les impacts cumulatifs et la planification du développement des activités humaines sur le continent.

Une approche systématique de la désignation des ZSPA et ZGSA (IP 80)

Dans ce document, l'ASOC fournie des suggestions préliminaires, basées sur des processus de planification de la conservation systématique, sur la façon d'étendre le système des zones protégées conformément au Protocole afin de respecter les exigences de l'Annexe V, Arts. 3 et 4. L'ASOC discute de la façon dont ce système pourrait présenter des bénéfices pour les discussions en cours sur la gestion du tourisme, un sujet qui fait l'objet de discussions de la part de la RCTA depuis plusieurs années sans entrainer de changements significatifs.

Carte de rapport sur le changement climatique en Antarctique (IP 81)

Dans ce document, l'ASOC présente sa Carte de rapport sur le changement climatique, qui résume les avancées scientifiques et les événements liés au changement climatique anthropogénique dans l'Antarctique, fournie des recommandations en matière de gouvernance à la RCTA, notamment que les Parties consultatives du Traité sur l'Antarctique s'engagent clairement à financer la recherche sur le changement climatique et l'acidification de l'océan.

Progrès sur le Code polaire (IP 82)

L'ASOC fournie une brève mise à jour sur les avancées concernant la protection de l'océan Austral des risques associés à la navigation des navires dans la région. Elle identifie aussi plusieurs problèmes n'ayant pas encore été traités, notamment l'extension du Code afin qu'il englobe les navires ne relevant pas de la SOLAS comme les navires de pêche et les yachts privés. L'ASOC recommande à la RCTA de continuer à protéger l'environnement de l'Antarctique en développant des mesures supplémentaires concernant la réponse à apporter aux déversements de carburant et à l'introduction d'espèces non natives.

Communication de l'ASOC concernant les Aires marines protégées dans l'océan Austral (IP 83)

Dans ce document, l'ASOC communique ses perspectives concernant les récentes discussions de la CCAMLR sur les AMP, principalement pour les Membres du CPE/de la RCTA, les parties prenantes et les personnes ne participant pas à ces discussions.

Conclusions

Au cours de l'année écoulée, l'ASOC a travaillé avec des partenaires divers et variés, notamment l'IAATO, le SCAR, la CCAMLR, la Coalition des pêcheurs légaux de légine (COLTO), et le Fonds pour la recherche sur la faune de l'Antarctique (AWR), afin d'étendre les travaux pour identifier les forces et les faiblesses qui caractérisent les procédures et les pratiques du Système du Traité sur l'Antarctique, tout en proposant des solutions à apporter pour combler ces lacunes. Notre collaboration avec ces groupes, ainsi qu'avec les Parties au Traité sur l'Antarctique, est capitale pour nous.

Rapport 2015-2016 de l'Association internationale des organisateurs de voyages dans l'Antarctique (IAATO)

En vertu de l'Article III (2) du Traité sur l'Antarctique

Introduction

L'Association internationale des organisateurs de voyages dans l'Antarctique (IAATO) a le plaisir de rendre compte de ses activités à la XXXIXe RCTA, en vertu de l'Article III (2) du Traité sur l'Antarctique.

L'IAATO continue de mener ses activités de manière à servir sa mission, à savoir encourager le secteur privé à organiser des voyages dans l'Antarctique sûrs et respectueux de l'environnement en garantissant :

- la gestion quotidienne et efficace des activités de ses membres dans l'Antarctique ;
- l'organisation de projets pédagogiques, y compris la collaboration scientifique ; et
- le développement et la promotion de bonnes pratiques touristiques dans l'Antarctique.

Une description détaillée de l'IAATO, de sa déclaration de mission, de ses activités principales et des évolutions récentes est disponible dans la *Fiche d'information 2016-2017* et sur le site internet de l'IAATO : www.iaato.org.

Adhésion à l'IAATO et nombre de visiteurs en 2015-2016

L'IAATO compte 116 Membres, Associés et Affiliés, qui représentent des entreprises implantées dans 66 % des pays qui sont Parties consultatives au Traité sur l'Antarctique. Chaque année, les opérateurs touristiques membres de l'IAATO organisent des voyages dans l'Antarctique pour des ressortissants de presque toutes les Parties au Traité. Depuis 2010, l'IAATO représente tous les navires de passagers qui naviguent dans les eaux de l'Antarctique, en vertu de la Convention internationale pour la sauvegarde de la vie humaine en mer (SOLAS). Cependant, au cours de la saison 2015-2016, un navire battant pavillon japonais, l'ASUKA II, « exclusivement réservé à la croisière » et n'appartenant pas à l'IAATO, a navigué dans la péninsule fin janvier 2016

Au cours de la saison touristique 2015-2016, 38 478 personnes ont fait appel aux opérateurs touristiques membres de l'IAATO pour voyager dans l'Antarctique, soit une augmentation légèrement inférieure à 5 % par rapport à la saison précédente. Les chiffres de l'IAATO n'ont pas atteint le pic de la saison 2007-2008 (46 265), malgré une tendance caractérisée ces dernières années par une lente augmentation.

Des statistiques détaillées portant notamment sur les activités et les nationalités sont disponibles dans le document d'information IP112 de la XXXIXe RCTA intitulé « IAATO Overview of Antarctic Tourism ». Saison 2015-2016 et estimations préliminaires pour 2016-2017. Le répertoire des membres de l'IAATO ainsi que des statistiques complémentaires sur les activités des membres de l'IAATO sont disponibles sur www.iaato.org.

Activités et travaux récents

Plusieurs initiatives ont été lancées au cours de l'année :

- Le Programme d'observation des yachts de l'IAATO fait désormais partie intégrante du Programme d'observation renforcé de l'association, qui prévoit que les activités des membres soient observées sur le terrain en vue de promouvoir les bonnes pratiques. Durant la saison 2015-2016, l'IAATO a révisé et mis à jour sa campagne de sensibilisation des yachts visant les opérateurs de yachts commerciaux et privés non membres de l'IAATO souhaitant naviguer en Antarctique. Plus de détails sur www.iaato.org/yachts.

- 663 membres du personnel de terrain ont réussi le Programme en ligne d'évaluation et de certification du personnel de terrain de l'IAATO pour la saison 2015-2016. La certification est obligatoire pour de nombreux opérateurs de l'IAATO et 920 membres du personnel de terrain l'ont présentée depuis 2012-2013. L'évaluation poursuit son évolution, évaluant dans quelle mesure le personnel maîtrise le Manuel des opérations de terrain de l'IAATO, qui est mis à jour chaque année et qui regroupe tous les résultats pertinents émis par la RCTA et le CPE.

- En septembre 2015, l'IAATO, conjointement avec son organisation sœur de l'Arctique, l'Association des opérateurs de croisières d'expédition en Arctique (AECO), a tenu sa Conférence inaugurale du personnel de terrain à Toronto, au Canada, et a salué la participation à la conférence de plusieurs représentants des Parties au Traité.

- L'éducation des membres, de leur personnel de terrain et de leurs clients aux questions scientifiques et de conservation dans l'Antarctique est une composante essentielle du travail de l'IAATO. Durant la saison 2015-2016, l'IAATO a étoffé ses documents clés, notamment les lignes directrices, les procédures de fonctionnement standard et les instructions, avec l'introduction de trois films d'animation dont l'objectif est d'aider à assimiler les instructions obligatoires. Ceux-ci sont disponibles en dix langues différentes.

- Chaque année, l'IAATO reçoit de nombreuses demandes de la part d'individus, d'opérateurs de yachts et de groupes privés qui planifient des expéditions en Antarctique. L'IAATO leur explique le fonctionnement du Système du Traité sur l'Antarctique ainsi que la procédure d'octroi des permis et transmet toutes les informations pertinentes à l'autorité compétente concernée.

- Plusieurs opérateurs de navires IAATO continuent d'améliorer les données hydrographiques selon une approche expérimentale et opportuniste. Des essais « de production participative » conduits conjointement par le Bureau hydrographique et l'AECO figurent au nombre des initiatives. De plus, le programme de production participative, qui permet aux opérateurs de l'IAATO et de l'AECO de mettre en commun les données historiques de sondage de la profondeur de l'eau émanant des régions polaires, continue de se développer dans l'industrie.

- En prévision de l'entrée en vigueur du Code polaire le 1er janvier 2017, l'IAATO a organisé, conjointement avec Lloyds Register, une réunion destinée aux opérateurs de navire, intitulée « Towards Polar Code Ready », (Prêt pour le Code polaire), à Londres en juin 2015. De plus, l'IAATO contribue à présent au développement d'outils pour la mise en œuvre des exigences du Code, notamment une base de données relative à la glace et à la température afin d'aider les opérateurs à évaluer les risques.

- En avril 2016, l'IAATO a participé à un atelier sur la recherche et le sauvetage en Arctique ainsi qu'à un exercice de simulation en Islande, coordonnés par les homologues des pays du Nord de l'IAATO, l'AECO et les garde-côtes islandais. Cette mise en commun des connaissances des deux pôles permet d'échanger les expériences, de renforcer la sécurité et d'établir des relations au sein de l'industrie du tourisme polaire.

Réunion et participation de l'IAATO à d'autres réunions en 2015-2016

La réunion annuelle de l'IAATO pour l'année 2016 aura lieu du 2 au 5 mai à Newport dans l'État du Rhode Island aux États-Unis. Le présent rapport a été rédigé en amont de la réunion 2016 de l'IAATO afin de respecter le calendrier pour la rédaction du document d'information. Outre les initiatives susmentionnées, la réunion portera sur :

- Une restructuration de l'adhésion en deux catégories rationalisées : Les « Opérateurs » d'une part, qui organisent et sont légalement responsables des expéditions, et les « Associés » d'autre part, qui vendent ou fournissent des services d'assistance aux « Opérateurs » ainsi qu'un examen du financement de l'Association ;

- Une révision et une mise à jour de plusieurs lignes directrices de l'IAATO concernant notamment la surveillance de la faune et de la flore sauvage, les opérations en petite embarcation à proximité des équipements destinés à débarquer sur la glace ou la côte ;

- Une révision de la version préliminaire de la politique générale de l'IAATO concernant les drones, en se basant sur les remarques qui ont suivi la saison précédente ;
- Une proposition de lignes directrices, notamment afin d'encadrer les activités et les visites de sites pour l'île Yalour et la pointe Wild.

Les représentants des Parties au Traité sont en permanence invités à participer à toutes sessions ouvertes organisées lors de la réunion annuelle de l'IAATO, ainsi qu'aux ateliers qui ont lieu par la suite.

Le personnel du secrétariat de l'IAATO et des représentants des Membres ont participé à des réunions internes et externes, au cours desquelles ils se sont mis en rapport avec des représentants de programmes antarctiques nationaux et d'organisations gouvernementales, scientifiques, environnementales et du secteur. En plus des réunions gouvernementales individuelles, l'IAATO a participé à/au :

- **27e Réunion annuelle du Conseil des directeurs de programmes antarctiques nationaux (COMNAP)**, Tromsø, Norvège, août 2015. L'IAATO est très favorable à une bonne coopération/collaboration entre ses membres et les programmes antarctiques nationaux.
- **Conférence et réunion annuelle de l'Association des opérateurs de croisières d'expédition en Arctique,** octobre 2015, Copenhague, Danemark.
- **Le Forum sur le futur de l'Antarctique**, à bord d'un navire membre de l'IAATO, l'Akademik Ioffe de la compagnie One Ocean Expéditions, en mars 2016.
- L'IAATO continue de prendre activement part à l'élaboration du Code polaire obligatoire de l'**Organisation maritime internationale** (OMI). Elle conseille l'Association internationale des lignes de croisière (CLIA) et participe à différentes réunions de l'OMI.

Suivi environnemental

L'IAATO continue de fournir des informations détaillées à la RCTA et au CPE sur les activités de ses membres dans l'Antarctique et collabore avec des institutions scientifiques en ce qui concerne notamment le suivi environnemental à long terme et les projets pédagogiques. Parmi ces projets figurent l'« Antarctic Site Inventory » (inventaire des sites de l'Antarctique), le Lynch Lab de l'université de Stony Brook et la Société zoologique de l'université de Londres/Oxford. En outre, les opérateurs de l'IAATO consignent leurs observations des bateaux de pêche, qu'ils transmettent ensuite à la CCAMLR pour soutenir sa lutte contre la pêche INN.

L'IAATO voit d'un bon œil les collaborations avec d'autres organisations.

Incidents liés au tourisme 2015-2016

L'IAATO continue de se faire l'écho des incidents qui ont lieu afin de s'assurer que tous les opérateurs antarctiques prennent conscience des risques qui existent et en tirent les enseignements adéquats. Parmi les incidents qui ont impliqué des opérateurs de l'IAATO durant la saison 2015-2016 et qui ont été rapportés à ce jour, on note :

- Le 15 novembre 2015, l'Ocean Endeavour a heurté de la glace durant la nuit à proximité des îles Shetland du Sud, occasionnant des dégâts au niveau de la coque. Le navire n'a pas demandé d'assistance et, avec l'accord de la Société de classification et de l'État de rattachement du navire, a fait demi-tour vers le port d'Ushuaia afin d'y subir une réparation complète.

- Le 14 décembre 2015, au cours d'une expédition en zodiac, 10 zodiacs se sont retrouvés coincés à Port Lockroy durant 8 heures à cause des mouvements de la banquise. L'IAATO est reconnaissante à la Fondation britannique pour le patrimoine en Antarctique pour toute l'aide que celle-ci a apportée durant cet incident. En plus du transport de l'équipement de sécurité obligatoire, la Fondation a assuré la sécurité et veillé au confort des passagers tout au long de ces huit heures.

- Le 22 janvier 2016, Henry Worsley, un ressortissant britannique qui tentait de traverser l'Antarctique en solo et sans assistance, a demandé à être rapatrié car il manquait de temps pour terminer son expédition. À son arrivée au camp d'Union Glacier et après avoir été examiné par le personnel médical d'Antarctic Logistics and Expeditions, Henri Worsley a accepté de s'envoler pour Punta Arenas au Chili sur un vol prévu plus tard le même jour. Des examens plus poussés à la Clinica Magallanes de Punta Arenas ont mis en évidence une péritonite. Henri Worsley est décédé à la suite de complications dues à son affection.

- Au cours de la saison 2015-2016, les opérateurs de l'IAATO ont participé à des opérations de sauvetage dans le cadre plusieurs incidents impliquant des yachts non membres de l'IAATO. Parmi ces incidents, on compte échouages : celui du yacht Tarka au large de l'île de Cuverville et celui du yacht Angélique II non loin de la station Vernadsky.

- Une fuite de carburant a été rapportée à proximité d'une station participant à un programme national antarctique et signalée aux autorités compétentes qui ont facilité les réparations et le nettoyage.

- Au moment de rédiger le présent document (22 avril), il a été fait état du succès de huit évacuations sanitaires, les patients ayant été évacués soit par d'autres opérateurs de l'IAATO soit par une ligne aérienne commerciale à partir de l'île du roi George.

Soutien scientifique et conservation

Au cours de la saison 2015-16, des membres de l'IAATO ont transporté, à moindre coût ou gratuitement, plus de 50 membres de l'équipe de soutien scientifique et de conservation ainsi que leur équipement et leurs vivres entre des stations, des sites et des ports. Cela incluait :

- transfert de scientifiques entre des stations ;
- évacuations médicales non urgentes ;
- appui sur le terrain aux projets de recherche ;
- collecte d'échantillons scientifiques et d'autres données dans le cadre de programmes de recherche (tous autorisés) ;
- transport de matériel scientifique en provenance/à destination de stations ;
- projets scientifiques citoyens, comme HappyWhale.com.

Les premiers rapports indiquent que les opérateurs de l'IAATO et leurs passagers ont contribué au budget des organisations scientifiques et de conservation présentes en Antarctique et dans la région subantarctique à hauteur environ de 500 000 dollars des États-Unis.

Au cours des dix dernières années, ces dons se sont élevés à plus de 4 millions de dollars des États-Unis.

Remerciements

L'IAATO apprécie de pouvoir collaborer avec les Parties au Traité sur l'Antarctique, le COMNAP, le SCAR, la CCAMLR, l'OHI/CHA, l'ASOC et d'autres organisations afin d'assurer la protection à long terme de l'Antarctique.

PARTIE IV

Documents supplémentaires de la XXXIXè RCTA

1. Documents supplémentaires

Extrait de la conférence du SCAR

Extrait de la conférence du SCAR : Explorer l'avenir de la recherche scientifique en Antarctique

Jerónimo López-Martínez, président du Comité scientifique pour la recherche en Antarctique (SCAR). Universidad Autónoma de Madrid, Espagne.

La recherche scientifique en Antarctique fournit des connaissances essentielles relatives aux processus mondiaux et le Système du Traité sur l'Antarctique reconnaît le rôle fondamental qu'elle joue pour la gestion de la région. La recherche en Antarctique offre également d'importantes opportunités en matière de coopération internationale et permet de communiquer et de souligner l'importance de l'Antarctique et de l'océan Austral au grand public comme aux décideurs.

Afin de soutenir la direction du SCAR ainsi que la coopération internationale pour la recherche dans l'océan Austral et de les aider à remplir leur mission d'excellence relative aux sciences et aux conseils scientifiques pour les décideurs politiques, le SCAR a organisé en 2014 le premier événement du Science Horizon Scan pour l'Antarctique et l'océan Austral, avec le soutien de la Tinker Foundation et autres. Cette initiative a rassemblé les scientifiques spécialisés dans l'Antarctique, les décideurs politiques, les dirigeants, et les visionnaires internationaux les plus renommés, afin d'identifier les questions scientifiques les plus importantes qui feront ou devront faire l'objet de l'attention de la recherche dans les deux prochaines décennies et au-delà. Pour la première fois, la communauté antarctique internationale a exprimé une vision commune, à travers des discussions, des débats et des votes. Le résultat fut un accord sur les 80 questions les plus importantes en matière de recherche en Antarctique, avec l'élaboration d'une « feuille de route » scientifique ambitieuse pour les 20 années à venir et au-delà.

Répondre à ces nombreuses questions exigera un financement stable et à long terme, un accès à l'Antarctique tout au long de l'année, l'utilisation de technologies émergentes, le renforcement de la protection de la région, un accroissement de la coopération internationale, et une communication améliorée entre les Parties intéressées. Dans le même temps, le budget de nombreux programmes en Antarctique est soumis à des pressions et des incertitudes.

Le Conseil des directeurs des programmes antarctiques nationaux (COMNAP) a pris la direction de la deuxième étape du Projet sur les défis de la feuille de route en Antarctique (ARC), qui tente de répondre à la question : « Comment les Programmes antarctiques nationaux vont-ils parvenir à relever les défis liés à la diffusion de leur science antarctique identifiés dans l'Horizon Scan » ?

La présentation scientifique de 2016 du SCAR à la RCTA fournira un aperçu de ce processus et de ses principales conclusions aux délégués sur la base des résultats publiés de l'Horizon Scan1, 2 du SCAR et du projet ARC3. Cette présentation décrira comment les actions seront mises en œuvre afin d'explorer et d'atteindre les futurs objectifs scientifiques et abordera également les défis s'y rapportant. Une plus grande coordination des financements destinés à la science et aux infrastructures ainsi qu'un partage plus vaste des connaissances sont essentiels afin de renforcer ce vaste partenariat international. Nous rappellerons également aux délégués l'importance revêtue par l'utilisation de preuves scientifiques pendant la prise de décision et le développement de mesures de conservation. Ces processus ont été marqués par l'effort collectif de la communauté de l'Antarctique, fondé sur une vaste coopération internationale impliquant plusieurs centaines de scientifiques, de responsables et de techniciens provenant de douzaines de pays différents, avec une étroite coopération entre le SCAR et le COMNAP, dans un cadre qui s'inspire du Traité sur l'Antarctique.

1 Kennicutt, M.C. et al. 2014. Polar research: Six priorities for Antarctic science. Nature 512 (7512), 23-25.

2 Kennicutt, M.C. et al. 2015. A roadmap for Antarctic and Southern Ocean science for the next two decades and beyond. Antarctic Science, 27(1), 3-18.

3 Kennikutt, M., Kim, Y., Rogan-Finnemore, M. (Eds). 2016. Antarctic Roadmap Challenges. Christchurch, COMNAP.

Présentations lors du Groupe spécial de la RCTA pour le 25ᵉ anniversaire du Protocole relatif à la protection de l'environnement

M. Bob Hawke - Discours à la XXXIXe RCTA

C'est un honneur pour moi de me joindre à vous en ce jour afin de célébrer le 25e anniversaire du Protocole de Madrid, et d'avoir l'occasion de me joindre à mon ami et collaborateur, Michel Rocard, pour vous transmettre ce message.

La ratification du Protocole de Madrid en 1991 a été un franc succès d'une ampleur planétaire. Après tout, la décennie précédente avait été consacrée à chercher un accord pour autoriser le forage pétrolier et l'exploitation minière en Antarctique.

Exploiter ce continent indompté d'une telle manière aurait été un acte de pur vandalisme à l'encontre de sa nature vierge.

Les Parties au Traité sur l'Antarctique, travaillant de concert, ont pris un nouveau chemin. Un chemin où la protection de l'environnement unique de l'Antarctique était primordiale.

Au cœur du Protocole, on retrouvait une urgence et un désir immense de faire de l'Antarctique une réserve naturelle, consacrée à la paix et à la science ; et d'y interdire de manière permanente les exploitations des ressources minérales en son sein.

Malgré la forte pression sur les ressources énergétiques naturelles de la planète et l'augmentation de la demande, ce fut pour moi un choix aisé à faire, et le bon. Il a fallu plusieurs années pour mettre en place ce processus, mais nous sommes parvenus à protéger ce continent unique et fragile.

C'est notre devoir. Après tout, l'Antarctique est extraordinaire.

C'est le continent le plus élevé, le plus sec, le plus venteux et le plus froid du monde. C'est l'une des plus grandes merveilles de la planète, et nous ne devrions jamais mettre en péril cette merveille ou en perdre la magie. Nous devons nous en inspirer.

L'Antarctique est le berceau d'espèces uniques qui se sont adaptées à ses conditions extrêmes et que l'on ne retrouve nulle part ailleurs.

Les trésors scientifiques pris dans ses glaces, son atmosphère, et son océan vont révéler des secrets climatiques et nous permettront de mieux comprendre le réchauffement mondial, l'un des plus grands défis qui risquent de compromettre notre survie.

Il est incontestable que l'Antarctique doit bénéficier de toute la protection possible contre le désir de l'Homme de conquérir et d'exploiter.

En notre qualité de Parties au Traité sur l'Antarctique, nous avons tous le devoir de veiller à sa protection. Cela doit être une garantie à toute épreuve.

Grâce au Protocole de Madrid, nous avons les moyens de protéger l'Antarctique.

Je suis enchanté que 37 Parties au Traité sur l'Antarctique aient signé le Protocole. Mais la promesse du Protocole ne sera jamais totalement tenue tant que toutes les Parties au Traité sur l'Antarctique ne se seront pas jointes à nous.

Cela impliquera un engagement indéfectible de la part de tous les pays présents en Antarctique, qui doivent ne faire qu'un et travailler main dans la main pour garantir la protection éternelle du continent.

On laisse parfois entendre que l'interdiction d'exploiter les ressources minérales disparaîtra en 2048. Ne nous y trompons pas : l'interdiction n'a pas de « date de validité ».

Aujourd'hui, alors que nous évoquons les principes du Protocole, nous nous devons de réaffirmer notre engagement envers l'Antarctique, et en particulier envers l'interdiction permanente de l'exploitation des ressources minérales. Avant de leur passer le flambeau, il faudra veiller à ce que les générations futures n'aient aucun doute quant à la détermination forte et indéfectible de notre génération à protéger ce continent extraordinaire.

Enfin, j'aimerais remercier le Chili d'avoir accueilli cette importante manifestation. Je remercie et salue également tous les délégués de la Réunion pour leur travail ardu et leur dévouement à protéger l'Antarctique.

Je vous souhaite à tous une excellente Réunion.

Remarques concernant le parcours historique du Protocole relatif à la protection de l'environnement en Antarctique, la vision qui le sous-tend et son impact

Evan T. Bloom

Je suis très honoré d'avoir été invité pour donner le coup d'envoi de ce Symposium célébrant le 25e anniversaire du Protocole relatif à la protection de l'environnement, connu également comme le Protocole de Madrid. Nous sommes ici rassemblés aujourd'hui afin de dresser le bilan des réalisations accomplies par le Protocole et de réfléchir à l'avenir que nous allons lui donner plus largement pour faire progresser la protection de l'environnement en Antarctique, qui figure à ce jour parmi les priorités fondamentales de toutes les Parties au Traité.

Je souhaiterais profiter de l'occasion pour retracer les différentes étapes du développement du Protocole de Madrid, aborder son impact extrêmement positif et analyser son rôle fondamental, mais aussi celui de ses annexes, dans la conservation de l'environnement en Antarctique.

Toutes les personnes ici rassemblées savent que l'environnement antarctique est un environnement extraordinaire qui n'a pas son pareil. Ses grandes étendues sauvages recèlent de véritables richesses en matière de faune et de flore. Il est tout particulièrement important de noter que la calotte glaciaire de l'Antarctique contient 90 % des réserves mondiales d'eau douce. Cela fait longtemps que les Etats-Unis, aux côtés d'autres pays, ont reconnu que l'Antarctique constituait le principal laboratoire scientifique du monde, qui nous a livré, et continue de nous livrer encore aujourd'hui, des réponses concernant les questions fondamentales que se pose l'humanité. S'il fallait donner un seul exemple, nous comprenons aujourd'hui les mécanismes du changement climatique comme jamais auparavant dans notre histoire, et c'est justement en grande partie à l'étude des glaces et des couches de sédiments de l'Antarctique, qui nous ont permis de retracer l'évolution des conditions climatiques à travers les âges, que nous le devons. Il ne fait pas l'ombre d'un doute que la valeur scientifique de l'Antarctique est intrinsèquement liée au caractère vierge de son environnement. Et c'est justement cet environnement-là que le Protocole de Madrid s'efforce de protéger et de conserver au bénéfice de tous.

Mon sentiment, et je pense que vous le partagerez, est que les Parties au Traité sur l'Antarctique ont pris une sage décision lorsqu'ils ont résolu de négocier et, finalement, d'adopter le Protocole relatif à la protection de l'environnement. Son adoption fut un acte de véritable courage politique, lorsque l'on sait qu'elle a exigé de virer radicalement de cap et de se détourner de la stratégie initiale qui avait été envisagée pour l'Antarctique, à savoir l'élaboration d'une réglementation en matière d'exploitation minière, en faisant table rase d'années de négociations. À l'origine, mon gouvernement avait plutôt adhéré à cette première idée et donc à la Convention sur la réglementation des activités relatives aux ressources minérales de l'Antarctique Nous devons bien le confesser, cependant, la décision audacieuse, et peut-être même héroïque, de certains dirigeants tels que ceux de l'Australie et de la France, nous ont permis d'atteindre de plus grands sommets. Avec du recul, toute la sagesse contenue dans ce changement de cap nous apparaît aujourd'hui comme une évidence.

Il était clair à l'époque que le régime juridique de l'Antarctique devait être davantage axé sur les préoccupations environnementales. Toutefois, si on ne saurait trop insister sur l'important jalon qu'a constitué le Traité sur l'Antarctique, celui-ci n'a jamais eu pour vocation de servir d'instrument de protection de l'environnement. Ce fut le premier traité mondial de maîtrise des armements, traitant de toute une série de questions géopolitiques et scientifiques fondamentales, mais jamais, il n'a été question protection de l'environnement. Le Traité sur l'Antarctique a permis de codifier l'organisation des réunions des Parties consultatives, qui se déroulent aujourd'hui encore selon le même processus. Ces réunions, à leur tour, ont fait avancer considérablement la réglementation environnementale, comme en témoigne les mesures convenues pour la protection de la faune et la flore dans l'Antarctique. Une chose était certaine, cependant, il convenait de faire plus encore.

Dans une certaine mesure, la Convention sur la conservation de la faune et la flore marines de l'Antarctique (CCAMLR) était, elle, bel et bien un instrument de protection de l'environnement, comme c'est encore le cas aujourd'hui. Avec elle, nous avons assisté à la naissance de l'un des tout premiers traités abordant les pêcheries de façon à inscrire une approche basée sur les écosystèmes au cœur de la gestion des pêcheries. Force est de constater aujourd'hui, que cette convention constitue le fondement pour l'établissement d'aires marines protégées, qui, à n'en pas douter, contribuent énormément à la protection de l'environnement. Toutefois, si nous voulions protéger l'Antarctique et ses écosystèmes dépendants et associés, la CCAMLR ne suffisait pas, et les Parties se devaient d'agir.

En 1991, deux ans à peine après avoir pris la décision d'abandonner la Convention sur la réglementation des activités relatives aux ressources minérales de l'Antarctique, le Protocole sur l'environnement était adopté, et c'est cette réalisation que nous célébrons aujourd'hui. Indubitablement, l'article 7, qui stipule l'interdiction de toute activité relative aux ressources minérales autre que la recherche scientifique, constitue la pierre angulaire du Protocole de Madrid. Cet article marquait une étape décisive pour la protection de l'environnement. Vu l'importance qu'il revêt, ma délégation a profité de cette réunion pour proposer, conjointement avec de nombreux autres partenaires, une résolution par laquelle les Parties consultatives réaffirmeraient leur engagement à l'égard de cette composante essentielle du Protocole. Cette résolution a obtenu un très large soutien et a été adoptée par le groupe de travail numéro 1 de la RCTA. Elle sera d'ailleurs présentée mercredi en séance plénière pour adoption.

Bien entendu, l'article 7, malgré sa très grande importance et sa renommée, ne représente qu'une partie du Protocole de Madrid. Le Protocole à proprement parler fournit un cadre pour le développement d'un régime global de protection de l'environnement en Antarctique et des écosystèmes dépendants et associés, en désignant l'Antarctique comme réserve naturelle, consacrée à la paix et à la science. Le Protocole, à travers les 27 articles séparés et les six différentes annexes qui le constituent, traite de la pollution marine, de la protection de la faune et de la flore, des exigences en matière d'évaluation d'impact sur l'environnement, de la gestion des déchets et de l'établissement de zones protégées.

Les différentes annexes du Protocole n'ont d'ailleurs plus de secret pour nous. L'Annexe I du Protocole exige de réaliser des évaluations d'impact sur l'environnement avant d'entreprendre de quelconques activités en Antarctique. L'Annexe II prévoit des dispositions pour la protection des animaux et des végétaux de l'Antarctique ainsi que des restrictions liées aux espèces non indigènes. L'Annexe III exhorte les Parties à réduire leurs quantités de déchets et impose des exigences en matière d'élimination et de gestion des déchets. L'Annexe IV, ensuite, interdit aux navires des Parties au Traité opérant en Antarctique de déverser des hydrocarbures, des eaux usées et d'autres matières comme les plastics dans la mer. Toutes ces annexes ont contribué de manière considérable à la conservation de l'environnement de l'Antarctique.

L'Annexe V, quant à elle, prévoit des dispositions pour la protection et la gestion des zones spécialement protégées de l'Antarctique ou ZSPA, ainsi que des zones gérées spéciales de l'Antarctique ou ZGSA, sans oublier également les sites et monuments historiques. Le système actuel de ZSPA et de ZGSA constitue l'un des piliers du Protocole. Les États-Unis sont fiers de pouvoir participer à la promotion et au soutien de ces outils par le truchement de son programme antarctique et de sa contribution à l'élaboration d'une liste de vérification destinées à faciliter les inspections des ZSPA et ZGSA. Les mécanismes contenus dans l'Annexe V ont prouvé qu'ils comptaient parmi les outils les plus efficaces dont nous disposons pour assurer la protection de l'environnement, et les États-Unis estiment qu'ils auront un rôle critique à jouer également dans l'avenir.

Passons maintenant à l'Annexe VI, traitant de la responsabilité. Bien qu'elle ne soit pas encore entrée en vigueur, elle représente un élément essentiel du Protocole et une réalisation remarquable dans les efforts que les Parties au Traité s'efforcent de déployer pour assurer la protection de l'environnement. L'Annexe VI trouve sa source dans les articles 15 et 16 du Protocole. Elle a été conçue afin de pouvoir engager la responsabilité des opérateurs gouvernementaux ou non gouvernementaux qui auraient manqué à leur devoir de répondre à une urgence environnementale. Il s'agit d'une approche unique en matière de responsabilité, qui diffère des autres traités traitant de la responsabilité et met en place des moyens pratiques pour protéger l'environnement de l'Antarctique dans un milieu où il existe très peu de données de référence, voire aucune, permettant d'évaluer l'étendue des dommages environnementaux, que ce soit en mer ou sur terre. L'Annexe VI représente une évolution importante en matière de droit international, et tout particulièrement en matière de droit international de l'environnement. Sa ratification par les Parties consultatives demeure une priorité majeure pour le système du Traité sur l'Antarctique.

Je souhaiterais également souligner le rôle capital du Comité pour la protection de l'environnement (CPE) au sein du système du Traité. La création du CPE en vertu du Protocole a témoigné de l'importance que nous accordons tous à une gestion de l'environnement qui respecte le Protocole de Madrid. Le CPE fournit des avis et des recommandations aux Parties pour toutes les questions ayant trait à la mise en œuvre du Protocole, et son travail est absolument remarquable. Le Conseil a élaboré des processus et des lignes directrices fondamentales, qui forment désormais le cœur des efforts en matière d'environnement des Parties au Traité. Les évaluations d'impact sur l'environnement, la protection de la faune et de la flore, l'élaboration de nouvelles procédures régissant la protection et la gestion des zones protégées, et bien d'autres domaines encore, figurent sur la liste des travaux avant-gardistes du CPE.

Enfin, nous devons tous saisir cette occasion en vue de regarder vers l'avenir et d'imaginer comment nous pourrions, de manière innovante, maintenir les normes les plus élevées en matière de protection et de gestion de l'environnement. La pression qui pèse sur l'environnement de l'Antarctique ne fera que s'accroître dans l'avenir. Les défis qu'il doit affronter sont nombreux : changement climatique, espèces non indigènes, impacts des activités gouvernementales et non gouvernementales. Les menaces qui pèsent sur l'environnement marin sont, elles aussi, de plus en plus nombreuses et méritent notre attention, que ce soit à travers le Protocole ou la CCAMLR. (La coopération entre le CPE et le Comité scientifique de la CCAMLR nous est effectivement précieuse et représente une grande source d'encouragement.)

Les États-Unis maintiennent leur engagement à poursuivre le travail collaboratif avec tous les États parties afin de répondre aux problèmes urgents et prioritaires tels que les impacts cumulatifs, la réglementation appropriée du tourisme, la mise en œuvre du Code polaire, l'établissement d'aires marines protégées et le changement climatique. À cet égard, le travail du CPE conserve toute son importance pour la concrétisation des objectifs du Protocole, et les avis émanant du CPE seront plus que jamais nécessaires au fur et à mesure que les impacts sur l'Antarctique et les écosystèmes dépendants et associés s'accentueront. Nous devons explorer de nouvelles voies plus efficaces pour notre collaboration, afin de mieux rentabiliser notre temps pendant les réunions du CPE et de mener des discussions sur les questions prioritaires, de façon à fournir à la RCTA les meilleurs avis possibles.

Le Protocole de Madrid représente une avancée extraordinaire en matière de diplomatie internationale. Il a tenu toutes ses promesses, malgré les défis qui subsistent. C'est avec fierté que nous célébrons tous l'anniversaire de cet accord unique en son genre, qui a servi, et continuera de servir, les grands idéaux auxquels nous avons donné vie en 1991.

Nous, les États-Unis, tenons à féliciter et à saluer tous ceux et toutes celles qui ont travaillé d'arrache-pied à sa concrétisation, et nous ne saurions cacher notre excitation à poursuivre rapidement la promotion de la protection de l'Antarctique à des fins pacifiques et scientifiques.

Merci.

Comparaison du Protocole avec les accords-cadres environnementaux régionaux et mondiaux

Therese Johansen

Introduction

Tout d'abord, il ne fait aucun doute que le Protocole et l'Antarctique sont absolument uniques à de nombreux égards et qu'ils ne peuvent être comparés à d'autres cadres ou régions du monde. Mais je tenterai ici de procéder malgré tout à une comparaison avec d'autres régions et de démontrer la valeur que revêt une approche de la protection environnementale régionale et écosystémique. J'essaierai enfin de tirer des conclusions quant à la manière dont le Protocole peut continuer à servir de modèle et d'inspiration pour d'autres régions.

Les caractéristiques uniques du Protocole relatif à l'environnement

Le Protocole et l'Antarctique sont uniques. Le Traité sur l'Antarctique, tant qu'il est en vigueur, se fonde sur l'acceptation des désaccords quant aux revendications territoriales liées à l'Antarctique et sur le statut de réserve naturelle dédiée à la paix et à la science conféré à un continent entier.

Le Protocole se veut le pilier environnemental du STA, et pour la Norvège, le Protocole est parfait ; tous les éléments que la Norvège considère essentiels s'y retrouvent, notamment son exhaustivité. Il couvre en effet l'ensemble des activités humaines, la gestion basée sur les données scientifiques et les connaissances, le rôle du CPE en tant que fournisseur d'avis scientifiques solides, une approche réellement écosystémique dans laquelle les zones terrestre et marine sont considérées dans leur ensemble, et il fournit un cadre à la coopération et à la coordination entre différents secteurs, avec les principes généraux fournis par le Traité sur l'Antarctique.

Par ailleurs, la RCTA, le CPE, la CCAMLR, etc. travaillent de concert, chacun restant dans ses mandats et domaines de compétence respectifs mais en poursuivant un objectif commun : protéger au mieux l'Antarctique dans son ensemble.

J'aimerais également mettre en avant le rôle des Parties consultatives, qui garantissent que la prise de décision demeure une prérogative des États et soit nourrie par un intérêt et une connaissance réelle de la région. Les règlementations liées à l'adhésion impliquent d'offrir la preuve d'un engagement envers l'Antarctique et l'importance de la gouvernance régionale par les acteurs qui disposent des meilleures connaissances de cette région. Ceci m'amène au slide suivant, sur l'approche régionale de la protection environnementale et sur la manière dont les autres régions gèrent les mêmes questions, parfois en s'inspirant directement des enseignements tirés au sein du STA.

L'approche régionale : comparaison avec l'océan Atlantique du Nord-Est

Dans cette section, l'idée est présenter la coopération et la coordination entre différents secteurs, leur réalisation dans l'Atlantique du Nord-Est et de les comparer avec le fonctionnement du STA.

L'architecture institutionnelle de l'Atlantique du Nord-Est se compose de la Commission OSPAR, en tant que pilier environnemental, de la NEAFC en tant que pilier pour les pêches, de l'OMI pour le transport, et de l'ISA pour l'exploitation minière des fonds marins et l'état du littoral qui traite les questions liées aux zones relevant de la juridiction nationale, comme la pollution terrestre. Tout ceci est, bien sûr, encadré par la Convention des Nations Unies sur le droit de la mer.

L'objectif de la convention OSPAR est de protéger l'environnement marin de l'Atlantique du Nord-Est au travers d'une coopération accrue entre les Parties signataires.

La NEAFC gère quant à elle les opérations de pêche menées au sein de la zone de la convention. Lorsqu'elle adopte des mesures de gestion, la NEAFC doit appliquer le principe de précaution, et tenir rigoureusement compte de l'impact des pêches sur d'autres espèces, sur les écosystèmes marins et sur la biodiversité.

Ensemble, l'OSPAR et la NEAFC constituent les véhicules régionaux qui permettent la mise en œuvre des obligations, objectifs et engagements fixés au niveau mondial par la CNUDM, et des instruments tels que l'UNFSA, l'AG de l'ONU, la CBD, etc.

L'OSPAR et la NEAFC collaborent étroitement sur des questions d'intérêt commun. En ce qui concerne les activités humaines qui sont déjà couvertes par d'autres organisations, le rôle de l'OSPAR consiste à examiner en continu l'état général de l'environnemental et les impacts négatifs, en tenant compte des activités humaines et de leurs impacts cumulatifs. Si l'OSPAR identifie des menaces et des impacts négatifs liés à des activités humaines qui relèvent de la compétence d'autres organisations, ces informations sont transmises aux organisations concernées afin de jeter les bases de l'élaboration et de l'adoption de mesures de gestion. Ainsi, l'OSPAR peut initier des décisions et des mesures pour des activités qui ne relèvent pas de son mandat.

Exemple de coopération entre l'OSPAR et la NEAFC : l'établissement de zones fermées par la NEAFC, qui s'est ensuivi de l'établissement d'AMP par l'OSPAR, à peu près dans la même zone. Les deux éléments se complètent et permettent d'améliorer la protection de ces zones.

Parvenir à cela n'a pas été chose aisée. Nous avons travaillé pendant plusieurs années à la manière d'atteindre le bon équilibre, et à dégager des voies de coopération pratiques. Bien sûr, je ne peux m'exprimer qu'au nom de la Norvège, mais pour nous, le Système du Traité sur l'Antarctique fut une source d'inspiration dans la recherche du cadre institutionnel adéquat et de sa construction.

Il nous semble évident que pour mieux gérer les océans au niveau mondial, ce type de coopération et de coordination entre différents secteurs est fondamental. L'OSPAR et la NEAFC cherchent également à coopérer avec des organisations régionales issues d'autres régions du monde.

En 2013, l'OSPAR a signé un protocole d'entente avec la Convention relative à la coopération pour la protection, la gestion et la mise en valeur des milieux marins et côtiers de la région de l'Afrique de l'Ouest et centrale (Convention d'Abidjan), qui est axée sur les pêches et la coopération environnementale entre l'OSPAR/la NEAFC et le Secrétariat d'Abidjan/les organisations de pêcheries régionales d'Afrique de l'Ouest (CSRP).

Conclusions

Que pouvons-nous conclure de tout cela ? Pour la Norvège, et au-delà des caractéristiques uniques et du statut spécial de l'Antarctique, le Protocole sur l'environnement et l'architecture institutionnelle en Antarctique constituent LA référence et furent une source d'inspiration pour notre approche de la gestion de nos propres eaux dormantes, si l'on peut dire, notamment dans l'Atlantique du Nord-Est.

Nous avons beaucoup d'enseignements à tirer, surtout en matière de coopération et de coordination entre différents secteurs. Dans ce domaine, la relation qui unit la RCTA, le CPE, la CCAMLR, l'OMI et les autorités nationales compétentes, entre autres, a été éprouvée au cours des 25 dernières années.

Bien sûr, c'est un domaine dans lequel on peut toujours s'améliorer, mais je dirais qu'en Antarctique, bien des réalisations ont été accomplies et nous avons à notre disposition un cadre dans lequel poursuivre la représentation d'une protection environnementale à la pointe, en continuant à déployer nos efforts afin de protéger ce continent unique.

Intervention de M. Michel Rocard

Ma(es)dame(s) et mon(e)sieur(s) les ministres, mesdames et messieurs les délégués,

Je regrette de ne pas être parmi vous pour la 39ème réunion des parties consultatives au Traité sur l'Antarctique ; j'avais pris l'habitude de ce rendez- vous annuel important, mais je commence à prendre un peu d'âge ; je suis avec vous en esprit ; et surtout, la France y est bien représentée par une solide délégation.

Je regrette d'autant plus d'être absent cette année que la présidence chilienne de la 39ème RCTA a pris l'heureuse initiative de commémorer le 25ème anniversaire du protocole de Madrid, le protocole au Traité sur l'Antarctique relatif à la protection de l'environnement, devenue une - sinon LA - pièce maitresse du système du Traité sur l'Antarctique, dont l'ancien Premier ministre d'Australie Robert Hawke, et moi-même, en tant que Premier ministre de la République Française à l'époque, avons été les promoteurs et les pilotes dans les années 1989-1991.

Je remercie la présidence chilienne de cette initiative et je salue au passage nos collègues australiens qui voudront bien transmettre mes amitiés à mon ami Bob.

Je dois vous avouer une chose : je n'ai jamais été fan des commémorations, ni des dates anniversaires, y compris d'ailleurs, pour ce qui concerne mes propres anniversaires de naissance que j'ai tendance à oublier. Quand on aime faire avancer les choses et qu'on a le goût de l'action politique, la mise en scène ritualisée et complaisante des batailles gagnées par le passé, contraste trop fortement avec le chantier immense des batailles urgentes qui attendent d'être lancées.

A moins bien sûr, que la commémoration ne soit une incitation ou un appel à l'action concertée. C'est là mes chers collègues, que je voudrais en venir aujourd'hui, dans ma brève intervention.

Il y a cinq ans, en 2011, examinant le panel du système du Traité sur l'Antarctique, j'avais découvert que sur les 20 parties non consultatives de l'époque, 14 d'entre elles n'avaient pas ratifié le protocole de Madrid. Cette situation revenait à soustraire au régime de responsabilité collective, fondateur de la communauté antarctique, certains Etats qui par leur adhésion au traité de Washington avaient manifesté leur intérêt pour cette région. Elle posait également de sérieux problèmes de contrôle des activités scientifiques ou touristiques menées dans la zone du Traité par des ressortissants d'un Etat non partie au Protocole.

Je décrochais mon téléphone et appelais mon vieux copain Robert Hawke, lui exposais la situation et ensemble, nous décidions de mettre à profit la date symbolique du 20ème anniversaire de la signature du Protocole de Madrid, pour proposer à la 34ème RCTA une relance du processus de ratification du deuxième protocole au traité sur l'Antarctique. Nous avons tous en mémoire le résultat : vingt délégations conduiront des démarches auprès des gouvernements concernés et obtiendront au final quelques résultats concrets. Grâce à cette initiative concertée de la communauté antarctique, la commémoration du 20ème anniversaire du protocole de Madrid prit tout son sens, même s'il faut dire que le processus de ratification s'est depuis essoufflé…

Mais c'est là, la fonction d'un événement de commémoration : relancer périodiquement, réactiver inlassablement, ré-éveiller dès que nécessaire, les consciences sujettes à la baisse de vigilance, aux valeurs fondamentales et fondatrices d'une communauté.

Qu'en est-il alors du 25ème anniversaire du protocole de Madrid ? Que veut-il mettre en lumière ? Quand j'ai appris cette initiative de célébration, je me suis dit que dans cette escalade qui nous faisait passer insensiblement d'un rythme de commémoration décennal (tous les dix ans) à un rythme de commémoration quinquennal (tous les cinq ans) de la signature du protocole de Madrid, la prochaine étape ne pouvait être qu'une journée internationale de l'Antarctique (*International Antarctic Day*, en anglais). L'idée est bonne et mériterait d'être institutionnalisée. Elle contribuerait sans doute à augmenter le rayonnement de l'Antarctique auprès des opinions publiques, susceptibles un jour de peser sur le destin de cette zone au statut juridique unique.

J'ai surtout pensé que cette frénésie de commémoration cachait quelque chose, sans doute une inquiétude de la communauté antarctique pour l'« harmonie internationale » instituée par le traité de 1959 et consolidée par le protocole de Madrid qui déclare l'Antarctique terre de paix et de science, et y interdit toute activité relative aux ressources minérales autre que la recherche scientifique.

Du point de vue juridique, l'harmonie internationale en Antarctique est garantie par le système du Traité sur l'Antarctique. Les procédures d'amendement contenues tant dans le Traité sur l'Antarctique de 1959 que dans le Protocole de Madrid de 1991 impliquent de réunir des majorités fort difficiles à atteindre et garantissent ainsi une certaine pérennité aux dispositions de ces instruments juridiques.

Bien sûr, la prohibition des activités minières pourrait faire l'objet d'une révision au-delà d'une période de 50 ans à compter de l'entrée en vigueur du protocole de Madrid, mais nous n'avons aucune raison de craindre un outil juridique que nous avons forgé ensemble par consensus et dont la solidité a été pensée pour résister aux aléas et aux vicissitudes de la vie internationale.

Si inquiétude il y a, ce n'est pas là dans le système juridique du traité sur l'Antarctique qu'il faut en situer la source. C'est plutôt du côté des valeurs qui animent la communauté antarctique : valeurs fondamentales qui assurent la cohésion de la communauté ; et valeurs partagées qui concourent, par-delà les différends qui divisent le monde, à préserver l'harmonie internationale dans cette partie reculée de la planète.

Souvenons-nous, il y a vingt-cinq ans : la communauté antarctique avait choisi par consensus un moratoire minier révisable au-delà de 50 ans, afin, je cite :

« *d'assurer une protection efficace de l'Antarctique sans hypothéquer les options des générations futures* ». Vous voyez, nous n'avons à craindre que de nous-mêmes, et de nos enfants qui apprennent aussi de nous. C'est une lourde responsabilité, nous sommes les gardiens de l'ordre international antarctique et cet ordre se perpétuera aussi longtemps qu'une majorité de la communauté juridique antarctique continuera de se retrouver autour des valeurs fondamentales de l'Antarctique.

Il se trouve mes chers collègues, qu'au mépris de la chronologie historique, le protocole de Madrid de 1991 s'est imposé au fil des années, comme une pièce maîtresse de l'harmonie internationale instituée par le traité de 1959, et que le moratoire minier représente aujourd'hui une valeur fondamentale du régime antarctique.

Les Etats-Unis ne s'y sont pas trompés, proposant de mettre à profit la date symbolique du 25ème anniversaire du protocole de Madrid, pour réunir et renforcer la communauté antarctique autour d'une déclaration d'engagement en faveur du moratoire minier. La France s'est associée très vite à cette initiative, de même qu'une grande majorité des parties au Traité.

J'encourage toutes les parties au Traité à soutenir l'initiative américaine qui donne tout son sens à cette commémoration quinquennale et qui nous rappelle à notre responsabilité collective :

Du point de vue juridique comme du point de vue politique, l'existence d'une majorité de parties au Traité, soudée autour des valeurs fondamentales du système du Traité, constitue le meilleur rempart contre des pressions extérieures ou internes qui voudraient suggérer une révision du statut exceptionnel de l'Antarctique.

Longue vie à l'Antarctique !

Je vous remercie de votre attention et vous souhaite une bonne conférence à tous.

--- FIN ---

l'Analyse du Protocole relatif à la protection de l'environnement en Antarctique et de ses annexes

José Retamales

Il y a 20 ans en 1996, dans le bulletin d'information relatif à l'Antarctique du mois de mai publié par le Chili, la célèbre experte argentine Miryam Colacrai, docteur en sciences sociales et auteur de nombreux livres traitant de l'Arctique et de l'Antarctique, qualifiait le Protocole relatif à la protection de l'environnement en Antarctique d'« engagement capital en faveur du renforcement du Système du Traité sur l'Antarctique ».

Elle a commencé par rappeler, dans le cadre d'une analyse du contexte géopolitique mondial, que les questions sécuritaires étaient au centre de l'attention et des inquiétudes de l'ordre du jour mondial tout au long de la période de l'après-guerre et de la période dite de l'« endiguement ». Ensuite, ce sont plutôt les questions économiques qui ont occupé le devant de la scène pendant les années soixante-dix et quatre-vingt, celles-ci constituant d'importants défis. Elles nous ont ainsi permis d'aboutir à la situation des années quatre-vingt-dix et à la cristallisation de l'attention sur les aspects environnementaux.

L'exécution du Traité sur l'Antarctique en 1959 avait pour vocation de résoudre les questions de « sécurité » dans la région et à établir un équilibre entre les Parties. Le Traité a en outre permis de garantir la non-militarisation et la dénucléarisation de la région, à la fois du point de vue de la sécurité et de la protection de l'environnement.

On assistera des années plus tard, dans les années soixante-dix et quatre-vingt, à une deuxième étape qui se concentrera plutôt sur la réglementation de l'exploitation des ressources par le truchement de conventions spéciales telles que la Convention pour la protection des phoques de l'Antarctique (CCAS), la Commission de conservation de la faune et de la flore marines de l'Antarctique (CCAMLR) et la Convention sur la réglementation des activités relatives aux ressources minérales de l'Antarctique, dont le libellé fut le résultat d'âpres négociations. Elle n'entrera cependant jamais en vigueur, toutes les Parties ne l'ayant pas ratifiée.

Ces événements aboutiront finalement à la signature du Protocole, à la suite de plusieurs réunions comme la Réunion consultative de Paris en 1989, les Réunions consultatives spéciales tenues à Viña del Mar en 1990 et les réunions des mois d'avril, juin et octobre 1991 à Madrid. Parmi toutes les propositions soumises, celle qui remporta le plus grand succès fut celle visant à soutenir la création d'un instrument qui viendrait compléter le Traité sur l'Antarctique, au lieu de la création de conventions, certes autonomes, qui avaient porté la dynamique des accords antérieurs.

Voilà comment, en droite ligne de l'ordre du jour mondial, la mise en œuvre du Protocole relatif à la protection de l'environnement a permis en 1991 de placer cette thématique au centre de l'attention et des débats du Système du Traité sur l'Antarctique.

De toute évidence, l'intégration du « Protocole » n'a jamais permis que l'on puisse intégrer un quelconque sujet n'ayant pas de lien avec le Traité sur l'Antarctique. Dès la toute première Réunion consultative, et aux fins de réglementer les normes et principes généraux stipulés dans le Traité, la nature fragile de l'environnement de l'Antarctique a été prise en considération et un nombre significatif de recommandations ont été esquissées.

Les bases qui ont mené à « la protection et la conservation des ressources de l'Antarctique » sont reflétées dans les mesures convenues pour la Conservation de la faune et de la Flore de l'Antarctique approuvées en 1964. S'il fallait nommer une avancée particulière de ces mesures, la plus significative serait vraisemblablement le fait que ces mesures ont déclaré le territoire du Traité sur l'Antarctique comme « zone de conservation spéciale ».

Il convient de rappeler que c'est dans les années soixante-dix que la science a commencé à apporter sa contribution à l'évaluation d'impact sur l'environnement. Le débat autour de cette évaluation a constitué le thème central d'un nombre considérable de rapports et de séminaires d'experts internationaux.

Cependant, il ne fait pas l'ombre d'un doute que le positionnement de cette thématique en tant que question prioritaire dans l'ordre du jour est la conséquence directe des négociations qui ont abouti à la rédaction du « Protocole au Traité sur l'Antarctique relatif à la protection de l'environnement ».

Le Protocole consacre la nécessité de parvenir à une coopération internationale sur les questions environnementales, soulignant que les Parties doivent se consulter pour la sélection des emplacements des bases potentielles, afin d'atténuer le plus possible l'impact cumulatif susceptible de résulter de la construction d'un nombre trop important d'installations.

De surcroît, le Protocole encourage la conduite d'expéditions conjointes et l'utilisation commune des bases scientifiques, qui doivent permettre d'optimiser les ressources par le moyen d'une utilisation commune des moyens logistiques d'une part, et d'atténuer l'impact environnemental provoqué à des degrés divers par les différentes activités d'autre part.

Les politiques développées dans le cadre du Traité sur l'Antarctique, sur la base des sujets débattus pendant les 19 années d'existence du Comité pour la protection de l'environnement, ont rendu possible de déterminer avec une grande précision quelles actions sont pertinentes pour l'environnement.

Néanmoins, dans quelle mesure protégeons-nous ou sommes-nous capables de protéger **ce que nous ne pouvons voir** en Antarctique ? S'il fallait donner un exemple de la large biodiversité de l'Antarctique, nous citerions la *Limacina rangii*, un petit escargot vivant dans l'océan Austral, photographié dans les eaux de la baie Fildes. Il s'agit d'un gastéropode muni d'une coquille hélicoïdale, connu également sous le nom de « papillon de mer ».

L'une des caractéristiques de cette espèce d'escargot est qu'elle développe de petites ailes charnues et semi-transparentes, partant du pied aux deux flancs du corps, qui lui permettent de « voler » dans l'eau. Les parties les plus molles du corps de ce gastéropode sont de couleur pourpre et sa coquille, très petite, est d'une grande fragilité. Un spécimen adulte mesure à peine 6 mm. Ses « ailes » produisent le mucus typique des escargots, au moyen duquel ils enduisent leurs proies avant de les dévorer.

Cette espèce sert à son tour de proie aux gastéropodes pélagiques appartenant au groupe des « anges de mer », à l'instar du *Clione antarctica*, qui peut atteindre une taille de 30 mm et représente l'une des nombreuses chaînes alimentaires du règne animal.

Cet « ange » pélagique se nourrit exclusivement du « papillon de mer » en Antarctique. Dépourvu d'une coquille protectrice qu'il perd au moment de prendre sa forme embryonnaire, il synthétise une substance chimique, la ptéroénone, qui dégoûte les prédateurs. Contrairement aux « papillons de mer », les « anges de mer » sont également présents en très grand nombre dans les eaux sub-antarctiques

Voilà pourquoi nous estimons qu'il est fondamental de communiquer les secrets que recèle l'océan Austral, à savoir la vie marine, à un très large public. Grâce à la science, nous obtiendrons une meilleure compréhension des éléments que nous nous devons de protéger.

Le krill antarctique, un petit crustacé très connu et présent en très grandes quantités, a démontré qu'il était capable de survivre en Antarctique, étant donné qu'il constitue la base même de la chaîne trophique australe, des petits manchots aux énormes baleines. Le krill résiste également à l'expansion de l'industrie de la pêche.

Cependant, parviendra-t-il à survivre à l'acidification de l'océan austral ?

Ce n'est un secret pour personne que la première vocation du Protocole fut de protéger l'environnement de l'Antarctique face à la pression environnementale générée par la présence et les activités de l'homme sur le continent. Le Plan de travail quinquennal du Comité pour la protection de l'environnement se penche sur les pressions environnementales induites par, notamment, l'introduction d'espèces non indigènes, le tourisme, la gestion des zones spécialement protégées et gérées spéciales de l'Antarctique, la protection des aires marines et des sites historiques. Le Comité a également créé un groupe de travail qui se consacre exclusivement au changement climatique.

Néanmoins, les plus grandes menaces qui pèseront sur la protection de l'environnement à l'avenir ne proviendront très certainement pas de l'activité humaine sur le continent, mais plutôt des activités réalisées aux quatre coins de la planète, dont ce phare que représente le continent blanc ne se fait finalement que l'écho.

L'article 4 de la Convention-cadre des Nations-Unies sur les changements climatiques stipule 9 critères destinés à mesurer la vulnérabilité d'un pays aux effets du changement climatique. Le Chili en remplit 7 sur les 9, et à cet égard, un quotidien local a publié les chiffres présents à l'écran dans son édition du 6 décembre de l'année dernière.

Par conséquent, j'ose m'hasarder à affirmer que l'intérêt des nouveaux pays à comprendre et à étudier l'Antarctique ne fera que s'accroître, vu l'inquiétude de l'opinion publique concernant les effets du changement climatique. Cela amènera de nouveaux défis pour le Comité pour la protection de l'environnement, et la protection du Système du Traité sur l'Antarctique plus globalement.

L'effet du Protocole relatif à la protection de l'environnement sur l'environnement antarctique, du point de vue d'un scientifique

Aleks Terauds

Objectifs scientifiques

Dans les milieux scientifiques, il existe de nombreuses raisons qui motivent à entreprnedre des travaux. Cependant, certains grands thèmes sont communs à tous, et je vais essayer des les exposer ici. Comprendre l'environnement et utiliser ensuite ces nouvelles connaissances aux fins d'une meilleure gestion est un cheminement habituel. Ces décisions de gestion peuvent alors être mises en œuvre pour protéger l'environnement, et c'est de cette protection que découle la conservation.

Tous les scientifiques n'essaient pas d'atteindre chacun de ces objectifs, mais d'une manière générale, ils traitent d'une manière ou d'une autre de ce vers quoi les scientifiques tendent.

Protéger de... ?

Ensuite, je pense qu'il est intéressant de savoir de quoi on veut protéger l'environnement. Si nous revenons un peu en arrière, avant l'adoption du Protocole en 1991, un certain nombre de menaces planaient sur l'Antarctique. La plupart d'entre elles étaient liées à l'activité anthropique.

La présence d'humains en Antarctique a sans aucun doute la capacité d'affecter l'environnement antarctique. En termes d'effets réels, il existe une présence anthropique importante, et cette présence ne cesse d'augmenter. Nous savons que l'une des menaces potentielles, les activités relatives aux ressources minérales, a été réglée par l'interdiction clairement exposée à l'article 7 du Protocole de mener de telles activités, ce qui a grandement renforcé la protection. Nous savons aussi que les changements climatiques ont le pouvoir d'enclencher et d'intensifier toute une série de menaces qui risquent d'avoir des répercussions importantes sur l'environnement antarctique. Et d'autres problèmes existent aussi, telles que les espèces non indigènes, dont on sait qu'elles ont de profondes répercussions.

Dans ce contexte de menaces, qu'elles soient potentielles ou réelles, l'importance de la protection prévue par le Protocole devient très claire.

« ... une réserve naturelle consacrée à la paix et à la science »

Les mots « une réserve consacrée à la paix et à la science » énoncés à l'article 2 représentent l'un des passages les plus connus du Protocole relatif à la protection de l'environnement du Traité sur l'Antarctique. Ils témoignent de l'essence et l'esprit de protection consacré à l'Antarctique grâce au Protocole. Plus important encore, ces mots montrent clairement que la protection de l'environnement concerne le continent entier. Ils jettent les bases de la protection de l'environnement antarctique sur lesquelles le Protocole repose, au travers de ses articles et de ses annexes successifs.

Ces mots doivent aussi leur célébrité au fait que le grand public est conscient de la question de la protection de l'environnement et, plus important encore, qu'il est soucieux de protéger l'Antarctique ce qui pour moi, scientifique, est important également. Il est également important de souligner l'inclusion du mot « science » dans cette phrase, ce qui lie étroitement la science en Antarctique la protection de son environnement.

Ces liens étroits peuvent être observés par l'évolution des groupes du SCAR au cours de ces 30 dernières années. Quelques années avant l'adoption du Protocole, le Groupe de spécialistes des questions environnementales et de la protection de l'environnement du SCAR a été créé. Le groupe a été plendant plusieurs années activement impliqué dans l'information de la politique et de la gestion de l'environnement en Antarctique avant d'évoluer pour devenir la Commission permanente du SCAR sur le Système du traité sur l'Antarctique, que je représente aujourd'hui.

Les professeurs David Walton et Steven Chown ont joué un rôle important au sein de ces groupes, et le SCATS reste aujourd'hui le groupe responsable de fournir, au nom du SCAR, un avis scientifique au Traité sur l'Antarctique, tout particulièrement sur des sujets liés à la protection de l'environnement.

Principes environnementaux

Du point de vue d'un scientifique, l'article 3 est l'un des Articles les plus puissants. Il prévoit que toute activité se déroulant en Antarctique doit prendre en compte les éventuels effets sur l'environnement. À cet égard, l'article 3 fournit une solide base de protection. Conjointement avec les dispositions de l'annexe 1, il s'agit là d'un outil efficace pour la gestion et la protection de l'environnement antarctique.

D'un point de vue scientifique, cette attention portée aux principes environnementaux dans le Protocole permet d'utiliser la science pour mener des activités. Le Code de conduite du SCAR en est une bonne illustration. Grâce à son utilisation des meilleures connaissances scientifiques disponibles, le SCAR a créé plusieurs codes de conduite afin de mener des activités et aider à la protection de l'environnement. Le SCAR se concentre aussi sur la géoconservation, et cela représente une autre piste importante pour la protection de l'environnement qui est en accord avec les principes environnementaux prévus par le Protocole.

Protection de la faune et de la flore

L'annexe 2, consacrée à la protection de la faune et de la flore, contient également des éléments importants liés à la protection de l'environnement antarctique. Notamment, la régulation et la supervision des activités scientifiques grâce à des critères pour l'obtention de permis, ainsi que la disposition permettant de désigner des espèces spécialement protégées.

Du point de vue d'un scientifique, je soulignerai encore une fois des exemples où le SCAR a utilisé la science pour améliorer la protection de l'environnement, en accord avec les critères du Protocole tels que décrits dans cette annexe. La science du SCAR a aidé à la création de lignes directrices pour la conservation de la vie sauvage, et, plus récemment, a montré des recherches indiquant qu'il était nécessaire de continuer les efforts, non seulement pour comprendre les problématiques classiques concernant la perturbation de la vie sauvage, mais également les effets potentiels des technologies emergeantes telles que les véhicules aériens sans pilote (UAV). Les UAV n'étaient pas un problème au moment de l'entrée en vigueur du Protocole, mais ils constituent aujourd'hui une excellente base pour s'informer et gérer leur utilisation.

Espèces non-indigènes

Les espèces non-indigènes sont également considérées comme des menaces dans l'annexe 2. Leur introduction délibérée est interdite en vertu de cette annexe. Cependant, comme nous avons pu le constater grâce à de nombreux travaux réalisés pendant plus de dix ans, l'introduction accidentelle d'espèces non-indigènes a été, et est encore, un problème. Ce problème peut être atténué grâce à l'utilisation de pratiques de biosécurité strictes, et le SCAR et de nombreux collaborateurs ont utilisé la science pour aider à mettre en oeuvre ces pratiques.

À cet égard, le projet « *Aliens in Antarctic* », une initiative lancée de l'Année polaire internationale 2007-2008, était un programme important. Nous comprenons maintenant mieux les trajectoires des espèces non-indigènes et disposons de plusieurs protocoles de biosécurité pour réduire les risques liés à ce sujet.

Par conséquent, encore une fois par la spécification dans cette annexe, le Protocole a donné l'occasion à la science de protéger l'environnement et d'éclairer des documents tels que la liste de vérification pour la chaîne d'approvisionnement du COMNAP, le Manuel sur les espèces non indigènes du CPE, et les protocoles de biosécurité des programmes antarctiques nationaux.

Dispositions pour une protection renforcée

La disposition de protection renforcée décrite dans l'annexe 5 du Protocole représente également un élément majeur pour la protection de l'environnement. Les Zones spécialement protégées de l'Antarctique et les Zones gérées spéciales de l'Antarctique protègent un large éventail de valeurs et se sont révélées très utiles pour protéger la biodiversité, la géodiversité ainsi que d'autres éléments importants de l'environnement. Elles fournissent également un cadre pour le déroulement d'activités scientifiques à des fins de protection de ces zones.

Le SCAR se concentre sur des travaux en cours pour aider à l'élaboration d'un réseau de zones protégées fondé sur les faits et systématique en Antarctique.

Le Comité pour la protection de l'environnement.

J'aimerais rappeler l'importance du Comité pour la protection de l'environnement. La création de ce Comité a été un élément clé de l'entrée en vigueur du Protocole en 1998, et depuis lors, il a démontré qu'il était le moteur du Protocole, et qu'il était très efficace pour amener des changements.

La relation directe du CPE avec la science, qu'elle se fasse par le biais des Parties ou celui des Observateurs tels que le SCAR, est l'un des secrets de cette réussite.

Orientation à venir

Le SCAR continuera à conseiller le CPE sur les sujets importants liés aux exigences du Protocole, et sera guidé par le *Antarctic and Southern Ocean Horizon Scan* du SCAR et les sujets prioritaires du CPE.

Implementation of the Environmental Protocol: An operator's perspective on its impact on science support

Yves Frenot, Director IPEV, COMNAP Vice Chairman
Kazuyuki Shiraishi, Director-General NIPR, COMNAP Chairman
Michelle Rogan-Finnemore, COMNAP Executive Secretary

Le COMNAP est l'association internationale des Programmes Antarctiques nationaux. Il compte aujourd'hui 30 membres et 2 observateurs. Ces 32 programmes sont responsables du soutien des activités gouvernementales sur plus de 80 installations de recherche en Antarctique.

La mission du COMNAP est de développer et promouvoir les meilleures pratiques en termes d'appui de la recherche scientifique en Antarctique. Il a le statut officiel d'observateur à la RCTA et au CPE. Reconnaissant l'importance de ce statut, le COMNAP s'est engagé à soutenir le système du Traité sur l'Antarctique en fournissant des conseils pratiques, techniques et apolitiques tirée de l'expérience et de l'expertise des Programmes nationaux œuvrant dans la zone du Traité.

Les programmes antarctiques nationaux eux-mêmes sont par ailleurs les exécutants des principes énoncés par le Protocole de Madrid. Tous les membres du COMNAP sont en effet de pays ayant ratifié et traduit le Protocole dans leur législation nationale. Or l'ensemble du protocole a des implications directes sur les activités des Programmes en ce qui concerne le soutien à la science, l'entretien des infrastructures de recherche ou la mise en œuvre de la logistique associée.

La présente présentation met l'accent sur la manière dont le COMNAP contribue au développement des exigences du Protocole sous 3 aspects :

1. quelles sont ces exigences qui touchent directement le COMNAP ;

2. comment le COMNAP y répond, produisant ainsi la vérification terrain de la faisabilité des mesures adoptées ; et

3. en donnant quelques exemples de la façon dont ces orientations sont mise en œuvre par les programmes nationaux.

En raison des limites de temps cette présentation met uniquement l'accent sur des exemples liés aux Annexes I et III du Protocole.

Le premier volet concerne donc l'annexe I sur l'évaluation des impacts environnementaux (EIE) des activités menées en Antarctique. Je voudrais tout d'abord montrer comment le COMNAP a pu jouer un rôle dans le développement des concepts repris dans l'Annexe I, puis donner quelques illustrations de la manière dont les programmes nationaux la mettent en œuvre.

Avant même que le Protocole soit rédigé, le SCAR et le COMNAP avait réalisé l'importance des EIE et du suivi des activités, et ainsi, à travers leurs groupes environnementaux respectifs (GOSEAC et AEON) ils avaient initié les discussions sur la gestion de l'environnement. Avec la création du GOSEAC en 1988 au sein du SCAR, les managers des programmes nationaux ont établi très tôt le lien entre scientifiques et organisations gouvernementales de soutien à la science.

Ainsi, comprendre et développer les meilleures pratiques en matière d'évaluation d'impacts a été pour le COMNAP un sujet de première importance dès le début. Lors de sa première réunion en 1989 à Cambridge, le COMNAP a discuté du « [...] rôle et des responsabilités des managers des programmes Antarctiques nationaux pour la mise en œuvre des différentes recommandations de la RCTA relatives à la protection de l'environnement. Un sous-groupe a été chargé de préparer un atelier dans le but d'établir des lignes directrices pratiques pour le processus des évaluations environnementales. »

Cet atelier s'est tenu en Juin 1991. A l'époque, le COMNAP a noté que «l'objectif des lignes directrices pratiques est de fournir aux managers des programmes nationaux un mécanisme explicite et concis pour la mise en œuvre de procédures d'évaluation environnementale, suivant en cela les recommandations de la RCTA. Les résultats de l'atelier, combinés à d'autres travaux du COMNAP, ont été présentés à la RCTA XVI sous forme de directives pratiques pour le processus d'EIE ainsi que sous forme de lignes directrices pour les visiteurs en Antarctique.

Ces discussions, et plus tard celles tenues au sein du réseau des experts de l'environnement du COMNAP, formé en 1999, ont été les débuts de travaux essentiels, qui ont finalement conduit à l'établissement du Groupe de travail intersessions du CPE sur les EIE.

Aujourd'hui, on peut citer de nombreux cas d'études d'impacts préparées par les programmes nationaux pour leurs activités.

Par exemple, parmi les 41 EGIE (projets ou finales) actuellement répertoriées dans la base de données du Secrétariat pour la période 1988-2015, 11 EGIE finales ont été préparées en lien avec des infrastructures et 8 autres en lien avec de grands projets scientifiques. Cela illustre l'importance des ressources que les programmes nationaux doivent consacrer dès lors qu'ils développent des infrastructures de recherche en Antarctique et, ensuite, comment ils doivent mettre en œuvre leurs activités pour rester conformes aux obligations créées par ces EGIEs.

Deuxième volet de la présentation, relatif à l'Annexe III sur l'élimination et la gestion des déchets.

Dès les premiers jours où l'homme a fréquenté le 6ème continent, les déchets qu'il a générés sont tout simplement restés en Antarctique, laissés derrière lui, enterrés ou déversées en mer. La prise de conscience du caractère inacceptable de ces pratiques augmentant fort heureusement, l'attention s'est focalisée sur la manipulation et l'élimination des déchets. Le COMNAP a contribué à cette réflexion lors des réunions annuelles et a organisé plusieurs ateliers sur la question.

L'élimination des déchets a été directement abordée par la RCTA VIII, lorsque le premier code de conduite a été annexé à la Recommandation 11 en 1975. Après un certain nombre d'années, ce code a été réexaminé et a conduit à la Recommandation 3 (1989) intitulée "L'impact humain sur l'environnement en Antarctique: élimination des déchets». Le COMNAP a alors commencé à examiner les questions de gestion des déchets dès sa première réunion en 1989 et a mis au point un formulaire de déclaration de gestion des déchets présenté à la RCTA XVI en 1991 et que les programmes nationaux ont été encouragés à utiliser. L'information qui est ainsi remontée sur les pratiques dans les différentes stations, partagée entre tous les opérateurs, a permis de progresser significativement dans notre manière de gérer les déchets. Cette approche qui se poursuit nous est d'autant plus utile qu'elle permet de prendre en compte des méthodes et des technologies nouvelles, plus efficaces, plus économiques et surtout plus responsables sur le plan environnemental.

En 2006, un atelier a été organisé par le groupe d'experts sur l'environnement du COMNAP sur le partage des meilleures pratiques dans le domaine de la gestion des déchets et sur le nettoyage des sites anciens. Un autre atelier a été organisé en 2014 consacré à la gestion des eaux usées dans les stations antarctiques.

Maintenant, pour les programmes nationaux, les mentalités ont totalement changé et il n'est même plus concevable de jeter quelque chose n'importe où, ou même dans n'importe quelle poubelle, le tri sélectif s'imposant partout.

Aujourd'hui, les déchets courant générés dans la zone du Traité s'inscrivent dans des chaînes de traitements ou de manipulations privilégiant le recyclage. De nombreux programmes nationaux s'appuient sur des processus sophistiqués afin de réduire les matériaux d'emballage avant le transport vers l'Antarctique, et de trier les déchets avant leur évacuation de la zone du Traité.

L'importance de la gestion ou de nettoyage des sites présentant des déchets anciens est soulignée dans l'article 1 de l'Annexe III du Protocole qui précise que "les sites terrestres anciens et actuels d'élimination de déchets et les sites de travail abandonnés en Antarctique sont nettoyés par le producteur de ces déchets et les utilisateurs de ces sites".

Cet aspect a également été examiné par le COMNAP. Le WP 062 présenté à la RCTA XXXV en 2012 mentionne 31 exemples de nettoyage, d'enlèvement de déchets ou d'assainissement menés par 16 nations différentes entre 1999 et 2011.

L'exigence de réparation ou de restauration ouvre la porte à un certain nombre de questions importantes pour les gestionnaires des programmes nationaux, car elle s'applique rétrospectivement aux déchets hérités d'une époque ancienne.

Il y a des coûts élevés, des difficultés logistiques, des risques environnementaux, des questions de sécurité et des sensibilités politiques liées à un tel nettoyage, et l'enlèvement de déchets anciens implique toujours du transport et une élimination qui nécessitent l'utilisation de combustibles fossiles et le stockage des matériaux enlevés quelque part ailleurs dans le monde, à moins qu'une nouvelle utilisation puisse être trouvé ou que de nouveaux procédés puissent être développés pour leur enlèvement. C'est un réel défi pour les programmes nationaux.

Nous croyons que le soutien sans faille des principes du Protocole sur l'environnement est à la base même du principe fondamental de la coopération internationale en Antarctique. L'importance des partenariats internationaux ne doit pas être surestimée, mais si l'exemple ultime de coopération internationale en Antarctique est l'opération conjointe d'une station de recherche, il existe de nombreuses autres façons pour les programmes nationaux de travailler ensemble.

Les résultats de l'enquête effectuée récemment parmi les programmes nationaux ont fait l'objet de l'IP 47 présenté en 2014 à la RCTA XXXVII. Ils démontrent s'il en était besoin le très haut niveau de collaboration logistique et d'échanges qui caractérise les relations entre les programmes nationaux, conformément à l'esprit du traité sur l'Antarctique. Et en ce qui concerne plus particulièrement la protection de l'environnement antarctique, il se pourrait bien qu'une collaboration internationale efficace soit notre meilleur mécanisme à l'appui des principes et idées du Traité sur l'Antarctique et de son Protocole sur l'environnement.

Les managers des programmes Antarctiques disposent maintenant d'une gamme de directives pratiques, établies sur des bases scientifiques, pour les aider à élaborer et à mettre en œuvre des pratiques respectueuses de l'environnement dans le cadre de leurs activités. Beaucoup d'entre elles ont été développées au sein même du COMNAP.

En tant qu'organisation, le COMNAP est tourné vers l'avenir, comme en témoignent ses actions récentes : nous avons déjà examiné les défis de la conservation à long terme lors d'un atelier conjoint avec le SCAR à Cambridge en 2013, et nous venons d'achever le projet "Antarctic Roadmap Challenges" *(*ARC), qui a examiné les défis techniques et pratiques liés aux futures priorités de recherches identifiées par l'Horizon Scan du SCAR.

L'Antarctique est une passion pour ceux d'entre nous qui ont la chance d'y travailler et tout ce que nous faisons dans cette région doit être considéré non seulement dans le contexte de la sécurité de la vie humaine, mais aussi dans celui de la protection de l'environnement.

Alors que nous célébrons le 25e anniversaire du Protocole, nous devrions profiter de cette occasion non seulement pour regarder en arrière, mais surtout pour regarder en avant. Nous, managers des programmes antarctiques nationaux, nous avons la conviction que nous devons contribuer à dessiner le futur de l'Antarctique. Ceux d'entre nous qui sont assez privilégiés pour travailler dans la zone du Traité devraient veiller à transmettre notre message : nous devons continuer à soutenir les principes fondamentaux du Protocole environnemental qui fait de l'Antarctique une réserve naturelle dédiée, pour toujours, à la paix et à la science.

Et nous devrions tous faire en sorte que ces principes fondamentaux perdurent.

Point de vue des ONGE sur le Protocole relatif à la protection de l'environnement

Dr Ricardo Roura & Claire Christian

Vue d'ensemble

Bonjour. Dans cette présentation que j'ai préparée conjointement avec ma collègue Claire Christian, je vais exposer le point de vue des organisations non gouvernementales environnementales (ONGE) sur le Protocole relatif à la protection de l'environnement du Traité sur l'Antarctique (le Protocole).

Je tiens tout d'abord à remercier le Chili d'accueillir cette RCTA, ainsi que la Norvège, qui a coordonné les préparatifs de cette manifestation qui marque le 25e anniversaire du Protocole.

Cette présentation traitera de trois périodes : la période précédant la signature du Protocole (avant 1991), où, déjà à l'époque, des ONGE étaient actives en Antarctique et le concept "World Park Antarctica" était lancé. Pour ces 25 premières années (1991-2016), je vais mettre en lumière les grands succès du Protocole, ainsi que les obstacles auxquels il se heurte encore aujourd'hui. Enfin, je parlerai des 25 années à venir, pour lesquelles je prédis deux modèles distincts mais complémentaires pour le Protocole.

"World Park Antarctica" et le Protocole

À la fin des années 70 et dans les années 80, les ONGE ont lancé « World Park Antarctica », un concept au sens large basé sur quatre principes :

1.   Les valeurs de la nature sauvage sont primordiales ;

2.   Protection complète de la faune, de la flore, et de l'environnement ;

3.   L'Antarctique est consacré à la recherche scientifique qui favorise la coopération internationale ; et

4.   L'Antarctique comme une zone pacifique, exempte d'armes nucléaires et autres et d'activité militaire

Selon toute vraisemblance, les objectifs, désignation et principes du Protocole ont répondu - à des degrés divers - à certains de ces principes. L'article 2 désigne l'Antarctique comme « ... une zone naturelle consacrée à la paix et à la science ». L'article 3 prévoit que "la protection de l'environnement en Antarctique et des écosystèmes dépendants et associés, ainsi que la préservation de la valeur intrinsèque de l'Antarctique..." constituent des éléments fondamentaux à prendre en considération dans l'organisation et la conduite de toute activité.

Comment la communauté environnementale a-t-elle accueilli le Protocole ? J'ai parcouru quelques archives et ai trouvé un numéro d'ECO, un journal créé par des ONGE en marge de la RCTA, datant d'octobre 1991, année de la XVIe RCTA. L'article en Une titrait "Bonn, the day after" (Bonn, le jour d'après) et on pouvait y lire :

ECO se réjouit particulièrement d'apprendre que le Protocole veillera à ce que l'Antarctique soit non seulement protégé pour longtemps des activités d'exploitation minières, mais qu'il fera en outre l'objet d'une protection juridiquement contraignante.

Il est évident que pour les ONGE, l'interdiction des activités d'exploitations de ressources minérales était significative, mais le statut juridique que le Protocole conférait à la protection de l'environnement était un pas en avant plus important encore. Une mise en garde figure toutefois dans l'article :

Les progrès du Protocole sont importants, mais beaucoup de choses restent à faire pour le rendre plus précis et pour le mettre en œuvre.

À l'époque, des ONGE ont reconnu qu'il fallait combler certains vides du Protocole - telle que l'Annexe V relative à la protection et à la gestion des zones - et, en outre, qu'il fallait mettre cet accord en œuvre dans la pratique. En effet, la majeure partie des travaux de l'ASOC en rapport avec la RCTA se sont depuis lors concentrés sur la ratification et la mise en œuvre du Protocole.

1991-2016 : Francs succès et défis actuels

Le Protocole a connu entre 1991 et 2016 de grands succès, mais il continue d'être confronté à des défis. Ces réussites et ces défis sont en fait étroitement liés à l'efficacité du Protocole.

Parmi les vifs succès, on peut citer :

•   La protection de l'environnement antarctique et la valeur intrinsèque de l'Antarctique, considérées comme "...des éléments fondamentaux dans l'organisation et la conduite..." de toute activité pertinente (article 3), notamment les critères d'EIE (article 8) ;

•   L'interdiction des activités relatives aux ressources minérales (article 7) ;

•   La création du Comité pour la protection de l'environnement (CPE) (article 11) en 1998, et la réalisation d'inspections axées sur la promotion du Protocole et de son respect (article 14). Bien sûr, un régime d'inspection était en place auparavant, mais grâce au Protocole, les aspects environnementaux ont commencé à être pris en compte également.

•   Des annexes sur certaines problématiques essentielles propres aux activités menées en Antarctique, et la protection et la gestion de l'environnement.

À l'opposé de ces succès, la mise en œuvre se heurte encore à des obstacles, notamment :

•   La protection des valeurs de la nature en Antarctique (article 3, par. 1). Ce point n'est pas assez pris en compte lors des activités menées en Antarctique, ce qui contribue à augmenter l'empreinte écologique et les intrusions dans les zones sauvages.

•   Le principe / l'approche de précaution prévoyait que les activités devraient être organisées et menées sur la base « d'informations suffisantes pour permettre l'évaluation préalable et l'appréciation éclairée... » [article 3, par. 2 (c)] Cependant, en l'absence « d'informations suffisantes » et dans l'attente de nouvelles données, il conviendrait d'être plus prudent dans la prise de décision.

•   Les incidences cumulatives [article 3, par. 2 c) et article 6] sont de mieux en mieux comprises et des progrès ont été accomplis, notamment pour conceptualiser ces impacts et les inclure dans les lignes directrices d'EIE. Mais dans la pratique, on n'en tient pas encore assez compte. Cela s'explique par un certain nombre de facteurs, notamment la gestion limitée de l'environnement [article 3, par. 2 b)].

•   La compatibilité entre les critères de respect (article 13) et les normes générales de mise en œuvre dans les Parties. Bien que la plupart des aspects du Protocole soient mis en œuvre dans l'ensemble, certains opérateurs accusent encore un retard dans leur application.

Dans l'ensemble, quel est le bilan de l'efficacité du Protocole pour ces 25 premières années ? Comme je l'ai dit précédemment, on a enregistré des réussites et il reste des défis, et certains aspects de la mise en œuvre se trouvent un peu entre les deux. Cependant, depuis 1991, la Réunion consultative du Traité sur l'Antarctique s'est largement concentré sur des questions environnementales depuis la création du CPE en 1998, et la mise en œuvre du Protocole a constitué un élément clé de la plupart des opérations en Antarctique. De plus, d'autres organismes du Système du Traité sur l'Antarctique, tels que la Commission pour la conservation de la faune et la flore marines de l'Antarctique (CCAMLR) partagent les concepts et les objectifs du Protocole.

Il convient de souligner que l'article du journal ECO d'octobre 1991 dont j'ai parlé célébrait la signature du Traité, mais ajoutait quelques réserves :

Il est essentiel, pour son bon fonctionnement, de doter le Protocole d'outils supplémentaires, notamment d'un Secrétariat qui gère le système et de réunions consultatives annuelles du Traité sur l'Antarctique (RCTA), de négocier des clauses de responsabilité et de suivre une approche exhaustive en ce qui concerne les zones protégées.

Chacun de ces points a fait l'objet d'importants progrès, encore une fois à des degrés divers, et dans un ordre chronologique différent :

•   Des RCTA se tiennent chaque année depuis 1994 ;

•   L'Annexe V est entrée en vigueur en 1998 ;

•   Le Secrétariat est totalement opérationnel depuis 2004 ; et

•   L'Annexe VI sur la responsabilité a été signée en 2005, même si elle n'a pas encore été ratifiée.

Les 25 prochaines années : deux modèles de Protocole

Que vont nous apporter les 25 prochaines années, et les années suivantes ? Tout d'abord, il est nécessaire de continuer à obtenir des succès ET à relever les défis actuels.

En outre, de nouveaux défis se font jour, notamment - mais pas uniquement - 'l'augmentation du nombre de parties prenantes et d'activités en Antarctique, l'accroissement de la pression sur l'environnement terrestre et marin du continent, et les changements climatiques en Antarctique. Certains de ces nouveaux défis ne seront pas spécialement repris dans la lettre du Protocole, mais il faudra en appliquer les principes pour y faire face de la manière la plus adaptée. À cet égard, la mise en œuvre du Protocole peut se voir sous deux angles complémentaires : le Protocole comme ensemble de règles sur des questions précises, et le Protocole comme principe directeur.

Le premier modèle - le Protocole comme ensemble de règles - vise principalement à répondre aux questions du « comment ? » : comment s'y prendre, par exemple, pour des points spécifiques repris dans les annexes du Protocole, tels que les EIE ou la gestion des déchets. En tant que tel, le Protocole fournit un régime de protection de l'environnement de base. Cependant, pour atteindre ses objectifs de protection de l'environnement sur le long terme, le Protocole doit être plus que l'addition de toutes ses parties. Il est nécessaire de mettre en œuvre le Protocole d'une manière qui nous permette non seulement de faire face aux questions « traditionnelles » relatives à l'Antarctique, mais aussi d'anticiper les défis émergents. Comme l'a si bien dit un délégué australien ce matin, « il faut regarder plus loin que l'horizon » pour identifier les défis naissants et « agir avant qu'il ne soit trop tard ».

Cela nous amène au deuxième modèle : le Protocole en tant que principe directeur. Contrairement au premier modèle qui fournit des règles spécifiques pour répondre à desquestions spécifiques, ce modèle vise à répondre au « quoi ? » - « que voulons-nous qu'il arrive, ou qu'il n'arrive pas ? » Ce modèle donne une plus grande marge de manœuvre pour faire face aux défis émergents qui ne figurent peut-être pas dans la lettre du Protocole mais auxquels il faut répondre pour atteindre les objectifs fixés.

Pour mettre ce modèle en pratique, il faut suivre une approche stratégique de la protection de l'environnement et des autres valeurs, et s'inspirer de la vision de l'Antarctique qui est inscrite dans le Protocole, à savoir qu'il s'agit d'une réserve naturelle consacrée à la paix et à la science, où l'environnement et les autres valeurs font l'objet d'une protection totale. Les différents acteurs, opérateurs, entités et instruments du Système du Traité sur l'Antarctique devront collaborer plus étroitement pour suivre ce modèle.

Conclusions

L'adoption du Protocole ne veut pas dire que l'Antarctique est effectivement devenu un « Parc mondial », mais elle a répondu, dans une certaine mesure, à plusieurs critères défendus par les ONGE en faveur l'Antarctique.

Sans aucun doute, ces 25 ans de mise en œuvre du Protocole ont permis de renforcer la protection de l'environnement en Antarctique. Il reste des défis à relever, des obstacles naissants qui menacent l'environnement et le menaceront encore.

Dans ce contexte, il ne faut pas uniquement voir le Protocole comme un ensemble de règles conçues pour répondre à des questions particulières - même si cela peut s'avérer utile. Les Parties du Traité sur l'Antarctique devraient plutôt y voir un principe directeur en fonction duquel elles peuvent - individuellement ou ensemble - organiser et mener leurs activités et faire face aux obstacles émergents avant qu'il ne soit trop tard.

Enfin, je voudrais rappeler que pour atteindre ses objectifs, il faut appliquer le Protocole de sorte à ce qu'il soit davantage que la somme de ses parties.

Merci.

Impact du Protocole sur la protection de l'environnement antarctique : la perspective de l'Association internationale des organisateurs de voyages dans l'Antarctique (IAATO)

Kim Crosbie

Le Protocole au Traité sur l'Antarctique relatif à la protection de l'environnement (Protocole sur l'environnement), conclu en 1991, est remarquable pour plusieurs raisons – à la fois pour l'héritage qui profitera à la conservation en Antarctique, mais aussi dans un contexte plus large de gestion environnementale mondiale.

L'Association internationale des organisateurs de voyages dans l'Antarctique (IAATO), une association membre vouée à la défense et à la promotion de voyages sûrs et respectueux de l'environnement en Antarctique, a été fondée la même année que le Protocole sur l'environnement. Par conséquent, l'IAATO célèbre aussi son 25e anniversaire cette année.

Le lien entre l'IAATO et le Protocole sur l'environnement va bien au-delà de leur âge. La mission et les objectifs de l'IAATO sont très semblables à l'intention du Protocole sur l'environnement. En particulier, l'IAATO et ses organisateurs membres se sentent profondément liés à l'article 3, Principes environnementaux, dont l'esprit a donné forme à l'approche de l'IAATO envers des voyages sûrs et respectueux de l'environnement en Antarctique. Par exemple, la règlementation de l'IAATO emprunte un langage tiré directement de l'article 8 du Protocole sur l'environnement en tant que pierre angulaire de la vision de l'Association, à savoir que « ... le tourisme en Antarctique est une activité sûre et durable qui n'entraîne *pas plus d'un impact mineur ou transitoire* sur l'environnement et crée un ensemble d'ambassadeurs pour la protection à long terme de l'Antarctique ».

Bien que certains éléments de chacune des annexes affectent directement les activités des organisateurs de l'IAATO, du point de vue de l'Association, l'élément clé du succès global du Protocole réside en son intention de fournir une recette pour toute activité humaine en Antarctique. Le Protocole s'évertue à offrir une plateforme égalitaire pour tous les organisateurs, en exigeant qu'ils considèrent les conséquences de leurs actions sur l'environnement antarctique au moment de planifier leurs activités. En particulier, le processus d'évaluation d'impact sur l'environnement, détaillé en annexe 1, a fourni un cadre commun utile pour les organisateurs souhaitant planifier leurs activités. Pour les organisateurs de voyages, cette exigence, associée aux autres accords de la RCTA, la Recommandation XVIII-1, a souligné le fait que les activités des organisateurs de l'IAATO sont planifiées, élaborées, et ensuite suivies (par des rapports) de façon cohérente.

Toutefois, l'autre succès du Protocole, évident pour tous les organisateurs de l'IAATO mais peut-être moins pour les délégués de la RCTA, est l'impact des principes du Protocole sur la conservation globale en ce qui concerne la sensibilisation du public. Chaque client voyageant avec un organisateur de l'IAATO découvre le Protocole sur l'environnement pendant le briefing obligatoire avant de pénétrer dans la zone. À la différence d'autres continents, ces visiteurs apprennent comment se comporter lors de leur séjour en Antarctique, pour suivre les principes du Protocole sur l'environnement sur place. Cette formation – qu'il s'agisse d'apprendre à ne pas déranger la faune, d'empêcher l'introduction accidentelle d'espèces non indigènes (en accord avec l'Annexe II *Conservation de la faune et de la flore de l'Antarctique*), de ne laisser aucune trace de leur visite (Annexe III *Traitement des déchets*) et la compréhension que certaines régions ont une protection supplémentaire (Annexe V *Systèmes de zones protégées*) – est souvent la formation de gestion environnementale la plus exhaustive que ces personnes auront rencontrée.

Depuis l'inauguration du Protocole sur l'environnement et de l'IAATO, un demi-million de visiteurs (citoyens de toutes les Parties au Traité) ont visité le continent et fait l'expérience des mesures environnementales consacrées par le Protocole sur l'environnement. Pour beaucoup d'entre eux, ces mesures environnementales les ont inspirés à devenir des ambassadeurs tant pour l'Antarctique que pour l'environnement mondial au sens plus large. La RCTA a par conséquent toutes les raisons d'être très fière.

Discussions et réflexions. Que devrait-on apprendre du Protocole au Traité sur l'Antarctique, et en particulier de l'Annexe VI, grâce au développement progressif du régime du droit de la mer ?

Rüdiger Wolfrum

I. Introduction

Mesdames et messieurs, c'est pour moi un grand honneur de présenter une introduction au deuxième point de l'ordre du jour. Cela me rapporte aux premières années de la négociation de l'Annexe VI, comme l'exigent les articles 15 et 16 du Protocole au Traité sur l'Antarctique relatif à la protection de l'environnement (Protocole). Les orateurs ont jusqu'à présent souligné l'effet positif que le Protocole a eu sur la protection de l'environnement en Antarctique et de ses écosystèmes dépendants et associés. Il a également fourni des orientations et une sécurité juridique pour les activités des scientifiques et des opérateurs. J'ajouterais enfin que le Protocole et ses Annexes ont servi de plan directeur pour certains éléments relatifs au régime juridique sur l'exploitation minière des grands fonds marins. En particulier, les réglementations de l'Autorité internationale des fonds marins[1] ont été influencées par le Protocole de l'Antarctique et ses annexes. Cela était tout à fait compréhensible. Lors de son adoption, le Protocole au Traité sur l'antarctique ainsi que ses annexes, notamment l'annexe VI, constituait certainement une première en matière de préservation de l'environnement.

Il me semble toutefois que ma mission diffère de celle des orateurs précédents. Mon rôle est de susciter un débat pour savoir si le Protocole est encore en mesure de fournir les réponses appropriées aux défis actuels. Ces défis ont différentes racines. La connaissance des changements ou des besoins de l'environnement est majeure - permettez-moi de citer la biodiversité, le changement climatique, l'impact provoqué par l'importation d'espèces étrangères, etc. - mais il en va de même pour l'intensité des activités en Antarctique et dans ses écosystèmes dépendants et associés. Le développement du droit international a réagi à cela. Le droit international, notamment le droit sur l'environnement international, s'est développé progressivement comme en témoigne le développement de nouveaux outils internationaux ainsi que d'une jurisprudence internationale. À cet égard, je voudrais souligner tout particulièrement les deux avis consultatifs du tribunal international du droit de la mer et de sa Chambre internationale pour le règlement des différends relatifs aux fonds marins. Tous deux ont su jeter un regard neuf sur la responsabilité liée aux risques ou aux dommages relatifs à l'environnement ainsi que sur l'applicabilité et la définition du principe de précaution. J'y reviendrai dans un instant.

Quels sont les défis que le régime juridique de l'Antarctique doit affronter non seulement du point de vue du Protocole mais également du droit international dans son ensemble ? Le temps accordé aux débats pourrait peut-être servir à identifier les thématiques vis-à-vis desquelles une certaine

---

[1] Les réglementations sur la Prospection et l'exploration pour des nodules polymétalliques dans la zone (voir en particulier la réglementation 32 et les « clauses standards » dans l'Annexe IV s'y rapportant ; la réglementation sur la Prospection et l'exploration pour des sulfures polymétalliques dans la zone et la réglementation sur la Prospection et l'exploration des encroûtements cobaltifères dans la zone) comportent des clauses similaires en matière de protection de l'environnement.

amélioration serait souhaitable, voire obligatoire, en dehors du changement climatique qui a déjà été mentionné et qui requiert assurément de plus amples considérations.[2]

II. Défis

Champ d'application de l'Annexe VI

Comme nous le savons tous, le champ d'application du Protocole ainsi que celui de l'annexe VI ne sont pas pleinement cohérents. L'article 2 du Protocole œuvre pour la protection de l'environnement en Antarctique et des écosystèmes dépendants et associés alors que l'annexe VI s'applique aux urgences environnementales dans la « zone du Traité sur l'Antarctique ». Cela signifie que les impacts environnementaux dans les zones qui résultent d'urgences environnementales dans la zone du Traité sur l'Antarctique ne seraient pas couverts par l'annexe VI mais plutôt par le droit pertinent des États côtiers concernés ainsi que les lois de l'état de pavillon en question ou les réglementations de l'autorité internationale des fonds marins, le cas échéant. Je me demande si l'applicabilité de deux différents ensembles de règles aux conséquences des urgences environnementales (nous espérons tous ne jamais en arriver là) est appropriée, voire si elle est en mesure de répondre aux objectifs et aux buts du Protocole. Ce n'est pas sans raison que le Protocole fait référence à l'engagement des Parties pour la « protection complète de l'environnement Antarctique et des écosystèmes dépendants et associés », un engagement que la déclaration de Santiago renouvelle.[3] Je suis conscient des complexités dérivant de l'inclusion d'écosystèmes dépendants et associés dans un régime qui prévoit, entres autres, une responsabilité environnementale.

Les régimes de responsabilité - et cela vaut également pour l'Annexe VI du Protocole - sont faits pour garantir l'application des engagements pris par les parties concernées. La responsabilité ne doit certainement être invoquée qu'en dernier ressort. La possibilité d'une responsabilité répond à plusieurs objectifs étroitement liés : elle a un effet dissuasif et devrait veiller à ce que ceux responsables des activités en question prennent toutes les mesures de précaution qui s'imposent. Toutefois, la responsabilité pour les dommages causés à l'environnement peut également être utilisée afin de restaurer l'environnement dans la mesure du possible. Pour la précision, l'Annexe VI du Protocole vise à réduire le risque de dommages causés à l'environnement par des accidents et à veiller à ce que la responsabilité incombe pour les frais engagés dans une intervention dont le but est de minimiser les effets que ledit accident pourrait avoir sur l'environnement en demandant aux Parties d'adopter des lois qui imposent certaines conditions sur leurs opérateurs qui organisent des activités dans la zone du Traité sur l'Antarctique.

Il s'agit toutefois d'un autre aspect. Tout régime de responsabilité adapté à une situation spécifique telle que celle de l'Annexe VI au Protocole, exclut l'applicabilité des régimes de responsabilité avec un champ d'application plus vaste ou des standards plus rigoureux basés sur le droit coutumier international. À cet égard, les articles 15 et 16 du protocole et l'Annexe VI ressemblent à l'article 139 en liaison avec l'article 4 Annexe III de la convention de l'ONU sur le droit de la mer. Un régime de responsabilité à la portée si étendue existe en vertu du droit international général, tel que défini dans les projets d'articles de la commission du droit international sur la responsabilité internationale. Le tribunal international pour le droit de la mer a déclaré, sur la base de sa jurisprudence antérieure, que les projets d'articles de la commission du droit international stipulent que tout fait internationalement illicite d'un État engage sa responsabilité internationale (art. 1) et

---

[2] Le préambule de la déclaration de Santiago à l'occasion du 25e anniversaire de la signature du Protocole au Traité sur l'Antarctique relatif à la protection de l'environnement faisait déjà état des préoccupations liées aux effets du changement climatique.

[3] Voire note 2.

que l' État responsable est tenu de réparer intégralement le préjudice causé par le fait internationalement illicite.[4] Le tribunal a également déclaré que plusieurs de ces projets d'articles sont considérés comme reflétant le droit coutumier international.

Ce que je veux dire, c'est qu'il existe un régime de responsabilité général en place selon le droit coutumier international qui peut être abrogé par le droit du traité. Mais cela n'a pas eu lieu étant donné que 'l'Annexe VI n'est pas en vigueur.

Les arguments traditionnels contre ce que je viens d'esquisser sont a) que la responsabilité internationale présuppose des dommages de la part d'un État ; b) que les activités des opérateurs en Antarctique ne sont pas imputables à un État ; c) que la responsabilité objective telle qu'envisagée dans l'Annexe VI va au-delà du droit international et d) que les dommages causés à l'environnement ne sont pas quantifiables. Aucun de ces arguments n'est admissible.

Les projets de règles de la commission du droit international n'exigent pas de dommages du côté d'un État demandeur pour prendre effet. Les dommages et le montant s'y rapportant ne sont pertinents qu'en matière de calcul de la responsabilité. Voyons maintenant le deuxième contre-argument. Il est vrai que les activités d'entités privées ne peuvent pas, par principe, être attribuées à un état. Toutefois, les activités menées au sein des stations de recherche ou au cours d'expéditions scientifiques en Antarctique relèvent-elles réellement du domaine privé ? Et cela n'est cependant pas le point décisif. En dehors de cela, les parties au Traité sur l'Antarctique sont obligées d'adopter les règles nécessaires pour l'application des engagements environnementaux ; tout manquement constitue un acte illicite en lui-même qui est clairement imputable à l' État concerné. La Chambre internationale pour le règlement des différends relatifs aux fonds marins de la commission du tribunal international du droit de la mer a affronté cet aspect particulier dans son avis consultatif. En ce qui concerne le troisième contre-argument, il n'est pas exact d'affirmer que la responsabilité objective est une exception dans le droit international. Enfin, en ce qui concerne le dernier point, les dommages causés à l'environnement peuvent être quantifiés sur la base des coûts de restauration. Des régimes juridiques nationaux ont développé de tels systèmes et il existe même une jurisprudence internationale isolée à cet égard.

J'ai essentiellement voulu dire qu'il sera nécessaire, au vu du développement des règles internationales sur la responsabilité des États afin de déterminer si l'Annexe VI du Protocole est encore suffisant, d'appliquer les engagements pris par le Protocole. En particulier, l'article 16 du Protocole n'a pas encore été appliqué. Ce qui me porte à mon dernier point.

Le paragraphe 4 du préambule du Protocole contient une référence à l'article 16 et indique la volonté des parties d'entreprendre « conformément aux objectifs du Protocole pour la protection complète de l'environnement en Antarctique et des écosystèmes dépendants et associés d'élaborer, dans un ou plusieurs annexes du Protocole, des règles et des procédures relatives à la responsabilité pour les dommages résultant d'activités menées dans la zone du Traité sur l'Antarctique et couvertes par le Protocole ». Cet engagement n'a pas encore été entièrement tenu mais je prends note de l'engagement renouvelé dans la Déclaration de Santiago. Jusqu'à présent, ce vide juridique serait comblé par des règles plus générales du droit coutumier international brièvement abordé ci-dessus. Ces normes peuvent dépasser celles qui pourraient être envisagées pour l'Antarctique et par conséquent requièrent la prise de mesures de la part de la Réunion Consultative du Traité sur l'Antarctique.

---

[4] Voir article 31 du projet de la Commission du droit international qui stipule dans son paragraphe 1 : L'État responsable est tenu de réparer intégralement le préjudice causé par le fait internationalement illicite. Voir également le commentaire de James Crawford sur cette disposition.

L'Autorité internationale des fonds marins, dans une situation différente par rapport à celle des parties consultatives du Traité sur l'Antarctique, est en train de développer un régime de responsabilité complète qui sera près avant le commencement des opérations minières (exploitation). Elle établira de nouvelles normes qui reflèteront les développements dans le droit coutumier international que j'ai brièvement soulevé. Ceci devrait inciter les parties consultatives à respecter les engagements pris dans le protocole.

J'espère avoir- en tant qu'« étranger » - fourni une certaine matière à réflexion afin d'enrichir les débats.

En vous remerciant pour votre attention !

Le fonctionnement du Comité pour la protection de l'environnement

Ewan McIvor

Conseiller principal pour la politique environnementale, Département australien de l'Antarctique

M. le Président, Comité pour la protection de l'environnement

Je voudrais exprimer mes remerciements à la Norvège pour avoir mené les préparatifs en vue de cette séance spéciale du 25e anniversaire du Protocole sur l'environnement, ainsi qu'au Chili pour avoir accueilli et présidé la réunion.

J'étais ravi d'être invité à faire un discours sur le fonctionnement du CPE.

Il faut l'admettre, le fonctionnement d'un comité n'est habituellement pas le sujet le plus passionnant qui soit.

C'est néanmoins un sujet important, je dirais, lorsque le comité en question est chargé de conseiller une communauté de nations sur la meilleure façon de protéger un continent entier.

Ce discours présentera certains des défis qui influencent le fonctionnement du CPE ainsi que les principaux aspects de ses méthodes de travail.

Il présentera aussi des opportunités de soutien au travail du Comité à l'intention des Parties.

Défis

Un défi clairement identifié est l'augmentation constante de la charge de travail du Comité.

Le but du Protocole était de renforcer l'importance accordée à la protection de l'environnement et le CPE a été créé pour soutenir cet objectif.

Au cours des 25 dernières années, l'engagement des Parties pour la protection de l'Antarctique n'a cessé de croître. Cela est observable, entre autres, grâce à l'augmentation du nombre de propositions liées à l'environnement soumises aux réunions annuelles du CPE.

Cela est sans aucun doute une bonne chose, mais exerce également de la pression sur le Comité.

Le fait que les exigences de la gestion environnementale de l'Antarctique soient sujettes à des évolutions représente un défi supplémentaire.

Pour rendre des avis de haute qualité, pertinents, dans les délais aux Parties, le Comité a dû s'adapter à une série de changements, notamment :

• des améliorations dans la compréhension de l'état de l'environnement de l'Antarctique, la façon dont celui-ci change et les changements à prévoir dans à l'avenir ;

• des changements dans la nature, l'emplacement géographique et l'échelle des activités humaines ;

• la nécessité de comprendre comment ces activités interagissent avec l'environnement ainsi que les conséquences de ces interactions ;

• une compréhension renforcée des implications environnementales des pressions provenant principalement de l'extérieure de la région antarctique ;

• des évolutions dans les pratiques environnementales à l'échelle du monde et en Antarctique.

La nécessité de trouver des solutions à ces défis n'échappe pas au CPE.

Fonctionnement du CPE

Le Fonctionnement du CPE constitue un point permanent de l'ordre du jour depuis la première réunion, et le Comité considère que l'examen des voies d'amélioration de son efficacité est une priorité.

L'aspect le plus remarquable des pratiques de travail du Comité est peut-être son activité intersessions approfondie et régulière.

Depuis 1998, plus de quarante groupes de contact intersessions ont permis de réaliser des travaux interactifs et approfondis que les réunions annuelles ne parvenaient à elles seules pas à faire progresser.

Le Comité a également officiellement créé un organe subsidiaire, qui, depuis 2008, rationalise la révision des plans de gestion et formule des avis améliorés concernant l'application des dispositions de gestion et de protection de la zone du Protocole.

Des organes subsidiaires supplémentaires comme celui-ci pourraient être créés.

Le Comité a également organisé des ateliers afin de faire avancer les questions prioritaires comme la protection et la gestion des zones ainsi que la coopération avec le Comité scientifique de la CCAMLR.

Bien qu'ils soient indéniablement productifs, les défis logistiques et les coûts associés à l'accueil et à la participation aux ateliers représentent des limitations par rapport à leur utilisation.

Le Comité s'est servi d'outils de planification stratégique pour se concentrer et gérer ses travaux.

Le plus important d'entre eux est le programme de travail quinquennal prioritaire, qui a évolué à la suite de l'Atelier du CPE en 2006 sur les Futures défis environnementaux de l'Antarctique.

Le Comité a régulièrement reconnu l'intérêt du plan de travail, en tant que guide permettant aux Membres et aux Observateurs de diriger leurs efforts collectifs et individuels vers des priorités partagées par tous.

Cela permet aussi à la RCTA d'avoir une vision claire des plans et priorités du Comité et constitue une opportunité de les examiner et de formuler des commentaires à leur propos, notamment pour y aligner les priorités du propre Programme de travail stratégique pluriannuel de la RCTA.

Le CPE a également développé des programmes de travail détaillés pour les questions prioritaires particulièrement importantes, qui alimentent le plan quinquennal, comme le Programme de travail en réponse au changement climatique, le Manuel sur les espèces non indigènes et le Manuel de nettoyage.

À côté de ces outils de planification, le Comité continue de développer une série de procédures et de lignes directrices lui permettant de mener à bien des aspects importants de ses travaux.

Les exemples comprennent :

• des procédures pour la révision des évaluations environnementales globales à l'état de projets

• des lignes directrices pour la révision des plans de gestion des zones gérées et protégées

• des lignes directrices pour l'examen de la désignation d'espèces spécialement protégées

Le Secrétariat maintient ceux-ci dans le Manuel du CPE et soutient le Comité avec d'autres outils utiles comme la base de données de l'Étude d'impact environnemental et celle des Zones protégées de l'Antarctique.

Le Comité reconnaît la nécessité d'une approche intégrée à la protection et à la conservation de la région antarctique et développe des collaborations efficaces avec d'autres organisations clés.

Les autres organismes observateurs - le SCAR, le CS-CAMLR et le COMNAP - apportent chacun leur contribution aux délibérations du CPE, tandis que la pratique d'échanger les observateurs et les rapports permet de faire connaître les priorités, activités et besoins respectifs.

Il est également important de reconnaître les contributions des organisations d'experts représentant la société civile, l'industrie du tourisme ainsi que d'autres organisations scientifiques, environnementales et techniques, qui présentent une palette d'expertise et de points de vue variés et enrichissent les délibérations du Comité.

Les opportunités de soutien du CPE

Dans cette dernière partie de la présentation, j'aborderai certaines des opportunités qui assurent que le Comité reste bien placé pour servir les Parties.

Les personnes

Les travaux du CPE sont réalisés par les personnes nommées pour servir de représentants des Membres et des Observateurs ainsi que leurs collègues qui apportent un soutien important.

Au cours des 13 ans où j'ai été impliqué, j'ai trouvé que ces personnes étaient incroyablement compétentes et passionnées par leur travail consistant à protéger l'Antarctique.

Cependant, elles ont souvent d'autres responsabilités importantes qui restreignent leur capacité à s'engager dans les activités du CPE, en particulier durant la période intersessions.

Augmenter le nombre de participants actifs dans les activités du CPE aiderait à répartir la charge de travail et à élargir l'ensemble des compétences et expertises disponibles pour conseiller et fournir des recommandations au Comité.

Augmenter le nombre de Membres du CPE, au fur et à mesure que davantage d'États adhèrent au Protocole, aurait des bénéfices similaires.

Certaines Parties pourraient vouloir considérer les opportunités d'augmenter le niveau d'engagement de leurs représentants dans les réunions annuelles du CPE et les activités intersessions.

Des Parties pourraient aussi vouloir considérer les opportunités d'étendre l'adhésion au CPE en encourageant les accessions au Protocole.

Le CPE est bien servi par ses représentants, dont beaucoup d'entre eux ont plusieurs années d'expérience dans le forum.

Pour aider à s'assurer que les réussites passées continuent à servir d'exemple lorsque les représentants expérimentés quittent le Comité, il serait judicieux pour les Parties de penser à une planification de la succession pour leur propre engagement national.

La coordination entre les Parties pourrait aussi être une aide, notamment en soutenant les initiatives comme les programmes de mentorat ou les bourses, dont certaines sont utilisées à bon escient par d'autres organisations de l'Antarctique.

Des Parties pourraient vouloir considérer l'opportunité de développer les représentants du CPE du futur.

Informations

Comme je l'ai déjà mentionné, les exigences de la gestion environnementale de l'Antarctique ne sont pas fixes, c'est pourquoi le Comité a besoin d'informations solides et à jour, en particulier des informations scientifiques utiles à la politique.

Le SCAR apporte une contribution importante aux travaux du CPE, en fournissant quotidiennement des avis scientifiques indépendants sur des questions prioritaires, notamment par le biais de son rôle important sur le Portail pour les environnements de l'Antarctique, récemment créé.

Mais sa capacité pour ce faire dépend des ressources et des priorités de ses membres.

Des Parties pourraient avoir l'intention d'examiner des opportunités de promouvoir et de soutenir la science dont le but est de mieux comprendre et réagir aux défis environnementaux auxquels l'Antarctique fait face.

Priorités

En tant qu'organisme de conseil auprès de la RCTA, les pratiques de fonctionnement du CPE devraient être désignées pour assurer des avis de grande qualité, pertinents et opportuns sur les questions les plus importantes aux Parties.

Des Parties pourraient vouloir avoir la possibilité de fournir des orientations et un retour d'information sur les priorités du Comité, et notamment de promouvoir l'alignement avec les délibérations de la RCTA sur la gouvernance et la gestion de la région antarctique.

En lien avec ce qui précède et pour conclure, le CPE n'a pas de budget pour soutenir ses travaux, qui sont entièrement financés par les contributions et les efforts généreux de ses Membres et Observateurs.

Le récent atelier conjoint du CPE-Comité scientifique de la CAMLR en est un parfait exemple.

D'autres contributions de ce genre, peut-être sous la forme d'un soutien financier ou bénévole en faveur des réunions intersessions ou pour soutenir d'importantes études, pourrait aider le Comité à régler les questions présentant un intérêt particulier pour les Parties.

Des Parties pourraient vouloir examiner l'opportunité de mettre à disposition des ressources financières ou autres afin de soutenir les activités du CPE.

Conclusions

Pour conclure, lorsque les Parties ont adopté le Protocole relatif à la protection de l'environnement au Traité sur l'Antarctique, celles-ci ont réservé un rôle important au Comité pour la protection de l'environnement - afin qu'il les conseille sur la meilleure façon d'atteindre leurs objectifs communs de protection globale de l'environnement de l'Antarctique.

Le 25e anniversaire est une opportunité adéquate pour réfléchir à la façon dont les Parties, à leur tour, pourraient au mieux soutenir le Comité, afin que celui-ci puisse continuer d'assumer son rôle fondamental.

En tant que Président actuel du CPE et au nom des Membres du Comité, le message que je voudrais vous faire passer aujourd'hui et les encouragements aux Parties sont « aidez-nous, aidez-vous ».

Merci.

L'avenir de la gestion de l'environnement en Antarctique5

Par Rodolfo A. Sánchez (Argentine)

Cette présentation s'efforce d'esquisser les principaux défis environnementaux auxquels les Programmes antarctiques nationaux (PAN) feront face à l'avenir, à mesure que les circonstances évoluent tant à l'intérieur qu'en dehors du continent antarctique.

Quel sera l'avenir de l'Antarctique ?

Des circonstances aussi fluctuantes sont la conséquence de plusieurs facteurs qui affecteront (ou continueront à affecter) les régimes actuels de gestion de l'environnement à l'avenir. Ces facteurs ne fonctionnement pas séparément : ils sont généralement reliés ; l'évolution d'un facteur donné peut avoir une forte influence sur les autres. Ils comprennent, entre autres, les facteurs suivants :

a) la recherche de financements

Par rapport à des services plus basiques, la recherche en Antarctique - une activité relativement très gourmande en ressources - peut ne pas sembler prioritaire aux yeux des politiciens. Il se peut donc que certains gouvernements donnent la priorité à d'autres domaines de dépenses publiques, au détriment de la recherche en Antarctique. D'autres suivront une logique inverse, en raison de l'importance stratégique ou mondiale de la recherche en Antarctique.

b) diversification des services rendus

Les activités antarctiques ont traditionnellement surtout été du ressort purement national et soutenu par des structures et des organisations nationales bien nettes. À mesure que davantage d'intérêts privés s'engagent et deviennent des acteurs influents, il se peut que le rôle des PAN se disperse et qu'il existe une certaine confusion quant aux responsabilités visant à respecter tous les aspects du Traité sur l'Antarctique et du Protocole sur l'environnement.

c) nouvelle règlementation

Sous l'effet de la tendance actuelle, il est probable que des dispositions et normes environnementales plus strictes soient mises en place en Antarctique. Il est toutefois difficile de prévoir l'impact que pourraient avoir les régulations proposées sur le travail futur des PAN.

d) nouvelles technologies

L'introduction de nouvelles technologies aura certainement des conséquences positives sur l'environnement antarctique et pourrait entraîner des impacts humains moindres en réduisant les émissions de carbone et l'empreinte humaine. Toutefois les nouvelles technologies risquent aussi de faciliter l'accès aux zones actuellement vierges, entraînant une plus grande présence humaine et des impacts potentiellement indésirables sur l'environnement antarctique.

e) changements environnementaux

Les effets du changement climatique prévu le siècle prochain risquent d'être importants. Par exemple, l'augmentation du risque que présente l'établissement d'espèces non indigènes devra entraîner des mesures de prévention et de réaction. Il se peut donc que certains PAN soient obligés de se concentrer sur des mesures préventives et adaptatives pour garantir un niveau de protection environnementale adéquat dans ce cadre en évolution.

---

[5] *Cette présentation s'appuie sur un article publié avec la collègue norvégienne de l'auteur, Birgit Njaastad (10.1007/978-94-007-6582-5_1).*

f) pressions des milieux scientifiques

La communauté scientifique augmente sa pression sur les PAN en demandant un accès élargi à l'Antarctique, en raison de l'importance évidente de cette région dans notre compréhension des processus mondiaux. Il s'agit d'un nouveau défi pour le PAN : celui de soutenir un plus grand choix d'activités dans un cadre budgétaire qui reste souvent le même et dans un cadre environnemental relativement rigoureux.

g) nouveaux Parties au Traité

Ces dernières années, de nouveaux pays deviennent ou expriment leur intérêt à devenir des Parties au Traité. Ceci signifie une plus grande présence humaine en Antarctique et une augmentation des impacts humains, ainsi que la nécessité d'une plus grande coopération et davantage d'efforts pour que l'Antarctique reste à l'abri de perturbations anthropiques.

h) prix des hydrocarbures

La production et le coût futurs des hydrocarbures dans le monde pourraient aussi jouer un rôle dominant dans la conduite des activités du PAN, dans la mesure où la plupart d'entre eux continueront à rester fortement tributaires des combustibles fossiles, ce qui une fois de plus aura une incidence sur leurs impacts environnementaux.

À l'avenir, en raison de l'ensemble des facteurs décrits, les PAN devront gérer des circonstances changeantes. Nous pouvons donc nous attendre à voir les PAN gérer leurs ressources et leurs politiques stratégiques en Antarctique à des degrés variables. Graduellement, tous ces changements auront des conséquences surtout positives sur l'environnement antarctique. Néanmoins, la question subsiste de savoir si ces changements seront mis en œuvre suffisamment vite - ou s'ils seront adéquats - pour faire face aux menaces que devra confronter l'environnement antarctique dans les années à venir. Les PAN plus importants auront davantage de ressources pour s'y attaquer, mais devront veiller à dépasser l'inertie qui accompagne ces changements. Les plus petits seront sans doute plus souples et plus à même d'adapter leur organisation interne pour s'aligner aux nouvelles normes environnementales, mais devront par ailleurs gérer les coûts considérables associés à la mise en conformité, et ce, dans un délai convenable.

Quelles sont donc les options vraisemblables qui s'ouvrent aux PAN ?

Premièrement, les PAN peuvent envisager des approches stratégiques telles que la mise en œuvre de systèmes de gestion environnementale comme cadre. Ceci leur permettrait de fixer et d'atteindre des objectifs environnementaux et surtout, de prouver qu'ils ont été atteints dans un processus d'amélioration constante. Cependant, la mise en œuvre de ces systèmes risque d'exiger une importante main-d'œuvre et pourrait entraîner davantage de bureaucratie. En outre, les objectifs établis par l'organisation pour ce processus risqueraient de ne pas être suffisamment ambitieux.

La coopération internationale, par le biais de partenariats bilatéraux ou multilatéraux, permet aussi de perfectionner les normes environnementales, en raison du besoin de normaliser les procédures et du transfert naturel de connaissances parallèlement à l'évolution des partenariats. Les partenariats se font souvent entre PAN partageant déjà des normes semblables, ce qui limite l'ampleur des améliorations en matière de performance environnementale. Des exemples de coopération entre les PAN ayant des normes différentes (y compris des différences opérationnelles, environnementales et même culturelles) sont moins fréquents.

Les Parties au Traité sur l'Antarctique doivent aussi s'évertuer à combler le fossé entre les niveaux de mise en œuvre environnementales des différents PAN. Le CPE a élaboré plusieurs directives environnementales en matière d'activités antarctiques, pour normaliser les procédures et les pratiques. Cependant, il se peut que ceci ne soit pas toujours la meilleure stratégie pour atteindre de meilleures normes environnementales à un niveau collectif. À mesure que les normes deviennent plus exigeantes, les ressources (humaines, techniques, économiques) nécessaires à leur mise en œuvre ont tendance à beaucoup varier d'un PAN à l'autre. Le fossé entre les niveaux de mise en œuvre de PAN a donc tendance à se creuser, et non pas à se rapprocher. Des stratégies de coopération innovantes sont nécessaires pour garantir un transfert fluide des connaissances et de la technologie et atteindre des performances environnementales acceptables à un niveau collectif.

Enfin, les PAN doivent apprendre à utiliser au mieux les outils de surveillance et de contrôle. Il s'agit surtout de programmes de surveillance et d'inspection environnementales. La surveillance environnementale n'a pas été mise en pratique de façon homogène en Antarctique, en partie parce que la répartition des ressources pour la surveillance de ces activités est généralement difficile. Les PAN doivent donc mettre en œuvre des programmes simples, durables et rentables pour leurs stations et leurs sites en vue de répondre aux exigences du Protocole de Madrid. Les inspections sont un autre outil pouvant soutenir la surveillance et le contrôle de la performance environnementale des installations et des équipements de PAN en Antarctique et garantir le respect du Traité et des règlements du Protocole sur l'environnement. Les inspections fonctionnent comme des audits, visant des « opportunités de transformation » plutôt que des « erreurs ». Elles doivent être envisagées comme une façon d'arriver à un apprentissage mutuel, tant du côté inspecté que du côté de l'équipe d'observateurs. Tout débat sur la mise en pratique d'inspections initiées au cours de la XXXIXe RCTA est donc bienvenu.

Conclusions

À un niveau collectif, les PAN doivent s'engager à promouvoir la mise en œuvre de meilleures normes environnementales à travers leur vaste gamme d'opérations, en s'appuyant sur l'esprit de coopération mutuelle présent au STA. Le défi environnemental pour les PAN ne peut être satisfait que si ces progrès environnementaux se font collectivement.

Enfin, les PAN devront aussi continuer à tenir la société au courant et engagée quant à leurs activités en Antarctique. Dans la mesure où le message environnemental est beaucoup plus fort aujourd'hui qu'auparavant, les sociétés doivent comprendre que la présence humaine en Antarctique fera progresser la science et la technologie, mais sans compromettre les exceptionnelles valeurs naturelles de ce continent.

Présentation réalisée par Jillian Dempster

Le Protocole relatif à la protection de l'environnement a permis de donner encore plus de force à notre vision commune, à la fois solide et ambitieuse, pour l'avenir de l'Antarctique.

Le Protocole avait pour vocation d'être dynamique, c'est-à-dire que nous tous, en notre qualité de membres, avions accepté de faire preuve de vigilance et de réflexion lors de sa mise en œuvre. Nous avions également à l'esprit, avec l'émergence confirmée de nouveaux enjeux environnementaux, de faire preuve de la même vigilance au moment de procéder à son actualisation et de créer des outils devant venir le compléter.

L'avenir de l'Antarctique devrait nous réserver peu de surprises :
- Nous savons que l'environnement réagit face aux changements climatiques et que cette tendance se poursuivra, et devrait même s'accélérer, au cours des décennies à venir ;
- Nous savons que l'activité humaine en Antarctique est en expansion et devrait continuer de croître ;
- C'est une évidence que l'intérêt scientifique en Antarctique continuera de s'intensifier ;
- Nous pouvons également anticiper l'adhésion de nouveaux pays au Système du Traité sur l'Antarctique, ce qui aura en même temps pour conséquence d'enrichir notre travail et de le complexifier.

Le Dr Yves Frenot a fait une déclaration ce matin : « Il nous appartient de créer l'avenir de l'Antarctique. » Très bien, mais quel avenir souhaitons-nous façonner ?

Vingt-cinq ans après la signature du Protocole, nous devons faire face à de nombreux défis de plus en plus urgents. La question consiste à savoir quelles <u>actions</u> nous allons entreprendre, aujourd'hui tout d'abord, mais aussi dans les années qui vont suivre, afin de faire en sorte que le Système conserve son efficacité également pour les 25 <u>prochaines</u> années ?

En observant les choses d'un peu plus près, trois domaines clés se dégagent dont nous devons nous occuper :

1. La gestion avisée de l'environnement naturel de l'Antarctique et des activités humaines ;
2. Le perfectionnement d'un Système du Traité sur l'Antarctique qui soit à la fois durable et résistant ; et,
3. La pleine réalisation des responsabilités mondiales du Système du Traité sur l'Antarctique.

Tout d'abord, une **gestion avisée** implique une mise en œuvre pleine et efficace du Protocole. Vingt-cinq ans après sa signature, il subsiste des aspects qui n'ont pas encore été correctement mis en application. Nous devons faire mieux encore.

Notre objectif est de faire en sorte que l'Antarctique conserve toutes ces valeurs qui font de ce continent un laboratoire scientifique et une réserve naturelle à l'échelle mondiale. Si nous permettons l'érosion graduelle des valeurs intrinsèques de la région et de ses valeurs scientifiques, c'est l'efficacité même du Protocole qui sera mis en cause, et plus largement celle du Système du Traité sur l'Antarctique. Si nous voulons pouvoir suivre le rythme des changements environnementaux en cours en Antarctique, nos débats et les politiques ultérieures que nous élaborons en réaction se doivent d'être dynamiques et responsables.

Pour ce faire, nous ne devons pas hésiter à amender et à actualiser les annexes du Protocole, afin de garantir que nous outils de gestion demeurent bien adaptés à notre mission et répondent aux meilleures pratiques. À titre d'exemple, quand procédera-t-on à l'alignement de l'Annexe relative à la pollution marine sur le Code polaire une fois que ce dernier sera entré en vigueur le 1er janvier 2017 ?

Il est de notre avis qu'il convient d'établir un point à l'ordre du jour traitant de la procédure de mise en œuvre des annexes au Protocole, de la nécessité de les mettre à jour ou de les réviser ainsi que de la nécessité d'élaborer de nouveaux instruments.

Nous devons être préparés à prendre des décisions courageuses en matière de gestion, fondées sur les meilleures connaissances scientifiques qui existent. Lorsque nous retournerons dans nos pays respectifs, nous devrons nous atteler à créer les programmes scientifiques dont nous avons besoin pour documenter nos travaux. Qui plus est, et cela coule de source, le principe de précaution doit primer en cas d'incertitude.

Le second domaine majeur dont nous devons nous occuper, à savoir le **perfectionnement d'un Système du Traité sur l'Antarctique qui soit à la fois durable et résistant**, implique un engagement encore plus déterminé de notre part. Lorsque l'on analyse nos systèmes de soutien, on pourrait nous accuser d'avoir créé un système « à bas coût ». Avec les nouveaux défis qui se profilent à l'horizon, cette situation n'est plus acceptable. Des investissements sont nécessaires au niveau du régime de gouvernance afin de garantir que l'élaboration des politiques et la prise de décisions permettent toujours de répondre aux pressions connues et émergentes.

Nous allons requérir du Secrétariat qu'il accomplisse des tâches encore plus complexes en vue de nous soutenir. Voilà pourquoi il convient de s'assurer que le Secrétariat bénéficie des ressources adéquates afin de répondre à nos attentes grandissantes.

Notre ordre du jour doit conserver sa flexibilité et son adaptabilité.

Nous devons en outre améliorer le dialogue entre la RCTA et le CPE, si l'on veut que leur relation soit significative et comporte une réelle valeur ajoutée. Nous pouvons recourir à de meilleurs outils tels que des plans de travail quinquennaux et des mécanismes de dialogue renforcés, afin de garantir que chacun écoute l'autre.

De surcroît, nous devons considérer le Système comme un ensemble et tout mettre en œuvre pour que les éléments opérationnels qui le composent fonctionnent de manière cohérente et conséquente.

Le troisième et dernier domaine à traiter, **la pleine réalisation des responsabilités mondiales du Système du Traité sur l'Antarctique**, implique de reconnaître que les yeux du monde entier sont rivés sur nous et que la société civile nourrit des attentes à notre égard.

L'Antarctique est une région isolée de la planète. Pour autant, cela ne signifie pas que son régime de gouvernance doit faire preuve du même isolement et du même détachement. Davantage d'efforts doivent être entrepris afin d'établir des liens avec d'autres régimes similaires et le grand public, et de communiquer nos succès et nos défis.

En notre qualité collective de gouverneur de l'Antarctique, nous devons réfléchir de manière proactive et avant-gardiste. Nous ne pouvons passer à côté de cette lourde responsabilité qui nous incombe.

Bien au contraire, nous devons agir avec force afin de conserver pendant longtemps encore les valeurs de l'Antarctique, qui en font un continent consacré à la paix et à la science.

Merci.

Le Protocole à l'épreuve du temps

Jane Rumble

Que souhaitons-nous voir dans 25 ans...

Le Protocole établit une réserve de paix et de science. Je crois que ces priorités seront toujours aussi vivantes dans 25 ans.

L'Antarctique se transforme – plus vite que nous le comprenons. Les transformations dans le reste du monde affecteront l'Antarctique – et les transformations en Antarctique affecteront le reste du monde.

Le Protocole est en mesure de faire face à ces transformations, mais doit aussi s'adapter et se développer. Il a toujours été envisagé comme un document vivant – les annexes ont été conçues précisément pour permettre les mises à jour et les extensions.

Nous devons prendre en considération les défis des 25 ans à venir – qu'y a-t-il sur l'horizon (AUS) ?

Le monde va vraisemblablement continuer son réchauffement. La population devrait poursuivre sa croissance. La diversité mondiale restera sous tension, avec davantage d'activités humaines en Antarctique – qu'il s'agisse d'activités scientifiques, de tourisme, ou de pêche.

À mon avis, nous n'avons pas à avoir peur, mais nous devons toutefois adopter une gestion proactive et visionnaire.

Je vous propose quelques pistes pour répondre à ces activités – se rapportant aux annexes, sans suivre d'ordre particulier...

- Annexe II – flore et faune. De bonnes nouvelles nous sont venues des États-Unis ce matin, avec une annexe révisée qui sera bientôt en vigueur ; essentielle pour l'écosystème en évolution ; les espèces non indigènes – la gestion de la réponse à toute introduction contre nature sera une sérieuse menace qui nécessitera une collaboration multinationale.

- Annexe V – protection des zones. Un autre anniversaire : en accord avec la recommandation du SCAR, les 15 premières zones ont été adoptées par la protection spéciale il y a 50 ans - c'était ici, à Santiago, en 1966. Nécessité de zones protégées efficaces pour un ensemble d'objectifs – protection d'habitats uniques ; protection d'espèces en danger ; protection de zones ayant une résilience aux changements climatiques et des zones de refuge. Besoin de zones protégées systématiques pour créer un système dynamique qui sera correctement géré et suivi. Besoin d'atteindre le stade où le patrimoine antarctique sera évalué et géré de façon aussi efficace que nous conservons notre patrimoine national.

- Annexe I – pierre angulaire des EIE du Protocole. Toujours perçus comme un modèle international, mais les procédures d'EIE nationales ont évolué. Nécessité d'avoir une surveillance et des ajustements plus souples ; comment envisageons-nous qu'un effet est « mineur ou transitoire » dans l'environnement antarctique si changeant ? Qu'en est-il des évaluations et de la surveillance post-activité ?

- Annexe VI – pas encore en vigueur ; mais avons-nous complètement mis en œuvre notre engagement envers les activités de nettoyage et de remise en état de l'environnement d'activités antarctiques ?

Excellent d'apprendre aujourd'hui que nous partageons tous une vision très nette de nos objectifs environnementaux – qu'il s'agisse des Parties, de la CCAMLR, du SCAR, du COMNAP, de l'IAATO, de l'ASOC ou d'autres. Mais nous devons nous engager à poursuivre notre collaboration pour créer une politique aussi efficace que possible en rassemblant tous les membres pertinents. Nous devons être proactifs, et non réactifs. Nous sont plus forts ensemble.

Avons-nous fait suffisamment d'efforts pour mettre en œuvre les dispositions du Protocole (cf. la Russie) ? L'intégration du Protocole dans l'ensemble du Système du Traité est-elle suffisante (cf. l'atelier CPE/CS-CCAMLR) ? Le premier colloque sur l'Avenir de l'Antarctique a eu lieu au début de l'année, réunissant toutes les parties prenantes autour d'une même table, y compris des représentants de l'industrie du tourisme et de la pêche - devons-nous encourager d'autres initiatives de cet ordre au sein du Système du Traité ?

Le Protocole mérite d'être célébré – et nous devons tous retourner dans nos pays et clamer nos objectifs communs et partagés haut et fort, tels qu'ils apparaissent dans la Déclaration que nous avons adoptée ce matin. Il nous incombe à tous d'informer et d'éduquer nos parties prenantes et nos électeurs en adoptant un ton qui parle à leurs intérêts.

Nous ne pouvons pas nous permettre d'être complaisants. Nous faisons face à des défis de taille. Mais nous avons déjà navigué d'autres orages ensemble - et je le répète- nous sommes plus forts ensemble.

Ma vision pour les 25 années à venir est que l'Antarctique demeure une réserve naturelle consacrée à la paix et à la science - et que nous la transmettions à la génération suivante dans le même état que nous l'avons trouvée.

2. Liste des documents

2. Liste des documents

Documents de travail				A	F	R	E	Pièces jointes
	Points de l'ordre du jour	Titre	Soumis par					
WP001	CPE 8b	UAV et altitudes minimales par rapport aux espèces sauvages	Allemagne					
WP002	CPE 9a	Plan de gestion révisé pour la zone antarctique spécialement protégée no 149 - Cap Shirreff et île San Telmo, île Livingston, îles Shetland du Sud	Etats-Unis d'Amérique					ASPA 149 Map 1 ASPA 149 Map 2 ASPA 149 Map 3 Plan de gestion révisé pour la ZSPA no 149
WP003	CPE 9a	Plan de gestion révisé pour la zone spécialement protégée de l'Antarctique no 122 - Hauteurs Arrival, péninsule Hut Point, île de Ross	Etats-Unis d'Amérique					ASPA 122 Map 1 ASPA 122 Map 2 Plan de gestion révisée pour la ZSPA no 122
WP004	CPE 9a	Plan de gestion révisé pour la Zone spécialement protégée de l'Antarctique n° 126 - Péninsule Byers, île Livingston, îles Shetland du Sud	Royaume-Uni Chili Espagne					ZSPA n°126 Plan de gestion révisé
WP005	RCTA 6 CPE 9e	Révision du « Guide à la présentation de documents de travail contenant des propositions pour les zones spécialement protégées de l'Antarctique, les zones gérées spéciales de l'Antarctique ou les sites et monuments historiques »	Royaume-Uni					
WP006	CPE 9e	Formulaires de synthèse pour l'évaluation préalable d'une proposition de Zone spécialement protégée de l'Antarctique (ZSPA) ou de Zone Gérée Spéciale de l'Antarctique (ZGSA) devant être examinées ultérieurement par le CPE	Royaume-Uni Norvège					
WP007	RCTA 6	Règlement intérieur de la RCTA relatif aux consultations intersessions	Etats-Unis d'Amérique Royaume-Uni					
WP008	CPE 9d	Le concept de « valeurs exceptionnelles » dans l'environnement marin antarctique	Belgique					
WP009	CPE 9a	Le statut de la Zone spécialement protégée de l'Antarctique n° 107 île Emperor, îles Dion, baie Marguerite, péninsule antarctique.	Royaume-Uni					
WP010	CPE 4	Portail des environnements en Antarctique	Australie Espagne Etats-Unis d'Amérique					

Documents de travail								
	Points de l'ordre du jour	Titre	Soumis par	A	F	R	E	Pièces jointes
			Japon Norvège Nouvelle-Zélande SCAR					
WP011	RCTA 17	Ressortissants de Parties au Traité sur l'Antarctique participant à des expéditions non gouvernementales non autorisées en Antarctique	Royaume-Uni	📄	📄	📄	📄	
WP012	CPE 9b	Gestion du patrimoine de l'Antarctique : Bases britanniques historiques dans la péninsule antarctique	Royaume-Uni	📄	📄	📄	📄	
WP013	CPE 10a	Rapport du groupe de contact intersessions chargé de la révision du Manuel sur les espèces non indigènes du CPE	Royaume-Uni	📄	📄	📄	📄	Manuel révisé sur les espèces non indigènes du CPE
WP014	RCTA 13 CPE 8b	Le Groupe de Travail du COMNAP sur les systèmes aériens sans pilote en Antarctique (GT-UAS)	COMNAP	📄	📄	📄	📄	COMNAP Antarctic Unmanned Aerial Systems (UAS) Handbook Flowchart (see page 4 of the Handbook)
WP015	CPE 8b	Rapport initial du groupe de contact intersessions mis sur pied afin d'examiner les Lignes directrices pour l'évaluation d'impact sur l'environnement en Antarctique	Australie Royaume-Uni	📄	📄	📄	📄	Annexe: Lignes directrices révisées pour l'évaluation d'impact sur l'environnement en Antarctique
WP016	CPE 11	Une méthodologie d'évaluation de la sensibilité des sites ouverts aux visiteurs : hiérarchisation des priorités en matière de gestion	Australie Etats-Unis d'Amérique Norvège Nouvelle-Zélande	📄	📄	📄	📄	
WP017	RCTA 10 CPE 4	Rapport du groupe de contact intersessions chargé d'examiner les exigences en matière d'échange d'informations	Australie	📄	📄	📄	📄	
WP018	CPE 9a	Révision du plan de gestion pour la Zone spécialement protégée de l'Antarctique (ZSPA) n° 167 île Hawker, terre de la Princesse-Élisabeth	Australie	📄	📄	📄	📄	ASPA 167 Map A ASPA 167 Map B ZSPA n° 167 Plan de gestion révisé
WP019	RCTA 6	Faire connaître le travail des Parties au Traité sur l'Antarctique grâce à la publication anticipée du rapport de la RCTA	Australie	📄	📄	📄	📄	
WP020	RCTA 11	Améliorer la visibilité des activités de sensibilisation et d'éducation sur l'Antarctique	Espagne Royaume-Uni Belgique Bulgarie Chili Italie Portugal	📄	📄	📄	📄	

Documents de travail								
	Points de l'ordre du jour	Titre	Soumis par	A	F	R	E	Pièces jointes
WP021	CPE 8a	Rapport du groupe de contact intersessions ouvert mis sur pied afin d'analyser le projet d'EGIE pour la « Construction et l'exploitation d'une piste d'atterrissage en gravier à proximité de la station Mario Zucchelli, baie Terra Nova, terre Victoria, Anta	France					
WP022	RCTA 14 CPE 12	Tournée d'inspection entreprise par le République populaire de Chine en accord avec l'Article VII du Traité sur l'Antarctique et l'Article XIV du Protocole relatif à la protection de l'environnement	Chine					
WP023	CPE 9e	Code de conduite du SCAR pour les activités se déroulant en environnement géothermique continental en Antarctique	SCAR					Code de conduite du SCAR pour les activités se déroulant dans les environnements géothermiques continentaux en Antarctique
WP024	RCTA 11	Premier rapport du Groupe de contact intersessions sur l'éducation et la sensibilisation	Bulgarie Belgique Brésil Chili Portugal Royaume-Uni					
WP025	RCTA 17	Bénéfices de la communication entre les autorités compétentes pour les activités touristiques et non gouvernementales	Etats-Unis d'Amérique					
WP026	CPE 9a	Révision du plan de gestion pour la zone spécialement protégée de l'Antarctique (ZSPA) n° 116 : Vallée New College, plage Caughley, Cap Bird, île de Ross	Nouvelle-Zélande					ZSPA n° 116 Plan de gestion révisé
WP027	CPE 9a	Révision du plan de gestion pour la Zone spécialement protégée de l'Antarctique (ZSPA) n° 131 : glacier Canada, lac Fryxell, vallée Taylor, terre Victoria	Nouvelle-Zélande					ZSPA n° 131 Plan de gestion révisé
WP028	RCTA 17	Rapport du Groupe de contact intersessions « Élaborer une approche stratégique du tourisme et des activités non gouvernementales gérés de manière durable »	Nouvelle-Zélande Inde					
WP029	CPE 9a	Rapport sur les discussions informelles menées durant la période intersessions 2015-2016 concernant la proposition d'une nouvelle Zone gérée spéciale de l'Antarctique à la station antarctique chinoise Kunlun,	Chine					

Documents de travail								
	Points de l'ordre du jour	**Titre**	**Soumis par**	**A**	**F**	**R**	**E**	**Pièces jointes**
		Dôme A et le travail de suivi						
WP030	CPE 9b	Examen des différentes approches en matière de protection du patrimoine historique en Antarctique	Norvège	📄	📄	📄	📄	
WP031	CPE 9a CPE 9e	Groupe subsidiaire sur les plans de gestion – Rapport sur les travaux intersessions de 2015-2016	Norvège	📄	📄	📄	📄	Avant-projet - Lignes directrices pour évaluer une zone en vue d'une désignation éventuelle ZGSA
WP032	CPE 9c	Lignes directrices pour le site des îles Yalour, archipel Wilhelm	Etats-Unis d'Amérique Royaume-Uni Ukraine Argentine IAATO	📄	📄	📄	📄	Carte des îles Yalour
WP033	CPE 9c	Lignes directrices pour les visites du site de pointe Wild, île de l'Éléphant	Royaume-Uni Chili IAATO	📄	📄	📄	📄	Point Wild, Elephant Island map
WP034	RCTA 17	Rapport et collecte des données sur les activités de yachting en Antarctique en 2015-2016	Royaume-Uni Argentine Chili IAATO	📄	📄	📄	📄	
WP035	RCTA 17	Systèmes de communication : autorités nationales compétentes	Norvège France Nouvelle-Zélande Pays-Bas Royaume-Uni	📄	📄	📄	📄	
WP036	CPE 9a	Plan de gestion révisé pour la ZSPA no120, Archipel de Pointe-Géologie, Terre Adélie	France	📄	📄	📄	📄	ZSPA 120 Plan de gestion révisé.
WP037	CPE 9a	Plan de gestion pour la ZSPA No166, Port-Martin, Terre Adélie. Proposition de prorogation du plan existant	France	📄	📄	📄	📄	
WP038	RCTA 6	Confirmation de l'engagement permanent envers l'interdiction de toute activité d'exploitation minière en Antarctique, autre que pour la recherche scientifique. Interdiction de l'exploitation minière en Antarctique	Etats-Unis d'Amérique Afique du Sud Allemagne Argentine Australie Belgique Chili Corée République de Espagne Finlande France Italie Japon Norvège Nouvelle-Zélande Pays-Bas	📄	📄	📄	📄	

Documents de travail				A	F	R	E	Pièces jointes
	Points de l'ordre du jour	Titre	Soumis par					
			Pologne République tchèque Royaume-Uni Suède Uruguay					
WP039 rev.1	RCTA 6	De « l'ouverture » de la porte vers l'Antarctique	Fédération de Russie					
WP040	CPE 9a	Plan de gestion révisé pour la zone spécialement protégée de l'Antarctique n° 127 « Île Haswell »" (île Haswell et colonie adjacente de manchots empereurs sur des glaces de formation rapide)	Fédération de Russie					ZSPA n° 127 Plan de gestion révisé
WP041 rev.1	RCTA 17	Considération pour les activités non gouvernementales et touristiques associant le transport aérien à celui de croisière en Antarctique	Etats-Unis d'Amérique					
WP042	RCTA 7	Procédure révisée de sélection et de nomination du Secrétaire exécutif du Secrétariat du Traité sur l'Antarctique	Argentine Chili Etats-Unis d'Amérique					Formulaire type de candidature
WP043	CPE 8a	Projet d'évaluation globale de l'environnement pour la construction et l'exploitation d'une piste en graviers dans la zone de la station Mario Zucchelli, baie Terra Nova, terre Victoria, Antarctique	Italie					Draft CEE
WP044	RCTA 14 CPE 12	Recommandations générales à l'issue des inspections conjointes menées par l'Argentine et le Chili en vertu de l'article VII du Traité sur l'Antarctique et de l'article 14 du Protocole relatif à la protection de l'environnement	Argentine Chili					
WP045	CPE 9c	Évaluation des communautés de mousses bordant les sentiers de l'île Aitcho. Rapport de suivi	Equateur Espagne					Annexe 1 Figures
WP046 rev.1	RCTA 18 CPE 3	Rapport du groupe de contact intersessions chargé de l'élaboration d'une publication à l'occasion du 25e anniversaire du Protocole de Madrid	Argentine					Annexe 1 : Projet de publication Annexe 2 : Moyens de diffusion possibles pour la publication relative au 25e anniversaire de la signature du Protocole de Madrid
WP047 rev.2	CPE 9b	Incorporation d'un poteau en bois historique au SMH no 60 (caim de la corvette Uruguay), île Marambio/Seymour, péninsule antarctique	Argentine Suède					

Documents de travail								
	Points de l'ordre du jour	Titre	Soumis par	A	F	R	E	Pièces jointes
WP048 rev.1	CPE 9b	Notification de la localisation de vestiges historiques datant d'avant 1958 dans les environs de la station argentine Marambio	Argentine Norvège Royaume-Uni Suède					
WP049	RCTA 18	Synthèse des résumés - Symposium	Norvège					
WP050	RCTA 6	Amélioration de l'interaction entre CPE et RCTA	Norvège Australie					
WP051	CPE 9b	Proposition visant à ajouter la galerie historique de la station antarctique du roi Sejong (Dortoir no 2), située sur le site de la station du roi Sejong, à la liste des sites et monuments historiques	Corée République de					
WP052	CPE 10a	Présence de moustiques non indigènes dans des installations de traitement des eaux usées situées sur l'île du Roi George, îles Shetland du Sud	Corée République de Royaume-Uni Chili Uruguay					
WP053	CPE 5	Rapport de l'atelier conjoint CPE/CS-CAMLR sur le changement et la surveillance climatique. Punta Arenas, Chili, 19-20 mai 2016	Etats-Unis d'Amérique Royaume-Uni					Appendices 1 to 4.

Documents d'information								
	Points de l'ordre du jour	Titre	Soumis par	A	F	R	E	Pièces jointes
IP001	RCTA 17 CPE 9b	Reinstalling the memorial plaque of "Le Pourquoi Pas?" on Petermann Island (Charcot's cairn 1909, HSM 27)	France IAATO	🗋				
IP002	RCTA 4	Rapport du gouvernement dépositaire de la Convention pour la conservation des phoques de l'Antarctique (CCAS) en vertu de la Recommandation XIII-2, paragraphe 2 (D)	Royaume-Uni	🗋	🗋	🗋	🗋	
IP003	CPE 8b	Application of air dispersion modeling for impact assessment of construction/operation activities in Antarctica	Belarus	🗋		🗋		
IP004	RCTA 4	Rapport de l'Organisation hydrographique internationale (OHI)	OHI	🗋	🗋	🗋	🗋	
IP005	RCTA 4	Rapport de l'Observateur de la CCAMLR à la trente-neuvième Réunion consultative du Traité sur l'Antarctique	CCAMLR	🗋	🗋	🗋	🗋	
IP006	CPE 5	Rapport de l'Observateur du SC-CAMLR à la dix-neuvième Réunion du Comité pour la protection de l'environnement	CCAMLR	🗋	🗋	🗋	🗋	
IP007	RCTA 11 CPE 13	POLAR WEEKS: an Education and Outreach activity to promote Antarctic science and the Antarctic Treaty System	Portugal Brésil Bulgarie France Royaume-Uni	🗋				
IP008	RCTA 15 CPE 11	Assessment of trace element contamination within the Antarctic Treaty area	Portugal Allemagne Chili Fédération de Russie Royaume-Uni	🗋				
IP009	RCTA 18	25th Anniversary of the Protocol on Environmental Protection to the Antarctic Treaty: South African Accomplishments	Afique du Sud	🗋				
IP010	RCTA 4 CPE 5	Rapport annuel 2015-2016 du Conseil des directeurs des programmes antarctiques nationaux (COMNAP)	COMNAP	🗋	🗋	🗋	🗋	
IP011	RCTA 4	Rapport annuel de l'OMM 2015-2016	OMM	🗋	🗋	🗋	🗋	
IP012	RCTA 16 CPE 7a	WMO Climate-related Activities in the Antarctic	OMM	🗋				

Documents d'information								
	Points de l'ordre du jour	Titre	Soumis par	A	F	R	E	Pièces jointes
		Region						
IP013	RCTA 15	The Polar Challenge: towards a new paradigm for long-term under-ice observations	OMM	📄				
IP014	RCTA 15	Polar Regional Climate Centres and Polar Climate Outlook Fora (PRCC – PCOF)	OMM	📄				
IP015	RCTA 15 CPE 5	The Year of Polar Prediction	OMM	📄				
IP016	RCTA 15	Boletín Antártico Venezolano	Venezuela				📄	
IP017	RCTA 11	Libro Digital: Aprendemos en la Antártida	Venezuela				📄	
IP018	RCTA 15	IX Campaña Venezolana a la Antártida	Venezuela				📄	
IP019	RCTA 11	Video 15 años de Venezuela en la Antártida	Venezuela				📄	
IP020	RCTA 4 CPE 5	Rapport annuel du Comité scientifique pour la recherche en Antarctique (SCAR) 2015-2016 du Système du Traité sur l'Antarctique	SCAR	📄	📄	📄	📄	
IP021	RCTA 15 RCTA 4	Report from Asian Forum of Polar Sciences to the ATCM XXXIX	Corée République de	📄				
IP022	RCTA 13	Formation de l'infrastructure bélarussienne antarctique: l'état moderne et les perspectives	Belarus	📄	📄	📄	📄	
IP023	RCTA 4	Programa Antártico Colombiano – PAC	Colombie				📄	
IP024	RCTA 15	II Expedición Científica de Colombia a la Antártica Verano Austral 2015/2016 "Almirante Lemaitre"	Colombie				📄	Información Pretemprada II Expedición de Colombia a la Antártica "Almirante Lemaitre" Verano Austral 2015-2016 Informe Ejecutivo Avances de la II Expedición Científica de Colombia a la Antártica
IP025	RCTA 11	Campaña Educación Marítima "Todos Somos Antártica" Programa Antártico Colombiano – PAC	Colombie				📄	

	Points de l'ordre du jour	Titre	Soumis par	A	F	R	E	Pièces jointes
Documents d'information								
IP026	RCTA 15	POLAR.POD : Observatoire de l'océan austral - Un projet international inédit d'exploration maritime et d'échange de données	France	📄	📄			
IP027	CPE 10a	Introduction of biofouling organisms to Antarctica on vessel hulls	Royaume-Uni	📄				Breaking the ice: the introduction of biofouling organisms toAntarctica on vessel hulls. Hughes K. A. and G.V. Ashton.
IP028	RCTA 13	Operación de UAV/RPAS en la Antártida: Normativa aplicada por España	Espagne				📄	
IP029	RCTA 15	The experience of a joint Ukrainian-Turkish Expedition to the Antarctic Vernadsky Station in 2016	Ukraine Turquie	📄		📄		
IP030	RCTA 13 CPE 8b	Modernisation of GONDWANA-Station, Terra Nova Bay, northern Victoria Land	Allemagne	📄				
IP031	CPE 9e	Antarctic Geoconservation: a review of current systems and practices	SCAR	📄				Antarctic geoconservation: a review of current systems and practices.
IP032	RCTA 15 CPE 11	Report on the 2015-2016 activities of the Southern Ocean Observing System (SOOS)	SCAR	📄				
IP034	RCTA 15 CPE 5	The Antarctic Observing Network (AntON) to facilitate weather and climate information	OMM SCAR	📄				
IP035	RCTA 16 CPE 7a	Antarctic Climate Change and the Environment 2016 Update	SCAR	📄				
IP036	RCTA 17	Antarctic Tourism Study: Analysis and Enhancement of the Legal Framework	Allemagne	📄				
IP037	RCTA 13	Search and Rescue (SAR) Initiatives Affecting Antarctica	Etats-Unis d'Amérique	📄				
IP038	CPE 10c	L'Antarctique et l'océan Austral dans le contexte du Plan stratégique pour la diversité biologique 2011-2020	Monaco SCAR	📄	📄	📄	📄	Attachment A: Aichi Targets
IP039	CPE 9e	Inspections of Antarctic Specially Protected Areas in the Ross Sea and Antarctic Peninsula Regions by the United States Antarctic Program	Etats-Unis d'Amérique	📄				
IP040	RCTA 15	United Kingdom's Antarctic Science: Summary of British Antarctic Survey Science	Royaume-Uni	📄				

Documents d'information								
	Points de l'ordre du jour	Titre	Soumis par	A	F	R	E	Pièces jointes
		Priorities 2016-20						
IP041	RCTA 16	The Future of Antarctica Forum	Royaume-Uni Argentine ASOC IAATO	📄				
IP042	RCTA 4	Rapport du gouvernement dépositaire du Traité sur l'Antarctique et de son Protocole conformément à la Recommandation XIII-2	Etats-Unis d'Amérique	📄	📄	📄	📄	Liste de Recommandations/Mesures et de leur approbation Tableau de l'état du Protocole Tableau de l'état du Traité
IP043	RCTA 4	Rapport du gouvernement dépositaire de l'Accord sur la conservation des albatros et des pétrels (ACAP)	Australie	📄	📄	📄	📄	
IP044	RCTA 4	Rapport du gouvernement dépositaire de la Convention sur la conservation de la faune et la flore marines de l'Antarctique (CCAMLR)	Australie	📄	📄	📄	📄	
IP045	CPE 8b	Renovation of the King Sejong Korean Antarctic Station on King George Island, South Shetland Islands	Corée République de	📄				
IP046	RCTA 15	Programa de Investigación en Mamíferos Marinos Antárticos: Con especial atención hacia Cetáceos Migratorios a aguas colombianas	Colombie				📄	
IP047	RCTA 13 CPE 13	Upgrade of the SANAE IV Base Systems	Afique du Sud	📄				
IP048	RCTA 14 CPE 12	Report of the Antarctic Treaty Inspections undertaken by the People's Republic of China in accordance with Article VII of the Antarctic Treaty and Article 14 of the Environmental Protocol: April 2016	Chine	📄				
IP049	RCTA 15	III Expedición Científica de Colombia a la Antártica Verano Austral 2016/2017 "Almirante Padilla"	Colombie				📄	
IP050	RCTA 13	Contribución de Colombia a la Seguridad Marítima en la Antártica	Colombie				📄	
IP051	RCTA 15	COMNAP Antarctic Roadmap Challenges (ARC) Project Outcomes	COMNAP	📄				
IP052	RCTA 13	COMNAP Search & Rescue (SAR) Workshop III	COMNAP	📄				

	Points de l'ordre du jour	Titre	Soumis par	A	F	R	E	Pièces jointes
Documents d'information								
IP053	CPE 8b	A tool to support regional-scale environmental management	Nouvelle-Zélande	🗎				
IP054	RCTA 15	Australian Antarctic Science Programme: highlights of the 2015/16 season	Australie	🗎				
IP055	RCTA 15	Belgian Antarctic Research Expedition BELARE 2015-2016	Belgique	🗎	🗎			
IP056	RCTA 17 CPE 8b	Developing a blue ice runway at Romnoes in Dronning Maud Land	Belgique	🗎				
IP057	CPE 10a	Monitoring for the presence of Poa pratensis at Cierva Point after the eradication	Espagne Royaume-Uni Argentine	🗎				
IP058	CPE 8a	The Initial Responses to the Comments on the Draft Comprehensive Environmental Evaluation for the construction and operation of a gravel runway in the area of Mario Zucchelli Station, Terra Nova Bay, Antarctica	Italie	🗎				
IP059	CPE 8b	UAV remote sensing of environmental changes on King George Island (South Shetland Islands): update on the results of the second field season 2015/2016	Pologne	🗎				Supporting figures
IP060	CPE 10a	Next step in eradication of non-native grass Poa annua L. from ASPA No 128 Western Shore of Admiralty Bay, King George Island, South Shetland Islands	Pologne	🗎				
IP061	CPE 8a	Initial Environmental Evaluation for the extension to the Boulder Clay site of the access road to Enigma Lake, Mario Zucchelli Station, Terra Nova Bay, Victoria Land, Antarctica	Italie	🗎				
IP062	CPE 9c	National Antarctic Programme use of locations with Visitor Site Guidelines in 2015-16	Royaume-Uni Argentine Australie Etats-Unis d'Amérique	🗎				
IP063	RCTA 15	Malaysia's Activities and Achievements in Antarctic Research and Diplomacy	Malasia	🗎				
IP064	CPE 7a	Report on the activities of the Integrating Climate and Ecosystem Dynamics in the	Royaume-Uni	🗎				

Documents d'information								
	Points de l'ordre du jour	Titre	Soumis par	A	F	R	E	Pièces jointes
		Southern Ocean (ICED) programme						
IP065	CPE 9d	The relevance of the MPA designation process in Domain 1 in the current climate change context	Argentine Chili	📄			📄	
IP066	RCTA 15	Solution of the problem of influence of Freon clathrate hydrates in the drilling fluid on lake water purity in the deep borehole at the Russian Vostok station	Fédération de Russie	📄		📄		
IP067	RCTA 11	Russian initiative on declaring 2020 the Year of Antarctica	Fédération de Russie	📄		📄		
IP068	RCTA 13	Russian hydrographic studies in the Southern Ocean in the season 2015-2016	Fédération de Russie	📄		📄		
IP069	RCTA 18	Preconditions for adopting the Protocol on Environmental Protection to the Antarctic Treaty	Fédération de Russie	📄		📄		
IP070	RCTA 15	Current Russian results of studies of climate variability at present and in the past	Fédération de Russie	📄		📄		
IP071	CPE 9a	Present zoological study at Mirny station area and at ASPA No 127 "Haswell Island" (2011–2015)	Fédération de Russie	📄		📄		
IP072	RCTA 14 CPE 12	Report of the Joint Inspections' Program undertaken by Argentina and Chile under Article VII of the Antarctic Treaty and Article 14 of the Environmental Protocol	Argentine Chili	📄			📄	Inspection Report
IP073	RCTA 10	XXXIV Antarctic Operation	Brésil	📄				
IP074	RCTA 10	Regulations and procedures for vessels proceeding to Antarctica	Brésil	📄				
IP075	RCTA 10	Reconstruction and Launch of the Foundation Stone of the New Brazilian Station in Antarctica	Brésil	📄				
IP076	CPE 6	Environmental Remediation in Antarctica	Brésil	📄				
IP077	CPE 5	Introduction from Co-Conveners of the Joint CEP/SC-CAMLR Workshop (Punta Arenas, Chile, 19-20 May 2016)	Etats-Unis d´Amérique Royaume-Uni	📄				

Documents d'information								
	Points de l'ordre du jour	Titre	Soumis par	A	F	R	E	Pièces jointes
IP078	RCTA 16 CPE 7a	Antarctic Climate Change, Ice Sheet Dynamics and Irreversible Thresholds: ATCM Contributions to the IPCC and Policy Understanding	ASOC	⬇				ICCI: Thresholds and Closing Windows
IP079	RCTA 6	An Unprecedented Achievement: 25 Years of the Environmental Protocol	ASOC	⬇				
IP080	CPE 9e	A Systematic Approach to Designating ASPAs and ASMAs	ASOC	⬇				
IP081	CPE 7a	Antarctic Climate Change Report Card	ASOC	⬇				
IP082	RCTA 13	Progress on the Polar Code	ASOC	⬇				
IP083	CPE 9d	ASOC's update on Marine Protected Areas in the Southern Ocean	ASOC	⬇				
IP084	RCTA 15	Cooperación Científica Chile – Corea (Ciencia KOPR-I-NACH)	Chili				⬇	
IP085	RCTA 15	Programa Nacional de Ciencia Antártica de Chile: Análisis crítico 2000-2015	Chili				⬇	
IP086	RCTA 15	Seminarios Científicos en Base Escudero: creando espacios para la colaboración científica en Antártica	Chili				⬇	
IP087	RCTA 11	Educational Program "Polar Scientist for a Day": opening an Antarctic Laboratory for the children	Chili	⬇			⬇	
IP088	RCTA 11	Antarctic Dialogues Chile-Bulgaria: Art and Culture	Bulgarie Chili	⬇			⬇	
IP089	RCTA 11	Antarctic stories: a seed of identity	Chili	⬇			⬇	
IP090	RCTA 11	New educational map of Antarctica using Augmented Reality	Chili	⬇			⬇	
IP091	RCTA 15	Ilaia. Information for international collaboration beyond the South	Chili	⬇			⬇	
IP092	RCTA 17	Taller Nacional de Turismo	Chili				⬇	Programa Taller de Turismo

Documents d'information								
	Points de l'ordre du jour	Titre	Soumis par	A	F	R	E	Pièces jointes
		Antártico, Punta Arenas, 5 de abril 2016.						Antártico, Punta Arenas, Chile.
IP093	RCTA 13	Chilean Aids to Navigation in the Antarctic Peninsula	Chili	📄			📄	
IP094	RCTA 13	Search and Rescue Cases in the Antarctic Peninsula Area Season 2015/2016 Chile	Chili	📄			📄	
IP095	RCTA 13	Guides and Recommendations made by Chile for Diving Activities in the Antarctica	Chili	📄			📄	
IP096	RCTA 15 CPE 11	Monitoreo Ambiental en Bahía Fildes. Programa de Observación del Ambiente Litoral de Chile (P.O.A.L.)	Chili				📄	
IP097	RCTA 13	Cooperation of the Hydrographic and Oceanographic Service of the Chilean Navy (SHOA) in the Manufacturing of Nautical Cartography in the Antarctic Area (Program 2010-2020)	Chili	📄			📄	
IP098	RCTA 11	XV Encuentro de Historiadores Antárticos Latinoamericanos: "Rescatando el pasado para entregarlo a las futuras generaciones"	Chili				📄	
IP099	RCTA 11	EAE & JASE Expedición Antártica Escolar / Joint Antarctic School Expedition	Chili Etats-Unis d´Amérique	📄				
IP100	RCTA 13	Recuperación de la infraestructura y mejoramiento medioambiental para la Base O'Higgins. Un esfuerzo nacional para mejorar el apoyo a la investigación científica antártica.	Chili				📄	
IP101	RCTA 17 CPE 9c	Analysis of Management Measures of the Tourism Management Policy for Brown Scientific Station	Argentine	📄			📄	
IP102	RCTA 14 CPE 12	Rethinking Antarctic Treaty inspections; patterns, uses and scopes for improvements	Corée République de	📄				
IP104 rev.1	RCTA 17 CPE 9c	Patterns of Tourism in the Antarctic Peninsula Region: a 20-year analysis	Etats-Unis d´Amérique IAATO	📄				
IP105	RCTA 17 CPE 9c	Report on IAATO Operator Use of Antarctic Peninsula Landing Sites and ATCM Visitor Site Guidelines, 2015-16 Season	IAATO	📄				

	Points de l'ordre du jour	Titre	Soumis par	A	F	R	E	Pièces jointes
Documents d'information								
IP106	RCTA 17	Towards Developing a Strategic Approach to Environmentally Managed Tourism and Non-governmental Activities: an industry perspective	IAATO	☐				
IP107	RCTA 17 CPE 10c	How to be a Responsible Antarctic Visitor: IAATO's New Animated Briefings	IAATO	☐				
IP108	RCTA 17	Report on Antarctic tourist flows and cruise ships operating in Ushuaia during the 2015/2016 Austral summer season	Argentine	☐			☐	
IP109	RCTA 13	XVIII Combined Antarctic Naval Patrol 2015-2016	Argentine Chili	☐			☐	
IP110	RCTA 13	Incorporation of new units to maritime SAR and protection of the marine environment operations in the Antarctic area	Argentine	☐			☐	
IP111	RCTA 15	Australian Antarctic Strategy and 20 Year Action Plan	Australie	☐				
IP112	RCTA 17	IAATO Overview of Antarctic Tourism: 2015-16 Season and Preliminary Estimates for 2016-17	IAATO	☐				
IP113	CPE 9e	Recent findings from monitoring work in ASPA 142 Svarthamaren	Norvège	☐				
IP114	RCTA 17	Areas of tourist interest in the Antarctic Peninsula and South Orkney Islands region. 2015/2016 austral summer season	Argentine	☐			☐	
IP115	CPE 4	Committee for Environmental Protection (CEP): summary of activities during the 2015/16 intersessional period	Australie	☐				
IP116	RCTA 16 RCTA 4	Recent Findings of IPCC on Antarctic Climate Change and Relevant Upcoming Activities	GIEC	☐				
IP117	RCTA 15	Japan's Antarctic Research Highlights 2015–16	Japon	☐				
IP118	RCTA 17	IAATO Assessing New Activities Checklist	IAATO	☐				
IP119	CPE 10a	IAATO Procedures Upon the Discovery of a High Mortality Event	IAATO	☐				

Documents d'information								
	Points de l'ordre du jour	**Titre**	**Soumis par**	**A**	**F**	**R**	**E**	**Pièces jointes**
IP120	CPE 8b	IAATO Policies on the Use of Unmanned Aerial Vehicles (UAVs) in Antarctica: Update for the 2016/17 Season	IAATO	🗎				
IP121	RCTA 17 CPE 10c	IAATO Wildlife Watching Guidelines for Emperor Penguins and Leopard Seals	IAATO	🗎				IAATO Emperor Penguin Colony Visitor Guidelines IAATO Leopard Seal Watching Guidelines
IP122	CPE 8b	Licencia Ambiental de la Estación Científica Pedro Vicente Maldonado	Equateur				🗎	
IP123	RCTA 4	Rapport de la Coalition pour l'Antarctique et l'océan Austral	ASOC	🗎	🗎	🗎	🗎	
IP124 rev.1	RCTA 15	Proposal for a Cooperation of Romania with Argentina and Australia in Antarctica	Roumanie	🗎				
IP125 rev.1	RCTA 15	Prospectives of Romania cooperation with Australia in Antarctica	Roumanie	🗎				

Documents du Secrétariat

	Points de l'ordre du jour	Titre	Soumis par	A	F	R	E	Pièces jointes
SP001 rev.1	RCTA 3	Ordre du jour et calendrier de la XXXIXe RCTA	STA					
SP002	CPE 2 CPE 3 CPE 7b	Ordre du jour provisoire pour le XIXe CPE - Plan de travail quinquennal du CPE 2015 - Programme de travail en réponse au changement climatique	STA					
SP003 rev.1	RCTA 7	Rapport du Secrétariat 2015-2016	STA					Annexe 1 a : Rapport de l'auditeur financier Annexe 1 b: Rapport financier certifié 2014-2015 Annexe 2 : Rapport financier provisoire 2015-2016 Annexe 3 : Contributions reçues par le Secrétariat du Traité sur l'Antarctique 2015-2016
SP004	RCTA 7	Programme 2016-2017 du Secrétariat	STA					Annexe 1 : Rapport prévisionnel de l'exercice financier 2015/16, budget de l'exercice financier 2016/17, budget prévisionnel de l'exercice financier 2017/18 Annexe 2 : Barème des contributions 2017/18 Annexe 3 : Grille des salaires 2016/17
SP005	RCTA 7	Profil budgétaire quinquennal prévisionnel 2016-2020	STA					Profil budgétaire quinquennal prévisionnel 2016-2020
SP006 rev.1	CPE 8b	Liste annuelle des évaluations préliminaires (EPIE) et globales (EGIE) d'impact sur l'environnement réalisées entre le 1er avril 2015 et le 31 mars 2016	STA					
SP007	RCTA 16 CPE 7a	Actions adoptées par le CPE et la RCTA à la suite des recommandations de la RETA sur les changements climatiques	STA					
SP008 rev.1	CPE 2	CEP XIX Schedule, Annotated Agenda and Summary of Papers	STA					
SP009	RCTA 17	Révision des discussions de la RCTA relatives au tourisme antarctique (2008-2015)	STA					
SP010	RCTA 10 RCTA 11 RCTA 12 RCTA 6 RCTA 7 RCTA 8	Working Group 1 - Summary of Papers	STA					

Documents du Secrétariat								
	Points de l'ordre du jour	Titre	Soumis par	A	F	R	E	Pièces jointes
	RCTA 9							
SP011	RCTA 13 RCTA 14 RCTA 15 RCTA 16 RCTA 17	Working Group 2 - Summary of Papers	STA					Proposed Schedule for Working Group 2
SP012 rev.1	RCTA 21 CPE 16	Draft Report Comments System - Instructions for Delegates and Contributors	STA					
SP013	RCTA 18	WG3 for the 25th Anniversary of the Protocol - Oral Presentations	STA					Effectiveness of the Protocol. A scientist's perspective. Dr Aleks Terauds, SCAR. ENGO perspectives on the Antarctic Environmental Protocol. Dr. Ricardo Roura & Claire Christian, ASOC Implementation of the Environmental Protocol. Yves Frenot and Kazuyuki Shiraishi, COMNAP. Presentation by Dr José Retamales. Chile Remarks on the History, Vision behind and Impact of the Protocol on Environmental Protection. Evan T. Bloom, United States. The functioning of the Committee for Environmental Protection. Ewan McIvor, Australia The Future of the Environmental Management in Antarctica. Rodolfo Sánchez, Argentina. The impact of the Protocol on protection of the Antarctic environment: an IAATO perspective. Dr Kim Crosbie The Protocol in comparison to other global and regional environmental framework agreements. Therese Johansen, Norway.

Documents de contexte								
	Points de l'ordre du jour	Titre	Soumis par	A	F	R	E	Pièces jointes
BP001	RCTA 15	Scientific and Science-related Cooperation with the Consultative Parties and the Wider Antarctic Community	Corée République de					
BP002	RCTA 4 CPE 5	The Scientific Committee on Antarctic Research (SCAR) -	SCAR					

Documents de contexte								
	Points de l'ordre du jour	Titre	Soumis par	A	F	R	E	Pièces jointes
		Selected Science Highlights for 2015/16						
BP003 rev.1	RCTA 4 CPE 5	Extrait de la conférence du SCAR : Explorer l'avenir de la recherche scientifique en Antarctique	SCAR	🔖	🔖	🔖	🔖	
BP004	RCTA 11	The book Belarus in Antarctic: on the 10th anniversary of the beginning of scientific and expeditional research	Belarus	🔖		🔖		
BP005	RCTA 14	Follow-up to the Recommendations of the Inspection Teams on Maitri Station	Inde	🔖				
BP006	RCTA 15	Twenty years of Ukraine in Antarctica: main achievements and prospects	Ukraine	🔖				
BP007	RCTA 10	Measures under the Protocol on Environmental Protection to the Antarctic Treaty: Implementing Legislation of the Kingdom of the Netherlands	Pays-Bas	🔖				
BP008	CPE 13	Installation of a new waste water treatment facility at Australia's Davis station	Australie	🔖				
BP009	RCTA 13	Australia's new Antarctic icebreaker	Australie	🔖				Icebreaker fact sheet
BP010	RCTA 13	Polish sailing yacht accident at King George Island (Antarctic Peninsula) – update on the successful rescue operation	Pologne	🔖				
BP011	RCTA 13 CPE 9a	Aplicación del Plan de Manejo Ambiental en la Estación Maldonado	Equateur				🔖	
BP012	RCTA 13	Seguridad en las operaciones ecuatorianas en la Antártida	Equateur				🔖	
BP013	RCTA 13	XX Campaña Ecuatoriana a la Antártida	Equateur				🔖	
BP014	RCTA 13	Uso de drones para la generación de cartografía en la Isla Greenwich - Antártida	Equateur				🔖	
BP015	RCTA 14	Preparación de la Estación Ecuatoriana "Pedro Vicente Maldonado para la Inspección Ambiental	Equateur				🔖	
BP016	RCTA 13	Generación de cartografía oficial en el sector de la Isla	Equateur				🔖	

Documents de contexte								
	Points de l'ordre du jour	Titre	Soumis par	A	F	R	E	Pièces jointes
		Greenwich-Punta Fort William-Glaciar Quito-Punta Ambato, e Islas Aledañas						
BP017	RCTA 15	Niveles de concentración de metales pesados y efectos del cambio climático en macrohongos y macrolíquenes, estación Maldonado-Antártida	Equateur				⤓	
BP018	RCTA 13	Refugio Antártico Ecuatoriano (RAE): Desarrollo y aplicación de eco-materiales en el proyecto y construcción de un prototipo habitable de emergencia	Equateur				⤓	
BP019	RCTA 15	Desarrollo del Programa Nacional Antártico del Perú	Pérou				⤓	
BP020	RCTA 15	Actividades del Programa Nacional Antártico de Perú Período 2015 – 2016	Pérou				⤓	

3. Liste des participants

3. Liste des participants

Parties consultatives				
Partie	**Nom**	**Fonction**	**Date d'arrivée**	**Date de départ**
Afrique du Sud	Stemmet, Andreas	Conseiller	21/05/2016	02/06/2016
Afrique du Sud	Abader, Moegamat Ishaam	Représentante du CPE	21/05/2016	02/06/2016
Afrique du Sud	Bhengu, Thanduxolo	Délégué	22/05/2016	02/06/2016
Afrique du Sud	Kingsley, Angela	Suppléante	21/05/2016	02/06/2016
Afrique du Sud	Mphepya, Jonas	Chef de délégation	21/05/2016	31/05/2016
Afrique du Sud	Mthembu, Sibusiso	Représentant du CPE	21/05/2016	02/06/2016
Afrique du Sud	Skinner, Richard	Conseiller	21/05/2016	31/05/2016
Allemagne	Duebner, Walter	Délégué	23/05/2016	27/05/2016
Allemagne	Gaedicke, Christoph	Délégué	22/05/2016	28/05/2016
Allemagne	Guretskaya, Anastasia	Déléguée	21/05/2016	02/06/2016
Allemagne	Hain, Stefan	Délégué	20/05/2016	28/05/2016
Allemagne	Herata, Heike	Représentant du CPE	20/05/2016	01/06/2016
Allemagne	Heyn, Andrea	Déléguée	23/05/2016	01/06/2016
Allemagne	Lassig, Rainer	Chef de délégation	21/05/2016	02/06/2016
Allemagne	Läufer, Andreas	Délégué	24/05/2016	28/05/2016
Allemagne	Liebschner, Alexander	Délégué	22/05/2016	27/05/2016
Allemagne	Mißling, Sven	Délégué	21/05/2016	02/06/2016
Allemagne	Nixdorf, Uwe	Délégué	23/05/2016	31/05/2016
Allemagne	Schwarzbach, Wiebke	Déléguée	20/05/2016	27/05/2016
Allemagne	Thiede, Felix	Conseiller	23/05/2016	01/06/2016
Allemagne	Vöneky, Silja	Conseillère	20/05/2016	02/06/2016
Allemagne	Winterhoff, Esther	Déléguée	23/05/2016	27/05/2016
Allemagne	Wolfrum, Rüdiger	Conseiller	21/05/2016	02/06/2016
Argentine	Bordon, Jose Octavio	Délégué	22/05/2016	01/06/2016
Argentine	Capurro, Andrea	Déléguée	22/05/2016	02/06/2016
Argentine	Chiffel Figueiredo, Veronica	Déléguée	22/05/2016	01/06/2016
Argentine	Gowland, Máximo	Chef de délégation	21/05/2016	03/06/2016
Argentine	Humarán, Adolfo Ernesto	Conseiller	22/05/2016	01/06/2016
Argentine	Jimenez Corbalan, Lautaro	Conseiller	22/05/2016	01/06/2016
Argentine	Ortúzar, Patricia	Représentante du CPE	22/05/2016	02/06/2016
Argentine	Sánchez, Rodolfo	Représentant du CPE	22/05/2016	02/06/2016
Argentine	Sartor, Jorge	Délégué	22/05/2016	02/06/2016
Argentine	Tarapow, Marcelo Cristian	Conseiller	22/05/2016	01/06/2016
Argentine	Vereda, Marisol	Conseillère	22/05/2016	01/06/2016
Argentine	Videla, Enrique	Conseiller	22/05/2016	01/06/2016
Argentine	Vlasich, Verónica	Conseillère	22/05/2016	02/06/2016
Argentine	Yanino, Vanina	Suppléante	23/05/2016	01/06/2016
Australie	Ault, Tim	Délégué	22/05/2016	01/06/2016
Australie	Clark, Charlton	Délégué	22/05/2016	01/06/2016
Australie	Cooper, Katrina	Chef de délégation	22/05/2016	01/06/2016
Australie	Dainer, Drew	Délégué	22/05/2016	01/06/2016
Australie	Fenton, Gwen	Déléguée	20/05/2016	01/06/2016
Australie	Gales, Nicholas	Suppléant	22/05/2016	01/06/2016
Australie	Goldsworthy, Lyn	Conseillère	21/05/2016	27/05/2016

Parties consultatives

Partie	Nom	Fonction	Date d'arrivée	Date de départ
Australie	Kane, Timothy	Délégué	22/05/2016	01/06/2016
Australie	Lees, Alexandra	Déléguée	22/05/2016	01/06/2016
Australie	Mcivor, Ewan	Délégué	16/05/2016	01/06/2016
Australie	Miller, Denzil	Conseiller	22/05/2016	31/05/2016
Australie	Tracey, Phillip	Représentant du CPE	20/05/2016	01/06/2016
Australie	Young, Amy	Déléguée	20/05/2016	28/05/2016
Belgique	André, François	Représentant du CPE	22/05/2016	01/06/2016
Belgique	De Beyter, Patrick	Délégué	22/05/2016	01/06/2016
Belgique	Touzani, Rachid	Délégué	22/05/2016	29/05/2016
Belgique	Vancauwenberghe, Maaike	Chef de délégation	22/05/2016	28/05/2016
Belgique	Vanden Bilcke, Christian	Chef de délégation	22/05/2016	01/06/2016
Belgique	Wilmotte, Annick	Déléguée	21/05/2016	28/05/2016
Brésil	Boechat de Almeida, Barbara	Suppléante	22/05/2016	02/06/2016
Brésil	Borges Sertã, Marcos	Délégué	22/05/2016	02/06/2016
Brésil	Cardia Simões, Jefferson	Conseiller	22/05/2016	25/05/2016
Brésil	Galdino De Souza, Paulo César	Conseiller	22/05/2016	02/06/2016
Brésil	Lamazière, Georges	Chef de délégation	22/05/2016	01/06/2016
Brésil	Leite, Marcio Renato	Conseiller	22/05/2016	02/06/2016
Brésil	Lessa, Eduardo	Délégué	22/05/2016	01/06/2016
Brésil	Mariz, Hugo	Conseiller	22/05/2016	02/06/2016
Bulgarie	Gaytandjiev, Maxim	Chef de délégation	21/05/2016	28/05/2016
Bulgarie	Mateev, Dragomir	Délégué	22/05/2016	01/06/2016
Bulgarie	Pimpirev, Christo	Chef de délégation	22/05/2016	01/06/2016
Chili	Aimone, Gustavo	Conseiller	16/05/2016	02/06/2016
Chili	Arias, Germán	Conseiller	16/05/2016	02/06/2016
Chili	Barticevic, Elías	Délégué	16/05/2016	02/06/2016
Chili	Berguño, Francisco	Chef de délégation	16/05/2016	02/06/2016
Chili	Blasco, Christian	Délégué	22/05/2016	01/06/2016
Chili	Castillo, Rafael	Conseiller	16/05/2016	02/06/2016
Chili	Figueroa, Miguel	Conseiller	23/05/2016	01/06/2016
Chili	García, Magdalena	Conseillère	26/05/2016	27/05/2016
Chili	García, Ángel	Délégué	16/05/2016	02/06/2016
Chili	González, Rodolfo	Conseiller	16/05/2016	02/06/2016
Chili	González, Marcelo	Délégué	16/05/2016	02/06/2016
Chili	Herrera, Ricardo	Conseiller	23/05/2016	24/05/2016
Chili	Leppe, Marcelo	Délégué	16/05/2016	02/06/2016
Chili	Madrid, Santiago	Conseiller	23/05/2016	01/06/2016
Chili	Mancilla, Alejandra	Déléguée	16/05/2016	02/06/2016
Chili	Manley, Michelle	Conseillère	22/05/2016	01/06/2016
Chili	Pavez , Cassandra	Conseillère	21/05/2016	02/06/2016
Chili	Quezada, Macarena	Déléguée	16/05/2016	02/06/2016
Chili	Ranson, John	Conseiller	22/05/2016	01/06/2016
Chili	Retamales, José	Délégué	16/05/2016	02/06/2016
Chili	Riquelme, José	Conseiller	23/05/2016	01/06/2016
Chili	Santibañez, Miguel	Conseiller	16/05/2016	02/06/2016
Chili	Sardiña, Jimena	Déléguée	16/05/2016	02/06/2016
Chili	Sepúlveda, Víctor	Conseiller	22/05/2016	01/06/2016
Chili	Silva, Manuel	Conseiller	23/05/2016	01/06/2016

Parties consultatives				
Partie	**Nom**	**Fonction**	**Date d'arrivée**	**Date de départ**
Chili	Tobar, Ángela	Déléguée	16/05/2016	02/06/2016
Chili	Uribe, Paola	Déléguée	23/05/2016	01/06/2016
Chili	Vallejos, Verónica	Déléguée	16/05/2016	02/06/2016
Chili	Vega, Edgardo	Délégué	16/05/2016	02/06/2016
Chili	Velásquez, Ricardo	Conseiller	22/05/2016	01/06/2016
Chili	Villanueva, Tamara	Employée du SPH	16/05/2016	02/06/2016
Chine	Ao, Shan	Délégué	22/05/2016	02/06/2016
Chine	Chen, Danhong	Délégué	22/05/2016	02/06/2016
Chine	Chen, Li	Délégué	23/05/2016	28/05/2016
Chine	Fang, Lijun	Délégué	22/05/2016	02/06/2016
Chine	Guo, Xiaomei	Chef de délégation	22/05/2016	02/06/2016
Chine	Qin, Weijia	Représentante du CPE	22/05/2016	02/06/2016
Chine	Song, Wei	Délégué	22/05/2016	02/06/2016
Chine	Sun, Wenjie	Délégué	21/05/2016	02/06/2016
Chine	Yang, Xiaoning	Délégué	22/05/2016	02/06/2016
Chine	Yang, Lei	Délégué	22/05/2016	28/05/2016
Chine	Yu, Xinwei	Délégué	22/05/2016	02/06/2016
Chine	Zheng, Cheng	Délégué	22/05/2016	02/06/2016
Corée (ROK)	Cho, Minjun	Délégué	22/05/2016	01/06/2016
Corée (ROK)	Choi, Hyun-Soo	Délégué	22/05/2016	01/06/2016
Corée (ROK)	Chung, Rae-Kwang	Délégué	22/05/2016	01/06/2016
Corée (ROK)	Kim, Jeong-Hoon	Délégué	22/05/2016	01/06/2016
Corée (ROK)	Park, Jeong-Hak	Délégué	22/05/2016	01/06/2016
Corée (ROK)	Seo, won-sang	Délégué	22/05/2016	01/06/2016
Corée (ROK)	Shin, Hyoung Chul	Représentant du CPE	22/05/2016	01/06/2016
Corée (ROK)	Yu, Ji-eun	Chef de délégation	22/05/2016	01/06/2016
Équateur	Arellano, Jorge	Conseiller	22/05/2016	01/06/2016
Équateur	Egas, Miguel	Conseiller	22/05/2016	01/06/2016
Équateur	Izquierdo, Oscar	Conseiller	22/05/2016	01/06/2016
Équateur	Ortega, Germán	Chef de délégation	26/05/2016	02/06/2016
Équateur	Proano Vega, Juan Carlos	Délégué	22/05/2016	02/06/2016
Équateur	Ríofrio, Mónica	Déléguée	22/05/2016	28/05/2016
Équateur	Vela, Jaime	Conseiller	23/05/2016	01/06/2016
Espagne	Catalan, Manuel	Représentante du CPE	21/05/2016	02/06/2016
Espagne	Gonzalez Ferrera, Eliseo	Délégué	23/05/2016	01/06/2016
Espagne	Muñoz de Laborde Bardin, Juan Luis	Chef de délégation	22/05/2016	02/06/2016
Espagne	Ojeda, Miguel Angel	Délégué	24/05/2016	02/06/2016
Espagne	Ramos, Sonia	Déléguée	21/05/2016	02/06/2016
Espagne	Robles Fraga, Carlos	Suppléant	23/05/2016	24/05/2016
États-Unis	Bergmann, Trisha	Déléguée	21/05/2016	31/05/2016
États-Unis	Bloom, Evan T.	Chef de délégation	22/05/2016	02/06/2016
États-Unis	Borg, Scott	Délégué	22/05/2016	27/05/2016
États-Unis	Edwards, David	Délégué	22/05/2016	02/06/2016
États-Unis	Falkner, Kelly	Déléguée	22/05/2016	02/06/2016
États-Unis	Ganser, Peter	Suppléant	22/05/2016	02/06/2016
États-Unis	Jones, Christopher	Délégué	22/05/2016	02/06/2016
États-Unis	Karentz, Deneb	Conseiller	22/05/2016	27/05/2016

Parties consultatives				
Partie	**Nom**	**Fonction**	**Date d'arrivée**	**Date de départ**
États-Unis	Kill, Theodore P.	Délégué	22/05/2016	01/06/2016
États-Unis	Leff, Karin	Déléguée	22/05/2016	02/06/2016
États-Unis	McGinn, Nature	Déléguée	22/05/2016	02/06/2016
États-Unis	Naveen, Ron	Conseiller	22/05/2016	01/06/2016
États-Unis	O'reilly, Jessica	Conseillère	22/05/2016	02/06/2016
États-Unis	Penhale, Polly A.	Représentante du CPE	22/05/2016	01/06/2016
États-Unis	Rudolph, Lawrence	Délégué	22/05/2016	02/06/2016
États-Unis	Rusin, Jeremy	Délégué	22/05/2016	01/06/2016
États-Unis	Wheatley, Victoria	Conseillère	24/05/2016	01/06/2016
Fédération de Russie	Chernysheva, Larisa	Déléguée	22/05/2016	03/06/2016
Fédération de Russie	Lukin, Valery	Représentant du CPE	17/05/2016	07/06/2016
Fédération de Russie	Melnikov, Nikolay	Conseiller	22/05/2016	01/06/2016
Fédération de Russie	Tarasenko, Sergey	Délégué	21/05/2016	02/06/2016
Fédération de Russie	Titushkin, Vassily	Chef de délégation	22/05/2016	03/06/2016
France	Caroline, Dumas	Déléguée	22/05/2016	30/05/2016
France	Frenot, Yves	Représentant du CPE	22/05/2016	02/06/2016
France	Guillemain, Anne	Déléguée	22/05/2016	01/06/2016
France	Guyonvarch, Olivier	Chef de délégation	22/05/2016	01/06/2016
France	Koubbi, Philippe	Représentant du CPE	22/05/2016	24/05/2016
France	Lebouvier, Marc	Représentant du CPE	22/05/2016	02/06/2016
France	Runyo, Fabienne	Suppléante	22/05/2016	01/06/2016
France	Semichon, Carole	Représentante du CPE	18/05/2016	01/06/2016
Inde	Chaturvedi, Sanjay	Délégué	22/05/2016	28/05/2016
Inde	Kumar, Vijay	Chef de délégation	18/05/2016	02/06/2016
Inde	Ravichandran, M	Chef de délégation	18/05/2016	02/06/2016
Inde	Reddy, A Sudhakara	Délégué	22/05/2016	28/05/2016
Inde	Tiwari, Anoop Kumar	Représentant du CPE	18/05/2016	02/06/2016
Inde	Vajapayajula, Venkataraman	Délégué	22/05/2016	01/06/2016
Italie	De Rossi, Giuseppe	Conseiller	22/05/2016	02/06/2016
Italie	Fioretti, Anna	Déléguée	22/05/2016	02/06/2016
Italie	Sgrò, Eugenio	Chef de délégation	21/05/2016	02/06/2016
Italie	Tomaselli, Maria Stefania	Déléguée	22/05/2016	02/06/2016
Italie	Torcini, Sandro	Représentant du CPE	22/05/2016	02/06/2016
Japon	Miyamori, Joji	Chef de délégation	22/05/2016	01/06/2016
Japon	Nakano, Akiko	Conseillère	22/05/2016	01/06/2016
Japon	Omori, Ryo	Conseiller	22/05/2016	01/06/2016
Japon	Shiraishi, Kazuyuki	Conseiller	22/05/2016	31/05/2016
Japon	Takehara, Mari	Conseiller	22/05/2016	01/06/2016
Japon	Tanaka, Kenichiro	Conseiller	22/05/2016	01/06/2016
Japon	Watanabe, Kentaro	Conseiller	22/05/2016	01/06/2016

Parties consultatives

Partie	Nom	Fonction	Date d'arrivée	Date de départ
Japon	Yamaguchi, Shigeru	Conseiller	22/05/2016	01/06/2016
Norvège	Araldsen, Hege	Délégué	22/05/2016	01/06/2016
Norvège	Eikeland, Else Berit	Chef de délégation	26/05/2016	02/06/2016
Norvège	Guldahl, John E.	Délégué	24/05/2016	31/05/2016
Norvège	Halvorsen, Svein Tore	Délégué	22/05/2016	28/05/2016
Norvège	Heggelund, Kristin	Déléguée	24/05/2016	30/05/2016
Norvège	Høgestøl, Astrid Charlotte	Déléguée	22/05/2016	01/06/2016
Norvège	Instefjord, Idar Asmund	Délégué	22/05/2016	01/06/2016
Norvège	Johansen, Therese	Déléguée	22/05/2016	02/06/2016
Norvège	Lowther, Andrew	Conseiller	22/05/2016	25/05/2016
Norvège	Midthun, Bjørn	Suppléant	21/05/2016	27/05/2016
Norvège	Njaastad, Birgit	Représentante du CPE	20/05/2016	01/06/2016
Nouvelle-Zélande	Beggs, Peter	Délégué	20/05/2016	01/06/2016
Nouvelle-Zélande	Dempster, Jillian	Chef de délégation	22/05/2016	01/06/2016
Nouvelle-Zélande	Gilbert, Neil	Conseiller	21/05/2016	28/06/2016
Nouvelle-Zélande	Morgan, Fraser	Conseiller	21/05/2016	26/05/2016
Nouvelle-Zélande	Newman, Jana	Représentante du CPE	20/05/2016	01/06/2016
Nouvelle-Zélande	Stent, Danica	Conseillère	20/05/2016	01/06/2016
Nouvelle-Zélande	Townend, Andrew	Délégué	20/05/2016	01/06/2016
Nouvelle-Zélande	Trotter, Simon	Délégué	20/05/2016	06/06/2016
Nouvelle-Zélande	Weeber, Barry	Délégué	21/05/2016	01/06/2016
Nouvelle-Zélande	Wilkinson, Kelsie	Déléguée	20/05/2016	02/06/2016
Nouvelle-Zélande	Wilson, Gary	Délégué	22/05/2016	27/05/2016
Pays-Bas	Bastmeijer, Kees	Conseiller	23/05/2016	01/06/2016
Pays-Bas	De Vries, Janneke	Représentante du CPE	22/05/2016	01/06/2016
Pays-Bas	Elstgeest, Marlynda	Conseillère	24/05/2016	01/06/2016
Pays-Bas	Lefeber, René J.M.	Chef de délégation	21/05/2016	01/06/2016
Pays-Bas	Peijs, Martijn	Délégué	22/05/2016	02/06/2016
Pays-Bas	Rossum, van, Edith	Déléguée	23/05/2016	01/06/2016
Pérou	Chang Boldrini, Luis	Chef de délégation	21/05/2016	01/06/2016
Pérou	Tejada, David	Délégué	22/05/2016	01/06/2016
Pérou	Villanueva Flores, Rogelio Rolando	Délégué	21/05/2016	01/06/2016
Pologne	Bialik, Robert	Suppléant	22/05/2016	01/06/2016
Pologne	Kidawa, Anna	Déléguée	22/05/2016	01/06/2016
Pologne	Krawczyk-Grzesiowska, Joanna	Déléguée	22/05/2016	01/06/2016
Pologne	Misztal, Andrzej	Chef de délégation	22/05/2016	01/06/2016
Pologne	Piatkowska, Aleksandra	Conseillère	23/05/2016	01/06/2016
République tchèque	Filippiova, Martina	Suppléante	22/05/2016	01/06/2016
République tchèque	Nyvlt, Daniel	Délégué	22/05/2016	27/05/2016
République tchèque	Rychtar, Josef	Délégué	22/05/2016	01/06/2016
République tchèque	Smolek, Martin	Chef de délégation	22/05/2016	25/05/2016
République tchèque	Štěpánek, Přemysl	Délégué	22/05/2016	02/06/2016

Parties consultatives				
Partie	**Nom**	**Fonction**	**Date d'arrivée**	**Date de départ**
République tchèque	Venera, Zdenek	Représentant du CPE	22/05/2016	28/05/2016
Royaume-Uni	Clouder, Fiona	Déléguée	23/05/2016	01/06/2016
Royaume-Uni	Doubleday, Stuart	Représentant du CPE	21/05/2016	01/06/2016
Royaume-Uni	Downie, Rod	Conseiller	23/05/2016	27/05/2016
Royaume-Uni	Francis, Jane	Déléguée	22/05/2016	02/06/2016
Royaume-Uni	Grant, Susie	Déléguée	21/05/2016	26/05/2016
Royaume-Uni	Griffiths, Lowri	Suppléante	21/05/2016	02/06/2016
Royaume-Uni	Hall MBE, John	Délégué	21/05/2016	28/05/2016
Royaume-Uni	Hughes, Kevin	Délégué	22/05/2016	28/05/2016
Royaume-Uni	Muñoz, Francisca	Déléguée	22/05/2016	01/06/2016
Royaume-Uni	Nichol, Camilla	Déléguée	24/05/2016	27/05/2016
Royaume-Uni	Rumble, Jane	Chef de délégation	21/05/2016	02/06/2016
Royaume-Uni	Stockings, Tim	Délégué	29/05/2016	31/05/2016
Royaume-Uni	Warwick, Paul	Délégué	22/05/2016	01/06/2016
Suède	Karasalo, Mina	Déléguée	13/05/2016	07/06/2016
Suède	Kiefer, Jakob	Chef de délégation	22/05/2016	01/06/2016
Suède	Selberg, Cecilia	Conseillère	21/05/2016	01/06/2016
Suède	Sjostrand, Rikard	Délégué	22/05/2016	01/06/2016
Ukraine	Fedchuk, Andrii	Suppléant	21/05/2016	28/06/2016
Uruguay	Nuñez, Daniel	Chef de délégation	22/05/2016	02/06/2016
Uruguay	Fajardo, Alberto	Suppléant	22/05/2016	01/06/2016
Uruguay	Lluberas, Albert	Délégué	22/05/2016	02/06/2016
Uruguay	Vignali, Daniel	Conseiller	23/05/2016	02/06/2016

Parties non consultatives				
Partie	**Nom**	**Fonction**	**Date d'arrivée**	**Date de départ**
Bélarus	Haidashou, Aliaksei	Chef de délégation	22/05/2016	02/06/2016
Canada	File, Susan	Déléguée	23/05/2016	28/05/2016
Canada	Scott, David	Suppléant	23/05/2016	28/05/2016
Canada	Taillefer, David	Chef de délégation	22/05/2016	02/06/2016
Colombie	Correa Godoy, Leonardo Enrique	Délégué	22/05/2016	01/06/2016
Colombie	Diaz Sanchez, Christian	Délégué	22/05/2016	02/06/2016
Colombie	Echeverry Gutierrez, Alvaro Mauricio	Délégué	22/05/2016	01/06/2016
Colombie	Ferrero Ronquillo, Alex Fernando	Délégué	22/05/2016	31/05/2016
Colombie	Jaimes, Nancy Rocío	Déléguée	22/05/2016	01/06/2016
Colombie	Jaimes Parada, Gerson Ricardo	Délégué	22/05/2016	01/06/2016
Colombie	Molano, Mauricio	Délégué	22/05/2016	01/06/2016
Colombie	Monje Pastrana, José Antonio	Délégué	22/05/2016	01/06/2016
Colombie	Montenegro Coral, Ricardo	Chef de délégation	22/05/2016	01/06/2016
Colombie	Sanchez, Dania Lorena	Déléguée	22/05/2016	02/06/2016
Colombie	Soltau, Juan Manuel	Délégué	22/05/2016	31/05/2016
Finlande	Mähönen, Outi	Représentante du CPE	20/05/2016	02/06/2016
Finlande	Valjento, Liisa	Chef de délégation	20/05/2016	02/06/2016
Malaisie	Abd Rahman, Mohd Nasaruddin	Délégué	22/05/2016	28/05/2016
Malaisie	Mohd Nor, Salleh	Délégué	22/05/2016	31/05/2016
Malaisie	Yahaya, Mohd Azhar	Chef de délégation	21/05/2016	26/05/2016
Monaco	Biancheri, Daniele	Conseiller	24/05/2016	01/06/2016
Monaco	Impagliazzo, Céline	Chef de délégation	22/05/2016	27/05/2016
Portugal	Cotrim, António Luís	Délégué	22/05/2016	01/06/2016
Portugal	Podgorny, Rosa	Déléguée	22/05/2016	01/06/2016
Portugal	Xavier, José Carlos Caetano	Chef de délégation	20/05/2016	03/06/2016
Roumanie	Cotta, Mihaela	Conseillère	22/05/2016	31/05/2016
Roumanie	Radu, Camelia	Chef de délégation	25/05/2016	01/06/2016
Suisse	Dörig, Edgar	Chef de délégation	22/05/2016	05/06/2016
Suisse	Krebs, Martin	Délégué	26/05/2016	05/06/2016
Suisse	Schürch, Frank Markus	Délégué	22/05/2016	05/06/2016
Suisse	Trautweiler, Barbara	Déléguée	22/05/2016	30/05/2016
Turquie	Bayar, Eda	Délégué	21/05/2016	28/05/2016
Turquie	Beşiktepe, Şükrü Turan	Délégué	22/05/2016	02/06/2016
Turquie	Celik, Yakup	Conseiller	24/05/2016	02/06/2016
Turquie	Durak, Onur Sabri	Délégué	22/05/2016	01/06/2016
Turquie	Evlice, Onur	Délégué	21/05/2016	02/06/2016
Turquie	Gürkaynak, Muharrem	Délégué	22/05/2016	02/06/2016
Turquie	Güven, Mahmut	Délégué	22/05/2016	02/06/2016
Turquie	Hacioğlu, Ekrem	Délégué	21/05/2016	01/06/2016
Turquie	Halici, Gökhan	Délégué	23/05/2016	31/05/2016
Turquie	Kaya, Naciye Gökçen	Délégué	21/05/2016	02/06/2016
Turquie	Önder, Ali Murat	Délégué	21/05/2016	02/06/2016
Turquie	Özsoy Çiçek, Burcu	Délégué	21/05/2016	27/05/2016
Turquie	Öztürk, Bayram	Délégué	21/05/2016	28/05/2016

Parties non consultatives

Partie	Nom	Fonction	Date d'arrivée	Date de départ
Turquie	Şahinkaya, İbrahim Cem	Chef de délégation	21/05/2016	02/06/2016
Turquie	Tabak, Haluk	Délégué	21/05/2016	02/06/2016
Turquie	Tolun, Leyla Gamze	Délégué	20/05/2016	05/06/2016
Turquie	Türkel, Mehmet Ali	Délégué	21/05/2016	02/06/2016
Turquie	Ural, Hayri Şafak	Délégué	22/05/2016	25/05/2016
Venezuela	Barreto, Guillermo	Délégué	28/05/2016	02/06/2016
Venezuela	Carlos , Castellanos	Délégué	22/05/2016	01/06/2016
Venezuela	Palacios, Sugerlys	Délégué	22/05/2016	01/06/2016
Venezuela	Prieto, Dulce	Déléguée	28/05/2016	02/06/2016
Venezuela	Sira, Eloy	Chef de délégation	22/05/2016	02/06/2016

Observateurs, Experts et invités				
Partie	**Nom**	**Fonction**	**Date d'arrivée**	**Date de départ**
CCAMLR	Belchier, Mark	Conseiller	22/05/2016	28/05/2016
CCAMLR	Reid, Keith	Conseiller	22/05/2016	28/05/2016
CCAMLR	Wright, Andrew	Chef de délégation	22/05/2016	01/06/2016
COMNAP	Rogan-Finnemore, Michelle	Chef de délégation	22/05/2016	01/06/2016
SCAR	Baeseman, Jenny	Déléguée	22/05/2016	01/06/2016
SCAR	Chown, Steven L.	Délégué	22/05/2016	28/05/2016
SCAR	López-Martínez, Jerónimo	Chef de délégation	22/05/2016	02/06/2016
SCAR	Terauds, Aleks	Représentant du CPE	22/05/2016	02/06/2016
ASOC	Bodin, Svante	Délégué	23/05/2016	01/06/2016
ASOC	Chen, Jiliang	Délégué	21/05/2016	01/06/2016
ASOC	Christian, Claire	Chef de délégation	21/05/2016	02/06/2016
ASOC	Dolan, Ryan	Délégué	22/05/2016	28/05/2016
ASOC	Kavanagh, Andrea	Déléguée	23/05/2016	01/06/2016
ASOC	Roura, Ricardo	Représentant du CPE	23/05/2016	01/06/2016
ASOC	Tamm, Sune	Délégué	23/05/2016	01/06/2016
ASOC	Werner Kinkelin, Rodolfo	Délégué	23/05/2016	27/05/2016
IAATO	Crosbie, Kim	Chef de délégation	21/05/2016	31/05/2016
IAATO	Hohn-Bowen, Ute	Conseillère	24/05/2016	01/06/2016
IAATO	Kelley, Lisa	Conseillère	21/05/2016	02/06/2016
IAATO	Lynnes, Amanda	Représentante du CPE	21/05/2016	28/06/2016
IAATO	Prossin, Andrew	Conseiller	24/05/2016	31/05/2016
IAATO	Retamales, Mauricio	Conseiller	24/05/2016	26/05/2016
IAATO	Rootes, David	Suppléant	22/05/2016	01/06/2016
IAATO	Schillat, Monika	Conseillère	22/05/2016	02/06/2016
OHI	Gorziglia, Hugo	Suppléante	23/05/2016	27/05/2016
OHI	Ward, Robert	Chef de délégation	23/05/2016	27/05/2016
GIEC	Sivakumar, Mannava	Chef de délégation	22/05/2016	01/06/2016
OMM	Sparrow, Mike	Chef de délégation	22/05/2016	31/05/2016

Secrétariat du pays hôte				
Partie	**Nom**	**Fonction**	**Date d'arrivée**	**Date de départ**
Secrétariat du HC	Aranda, Rosario	Employée du SPH	16/05/2016	02/06/2016
Secrétariat du HC	Arce, María Josefa	Employée du SPH	16/05/2016	02/06/2016
Secrétariat du HC	Argomedo, Rocío	Employée du SPH	16/05/2016	02/06/2016
Secrétariat du HC	Arriagada, Luis	Employé du SPH	16/05/2016	02/06/2016
Secrétariat du HC	Benev, Boriana	Employée du SPH	16/05/2016	02/06/2016
Secrétariat du HC	Bravo, Pablo	Employé du SPH	16/05/2016	02/06/2016
Secrétariat du HC	Bustamante, Christian	Employé du SPH	16/05/2016	02/06/2016
Secrétariat du HC	Cahue, Karla	Employée du SPH	16/05/2016	02/06/2016
Secrétariat du HC	Castillo, Ismael	Employé du SPH	16/05/2016	02/06/2016
Secrétariat du HC	Cifuentes, María José	Employée du SPH	16/05/2016	02/06/2016
Secrétariat du HC	Cisternas, Giovanni	Employé du SPH	16/05/2016	02/06/2016
Secrétariat du HC	Cofré, Eduardo	Employé du SPH	16/05/2016	02/06/2016
Secrétariat du HC	Contardo, Fernando	Employé du SPH	16/05/2016	02/06/2016
Secrétariat du HC	Echavarría, Paula	Employée du SPH	16/05/2016	02/06/2016
Secrétariat du HC	Escobar, Natalia	Employée du SPH	16/05/2016	02/06/2016
Secrétariat du HC	Estay, Sebastián	Employé du SPH	16/05/2016	02/06/2016
Secrétariat du HC	Estay, Denisse	Employée du SPH	16/05/2016	02/06/2016
Secrétariat du HC	Fuentes, Montserrat	Employée du SPH	16/05/2016	02/06/2016
Secrétariat du HC	Galaz, Marcela	Employée du SPH	16/05/2016	02/06/2016
Secrétariat du HC	Gallardo, María Fernanda	Employée du SPH	16/05/2016	02/06/2016
Secrétariat du HC	González, Oriana	Employée du SPH	16/05/2016	02/06/2016
Secrétariat du HC	González, Karen	Employée du SPH	16/05/2016	02/06/2016
Secrétariat du HC	González, Hugo	Employé du SPH	16/05/2016	02/06/2016
Secrétariat du HC	Guerrero, Néstor	Employé du SPH	16/05/2016	02/06/2016
Secrétariat du HC	Guggisberg, Nadin	Employée du SPH	16/05/2016	02/06/2016
Secrétariat du HC	Gutiérrez, Cristina	Employée du SPH	16/05/2016	02/06/2016
Secrétariat du HC	Henríquez, Lorena	Employée du SPH	16/05/2016	02/06/2016
Secrétariat du HC	Herrera, Claudia	Employée du SPH	16/05/2016	02/06/2016
Secrétariat du HC	Klaassen, Consuelo	Employée du SPH	16/05/2016	02/06/2016
Secrétariat du HC	Koffmann, Mariana	Employée du SPH	16/05/2016	02/06/2016
Secrétariat du HC	Larenas, Alejandra	Employée du SPH	16/05/2016	02/06/2016
Secrétariat du HC	Llanos, Carolina	Employée du SPH	16/05/2016	02/06/2016
Secrétariat du HC	Matamoros, Rodrigo	Employé du SPH	16/05/2016	02/06/2016
Secrétariat du HC	Molina, Carla	Employée du SPH	16/05/2016	02/06/2016
Secrétariat du HC	Montero, Alejandro	Employé du SPH	16/05/2016	02/06/2016
Secrétariat du HC	Murua, Javier	Employé du SPH	16/05/2016	02/06/2016
Secrétariat du HC	Pino, Ana	Employée du SPH	16/05/2016	02/06/2016
Secrétariat du HC	Powell, Patricio	Secrétaire exécutif du HC	16/05/2016	02/06/2016
Secrétariat du HC	Quiñones, Claudio	Employé du SPH	16/05/2016	02/06/2016
Secrétariat du HC	Rivera, Francisca	Employée du SPH	16/05/2016	02/06/2016
Secrétariat du HC	Robinovich, Daniel	Employé du SPH	16/05/2016	02/06/2016
Secrétariat du HC	Rodríguez, Monserrat	Employée du SPH	16/05/2016	02/06/2016
Secrétariat du HC	Rodríguez, Jacqueline	Employée du SPH	16/05/2016	02/06/2016
Secrétariat du HC	Soto, Oriana	Employée du SPH	16/05/2016	02/06/2016
Secrétariat du HC	Tort, Fabián	Employé du SPH	16/05/2016	02/06/2016
Secrétariat du HC	Ureta, Paola	Employée du SPH	16/05/2016	02/06/2016
Secrétariat du HC	Vergara, Isabel	Employée du SPH	16/05/2016	02/06/2016
Secrétariat du HC	Vergara, Alejandro	Employé du SPH	16/05/2016	02/06/2016
Secrétariat du HC	Villegas, Roberto	Employée du SPH	16/05/2016	02/06/2016

Secrétariat du Traité sur l'Antarctique				
Partie	**Nom**	**Fonction**	**Date d'arrivée**	**Date de départ**
STA	Acero, José Maria	Suppléant	18/05/2016	02/06/2016
STA	Agraz, José Luis	Personnel	15/05/2016	02/06/2016
STA	Balok, Anna	Personnel	18/05/2016	02/06/2016
STA	Davies, Paul	Personnel	19/05/2016	02/06/2016
STA	Portella Sampaio, Daniela	Personnel	19/05/2016	02/06/2016
STA	Reinke, Manfred	Chef de délégation	15/05/2016	02/06/2016
STA	Wainschenker, Pablo	Personnel	16/05/2016	02/06/2016
STA	Walton, David W H	Personnel	16/05/2016	02/06/2016
STA	Wydler, Diego	Personnel	15/05/2016	02/06/2016
Services des TI	Alal, Cecilia	Chef de délégation	19/05/2016	02/06/2016
Services des TI	Babaev, David	Personnel	20/05/2016	02/06/2016
Services des TI	Bouladon, Sabine	Personnel	25/05/2016	01/06/2016
Services des TI	Cook, Elena	Personnel	22/05/2016	02/06/2016
Services des TI	Coussaert, Joelle	Personnel	22/05/2016	02/06/2016
Services des TI	Falaleyev, Andrey	Personnel	22/05/2016	02/06/2016
Services des TI	Fernandez, Jimena	Personnel	20/05/2016	02/06/2016
Services des TI	Garteiser, Claire	Personnel	22/05/2016	01/06/2016
Services des TI	Kasimova, Katya	Personnel	22/05/2016	01/06/2016
Services des TI	Malmontet, Benoit	Personnel	22/05/2016	01/06/2016
Services des TI	Malofeeva, Elena	Personnel	22/05/2016	02/06/2016
Services des TI	Martinez, Silvia	Personnel	25/05/2016	01/06/2016
Services des TI	Mullova, Ludmila	Personnel	22/05/2016	01/06/2016
Services des TI	Orlando, Marc	Personnel	21/05/2016	02/06/2016
Services des TI	Perino, María del Valle	Personnel	22/05/2016	01/06/2016
Services des TI	Piccione Thomas, Georgina	Personnel	22/05/2016	01/06/2016
Services des TI	Speziali, Maria Laura	Personnel	22/05/2016	02/06/2016
Services des TI	Tanguy, Philippe	Personnel	21/05/2016	02/06/2016
Services des TI	Wallace, Roslyn	Personnel	22/05/2016	02/06/2016